会计专业岗位实操系列规划教材

Accounting Informatization For Finance
(Yonyou ERP-U8 V10.1)

会计信息化
——财务篇
（用友ERP-U8 V10.1版）

宋红尔 主 编

冉祥梅 赵 越 副主编

东北财经大学出版社 大连

Dongbei University of Finance & Economics Press

图书在版编目（CIP）数据

会计信息化——财务篇：用友 ERP-U8 V10.1 版 / 宋红尔主编 . —大连：东北财经大学出版社，2018.6

（会计专业岗位实操系列规划教材）

ISBN 978-7-5654-3156-2

Ⅰ．会…　Ⅱ．宋…　Ⅲ．会计信息-财务管理系统-教材　Ⅳ．F232

中国版本图书馆 CIP 数据核字（2018）第 096383 号

东北财经大学出版社出版

（大连市黑石礁尖山街 217 号　邮政编码　116025）

网　　址：http://www.dufep.cn

读者信箱：dufep@dufe.edu.cn

大连住友彩色印刷有限公司印刷　东北财经大学出版社发行

幅面尺寸：185mm×260mm　字数：429 千字　印张：18　插页：1

2018 年 6 月第 1 版　　　　　2018 年 6 月第 1 次印刷

责任编辑：包利华　　　　　　　　责任校对：齐　心

封面设计：冀贵收　　　　　　　　版式设计：钟福建

定价：40.00 元

教学支持　售后服务　联系电话：（0411）84710309

版权所有　侵权必究　举报电话：（0411）84710523

如有印装质量问题，请联系营销部：（0411）84710711

前　言

2016 年 10 月 8 日，财政部印发了《会计改革与发展"十三五"规划纲要》（财会〔2016〕19 号），纲要明确提出"不断提高单位会计信息化水平，推动基层单位会计信息系统与业务系统的有机融合，推动会计工作从传统核算型向现代管理型转变"。在此背景下，我们编写了这套会计信息化教材。

本套教材由三部教材构成。按照应用能力层次，第一部为财务篇，即本教材；第二部为供应链篇；第三部为财务业务一体化综合实训。

本教材以用友 ERP-U8 V10.1 软件为蓝本，以虚拟的辽宁恒通商贸有限公司 2018 年 7 月份的经济业务为背景，全面介绍了总账、应付款管理、应收款管理、薪资管理、固定资产、UFO 报表等六个子系统的基本应用方法。

与同类教材比较，本教材具有如下特点：

1. 基于实验任务导向的教、学、做一体化模式。全书细分为 150 个知识点，每个知识点均设计了相应的实验资料。通过实验资料在会计信息化软件中的操作应用，掌握对应的知识点。绝大部分知识点还给出了"提示"栏目。通过该栏目，使读者在学会软件操作的基础上，掌握该操作的基本规则，理解其前后影响及专业背景。

2. 注重过程考核。本教材提供 5 套阶段考核试题。教材共 9 个项目，基本上每完成两个项目进行一次阶段考核。通过过程考核，能够更加全面地考查学生对会计信息化软件的掌握程度。

3. 紧跟时代步伐。一方面根据最新的财税政策及会计准则编写教材实验资料，另一方面将会计信息化在实际应用中的最新研究成果纳入教材。

4. 教学资源丰富。本教材配套资源包括：①教案、电子课件；②全部实验任务操作过程的微视频 180 个（通过扫描教材中的二维码收看学习）；③前述阶段考核试题；④教材正文的初始账套、结果账套。

本教材由宋红尔任主编，冉祥梅、赵越任副主编，参与编写的还有吴爽、王宏阁、李正、郭军、左继男、鲁艺伟六位老师。宋红尔负责拟定全书大纲及实验资料的设计，并对全书进行总纂、修改和定稿。

本教材适合高职高专院校经管类专业会计信息化的教学，也可作为普通高等院校开设的会计信息系统的实验用书。

本教材在编写过程中参考了国内相关著述、教材和论文，在此对有关作者表示衷心的感谢。

由于编者的水平有限，书中难免存在错误和不当之处，恳请读者批评指正。

联系方式：

E-mail：songhonger@163.com 或 137773528@qq.com

QQ 群：233163238（会计信息化教学与研究）

宋红尔

2018 年 6 月于锦州

目 录

项目 5　应收款管理系统

项目 6　　　　薪资管理系统

参考文献

项目 1　系统管理

　　系统管理模块主要是对账套的建立、修改、删除和备份，操作员的建立、角色的划分和权限的分配等进行集中管理。系统管理的使用对象为企业的信息管理人员（即系统管理员 admin）、安全管理人员（即安全管理员 sadmin）、管理员用户或账套主管。

　　系统管理模块主要包括以下功能：

❶对账套统一管理，包括建立、修改、备份（自动备份和手工输出）和引入。

❷对操作员及其功能级权限实行统一管理，包括用户、角色和权限设置。

❸系统任务管理，包括查看当前运行任务、清除指定任务、清退站点、清除单据锁定等。

　　本项目的重难点内容：建立账套、账套备份和功能级权限设置。

　　本项目总体流程如图 1-1 所示。

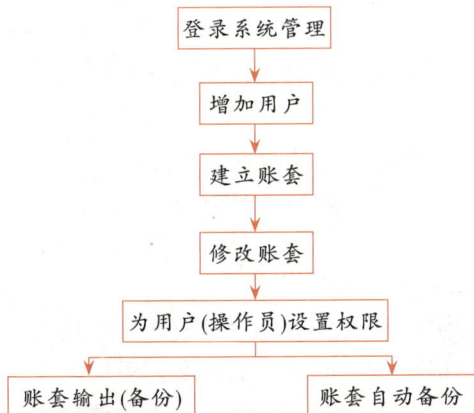

图 1-1　本项目总体流程

任务 1　　　　了解企业概况

☞知识点 001　了解企业概况

1. 企业基本情况

（1）公司注册资料：

公司注册名称：辽宁恒通商贸有限公司（简称辽宁恒通）

公司注册地址及电话：辽宁省沈阳市皇姑区人民路 369 号，电话：024-82681359

公司统一社会信用代码：91210105206917583A

公司邮箱地址：hengtong@163.com

公司注册资本：人民币 1 500 万元

公司法定代表人：李成喜，兼任公司总经理

公司经营范围：主要从事服装、手表、皮具、饮料等的批发、零售

（2）公司银行资料：

❶基本存款账户：

中国工商银行沈阳皇姑支行，账号：2107 0240 1589 0035 666

❷一般存款账户：

中国银行沈阳皇姑支行（人民币户），账号：2107 3817 6532 3431 951

中国银行沈阳皇姑支行（美元户），账号：2107 3817 6532 3431 982

（3）公司税务资料：

国税：沈阳市国家税务局皇姑区分局，缴款账户：国家金库沈阳市皇姑区支库，账号：2107 9245 3812 7058 769。

地税：沈阳市地方税务局皇姑区分局，缴款账户：国家金库沈阳市皇姑区支库（代理），账号：2107 9629 85123。

2.会计核算要求

（1）科目设置要求："应付账款"科目下设"暂估应付账款"和"一般应付账款"两个二级科目，其中，"一般应付账款"科目设置为受控于应付系统，"暂估应付账款"科目设置为不受控于应付系统。

（2）辅助核算要求：

日记账：库存现金、银行存款及其明细账。

银行账：银行存款及其明细账。

客户往来：应收票据、应收账款、预收账款。

供应商往来：应付票据、应付账款/一般应付账款、应付账款/暂估应付账款、预付账款。

个人往来：其他应收款/其他个人往来。

（3）会计凭证的基本规定：录入或生成"记账凭证"均由指定的会计人员操作，含有库存现金和银行存款科目的记账凭证均需出纳签字。采用收款、付款、转账三种专用记账凭证。对已记账凭证的修改，只采用红字冲销法。为保证财务与业务数据的一致性，能在业务系统生成的记账凭证不得在总账系统直接录入。根据原始单据生成记账凭证时，除收付款业务外不采用合并制单。

（4）货币资金业务的处理：公司采用的结算方式包括现金结算、支票、托收承付、委托收款、银行汇票、商业汇票、电汇等。收、付款业务由财务部门根据有关凭证进行处理，在系统中没有对应结算方式时，其结算方式为"其他"。

（5）坏账损失的处理：公司除应收账款外，其他预付及应收款项不计提坏账准备。期末按应收账款余额百分比法计提坏账准备，提取比例为0.5%。

（6）固定资产业务的处理：公司固定资产包括房屋及建筑物、机器设备、运输工具和办公设备，均为在用状态；采用平均年限法（一）按月计提折旧；同期增加多个固定资产时，不采用合并制单。该系统生成的凭证均到"批量制单"中完成。

（7）薪酬业务的处理：公司按有关规定计算缴纳社会保险费和住房公积金。社会保险费及住房公积金以固定工资基数2 280（元/人）作为计提基数。"五险一金"计提比例见表1-1。

表1-1   "五险一金"计提比例

项　目	企业承担（%）	个人承担（%）	小计（%）
基本养老保险	12	8	20
医疗保险	8	2	10
失业保险	2	1	3
工伤保险	0.5		0.5
生育保险	0.85		0.85
小　计	23.35	11	34.35
住房公积金	10	10	20
合　计	33.35	21	54.35

各类社会保险及公积金当月计提，次月缴纳。根据国家有关规定，公司代扣由个人承担的社会保险费、住房公积金。在缴纳个人负担的社保及公积金时通过"其他应付款"账户进行核算。

根据国家有关规定，公司代扣代缴个人所得税，其费用扣除标准为3 500元，附加费用为1 300元。个人所得税由公司代扣代缴，通过"应交税费"账户进行核算。

公司职工福利费和职工教育经费不预提，按实际发生金额列支；工会经费按应付工资总额的2%计提。

工资分摊制单合并科目相同、辅助项相同的分录。

（8）税费的处理：公司为增值税一般纳税人，增值税税率为16%，按月缴纳，按当期应交增值税的7%计算城市维护建设税、3%计算教育费附加和2%计算地方教育附加；企业所得税采用资产负债表债务法，假设资产、负债的账面价值与其计税基础一致，未产生暂时性差异，企业所得税的计税依据为应纳税所得额，税率为25%，按月预计，按季预缴，全年汇算清缴。交纳税费按银行开具的原始凭证编制记账凭证。

（9）利润分配：根据公司章程，公司税后利润按以下顺序及规定分配：❶弥补亏损；❷按10%提取法定盈余公积；❸按30%向投资者分配利润。

（10）损益类账户的结转：每月末将各损益类账户余额转入"本年利润"账户，结转时按收入和支出分别生成记账凭证。

任务2　系统管理

☞知识点002　登录系统管理

【实验资料】

以系统管理员身份登录系统管理。

【具体操作过程】

执行"开始→所有程序→用友U8 V10.1→系统服务→系统管理"命令，打开"用友U8［系统管理］"窗口。在该窗口，选择"系统→注册"命令，打开"登录"窗口，如图1-2所示。单击"登录"按钮，进入系统管理窗口，如图1-3所示。

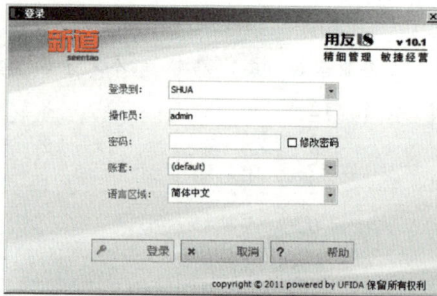

图1-2　系统管理登录窗口

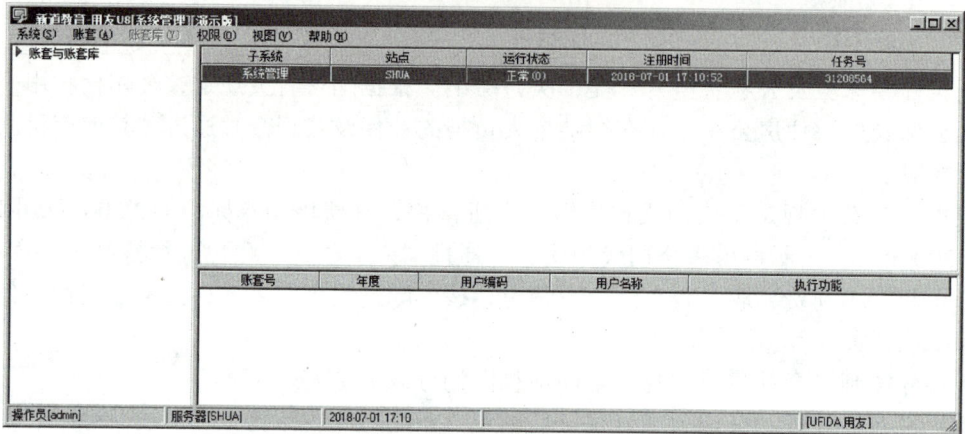

图1-3　系统管理窗口

【提示】

如果系统桌面存在"系统管理"图标，双击该图标也可登录系统管理。

能够登录系统管理的一般有以下几类操作员：系统管理员（admin）、安全管理员（sadmin）、账套主管和管理员用户。

系统管理员负责整个系统的维护工作。以系统管理员身份注册进入，便可进行账套的管理（包括账套的建立、引入和输出），以及角色、用户及其权限的设置。

以安全管理员的身份注册进入系统管理后（直接在"操作员"栏中输入"sadmin"即可），可以设置安全策略、执行数据清除和还原。

账套主管可以完成账套修改、账套库的建立及删除、设置普通用户/角色权限等工作。

管理员用户由系统管理员创建，该类用户协助系统管理员完成系统的维护工作，如账套库备份、升级、用户/角色管理、权限管理、任务管理等。

如何修改当前操作员密码？在"登录"窗口（如图1-2所示）的"密码"栏中输入正确密码，勾选"修改密码"，单击"登录"按钮，系统弹出"设置操作员密码"对话框，如图1-4所示。输入新密码并确认，单击"确定"按钮，修改密码成功并进入系统管理。

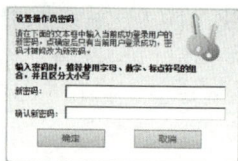

图1-4　"设置操作员密码"对话框

☞**知识点 003　增加操作员**

【实验资料】

辽宁恒通的 U8 系统共有 4 位操作员，见表 1-2。

表 1-2　　　　　　　　　　　　**软件应用操作员/用户**

编号	姓名	用户类型	认证方式	口令	所属部门	角色	职务
A01	李成喜	普通用户	用户+口令（传统）		总经理办公室	账套主管	总经理
W01	王钰	普通用户	用户+口令（传统）		财务部	普通员工	财务经理
W02	赵凯	普通用户	用户+口令（传统）		财务部	普通员工	会计
W03	贺青	普通用户	用户+口令（传统）		财务部	普通员工	出纳

【具体操作过程】

（1）以系统管理员身份登录系统管理，在图 1-3 的系统管理窗口，选择"权限"菜单下的"用户"命令，打开"用户管理"窗口。

（2）单击工具栏的"增加"按钮，打开"操作员详细情况"窗口。根据实验资料输入李成喜的相关信息，结果如图 1-5 所示。单击"增加"按钮，保存该操作员。按此方法继续增加其他操作员，最后单击"退出"按钮，退出"操作员详细情况"窗口并返回"用户管理"窗口，如图 1-6 所示。

图 1-5　增加操作员

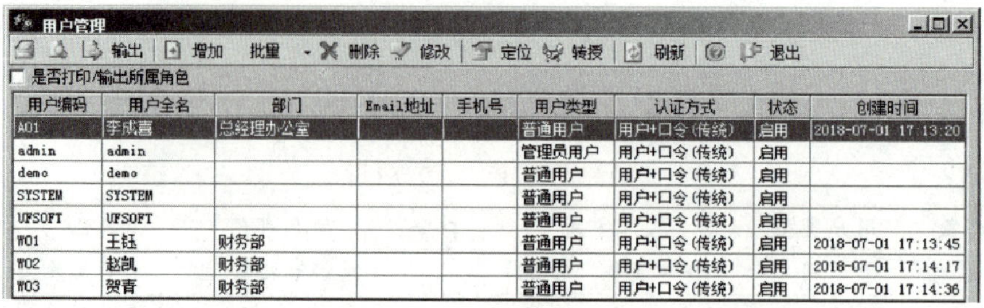

用户编码	用户全名	部门	Email地址	手机号	用户类型	认证方式	状态	创建时间
A01	李成喜	总经理办公室			普通用户	用户+口令(传统)	启用	2018-07-01 17:13:20
admin	admin				管理员用户	用户+口令(传统)	启用	
demo	demo				普通用户	用户+口令(传统)	启用	
SYSTEM	SYSTEM				普通用户	用户+口令(传统)	启用	
UFSOFT	UFSOFT				普通用户	用户+口令(传统)	启用	
W01	王钰	财务部			普通用户	用户+口令(传统)	启用	2018-07-01 17:13:45
W02	赵凯	财务部			普通用户	用户+口令(传统)	启用	2018-07-01 17:14:17
W03	贺青	财务部			普通用户	用户+口令(传统)	启用	2018-07-01 17:14:36

图 1-6 “用户管理”窗口

【提示】

这里的“用户”指的是软件的操作员。在图1-5中，用户类型有两种：普通用户和管理员用户。普通用户一般指的是登录企业应用平台、进行各种业务处理的用户，系统中大部分用户均属于此类型。管理员用户是进行账套管理、协助系统维护的用户，该类用户只能登录系统管理进行操作，为系统管理员分担一部分管理工作。

在图1-6中，选中要修改的用户信息，点击“修改”按钮，可进入修改状态，但已启用用户只能修改口令、所属部门、Email、手机号、认证方式和所属角色的信息。在修改状态，按“注销当前用户”按钮，将暂时停止使用该用户。

在图1-6中，选中要删除的用户，点击“删除”按钮，可删除该用户。但已启用的用户不能删除，已定义用户角色的用户必须先取消所属角色信息才能删除。

在图1-3中，选择“权限”菜单下的“角色”命令，打开“角色管理”窗口，进行角色的设置。用户和角色设置不分先后顺序，用户可根据自己的需要设置。如果先设定角色，然后分配权限，最后进行用户的设置，那么在设置用户的时候，选择其归属哪一个角色，则用户将自动具有该角色的权限。一个角色可以拥有多个用户，一个用户也可以分属于多个不同的角色。若修改了用户的所属角色，则该用户对应的权限也跟着角色的改变而相应改变。用户自动拥有所属角色所拥有的所有权限，同时可以额外增加角色中没有包含的权限。

☞知识点004 建立账套

【实验资料】

根据以下资料建立辽宁恒通商贸有限公司的账套：

［账套信息］账套号：001；账套名称：辽宁恒通商贸有限公司；启用会计期：2018年7月。

［单位信息］单位名称：辽宁恒通商贸有限公司；单位简称：辽宁恒通；单位地址：辽宁省沈阳市皇姑区人民路369号；法人代表：李成喜；邮政编码：110000；联系电话/传真：024-82681359；电子邮件：hengtong@163.com；税号：91210105206917583A。

［核算类型］本币代码：RMB；本币名称：人民币；企业类型：商业；行业性质：2007年新会计制度科目；账套主管：李成喜。

［基础信息］对存货、客户、供应商进行分类。

［编码方案］科目编码级次：4-2-2-2-2；客户分类编码级次：1-1-1；供应商分类编码级次：1-1-1；存货分类编码级次：1-1-1；部门编码级次：1-1-1；结算方式编码级次：1-1；收发类别编码级次：1-1。

[数据精度] 该企业对存货数量、存货单价、开票单价、件数、换算率等小数位数均采用系统默认的 2 位。

【具体操作过程】

（1）以系统管理员身份登录系统管理后，在图 1-3 的系统管理窗口，选择"账套"菜单下的"建立"命令，打开"创建账套-建账方式"界面，如图 1-7 所示。

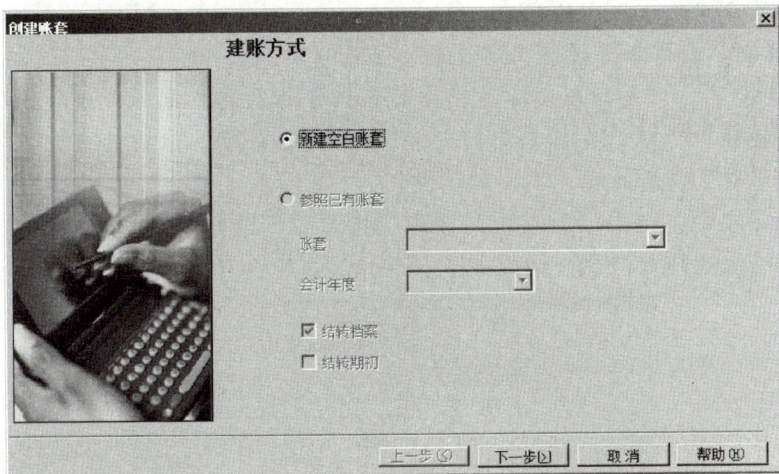

图 1-7 创建账套-建账方式

【提示】

如果在图 1-7 的"账套"栏存在若干账套，且当前待创建的账套与已存账套包含相同的基础档案和某些期初数据，则可以选择"参照已有账套"方式建账。

只有系统管理员才有权限创建新账套。

只有账套主管才能使用"账套库"菜单。

（2）单击"下一步"按钮，打开"创建账套-账套信息"界面。输入"账套号"为 001，"账套名称"为"辽宁恒通商贸有限公司"，"启用会计期"为"2018 年 7 月"，其他项默认，结果如图 1-8 所示。

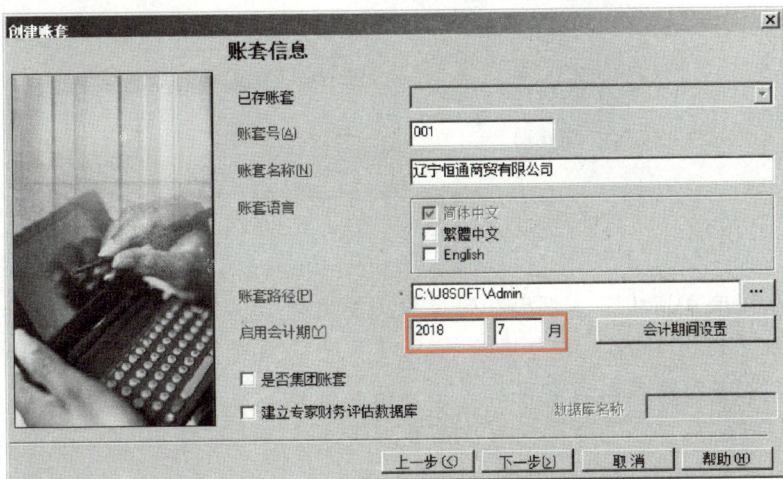

图 1-8 创建账套-账套信息

【提示】

[已存账套] 在建立新账套时已经存在的账套。这些账套只能参照，而不能输入或修改。

[账套号] 新建账套的编号，必输项，可输入001-999之间任意3个数字，但不能与"已存账套"的账套号重复。

[账套路径] 用来输入账套数据存储的路径，必输项，点击 ··· 图标，可修改账套存放路径，但不能是网络路径中的磁盘。

[启用会计期] 新建账套被启用的日期，必输项。

[会计期间设置] 用来处理实际核算期间和正常的自然日期不一致的情况。点击"会计期间设置"按钮即可进行会计期间的设置。"启用会计期"以前的日期不可修改，只能进行"启用会计期"以后的会计期间的调整。

（3）输入完成后，点击"下一步"按钮，打开"创建账套-单位信息"窗口，根据实验资料输入本单位的基本信息，结果如图1-9所示。其中单位名称为必输项。

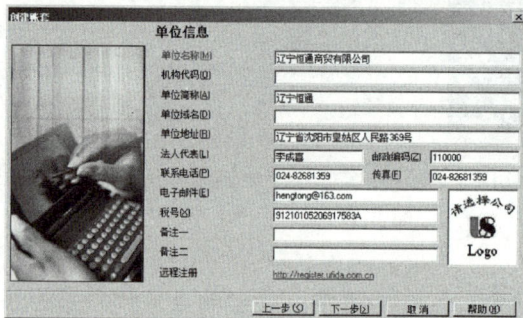

图1-9　创建账套-单位信息

（4）输入完成后，点击"下一步"按钮，打开"创建账套-核算类型"窗口，"企业类型"选择"商业"，"账套主管"选择"[A01]李成喜"，其他项默认，结果如图1-10所示。

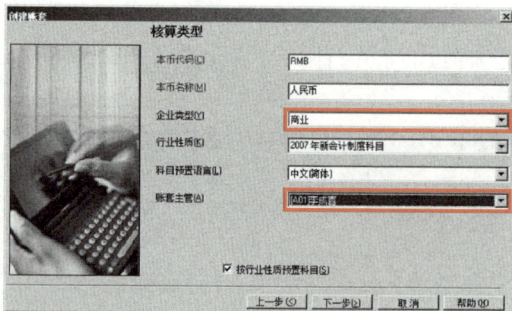

图1-10　创建账套-核算类型

【提示】

[账套主管] 用户须从下拉框已存的操作员中选择一位作为本账套的账套主管。

[按行业性质预置科目] 若勾选此项，则系统将预置所属行业的总账科目，后续到"企业应用平台"添加明细科目即可。

（5）选择完成后，点击"下一步"按钮，打开"创建账套-基础信息"窗口，根据实验资料，本窗口均采用系统默认设置，如图1-11所示。

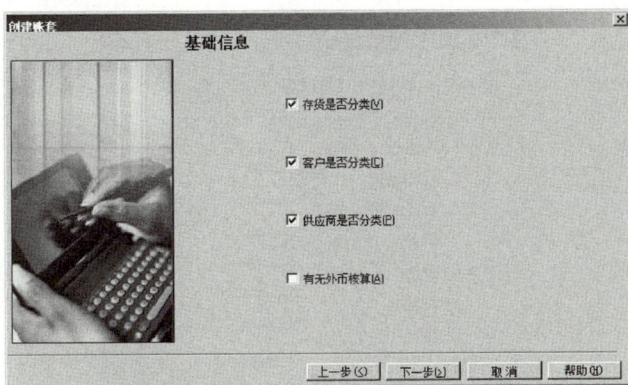

图 1-11　创建账套–基础信息

（6）单击"下一步"，打开"创建账套–开始"窗口，如图 1-12 所示，单击"完成"，系统提示"可以创建账套了么?"，单击"是"，系统开始建账。

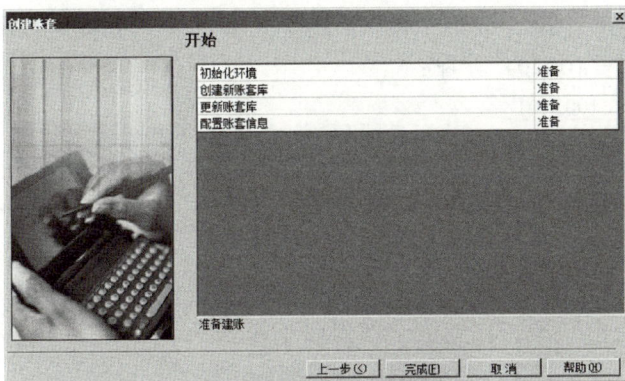

图 1-12　开始建账

（7）建账结束，系统弹出"编码方案"对话框，根据资料对相关编码级次进行调整，其他项默认，结果如图 1-13 所示。单击"确定"，再单击"取消"，系统弹出"数据精度"对话框，如图 1-14 所示，单击"确定"。

项目	最下级级数	最大长度	单级最大长度	第1级	第2级	第3级	第4级	第5级	第6级	第7级	第8级	第9级
科目编码级次	13	40	9		2	2	2	2				
客户分类编码级次	5	12	9	1	1	1						
供应商分类编码级次	5	12	9	1	1	1						
存货分类编码级次	8	12	9	1	1	1						
部门编码级次	9	12	9	1	1	1						
地区分类编码级次	5	12	9	2	3	4						
费用项目分类	5	12	9	1	2							
结算方式编码级次	2	3	3	1	1							
货位编码级次	8	20	9	2	3	4						
收发类别编码级次	3	5	5	1	1							
项目设备	8	30	9	2	2							
责任中心分类档案	5	30	9	2	2							
项目要素分类档案	6	30	9	2	2							
客户权限组级次	5	12	9	2	3	4						

图 1-13　编码方案

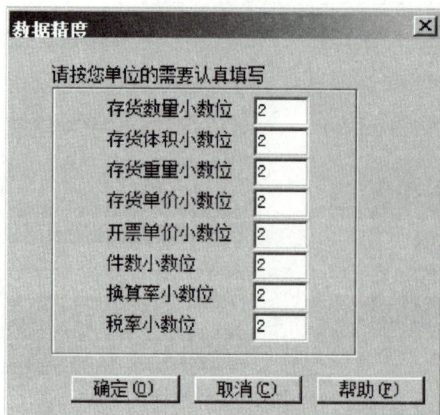

图1-14 数据精度

【提示】

科目编码级次举例：在"银行存款"总账科目下增设"中国工商银行"二级科目，可将其科目编码设定为"100201"，即：

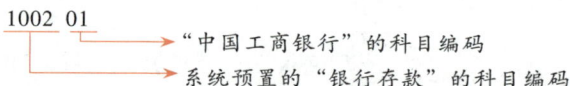

1002 01

→ "中国工商银行"的科目编码
→ 系统预置的"银行存款"的科目编码

（8）数据精度设置完毕，系统弹出"创建账套"对话框，如图1-15所示，提示建账成功，并询问是否需要在此启用系统，单击"否"，系统弹出"请进入企业应用平台进行业务操作！"对话框，单击"确定"，关闭该对话框并返回"创建账套-开始"窗口，如图1-16所示。单击"退出"按钮，完成全部建账工作。

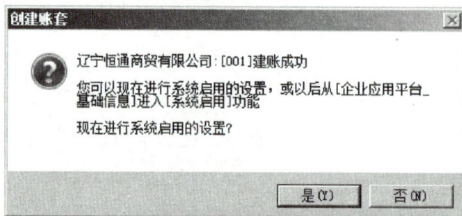

图1-15 系统启用提示框

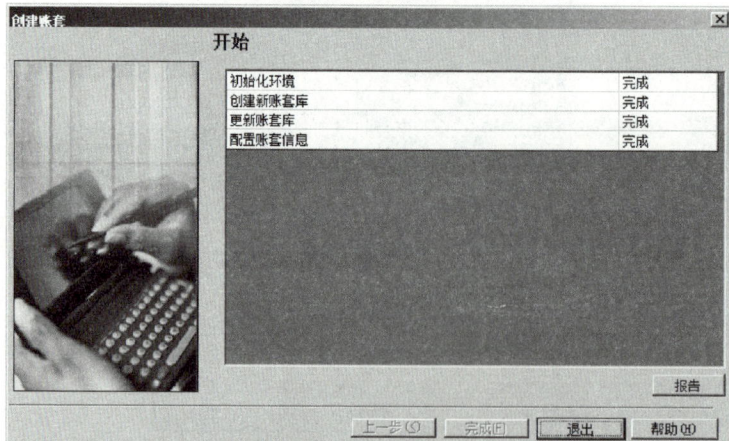

图1-16 完成建账

☞知识点 005　　修改账套

【实验资料】

2018 年 7 月 1 日，修改账套，给 001 账套增加外币核算功能。

【具体操作过程】

（1）由 001 账套的账套主管李成喜（A01）登录系统管理。执行"开始→所有程序→用友 U8 V10.1→系统服务→系统管理"命令，打开"用友 U8［系统管理］"窗口。在该窗口，选择"系统→注册"命令，打开"登录"窗口。在"操作员"栏输入 A01，"账套"栏选择"［001］（default）辽宁恒通商贸有限公司"，将"操作日期"改为"2018-07-01"，如图 1-17 所示。单击"登录"按钮，进入系统管理窗口。

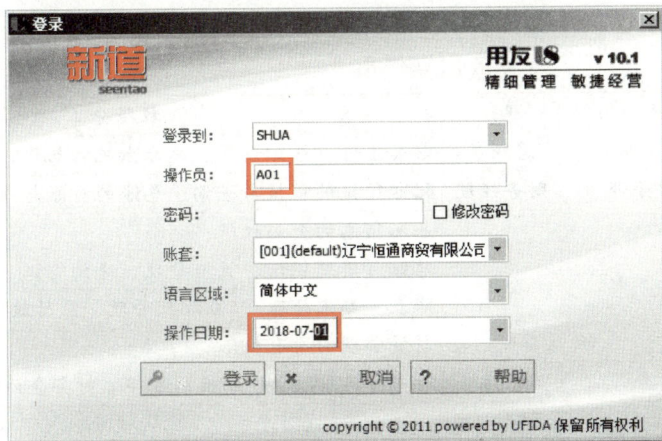

图 1-17　"登录"窗口

（2）执行"账套→修改"命令，根据向导找到"修改账套-基础信息"窗口，勾选"有无外币核算"栏，如图 1-18 所示。单击"完成"按钮，系统提示"确认修改账套了么?"，单击"是"按钮，弹出"编码方案"窗口，单击"取消"按钮，弹出"数据精度"窗口，单击"取消"按钮，系统弹出"修改账套成功"提示框，单击"确定"按钮，完成账套修改。

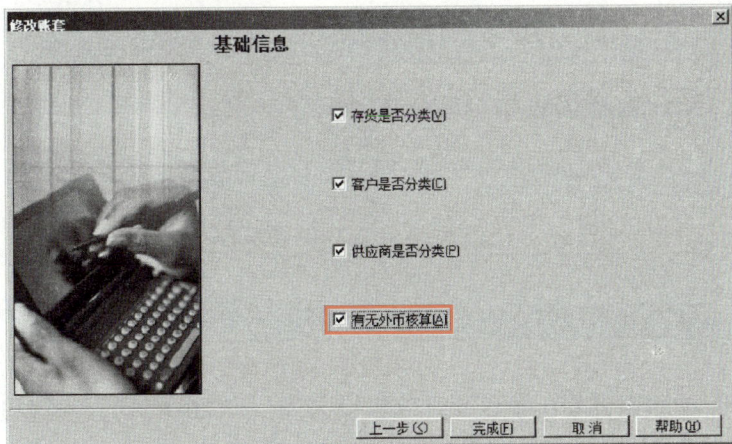

图 1-18　修改账套-基础信息

【提示】

建账完成后，在未使用相关信息的情况下，可由账套主管对下列信息进行适当修改：

❶ "账套信息"中的账套名称；

❷ "单位信息"中的全部信息；

❸ "核算类型"中企业类型允许将商业类型修改为医药流通类型，其他不允许修改；

❹ "基础信息"、"编码方案"及"数据精度"均可修改。

其中，"编码方案"和"数据精度"也可到企业应用平台的"基础设置→基本信息"菜单下修改，"单位信息"也可到"基础设置→基础档案→机构人员"菜单下修改。

系统管理员无权修改账套。

☞知识点006 设置功能级权限

【实验资料】

根据表1-3设置辽宁恒通的U8系统操作员权限。

表1-3 软件应用操作员及操作权限分工表

编码	姓名	隶属部门	职务	权限分工
A01	李成喜	总经理办公室	总经理	账套主管（基础设置、总账系统初始化）
W01	王钰	财务部	财务经理	记账凭证的审核与查询、总账的对账与结账、编制UFO报表
W02	赵凯	财务部	会计	基本信息的全部权限； 总账（填制凭证、凭证整理、查询凭证、记账、常用凭证、账表、期末处理）、应收款管理、应付款管理、固定资产、薪资管理的所有权限
W03	贺青	财务部	出纳	财务会计/总账/凭证/出纳签字、财务会计/总账/出纳

【具体操作过程】

（1）由系统管理员（admin）登录系统管理。执行"开始→所有程序→用友U8 V10.1→系统服务→系统管理"命令，打开"用友U8［系统管理］"窗口。在该窗口，选择"系统→注册"命令，打开"登录"窗口。在"操作员"栏输入admin，"账套"栏选择"（default）"，单击"登录"按钮，进入系统管理窗口。

（2）选择"权限"菜单下的"权限"功能，打开"操作员权限"窗口，如图1-19所示。

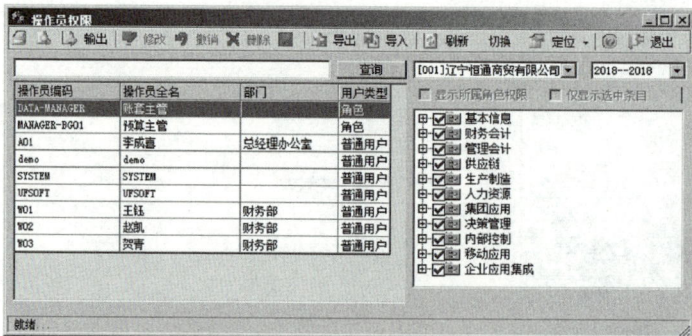

图1-19 "操作员权限"窗口

（3）选择要分配权限的001账套及对应年度区间（即2018年），左边显示本账套内所有角色和用户名。

（4）选择操作员"W01"，点击工具栏的"修改"按钮，点击⊞展开功能目录树，点击☑表示选中某项详细功能，根据实验资料（表1-3）给王钰授权，单击工具栏的"保存"按钮，保存授权结果，如图1-20所示。

（5）依上述方法根据实验资料对"W02"和"W03"进行授权。

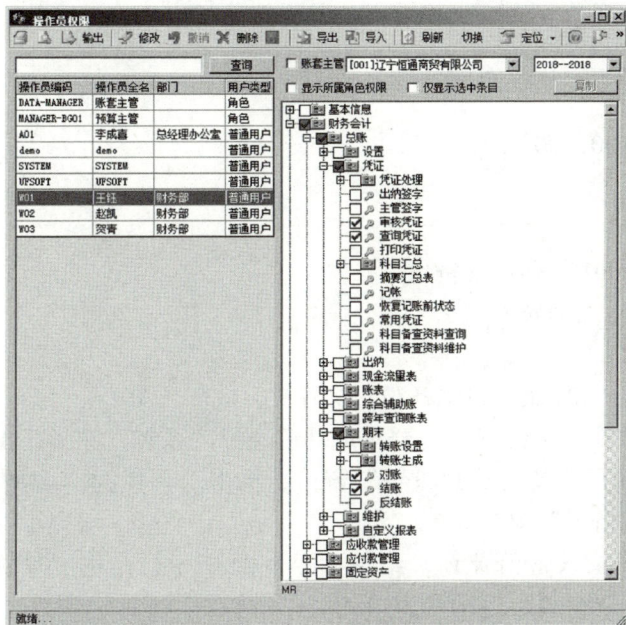

图1-20　"操作员权限"窗口

【提示】

在图1-20中，如果勾选"账套主管"，则该操作员具有所有该账套库的所有子系统的所有权限。一个账套可以有多个账套主管。由于A01（李成喜）在建账时已指定为账套主管，无需再次授权。

如果想一次性给一批操作员增加相同权限，可以点击工具栏"切换"按钮，在界面左侧选择一些权限，然后可以在右侧选择多个操作员。

如果对某角色分配了权限，则在增加新的用户时（该用户属于此角色）该用户自动拥有此角色具有的权限。

为了满足企业不断提高的管理要求，U8系统提供了集中权限管理，实现了三个层次的权限管理：

❶功能级权限管理。该权限将提供更为细致的功能级权限管理功能。由系统管理员或有权限的管理员用户在系统管理中完成功能级权限的分配设置。

❷数据级权限管理。该权限可以通过记录级和字段级两个方面进行权限控制。

❸金额级权限管理。该权限可以通过对具体金额数量划分级别，实现对不同的操作员进行金额级别控制。

对于数据级权限和金额级权限，须在功能级权限分配之后，到企业应用平台的"系统服务→权限"菜单下完成。

☞知识点007　备份账套

（1）账套自动备份

【实验资料】

计划编号：2018-07

计划名称：001账套自动备份

备份类型：账套备份

发生频率：每周

发生天数：1

开始时间：18：00：00

有效触发：2

保留天数：7

备份路径：C：\001账套自动备份

账套：001辽宁恒通商贸有限公司

【具体操作过程】

❶在C盘中新建"001账套自动备份"文件夹。

❷由系统管理员登录系统管理，登录成功后选择"系统"菜单下的"设置备份计划"功能，打开"备份计划设置"窗口，单击工具栏的"增加"按钮，打开"备份计划详细情况"窗口。

❸根据实验资料录入备份计划，结果如图1-21所示，单击"增加"后关闭该窗口，返回"备份计划设置"窗口，退出该窗口。

图1-21　"备份计划详细情况"窗口

【提示】

[计划编号]　编号长度不得超过12个字符。

[计划名称]　名称最多不得超过40个字符。

[备份类型]　系统管理员可以进行账套备份、账套库备份和账套库增量备份。账套主管或有权限的管理员用户只能进行后两种备份。

[发生天数]　单选项，系统根据发生频率，确认执行备份计划的确切天数。本案例中每周的第一天进行一次备份。

[开始时间]　在指定发生频率中的发生天数内的什么时间开始进行备份。

[有效触发] 是指以备份开始时间为准，在有效触发小时的范围内，系统反复重新备份，直到备份成功。

自动备份可以对多个账套或账套库同时自动输出，而且可以进行定时设置。

（2）账套手工备份（输出）

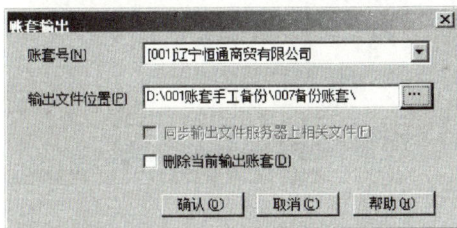

【实验资料】

手动将账套数据输出至"D：\001 账套手工备份\007 备份账套\"。

【具体操作过程】

❶ 在 D 盘中新建"001 账套手工备份"文件夹，再在该文件夹下新建"007 备份账套"文件夹。

❷ 由系统管理员登录系统管理，登录成功后选择"账套"菜单下的"输出"功能，打开"账套输出"窗口。

❸ 在"账套号"处选择需要备份的 001 账套，在"输出文件位置"处选择"D：\001 账套手工备份\007 备份账套\"，如图 1-22 所示。点击"确认"按钮，系统进行账套数据输出。输出完成后系统弹出"输出成功"提示框，单击"确定"按钮返回。

图 1-22　"账套输出"窗口

【提示】

只有系统管理员有权进行账套输出。账套输出成功后在文件输出位置指定的文件夹生成 UFDATA.BAK 文件和 UfErpAct.Lst 文件。

如果将"删除当前输出账套"同时选中，在输出完成后系统会确认是否将数据源从当前系统中删除的工作。但是，正在使用的账套可以进行账套输出，不允许进行账套删除。

所输出的备份数据应转存至其他介质。当企业由于不可预知的原因（如地震、火灾、计算机病毒、人为的误操作等），需要对数据进行恢复，则备份数据就可将企业损失降至最低。

☞知识点 008　引入账套

【实验资料】

将"D：\001 账套手工备份\007 备份账套\"的账套数据引入到系统默认路径。

【具体操作过程】

（1）由系统管理员登录系统管理，登录成功后选择"账套"菜单下的"引入"功能，打开"请选择账套备份文件"窗口。

（2）选择所要引入的账套数据备份文件，如图 1-23 所示。单击"确定"按钮，系统弹出"系统管理"提示框，如图 1-24 所示。单击"确定"按钮，打开"请选择账套引入的目录"窗口，本案例采用默认存储路径，如图 1-25 所示。直接单击"确定"按钮系统随即进行账套数据引入。运行一段时间后，系统提示"账套［001］引入成

功！"，单击"确定"按钮，完成引入工作。

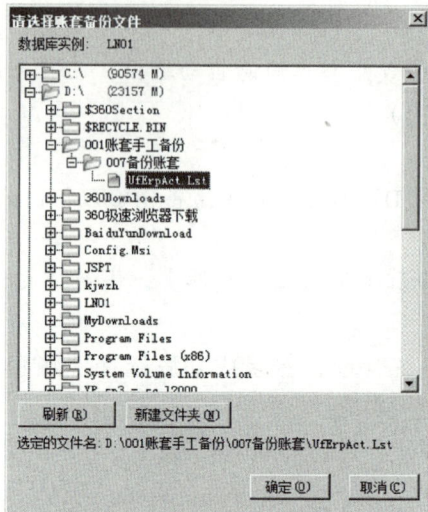

图1-23 选择账套备份文件

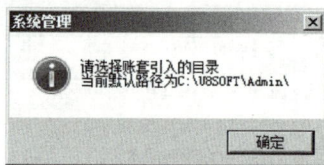

图1-24 "系统管理"提示框

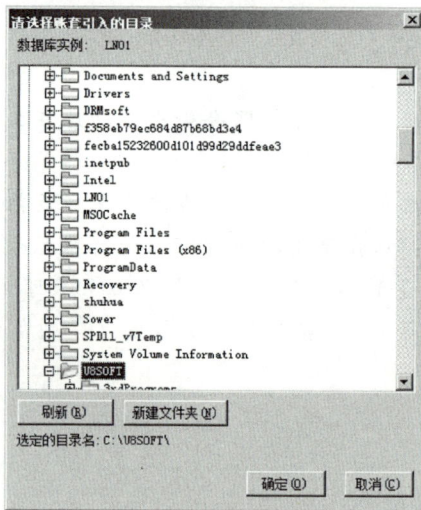

图1-25 选择账套引入目录

【提示】

只有系统管理员有权进行账套引入。

可修改数据库存放的路径和文件夹。

以下情况可能需要进行引入账套：

❶当前账套数据遭到破坏；

❷母公司定期对子公司账套数据进行分析、汇总。

项目2 基础设置

本项目主要是进行软件日常使用前的基础性工作，包括各种档案信息的维护等。虽然从操作层面本项目并不复杂，但是有些信息一旦被参照使用，将不能修改，读者需准确处理。

除各种档案信息的添加外，本项目的重难点内容：计量单位的设置、单据格式设计、数据权限相关问题。

本项目总体流程如图2-1所示。

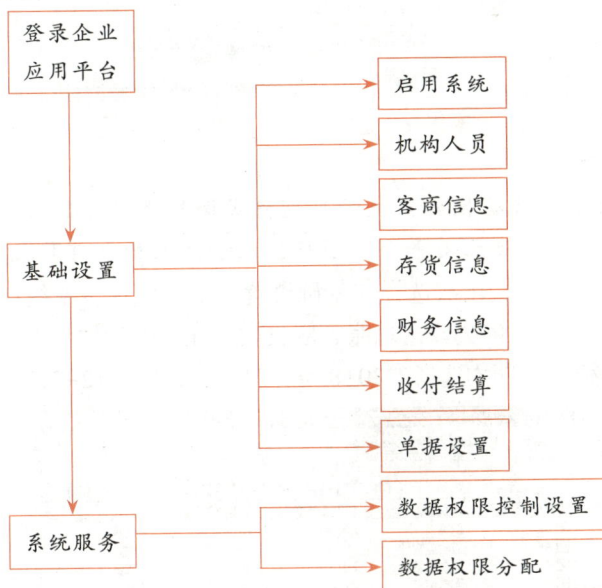

图2-1 本项目总体流程

任务1 设置基本信息

☞知识点009 启用系统

【实验资料】

辽宁恒通的U8系统共使用5个子系统，见表2-1。

表2-1 001账套启用的系统

系统编码	系统名称	启用会计期间	启用自然日期	启用人
GL	总账	2018-07	2018-07-01	李成喜
AR	应收款管理	2018-07	2018-07-01	李成喜
AP	应付款管理	2018-07	2018-07-01	李成喜
FA	固定资产	2018-07	2018-07-01	李成喜
WA	薪资管理	2018-07	2018-07-01	李成喜

【具体操作过程】

（1）2018年7月1日，由李成喜（A01）登录企业应用平台。执行"开始→所有程序→用友U8 V10.1→企业应用平台"命令，打开"登录"窗口。在"操作员"栏输入A01，"账套"栏选择"［001］（default）辽宁恒通商贸有限公司"，将"操作日期"改为"2018-07-01"，如图2-2所示。单击"登录"按钮，进入企业应用平台。

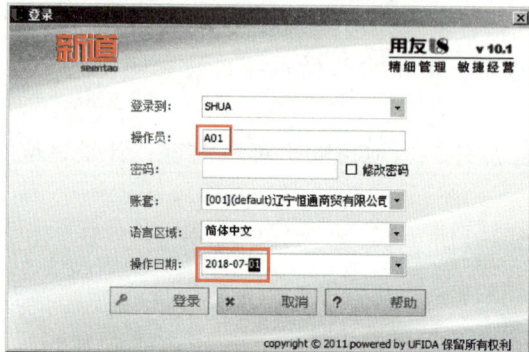

图2-2　企业应用平台登录窗口

【提示】

正式使用U8系统前，应将操作系统的日期格式调整为短日期格式，即yyyy-MM-dd。如果系统桌面存在"企业应用平台"图标，双击该图标也可登录平台。

（2）在U8企业应用平台，依次选择"基础设置→基本信息→系统启用"命令，打开"系统启用"窗口。根据实验资料依次勾选总账、应收款管理、应付款管理、固定资产、薪资管理这5个系统左侧的选择框，日期均选择"2018-07-01"，结果如图2-3所示。退出该窗口。

图2-3　启用系统

【提示】

除上述方法外，在创建账套结束并设置完数据精度后，系统提示是否启用系统，如图1-15所示，若单击"是"，则弹出图2-3所示的"系统启用"窗口，以启用系统。

各系统的启用自然日期必须大于或等于建立账套时设定的"启用会计期"。

当应付系统先于总账启用，则在总账启用之前的凭证，总账会在审核时将其标上有错标志，并且这些凭证会导致总账和应收应付对账不平。

任务 2　设置机构人员档案

☞知识点 010　设置部门档案

【实验资料】

根据表 2-2 增加部门档案。

表 2-2　　　　　　　　　　　　　　部门档案

部门编码	部门名称
A	总经理办公室
W	财务部
X	销售部
G	采购部
C	仓储部

【具体操作过程】

（1）2018 年 7 月 1 日，由李成喜（A01）登录企业应用平台。

（2）在 U8 企业应用平台，依次选择"基础设置→机构人员→部门档案"命令，打开"部门档案"窗口。单击工具栏的"增加"按钮，在"部门编码"栏输入"1"，"部门名称"栏输入"总经理办公室"，输入完毕单击工具栏的"保存"按钮，完成第一个部门档案的增加。

（3）单击"增加"按钮，根据实验资料继续增加其他部门档案，结果如图 2-4 所示。关闭该窗口。

设置部门档案

图 2-4　"部门档案"窗口

【提示】

部门编码和部门名称为必输项。部门编码必须符合部门编码级次规则。

☞知识点 011　设置人员类别

【实验资料】

根据表 2-3 增加正式工的人员子类别。

表 2-3 正式工的人员类别

档案编码	档案名称
1011	企业管理人员
1012	销售人员
1013	采购人员

【具体操作过程】

（1）在 U8 企业应用平台，依次选择"基础设置→机构人员→人员类别"命令，打开"人员类别"窗口。根据实验资料，单击左侧的"正式工"，单击工具栏的"增加"按钮，弹出"增加档案项"窗口。

（2）在"档案编码"栏输入 1011，"档案名称"输入"企业管理人员"，单击"确定"按钮。继续输入剩余的人员类别档案。全部输入完毕，关闭"增加档案项"窗口，返回"人员类别"窗口，如图 2-5 所示。退出该窗口。

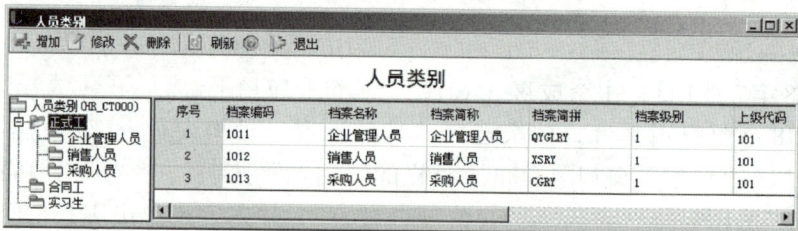

图 2-5 "人员类别"窗口

【提示】

档案编码和档案名称为必输项。

新增或修改人员类别档案时，只能选择末级的人员类别。

人员类别被使用后，不能增加下级子类别。

未使用的人员类别可直接删除。

人员类别在薪资管理系统的工资分摊中有着非常重要的应用。

☞知识点 012 设置人员档案

【实验资料】

根据表 2-4 增加人员档案。

表 2-4 人员档案

部门编码和名称	人员编码和姓名	性别	雇佣状态	人员类别	是否操作员	是否业务员
A 总经理办公室	A01 李成喜	男	在职	企业管理人员	是	是
W 财务部	W01 王钰	女	在职	企业管理人员	是	是
	W02 赵凯	男	在职	企业管理人员	是	是
	W03 贺青	女	在职	企业管理人员	是	是
X 销售部	X01 刘晓明	男	在职	销售人员		是
	X02 何丽	女	在职	销售人员		是
G 采购部	G01 张宏亮	男	在职	采购人员		是
	G02 徐辉	男	在职	采购人员		是
C 仓储部	C01 李泽华	女	在职	企业管理人员		是

【具体操作过程】

（1）在 U8 企业应用平台，依次选择"基础设置→机构人员→人员档案"命令，打开"人员档案"窗口。

（2）根据实验资料，单击工具栏的"增加"按钮，弹出人员档案录入界面，录入档案信息，结果如图 2-6 所示。单击"保存"按钮，若该人员已在系统管理中设置为操作员，则系统弹出提示框"人员信息已改，是否同步修改操作员的相关信息?"，单击"是"按钮，系统保存该人员信息。

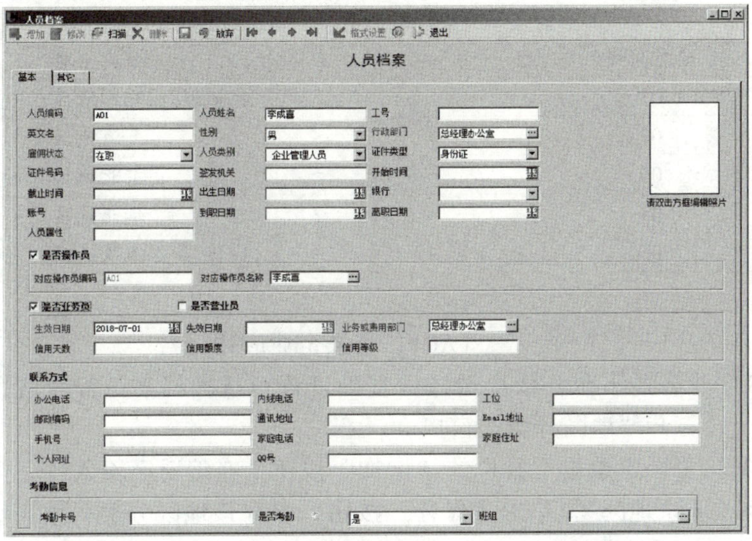

图 2-6　人员档案录入界面

（3）继续录入剩余人员的档案信息，录入完毕退出该界面，返回"人员档案"窗口，结果如图 2-7 所示。

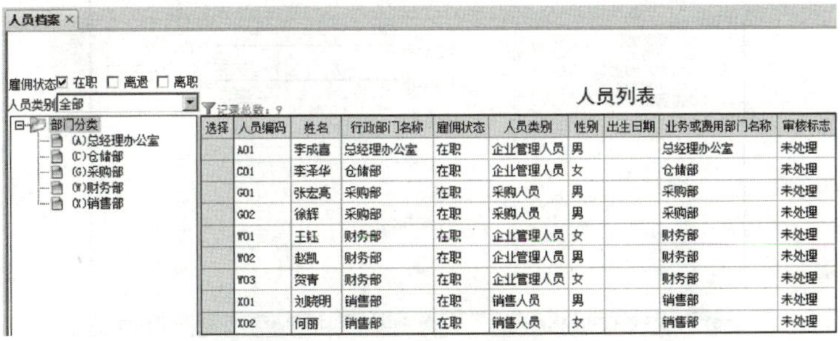

图 2-7　"人员档案"窗口

【提示】

人员编码、人员姓名、性别和所属行政部门必须输入，其中人员编码必须唯一，保存后不能修改，人员名称可以重复，可随时修改。

勾选"是否业务员"的人员可在其他档案或单据中的"业务员"栏被参照。

勾选"是否操作员"，若该人员在系统管理的用户列表中不存在，系统将该人员自动追加到系统管理的用户列表中（角色为普通员工），则此处的人员编码即为操作员的密码；若该人员在系统管理的用户列表中已经存在，系统将该人员自动追加到系统管理的用户列表中（角色为普通员工），则操作员的密码不变。

此处的人员档案信息可供薪资管理系统的人员档案功能调用。

任务3　设置客商信息

☞知识点013　设置地区分类

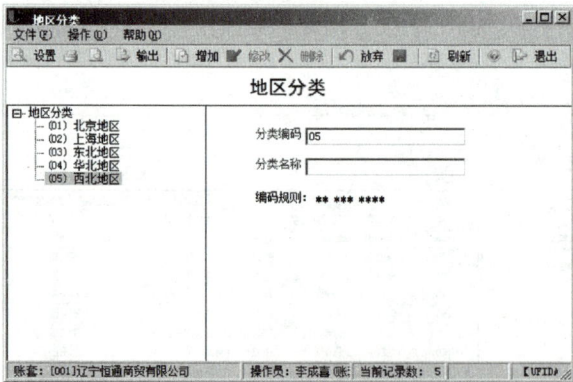

【实验资料】

根据表2-5增加地区分类。

表2-5　　　　　　　　　　　　　地区分类

分类编码	分类名称
01	北京地区
02	上海地区
03	东北地区
04	华北地区
05	西北地区

【具体操作过程】

（1）2018年7月1日，由李成喜（A01）登录企业应用平台。

（2）在U8企业应用平台，依次选择"基础设置→基础档案→客商信息→地区分类"命令，打开"地区分类"窗口。

（3）根据实验资料，单击工具栏的"增加"按钮，在编辑区输入"分类编码"为01，"分类名称"为"北京地区"，单击"保存"按钮，保存该地区分类。单击"增加"按钮，继续添加剩余的地区分类信息，结果如图2-8所示。

图2-8　"地区分类"窗口

【提示】

分类编码、分类名称为必输项。

地区分类最多可设置五级，企业可以根据实际需要进行分类。

分类必须逐级增加。除了一级分类之外，新增分类的分类编码必须有上级分类编码。

新增分类的分类编码必须与图1-13"编码方案"中设定的规则相符。

只能修改分类名称，不能修改分类编码。

已经使用的地区分类不能删除，非末级地区分类不能删除。

☞**知识点014 设置客户分类**

【实验资料】

根据表2-6增加客户分类。

表2-6 　　　　　　　　　　　　　　　客户分类

客户/供应商	分类编码	分类名称
客户	1	一般类
	2	代销类

【具体操作过程】

（1）在U8企业应用平台，依次选择"基础设置→基础档案→客商信息→客户分类"命令，打开"客户分类"窗口。

（2）根据实验资料，单击工具栏的"增加"按钮，在编辑区输入"分类编码"为1，"分类名称"为"一般类"，单击"保存"按钮，保存该客户分类。单击"增加"按钮，继续添加剩余的客户分类信息，结果如图2-9所示。

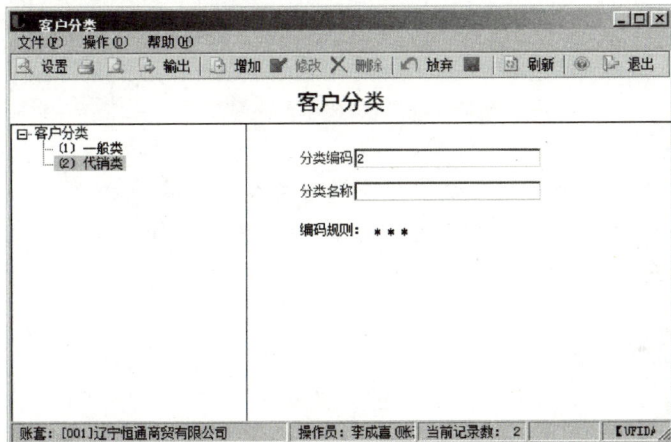

图2-9 "客户分类"窗口

【提示】

分类编码、分类名称为必输项。

供应商分类必须逐级增加。

已经使用的供应商分类不能删除，非末级供应商分类不能删除。

客户分类在U8的总账、应收款管理、销售管理、存货核算等系统均有重要用途。

☞**知识点015 设置供应商分类**

【实验资料】

根据表2-7增加供应商分类。

表2-7 　　　　　　　　　　　　　　　供应商分类

客户/供应商	分类编码	分类名称
供应商	1	服装商
	2	手表商
	3	皮具商
	4	综合类

【具体操作过程】

（1）在 U8 企业应用平台，依次选择"基础设置→基础档案→客商信息→供应商分类"命令，打开"供应商分类"窗口。

（2）根据实验资料添加供应商分类，方法与添加客户分类的方法一致，结果如图 2-10 所示。

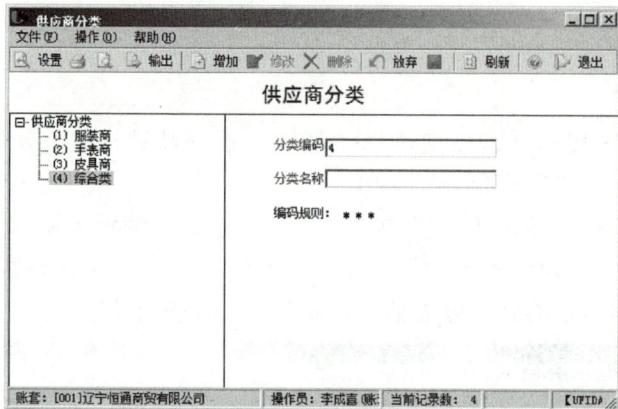

图 2-10 "供应商分类"窗口

【提示】

供应商分类的增加、修改、删除等业务规则与客户分类一致。

供应商分类在 U8 的总账、应付款管理、采购管理、存货核算等系统均有重要用途。

☞**知识点 016 设置客户档案**

【实验资料】

根据表 2-8 增加客户档案。

表 2-8   客户档案

客户		客户分类	税号、地址、电话	开户银行、账号
编码	名称			
001	北京汇鑫百货有限公司 简称：北京汇鑫	1	91110113578732690A 北京市顺义区常庄路992号 010-86218025	中国银行北京顺义常庄支行 2700322598914536398
002	广州华丰超市有限公司 简称：广州华丰	1	91440100613815327A 广东省广州市北市区向阳路108号 020-52396012	中国工商银行广州向阳支行 2692006083025562331
003	上海乐淘贸易有限公司 简称：上海乐淘	1	91310112203203919A 上海市闵行区北京路1号 021-65431789	交通银行闵行区北京路支行 8059209375023168063
004	沈阳喜来商贸有限公司 简称：沈阳喜来	2	91210103282819034A 辽宁省沈阳市沈河区万春路66号 024-65507283	中国农业银行沈阳万春支行 5830626920062662115
005	沈阳金泰商贸有限公司 简称：沈阳金泰	2	91210103291938726A 辽宁省沈阳市铁西区百花路2号 024-65308833	中国农业银行沈阳百花支行 5830611580626927622

【具体操作过程】

（1）在U8企业应用平台，依次选择"基础设置→基础档案→客商信息→客户档案"命令，打开"客户档案"窗口。

（2）单击工具栏的"增加"按钮，根据实验资料，在"基本"页签的"客户编码"栏输入001，"客户名称"栏输入"北京汇鑫百货有限公司"，"税号"栏输入91110113578732690A，如图2-11所示。

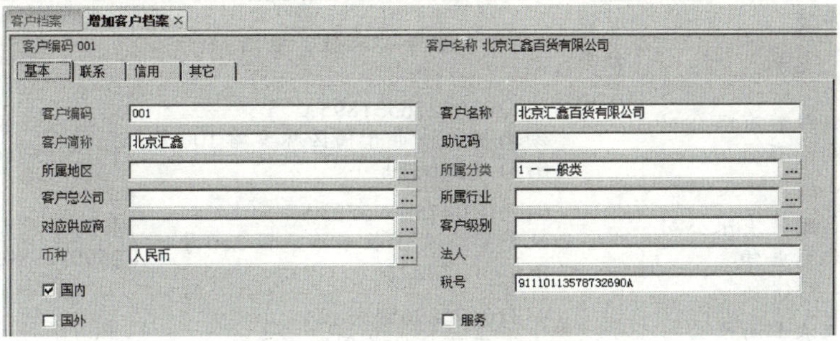

图2-11 客户档案录入界面

单击"联系"页签，在"地址"栏输入"北京市顺义区常庄路992号"，"电话"栏输入"010-86218025"。

单击工具栏的"银行"按钮，弹出"客户银行档案"窗口，单击工具栏的"增加"按钮，"所属银行"栏选择"中国银行"，"开户银行"栏输入"中国银行北京顺义常庄支行"，"银行账号"栏输入2700322598914536398，"默认值"选择"是"。单击"保存"按钮，再退出该窗口并返回客户档案录入界面。

（3）单击"增加并新增"按钮，继续添加剩余的客户档案。录入完毕后关闭录入界面返回"客户档案"窗口，结果如图2-12所示。

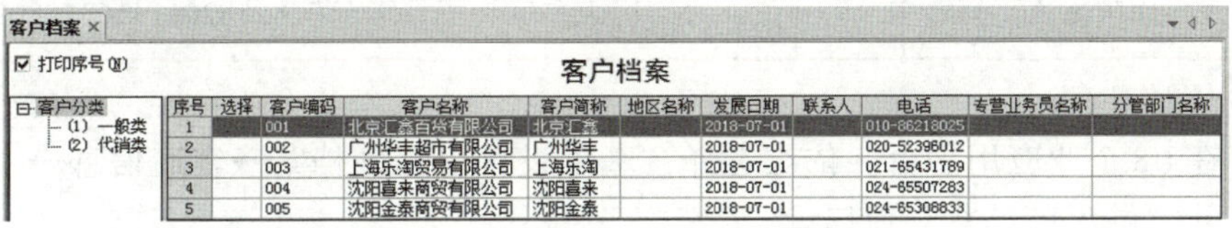

图2-12 "客户档案"窗口

【提示】

❶"基本"页签说明：

该页签包含客户的主要信息，其中蓝字的栏目（客户编码、客户简称、所属分类、币种）为必输项。

"对应供应商"不允许重复选择，即不允许有多个客户对应一个供应商的情况出现。

"客户总公司"指当前客户所隶属的最高一级的公司。具有同一个客户总公司的不同客户的发货业务，可以汇总在一张发票中统一开票。

❷"联系"页签说明：

如果设置了"分管部门"和"专管业务员"，在填制销售发票时，系统自动根据客户信息带出部门及业务员信息。

❸"信用"页签说明：

该页签用于记录客户信用信息，与应收款管理系统的"单据报警"和"信用额度控制"有关联关系。

☞知识点017　设置供应商档案

【实验资料】

根据表2-9增加供应商档案。

表2-9　　　　　　　　　　　　供应商档案

供应商		客户分类	税号、地址、电话	开户银行、账号
编码	名称			
101	湖南百盛服装有限公司 简称：湖南百盛	1	91430105276531895A 湖南省长沙市开福区林夕路100号 0731-8266319	中国农业银行长沙开福支行 1012093710651047815
102	北京嘉伟服装有限公司 简称：北京嘉伟	1	91110104759695583A 北京市宣武区长丰路六段360号 010-30453221	招商银行北京宣武分行 2590739805061504276
201	上海恒久表业有限公司 简称：上海恒久	2	91310106896543287A 上海市静安区花园路甲7号 021-28386699	中国银行上海静安支行 9517205720902010400
202	大连博伦表业有限公司 简称：大连博伦	2	91210203821392076A 大连市西岗区古塔路1029号 0411-87691203	交通银行大连西岗支行 3041309299285602525
301	山东顺达皮具有限公司 简称：山东顺达	3	91370212386932857A 山东省青岛市崂山区李沧路90号 0536-85328912	中国工商银行青岛崂山支行 6800328250237723819
401	天津惠阳商贸有限公司 简称：天津惠阳	4	91120104572036908A 天津市南开区中华路三段88号 022-81329367	中国农业银行天津南开支行 2806725046208670931
402	沈阳通达物流有限公司 简称：沈阳通达	4	91210105357948262A 辽宁省沈阳市皇姑区振兴路968号 024-82961537	中国银行沈阳皇姑支行 8201141631080910001

【具体操作过程】

（1）在U8企业应用平台，依次选择"基础设置→基础档案→客商信息→供应商档案"命令，打开"供应商档案"窗口。

（2）单击工具栏的"增加"按钮，根据实验资料，在"基本"页签的"供应商编码"栏输入101，"供应商名称"栏输入"湖南百盛服装有限公司"，"税号"栏输入91430105276531895A，"开户银行"栏输入"中国农业银行长沙开福支行"，"银行账号"栏输入1012093710651047815，如图2-13所示。

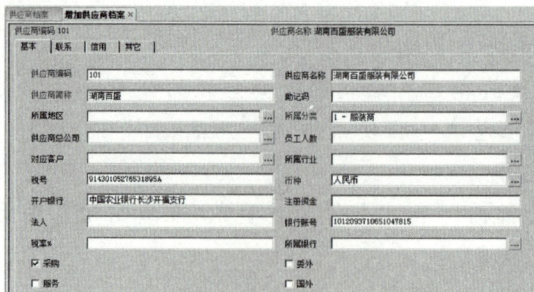

图2-13　供应商档案录入界面

单击"联系"页签，在"地址"栏输入"湖南省长沙市开福区林夕路100号"，"电话"栏输入"0731-8266319"。

（3）单击"增加并新增"按钮，继续添加剩余的供应商档案。录入完毕关闭录入界面返回"供应商档案"窗口，结果如图2-14所示。

图2-14　"供应商档案"窗口

【提示】

❶ "基本"页签说明：

该页签包含供应商的主要信息，其中蓝字的栏目（供应商编码、供应商简称、所属分类、币种）为必输项。

"对应客户"不允许重复选择，即不允许有多个供应商对应一个客户的情况出现。

供应商总公司指当前供应商所隶属的最高一级的公司。

❷ "联系"页签说明：

如果设置了"分管部门"和"专管业务员"，在填制采购发票时，系统自动根据供应商信息带出部门及业务员信息。

❸ "信用"页签说明：

该页签用于记录供应商信用信息，与应付款管理系统的"单据报警"和"信用额度控制"有关联关系。

任务4　存货设置

☞知识点018　设置存货分类

【实验资料】

根据表2-10增加存货分类。

表2-10　　　　　　　　　　　存货分类

一级分类		二级分类	
编码	名称	编码	名称
1	商品	11	服装
		12	手表
		13	皮具
2	应税劳务		

【具体操作过程】

（1）2018年7月1日，由李成喜（A01）登录企业应用平台。

（2）在U8企业应用平台，依次选择"基础设置→基础档案→存货→存货

设置存货分类

分类"命令，打开"存货分类"窗口。

（3）单击工具栏的"增加"按钮，根据实验资料，在"分类编码"栏输入1，"分类名称"栏输入"商品"，单击"保存"按钮，保存该存货分类。单击"增加"按钮继续添加剩余存货分类信息，结果如图2-15所示。

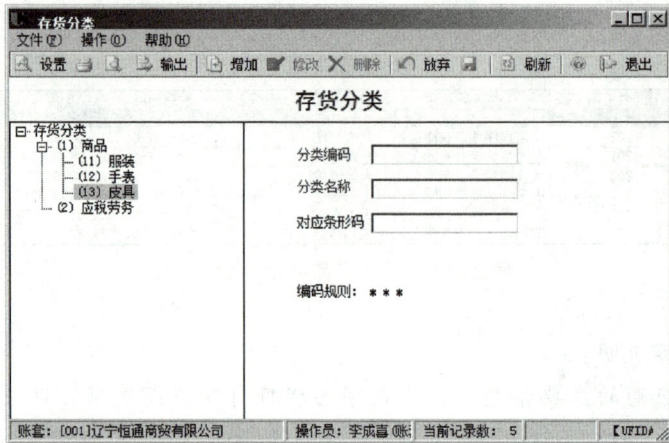

图2-15 "存货分类"窗口

【控制说明】

分类编码、分类名称为必输项。

保存后的存货分类只允许修改分类名称，不能修改分类编码。

已经使用的存货分类不能删除，非末级存货分类不能删除。

存货分类在应收款管理、应付款管理、存货核算等系统的初始设置中有重要应用。

☞知识点019 设置计量单位

【实验资料】

根据表2-11增加计量单位组及具体的计量单位。

表2-11　　　　　　　　　　　计量单位组及计量单位

计量单位组			计量单位		
编码	名称	类别	编码	名称	备注
1	自然单位组	无换算率	101	件	
			102	条	
			103	套	
			104	只	
			105	对	
			106	个	
			107	千米	
			108	次	

【具体操作过程】

（1）在U8企业应用平台，依次选择"基础设置→基础档案→存货→计量单位"命令，打开"计量单位-计量单位组"窗口。

（2）单击工具栏的"分组"按钮，打开"计量单位组"窗口，单击工具栏

的"增加"按钮，在"计量单位组编码"栏输入 1，"计量单位组名称"栏输入"无换算率"，"计量单位组类别"选择"无换算率"，如图 2-16 所示，单击"保存"按钮，保存该计量单位组。

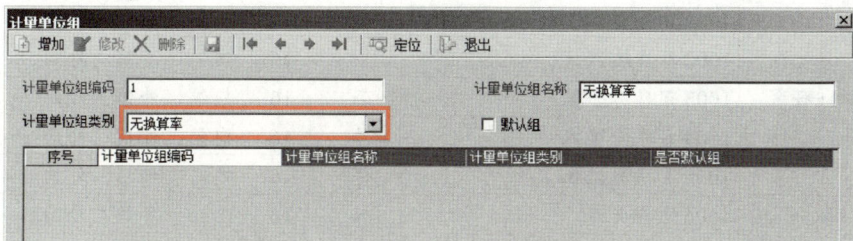

图 2-16　计量单位组编辑窗口

【提示】

计量单位组分无换算率、浮动换算率、固定换算率三种类别。换算率是指辅计量单位和主计量单位之间的换算比。

［无换算率］该组的计量单位不存在换算关系，全部为主计量单位。计量单位组中最多只能有一个无换算率组。

［固定换算率］该组包含一个主计量单位和多个辅计量单位，主、辅计量单位之间存在固定的换算关系。一般将最小计量单位作为主计量单位。例如 1 标准箱香烟=250 条香烟=2 500 盒香烟。这里可将"盒"作为主计量单位，"盒"与"条"的换算率设为 10，"盒"与"标准箱"的换算率设为 2 500。

［浮动换算率］该组只能包括两个计量单位：一个主计量单位、一个辅计量单位。

（3）退出"计量单位组"窗口，返回计量单位窗口，单击工具栏的"单位"按钮，打开"计量单位"窗口，根据实验资料，单击工具栏的"增加"按钮，"计量单位编码"栏输入 101，"计量单位名称"栏输入"件"，单击"保存"按钮，结果如图 2-17 所示。

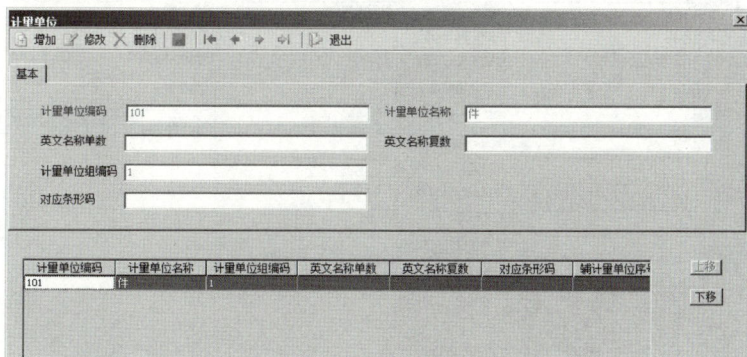

图 2-17　计量单位编辑窗口

（4）继续添加剩余计量单位，添加完毕退出计量单位窗口。

【提示】

在设置计量单位时，必须先设置计量单位组，再在组下增加具体的计量单位。

☞知识点 020　设置存货档案

【实验资料】

根据表 2-12 增加存货档案。

表2-12　　　　　　　　　　　　　　　存货档案

存货分类		存货编码及名称	计量单位组	计量单位	税率（%）	存货属性
一级	二级					
1商品	11服装	1001百盛男夹克	1	件	16	内销、外销、外购
		1002百盛休闲裤	1	条	16	内销、外销、外购
		1003百盛男套装	1	套	16	内销、外销、外购
		1004嘉伟女风衣	1	件	16	内销、外销、外购
		1005嘉伟男风衣	1	件	16	内销、外销、外购
	12手表	1006博伦女表	1	只	16	内销、外销、外购
		1007博伦男表	1	只	16	内销、外销、外购
		1008恒久情侣表	1	对	16	内销、外销、外购
	13皮具	1009顺达女士箱包	1	个	16	内销、外销、外购
		1010顺达男士箱包	1	个	16	内销、外销、外购
		1011顺达情侣箱包	1	个	16	内销、外销、外购
2应税劳务		3001运输费	1	千米	10	内销、外销、外购、应税劳务

【具体操作过程】

（1）在U8企业应用平台，依次选择"基础设置→基础档案→存货→存货档案"命令，打开"存货档案"窗口。

（2）单击工具栏的"增加"按钮，打开"增加存货档案"窗口。根据实验资料，输入"百盛男夹克"的存货档案，如图2-18所示，单击"保存并新增"按钮，保存该存货档案并添加剩余存货档案。

图2-18　"增加存货档案"窗口

（3）所有存货档案添加完毕，关闭"增加存货档案"窗口，返回"存货档案"窗口，结果如图2-19所示。

图2-19　"存货档案"窗口

【提示】

［存货编码］最多可输入60位数字或字符。

［存货名称］最多可输入255位汉字或字符。

存货属性：设置存货属性是为了控制在各种业务操作中是否可用此存货。同一存货可以设置多个属性，部分存货属性存在互斥或控制关系。

［内销］/［外销］具有该属性的存货可用于销售。发货单、销售发票、销售出库单等与销售有关的单据参照存货时，要求存货具有该属性。若需在销售发票等单据上填写应税劳务，则该应税劳务也应设置为内销/外销属性，否则无法参照。

［外购］具有该属性的存货可用于采购。到货单、采购发票、采购入库单等与采购有关的单据参照存货时，要求存货具有该属性。若需在采购发票等单据上填写采购费用，则该采购费用也应设置为外购属性，否则无法参照。

［应税劳务］指开具在采购发票等单据上的运输费用、保险费用、代销手续费等采购费用或开具在销售发票等单据上的应税劳务。该属性应与"自制""在制""生产耗用"属性互斥。

［资产］该属性与"受托代销"属性互斥。资产存货，默认仓库只能录入和参照存货档案中的资产仓。非资产存货，默认仓库只能录入和参照仓库档案中的非资产仓。

"成本"页签的计价方式：当用户在存货核算系统的选项中设置"核算方式"为"按存货核算"时，该属性必须设置且起严格控制作用，系统将按照这里设置的计价方式进行成本确认。

任务5　财务设置

☞**知识点021　维护会计科目**

会计科目，简称科目，是对会计要素的具体内容进行分类核算的项目，是进行会计核算和提供会计信息的基础。会计科目设置的完整性影响着会计过程的顺利实施，会计科目设置的层次深度直接影响着会计核算的详细、准确程度。

1.指定会计科目

【实验资料】

指定"1001库存现金"为现金科目，"1002银行存款"为银行科目。

【具体操作过程】

（1）2018年7月1日，由李成喜（A01）登录企业应用平台。

（2）在U8企业应用平台，依次选择"基础设置→基础档案→财务→会计

指定会计科目

科目"命令，打开"会计科目"窗口。

（3）单击"编辑"菜单下的"指定科目"功能，打开"指定科目"对话框。根据实验资料，单击 → 将"1001 库存现金"添加到已选科目区，如图 2-20 所示。单击该窗口左侧的"银行科目"，再单击 → 将"1002 银行存款"添加到已选科目区。单击"确定"按钮完成指定科目并返回"会计科目"窗口。

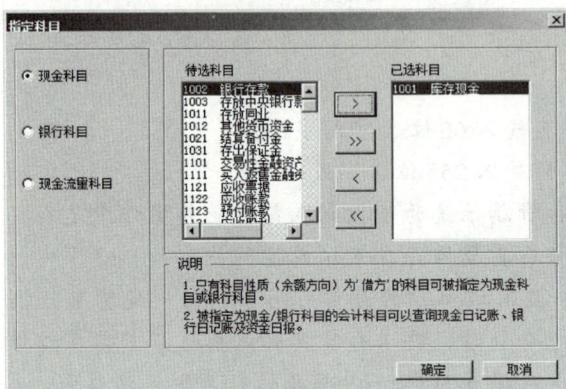

图 2-20 "指定科目"窗口

【提示】

只有指定现金科目、银行科目，才能在总账系统的出纳菜单下查询现金日记账（或库存现金日记账）、银行存款日记账。

只有指定现金科目、银行科目，才能进行出纳签字的操作。

2.增加会计科目

【实验资料】

根据表 2-13 增加会计科目。

表 2-13 会计科目表

科目编码	科目名称	辅助账类型
100201	中国工商银行	日记账 银行账
10020101	沈阳皇姑支行	日记账 银行账
100202	中国银行	日记账 银行账
10020201	沈阳皇姑支行	日记账 银行账
1002020101	人民币	日记账 银行账
1002020102	美元	日记账 银行账
101201	银行汇票存款	
101202	存出投资款	
110101	成本	项目核算
110102	公允价值变动	项目核算
122101	其他个人往来	个人往来
170101	专利权	
170102	商标权	
170103	土地使用权	
190101	待处理流动资产损溢	

续表

科目编码	科目名称	辅助账类型
190102	待处理固定资产损溢	
220201	一般应付账款	供应商往来，应付系统受控
220202	暂估应付账款	供应商往来，不受控于应付系统
221101	工资	
221102	社会保险费	
22110201	基本医疗保险	
22110202	工伤保险费	
22110203	生育保险费	
221103	住房公积金	
221104	工会经费	
221105	职工教育经费	
221106	职工福利费	
221107	非货币性福利	
221108	设定提存计划	
22110801	基本养老保险费	
22110802	失业保险	
222101	应交增值税	
22210101	进项税额	
22210105	转出未交增值税	
22210106	销项税额	
22210108	进项税额转出	
22210109	转出多交增值税	
222102	未交增值税	
222103	应交所得税	
222104	应交个人所得税	
222105	应交城建税	
222106	应交教育费附加	
222107	应交地方教育附加	
224101	代扣医疗保险	
224102	代扣养老保险	
224103	代扣失业保险	
224104	代扣住房公积金	
410401	提取法定盈余公积	
410402	提取任意盈余公积	
410404	未分配利润	
660201	折旧费	
660202	职工薪酬	
660203	水电费	
660204	差旅费	个人往来

续表

科目编码	科目名称	辅助账类型
660205	办公费	部门核算
660206	业务招待费	部门核算
660207	品牌管理费	
660208	修理费	
660209	无形资产摊销	
660301	利息支出	
660302	汇兑损益	
660303	手续费及工本费	
660304	现金折扣	

【具体操作过程】

在"会计科目"窗口，单击"增加"按钮即可进入添加会计科目界面，即"新增会计科目"窗口。根据实验资料，在"科目编码"栏输入100201，"科目名称"栏输入"中国工商银行"，如图2-21所示，单击"确定"按钮，该科目添加成功。单击"增加"按钮，继续添加剩余会计科目，全部添加完毕退出"新增会计科目"窗口。

图2-21　新增会计科目

【提示】

科目编码必须唯一，科目编码必须按其级次的先后次序建立。级次由系统根据科目编码方案（图1-13）定义。

科目中文名称最多可输入20个汉字，科目英文名称最多可输入100个英文字母。

科目中文名称和科目英文名称不能同时为空。

[外币核算] 一个科目只能核算一种外币。

[数量核算] 如果只启用总账系统，则原材料等存货科目应勾选此项并输入计量单

位，以进行数量核算。

［科目性质（余额方向）］一般情况下，资产类科目的科目性质默认为借方，负债类科目的科目性质默认为贷方。

只能在一级科目中设置科目性质，下级科目的科目性质与其一级科目的相同。已有数据的科目不能再修改科目性质。

［辅助核算］也称辅助账类，用于说明本科目除完成一般的总账、明细账核算外，是否有其他核算要求。系统提供以下几种专项核算功能：部门核算、个人往来、客户往来、供应商往来、项目核算。辅助核算可以组合设置，一个科目可同时设置三种辅助核算，具体可参照表2-14。但是，部门和个人不能组合设置，客户与供应商核算不能一同设置。

表2-14　　　　　　　　　　　辅助核算组合方式

辅助核算组合方式	部门	个人	客户	供应商	项目
部门+客户	√		√		
部门+供应商	√			√	
客户+项目			√		√
供应商+项目				√	√
部门+项目	√				√
个人+项目		√			√
部门+客户+项目	√		√		√
部门+供应商+项目	√			√	√

如果会计科目已有数据，而又对该科目的辅助核算进行修改，那么很可能造成总账与辅助账对账不平。

［受控系统］若某科目的"受控系统"不为空，则该科目为受控科目，与该受控科目相关的制单业务应到相应"受控系统"中完成。

3.成批复制会计科目

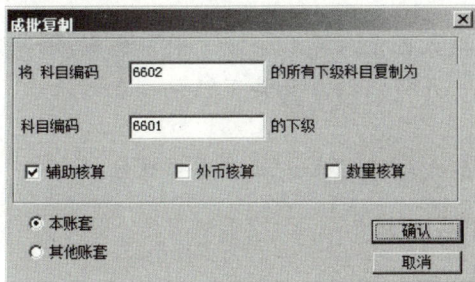

【实验资料】

将"6602管理费用"下的二级科目（含辅助核算）成批复制到"6601销售费用"下。

【具体操作过程】

在"会计科目"窗口，单击"编辑"菜单下的"成批复制"功能，打开"成批复制"对话框。根据实验资料，窗口上方的"科目编码"输入6602，窗口下方的"科目编码"输入6601，勾选"辅助核算"，如图2-22所示，单击"确认"按钮完成科目成批复制。

成批复制会计科目

图2-22　成批复制会计科目

4.修改会计科目

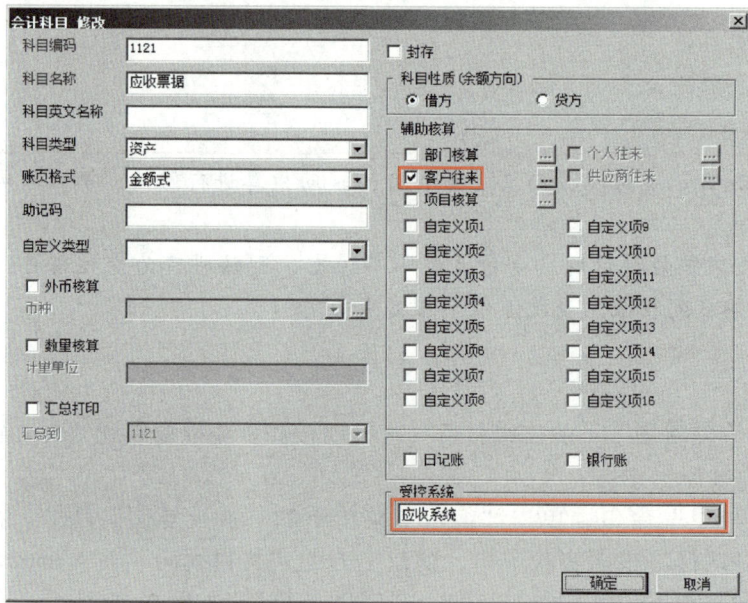

【实验资料】

修改会计科目"应收票据"、"应收账款"和"预收账款"辅助核算为"客户往来"，受控于"应收系统"；

修改会计科目"应付票据"和"预付账款"辅助核算为"供应商往来"，受控于"应付系统"；

将"660107品牌管理费"的科目名称改为"广告宣传费"；

将"660108修理费"的科目名称改为"运输费"；

将"660109无形资产摊销"的科目名称改为"委托代销手续费"；

将"6403营业税金及附加"的科目名称改为"税金及附加"。

【具体操作过程】

在"会计科目"窗口，单击需要修改的"应收票据"科目，单击工具栏的"修改"按钮，打开"会计科目_修改"窗口（直接双击待修改科目也可打开该窗口）。单击"修改"按钮，勾选"客户往来"辅助核算，如图2-23所示，单击"确定"按钮。根据实验资料继续修改其他会计科目。

图2-23 修改会计科目

【提示】

如果本科目已被制过单或已录入期初余额，则不能删除、修改。如果要修改该科目必须先删除有该科目的凭证，并将该科目及其下级科目余额清零，再行修改，修改完毕后要将余额及凭证补上。

非末级科目及已使用的末级科目不能再修改科目编码。

☞**知识点022 设置项目目录**

【实验资料】

根据表2-15逐步设置项目目录。

表 2-15	项目目录	
1.项目大类	金融资产	
2.核算科目	110101 成本	
	110102 公允价值变动	
3.项目分类	1 股票	2 债券
4.项目目录	11 东旭光电	
	12 京东方	

【具体操作过程】

（1）在 U8 企业应用平台，依次选择"基础设置→基础档案→财务→项目目录"命令，打开"项目档案"窗口。单击"增加"按钮，打开"项目大类定义_增加"窗口，在"新项目大类名称"栏输入"金融资产"，如图 2-24 所示，单击"下一步"，到定义项目级次界面（取系统默认值），再单击"下一步"，到定义项目栏目界面（取系统默认值），单击"完成"按钮，项目大类添加完毕。

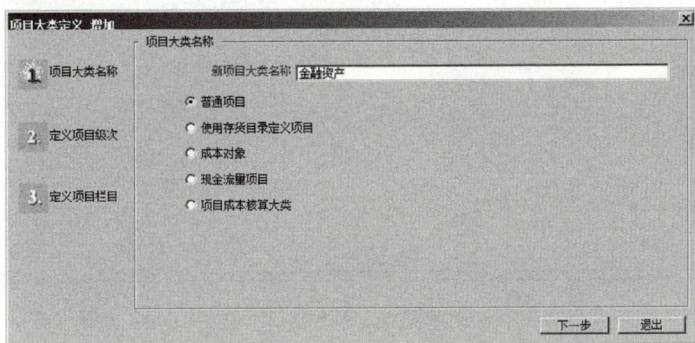

图 2-24 "项目大类定义_增加"窗口

【提示】

"项目档案"窗口的"增加""修改""删除"按钮是针对项目大类的操作。

如果启用了存货核算系统，则可选择"使用存货目录定义项目"，系统自动将存货分类设置为项目分类，并将存货目录设置为项目目录。

（2）在"项目档案"窗口，在"项目大类"下拉框中选择"金融资产"大类，点击 按钮将"110101 成本"和"110102 公允价值变动"移动到已选科目区，如图 2-25 所示。

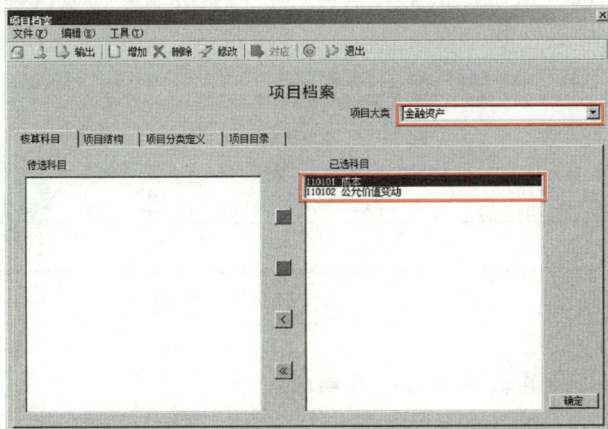

图 2-25 选定会计科目

【提示】

只有设置"项目核算"辅助核算的会计科目才能显示在待选科目区。

一个项目大类可以指定多个科目，一个科目只能属于一个项目大类。

（3）单击"项目分类定义"页签，单击窗口左下方的"增加"按钮，根据实验资料，"分类编码"栏输入"1"，"分类名称"栏输入"股票"，单击"确定"按钮。再增加第二个项目分类，结果如图2-26所示。

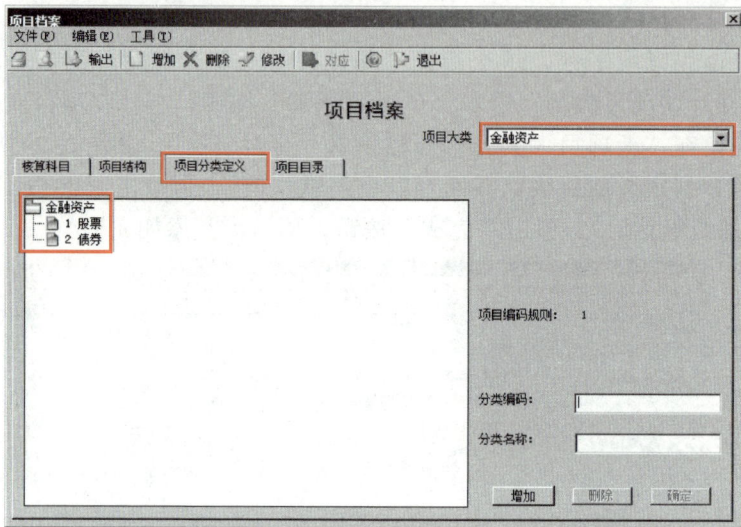

图2-26 增加项目分类

【提示】

已使用的项目分类不能删除。

未使用的分类编码和分类名称和已使用的分类名称可以修改。

非末级分类编码和已使用的分类编码不能修改。

非末级分类编码不能修改删除。若某项目分类已定义项目目录则不能删除，也不能定义下级分类，必须先删除项目目录，再删除该项目分类或定义下级分类。

（4）单击"项目目录"页签，单击窗口右下方的"维护"按钮，打开"项目目录维护"窗口，单击"增加"按钮，根据实验资料输入项目编号和项目名称，所属分类码选择"1"，结果如图2-27所示。退出该窗口。

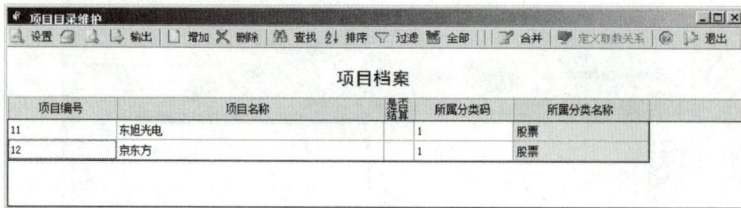

图2-27 "项目目录维护"窗口

【提示】

在每年年初应将已结算或不用的项目删除。

项目编号必须唯一，不能重复。

不同的项目可使用相同的所属分类码。

"定义取数关系"定义光标所在现金流量项目的对应科目及方向。定义好后，当凭证中录入该科目及方向时，在现金流量录入界面中自动获取对应的现金流量项目。

☞知识点023 设置凭证类别

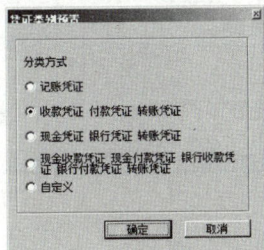

【实验资料】

根据表2-16选择凭证分类并设置凭证类别。

表2-16 凭证类别

类别名称	限制类型	限制科目
收款凭证	借方必有	1001，1002
付款凭证	贷方必有	1001，1002
转账凭证	凭证必无	1001，1002

【具体操作过程】

（1）在U8企业应用平台，依次选择"基础设置→基础档案→财务→凭证类别"命令，打开"凭证类别预置"窗口，根据实验资料，选择第二种分类方式，如图2-28所示。

图2-28 选择凭证分类

（2）单击"确定"按钮，打开"凭证类别"窗口，单击"修改"按钮，选择各类凭证的"限制类型"，并输入其限制科目，如图2-29所示。退出该窗口。

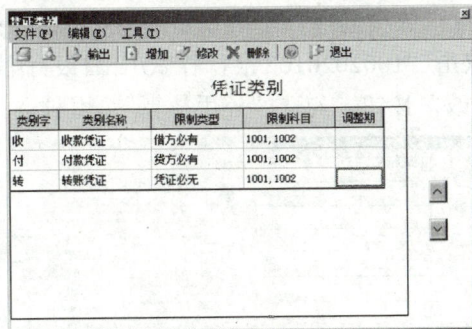

图2-29 "凭证类别"窗口

【提示】

已使用的凭证类别不能删除，也不能修改类别字。

以转账支票结算的业务应填制付款凭证，而非转账凭证！

采用专用记账凭证的情况下，对于库存现金、银行存款之间的收付业务（如存现、取现等），为避免重复记账，一般只填制付款凭证。

☞知识点024　设置外币核算

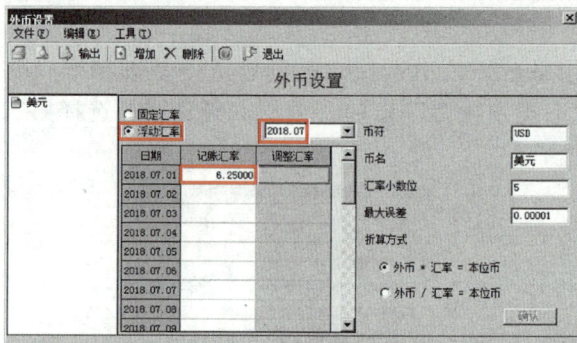

【实验资料】

（1）定义外币。币符：USD；币名：美元；浮动汇率；2018年7月1日记账汇率6.25000；其他默认。

（2）修改会计科目。为会计科目"1002020102银行存款/中国银行/沈阳皇姑支行/美元户"设置美元外币核算。

【具体操作过程】

（1）在U8企业应用平台，依次选择"基础设置→基础档案→财务→外币设置"命令，打开"外币设置"窗口，根据实验资料，选择"浮动汇率"，在"币符"栏输入"USD"，"币名"栏输入"美元"，单击"确认"按钮，在7月1日的"记账汇率"栏输入"6.25"，如图2-30所示。退出该窗口。

图2-30　"外币设置"窗口

【提示】

若选择固定汇率作为记账汇率，每月在填制凭证前，应预先在此录入该月的记账汇率，否则在填制该月外币凭证时，将会出现汇率为零的错误。

若选择浮动汇率作为记账汇率，在填制当天凭证前，应预先在此录入当天的记账汇率。

（2）在U8企业应用平台，依次选择"基础设置→基础档案→财务→会计科目"命令，打开"会计科目"窗口。双击"1002020102银行存款/中国银行/沈阳皇姑支行/美元户"科目，单击窗口右下方的"修改"按钮，勾选"外币核算"，币种选择美元，如图2-31所示。

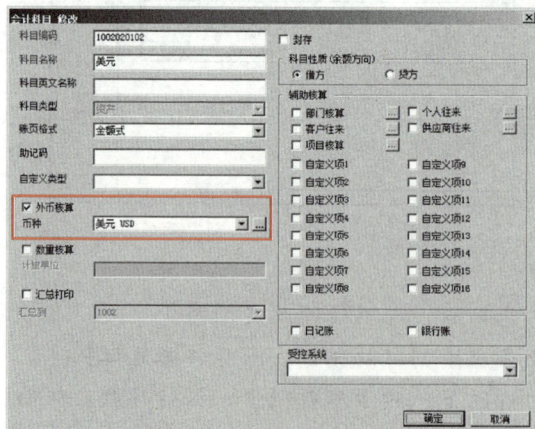

图2-31　修改会计科目

☞知识点025 设置常用摘要

【实验资料】

根据表2-17增加常用摘要。

表2-17 常用摘要

摘要编码	摘要内容
1	支付修理费
2	报销业务招待费
3	计提折旧费

【具体操作过程】

在U8企业应用平台，依次选择"基础设置→基础档案→其他→常用摘要"命令，打开"常用摘要"窗口。单击"增加"按钮，根据实验资料添加常用摘要，如图2-32所示。退出该窗口。

设置常用摘要

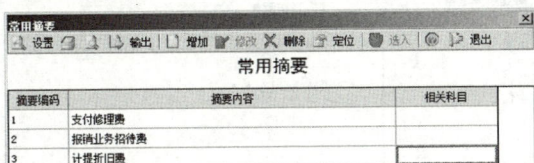

图2-32 "常用摘要"窗口

【提示】

［相关科目］如果某条常用摘要设置了"相关科目"，填制凭证时，在调用常用摘要的同时可自动调入该相关科目。

填制凭证时，在摘要区输入该常用摘要编码，系统自动调入该摘要正文和相关科目。

任务6　　收付结算

☞知识点026 设置结算方式

【实验资料】

根据表2-18增加常用结算方式。

表2-18 常用结算方式

结算方式编码	结算方式名称
1	现金
2	支票
21	现金支票
22	转账支票
3	汇票
31	银行汇票
32	商业承兑汇票
33	银行承兑汇票
4	汇兑
41	电汇
42	信汇
5	委托收款
6	托收承付
9	其他

【具体操作过程】

（1）2018年7月1日，由李成喜（A01）登录企业应用平台。

（2）在U8企业应用平台，依次选择"基础设置→基础档案→收付结算→结算方式"命令，打开"结算方式"窗口。单击"增加"按钮，根据实验资料添加结算方式并保存。结果如图2-33所示。退出该窗口。

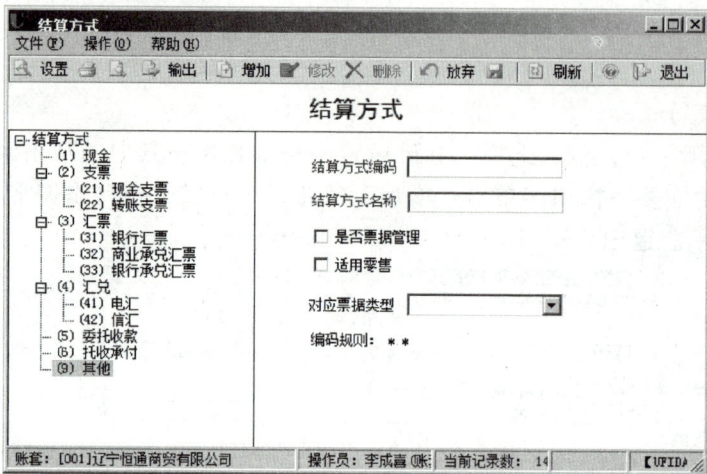

图2-33 "结算方式"窗口

【提示】

[是否票据管理]勾选该项的结算方式将进行支票登记簿管理。比如，在应收应付系统中，勾选票据管理的结算方式的收付款单可登记到总账系统的支票登记簿中。

☞ **知识点027 设置付款条件**

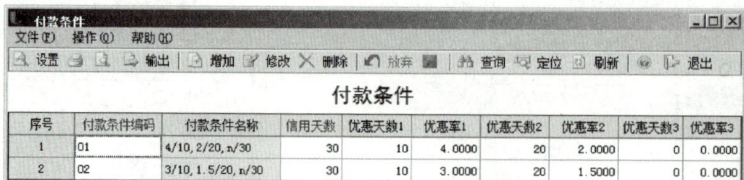

【实验资料】

根据表2-19增加付款条件。

表2-19 付款条件

编码	付款条件名称	信用天数	优惠天数1	优惠率1	优惠天数2	优惠率2
01	4/10，2/20，n/30	30	10	4	20	2
02	3/10，1.5/20，n/30	30	10	3	20	1.5

【具体操作过程】

在U8企业应用平台，依次选择"基础设置→基础档案→收付结算→付款条件"命令，打开"付款条件"窗口。单击"增加"按钮，根据实验资料输入"付款条件编码""信用天数"，以及优惠天数和优惠率并保存。结果如图2-34所示。退出该窗口。

图2-34 "付款条件"窗口

【提示】

［付款条件编码］应唯一、最多3个字符。

［付款条件名称］自动形成，不可修改。

［信用天数］指最大的信用天数，如超过此天数，则不仅要按全额支付货款，还可能要支付逾期付款利息或违约金。

付款条件在订单、发票、客户档案、供应商档案等表单中被引用。付款条件一旦被引用，便不能进行修改和删除的操作。

☞知识点028 设置银行档案

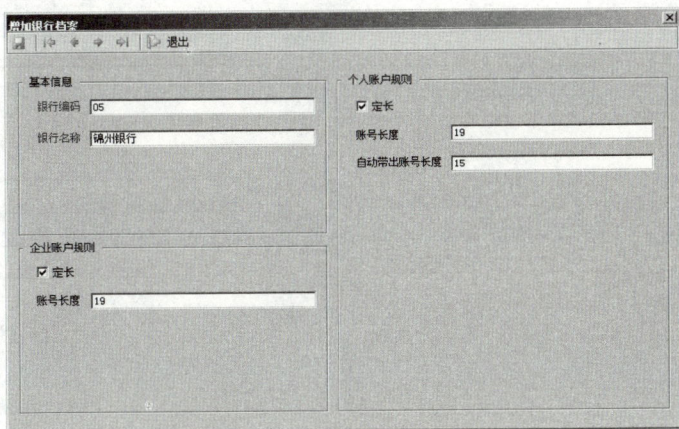

【实验资料】

（1）增加银行档案。银行编码为"05"，银行名称为"锦州银行"，账号（企业账户、个人账户）长度均为定长19位，录入时自动带出的账号长度为15位。

（2）修改银行档案。将"01中国工商银行"的企业账户定长设为19。

【具体操作过程】

（1）在U8企业应用平台，依次选择"基础设置→基础档案→收付结算→银行档案"命令，打开"银行档案"窗口。单击"增加"按钮，根据实验资料输入锦州银行的档案信息，如图2-35所示。保存后退出添加界面返回"银行档案"窗口。

图2-35 添加银行档案界面

（2）在"银行档案"窗口，单击编码为01的中国工商银行，单击"修改"按钮，将"企业账户规则"中的账号长度改为"19"，保存并退出该窗口。

【提示】

该功能用来建立和管理用户在经营活动中所涉及的银行总行档案。

［银行名称］不允许为空，长度不得超过20个字符。

［银行编码］不允许为空，长度不得超过5个字符。

［定长］勾选此项，则要求所有企业账户或个人账户的长度必须相同。

☞知识点029 设置本单位开户银行

【实验资料】

根据表2-20设置本单位开户银行。

表2-20 本单位开户银行

编码	银行账号	账户名称	开户银行	币种	所属银行
1	2107 0240 1589 0035 666	辽宁恒通商贸有限公司	中国工商银行沈阳皇姑支行	人民币	01
2	2107 3817 6532 3431 951	辽宁恒通商贸有限公司	中国银行沈阳皇姑支行 机构号：10423 联行号：8002	人民币	00002
3	2107 3817 6532 3431 982	辽宁恒通商贸有限公司	中国银行沈阳皇姑支行 机构号：10423 联行号：8002	美元	00002

【具体操作过程】

在U8企业应用平台，依次选择"基础设置→基础档案→收付结算→本单位开户银行"命令，打开"本单位开户银行"窗口。单击"增加"按钮，根据实验资料输入工行沈阳皇姑支行的档案信息，如图2-36所示。保存后继续添加剩余两个开户银行信息，全部添加完毕退出添加界面返回"本单位开户银行"窗口，结果如图2-37所示。

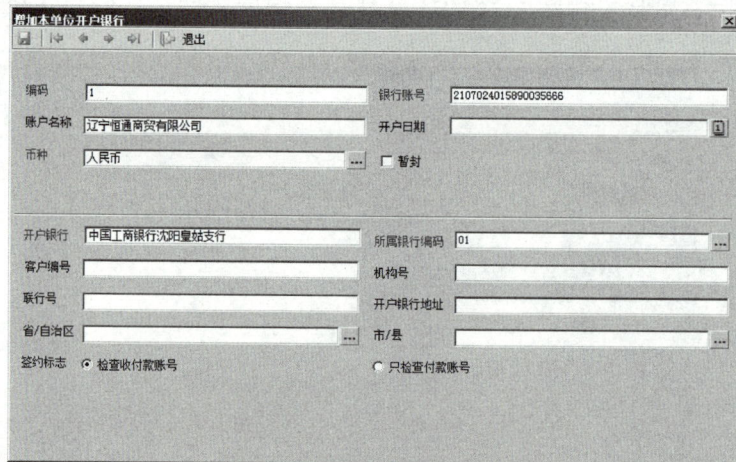

设置本单位开户银行

图2-36 本单位开户银行添加界面

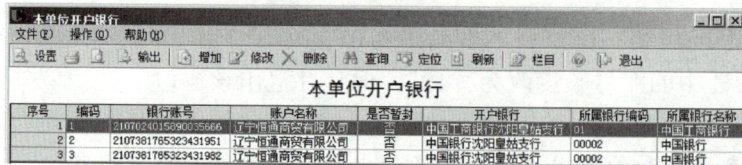

图2-37 "本单位开户银行"窗口

【提示】

编码、银行账号、币种、开户银行、所属银行编码为必输项。

[编码] 最多可输入3个字符。

[开户银行] 可以重复，最多可输入30个字符或15个汉字。

[银行账号] 必须唯一，最多可输入20个字符。

开户银行一旦被引用，将不能进行修改和删除的操作。

任务7 单据设置

☞知识点030 单据格式设置

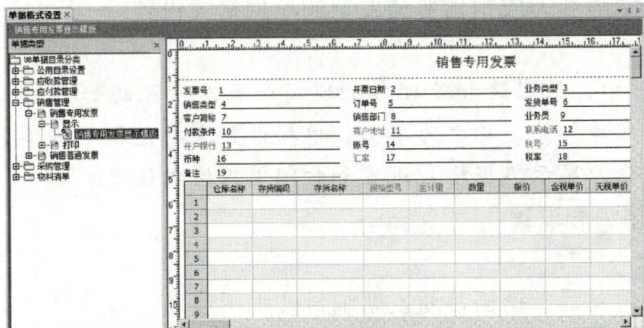

【实验资料】

（1）将销售管理系统中销售专用发票表头项目中的"销售类型"改为非必输项，将其表体项目中的"数量"改为非必输项。为其表体增加"退补标志"项。

（2）将销售管理系统中销售普通发票表头项目中的"销售类型"改为非必输项。

【具体操作过程】

（1）2018年7月1日，由李成喜（A01）登录企业应用平台。

（2）在U8企业应用平台，依次选择"基础设置→单据设置→单据格式设置"命令，打开"单据格式设置"窗口。根据实验资料，在销售管理中找到"销售专用发票显示模板"，如图2-38所示。

图2-38 销售专用发票显示模板

（3）单击选中销售专用发票"销售类型"项，单击工具栏的"表头项目"，打开"表头"窗口，取消勾选"必输"项，如图2-39所示，单击"确定"按钮。

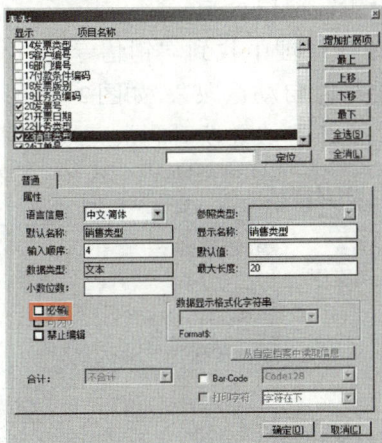

图2-39 "表头"窗口

（4）单击工具栏的"表体项目"，打开"表体"窗口，在"项目名称"列表中勾选"40退补标志"项，再在该列表中单击"10数量"项，取消勾选"必输"项，如图2-40所示，单击"确定"按钮。勾选表体项目名称列表中的"40退补标志"项。单击工具栏的"保存"按钮，保存此次设置。

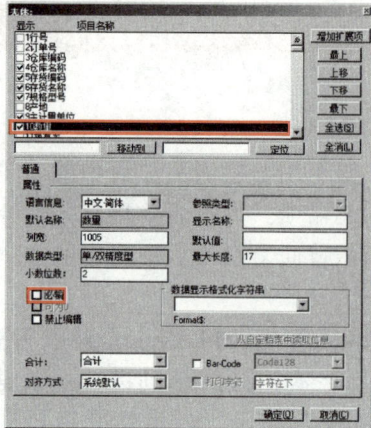

图2-40 "表体"窗口

（5）按上述方法继续完成销售普通发票的单据格式设置。

【提示】

在用友U8系统中，为描述和处理各种现实业务而设置的如采购发票、销售订单、收款单、付款单、出入库单等，称之为单据。单据设置主要包括单据格式设置和单据编号设置。单据格式设置分为显示单据格式设置和打印单据格式设置。

☞知识点031 单据编号设置

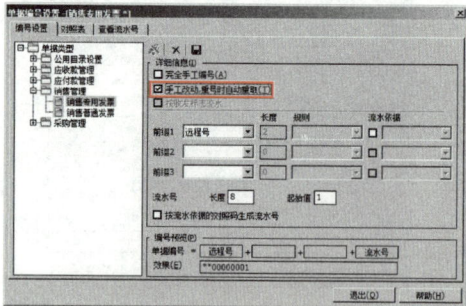

【实验资料】

（1）使销售专用发票、销售普通发票编号"手工改动，重号时自动重取"。

（2）使采购专用发票、采购普通发票编号"完全手工编号"。

【具体操作过程】

（1）在U8企业应用平台，依次选择"基础设置→单据设置→单据编号设置"命令，打开"单据编号设置"窗口。

（2）根据实验资料，在销售管理中找到"销售专用发票"，单击"✂"编辑按钮，勾选"手工改动，重号时自动重取"，如图2-41所示。单击"💾"保存按钮，完成该单据的单据编号设置。按上述方法继续对剩余三张单据进行单据编号设置。

图2-41 单据编号设置

【提示】

[完全手工编号] 新增单据时，单据号为空，直接输入单据号即可。

[手工修改，重号时自动重取] 如果批量生单或自动生单不能显示生成的单据并填入

单据号，则无法保存单据，那么该种单据应采用此种编号方式。

[按收发标志流水] 一般入库单、出库单采用这种方式编号。

在"查看流水号"页签，可查看某种单据的流水号，包括收发标志、流水依据、级次、编码等信息。这里的流水号是指该种单据的最大编号。假如某种单据的流水号为26号，可是由于种种原因，有25张单据已被删除，为充分利用空号，可在这里将流水号改为1号，则表示最大流水号是1号，以后按流水依据自动编号时，从2开始编号。

任务8 数据级权限设置

☞知识点032 数据权限控制设置

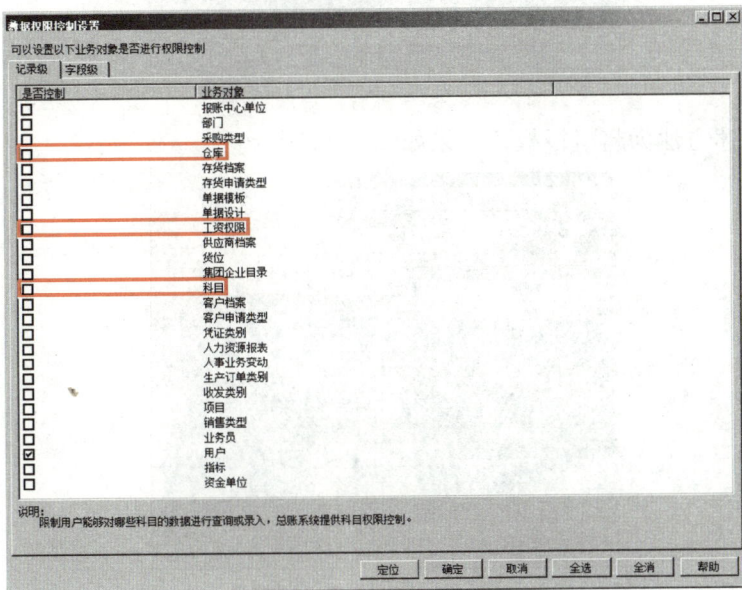

【实验资料】

取消对"仓库"、"工资权限"和"科目"这三个业务对象的"记录级"权限控制。

【具体操作过程】

（1）2018年7月1日，由李成喜（A01）登录企业应用平台。

（2）在U8企业应用平台，依次选择"系统服务→权限→数据权限控制设置"命令，打开"数据权限控制设置"窗口。

（3）取消勾选"仓库"、"工资权限"和"科目"这三个业务对象的"是否控制"项，如图2-42所示。单击"确定"按钮完成设置。

图2-42 数据权限控制设置

【提示】

数据权限的控制分为记录级和字段级两个层次，对应"记录级"和"字段级"两个页签。"是否控制"项被勾选的业务对象将在"数据权限设置"的"业务对象"中显示。

对业务对象启用记录级权限控制后，默认所有操作员对此业务对象没有任何权限。

对业务对象启用字段级权限控制后，默认所有操作员对此业务对象有读写权限，可以按业务对象设置默认"有权"还是"无权"。

☞知识点033　数据权限分配

【实验资料】

设置操作员王钰有权对赵凯所填制凭证进行查询、删除、审核、弃审以及撤销。

设置操作员赵凯有权对自己所填制凭证进行查询、删除、审核、弃审以及撤销。

【具体操作过程】

（1）在U8企业应用平台，依次选择"系统服务→权限→数据权限分配"命令，打开"权限浏览"窗口。

（2）在用户中单击选中"王钰"，单击工具栏的"授权"按钮，打开"记录权限设置"窗口。单击 ❭ 按钮，逐个将赵凯由"禁用"区移动到"可用"区，如图2-43所示，单击"保存"按钮，系统弹出"保存成功"信息提示框。关闭该窗口。

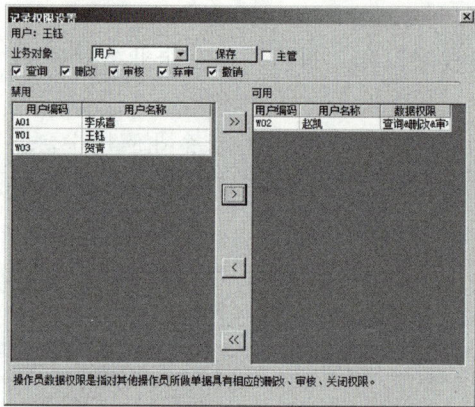

图2-43　为王钰分配记录权限

（3）按照上述方法为赵凯授权，结果如图2-44所示。

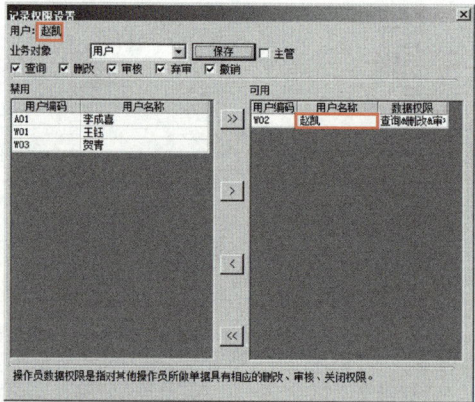

图2-44　为赵凯分配记录权限

【提示】

如果用户或角色为账套主管，则其拥有所有记录权限，不参加数据权限分配。

只有在"数据权限控制设置"中至少选择控制一个记录级业务对象，才能进行数据权限分配。

只有在系统管理中定义角色或用户并分配完功能级权限后，才能进行数据权限分配。

项目3 总账系统（一）

总账系统是 U8 产品中最重要的系统，既可独立运行又可同其他产品协同运转，与其他系统传递相关的数据和凭证。总账系统与本教材其他系统的关系如下：

❶总账与应收款管理。应收款管理系统中的所有记账凭证都传递到总账系统，总账可从应收款管理系统中引入期初余额，应收款管理系统可与总账系统进行期初对账。

❷总账与应付款管理。应付款管理系统中的所有记账凭证都传递到总账系统，总账可从应付款管理系统中引入期初余额，应付款管理系统可与总账系统进行期初对账。

❸总账与固定资产。总账系统接收从固定资产传递的凭证，固定资产可与总账进行对账。

❹总账系统与薪资管理系统。薪资管理系统将工资计提、分摊结果自动生成记账凭证，传递到总账系统。

❺总账与 UFO 报表。总账系统为 UFO 报表系统提供财务数据生成财务报表及其他报表。

本项目的重点内容：填制凭证。读者应多加练习，以掌握其中的各种操作技巧。

本项目的难点内容：凭证处理的逆向操作。

本项目总体流程如图 3-1 所示。

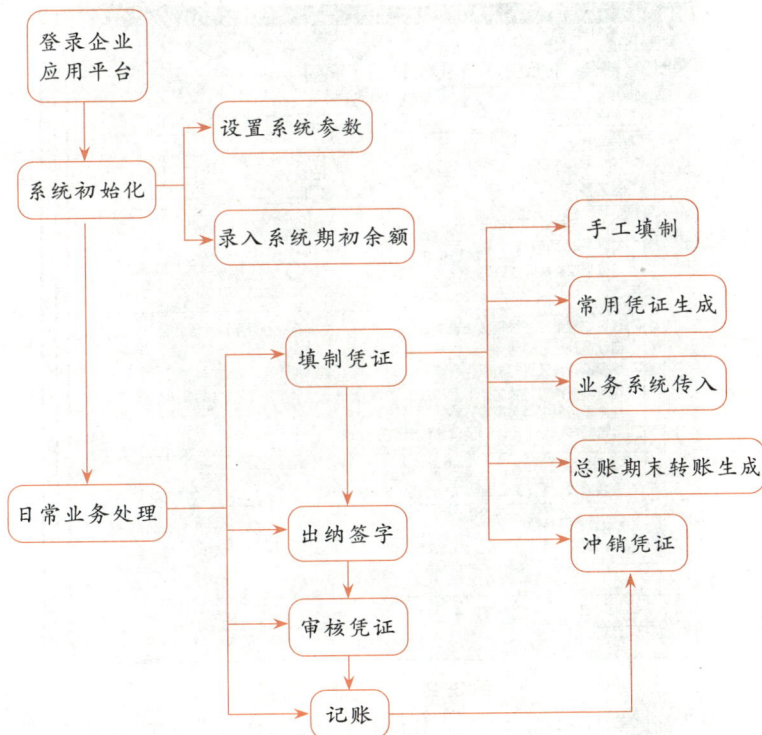

图 3-1　本项目总体流程

任务1　系统初始化

☞知识点034　设置系统参数

【实验资料】

根据表3-1设置总账系统参数。

表3-1　　　　　　　　　　　　　　总账系统参数

系统名称	页签	选项设置
总账	凭证	取消"制单序时控制"
	权限	凭证审核控制到操作员 不允许修改、作废他人填制的凭证
	其他	汇率方式：浮动汇率 设置项目排序方式：按编码排序

【具体操作过程】

（1）2018年7月1日，由李成喜（A01）登录企业应用平台。

（2）在U8企业应用平台，依次选择"业务工作→财务会计→总账→设置→选项"命令，打开"选项"窗口。

（3）单击"编辑"按钮，在"凭证"页签中取消勾选"制单序时控制"复选框，如图3-2所示。

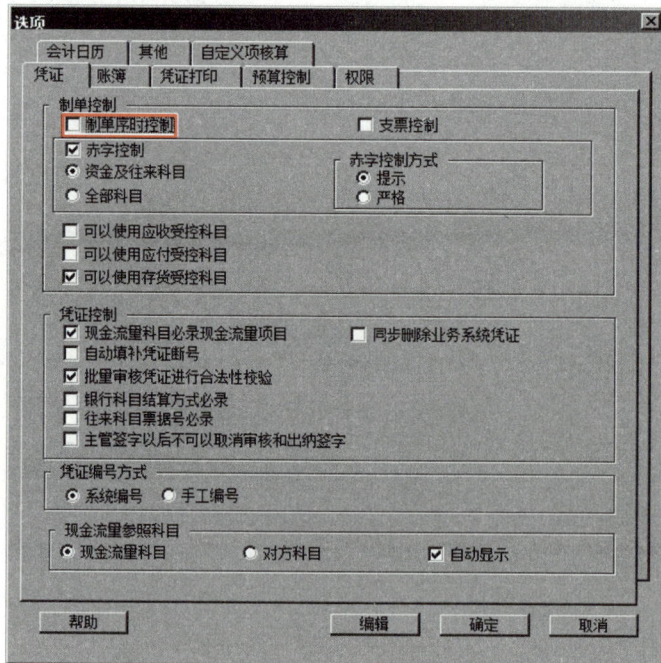

图3-2　"凭证"页签

（4）在"权限"页签中勾选"凭证审核控制到操作员"，取消勾选"允许修改、作废他人填制的凭证"复选框，如图3-3所示。

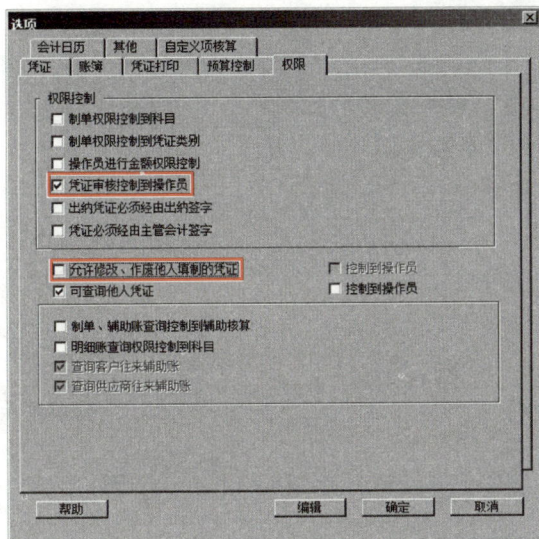

图3-3 "权限"页签

（5）在"其他"页签中，汇率方式选择"浮动汇率"复选框，设置项目排序方式选中"按编码排序"复选框，如图3-4所示。设置完成，单击"确定"按钮，保存并返回。

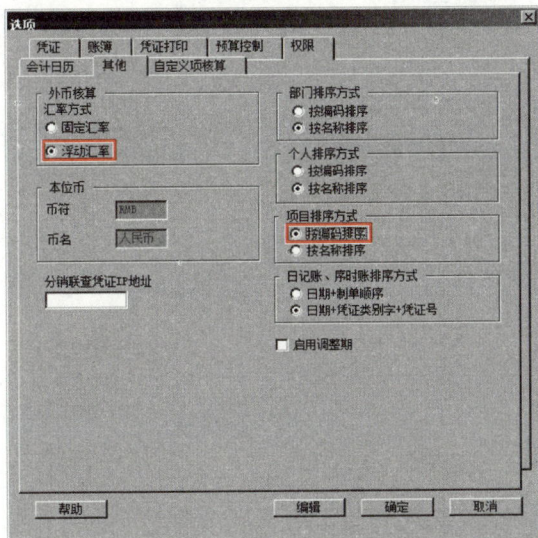

图3-4 "其他"页签

【提示】

系统参数是一个系统的灵魂。设置系统参数操作简单，但对后续操作影响重大。

［制单序时控制］勾选此项和"系统编号"，制单时凭证编号必须按日期顺序排列。如有特殊需要可将其改为不按序时制单。

［同步删除业务系统凭证］若勾选此项，业务系统（如应收款管理系统、固定资产系统等）删除凭证时相应的将原该系统已传递至总账的记账凭证同步删除。否则，该凭证在总账中显示"作废"字样，不予删除。

［允许修改、作废他人填制的凭证］若勾选此项，在制单时可修改或作废别人填制的凭证，否则不能修改。如选择"控制到操作员"，则要在"数据权限设置"中设置用户权

限，再选择此项，权限设置有效。选择此项，则在填制凭证时，操作员只能对相应人员的凭证进行修改或作废。

[外币核算]"固定汇率"方式在制单时，一个月只按一个固定的汇率将外币金额折算为本位币金额。"浮动汇率"方式在制单时，按当日汇率将外币金额折算为本位币金额。

☞知识点035　录入期初余额

【实验资料】

（1）总账系统期初余额

根据表3-2录入总账系统期初余额。

表3-2　　　　　　　　　　　　总账系统期初余额

科目	方向	辅助核算	金额
库存现金	借		8 532.00
银行存款/中国工商银行/沈阳皇姑支行	借		86 080 345.00
银行存款/中国银行/沈阳皇姑支行/人民币	借		1 613 501.00
银行存款/中国银行/沈阳皇姑支行/美元	借		5 312 500.00
			USD850 000.00
其他货币资金/存出投资款	借		300 000.00
应收票据	借	客户往来	97 000.00
应收账款	借	客户往来	696 000.00
预付账款	借	供应商往来	20 000.00
其他应收款/其他个人往来	借	个人往来	1 000.00
坏账准备	贷		3 510.00
库存商品	借		2 091 500.00
固定资产	借		21 890 300.00
累计折旧	贷		1 785 153.68
短期借款	贷		200 000.00
应付票据	贷	供应商往来	25 740.00
应付账款/一般应付账款	贷	供应商往来	600 300.00
预收账款	贷	客户往来	30 000.00
应付职工薪酬/工资	贷		38 952.69
应付职工薪酬/社会保险费/基本医疗保险	贷		1 641.60
应付职工薪酬/社会保险费/工伤保险费	贷		102.60
应付职工薪酬/社会保险费/生育保险费	贷		174.42
应付职工薪酬/住房公积金	贷		2 052.00
应付职工薪酬/工会经费	贷		867.99
应付职工薪酬/设定提存计划/基本养老保险费	贷		2 462.40
应付职工薪酬/设定提存计划/失业保险	贷		410.40

续表

科目	方向	辅助核算	金额
应交税费/未交增值税	贷		461 502.40
应交税费/应交所得税	贷		363 128.50
应交税费/应交个人所得税	贷		137.56
应交税费/应交城建税	贷		32 305.17
应交税费/应交教育费附加	贷		13 845.07
应交税费/应交地方教育附加	贷		9 230.05
其他应付款/代扣医疗保险	贷		410.40
其他应付款/代扣养老保险	贷		1 641.60
其他应付款/代扣失业保险	贷		205.20
其他应付款/代扣住房公积金	贷		2 052.00
长期借款	贷		50 000 000.00
实收资本	贷		15 000 000.00
盈余公积	贷		2 129 405.00
利润分配/未分配利润	贷		47 405 447.27

（2）辅助账期初明细

❶应收票据期初余额见表3-3。

表3-3　　　　　　　　　应收票据（1121）期初余额

日期	客户	业务员	摘要	方向	金额	票号	票据日期
2018-06-23	北京汇鑫	刘晓明	期初余额	借	97 000.00	35978808	2018-06-23

❷应收账款期初余额见表3-4。

表3-4　　　　　　　　　应收账款（1122）期初余额

日期	客户	业务员	摘要	方向	金额	票号	票据日期
2018-06-17	沈阳金泰	刘晓明	期初余额	借	696 000.00	21323501	2018-06-17

❸预付账款期初余额见表3-5。

表3-5　　　　　　　　　预付账款（1123）期初余额

日期	供应商名称	业务员	方向	金额	票号	日期
2018-06-29	天津惠阳	张宏亮	借	20 000.00	10561997	2018-06-29

❹"其他应收款/其他个人往来"期初余额见表3-6。

表3-6　　　　　　　　　其他应收款/个人往来（122101）期初余额

日期	部门	个人	摘要	方向	金额
2018-06-16	采购部	张宏亮	期初余额	借	1 000.00

❺应付票据期初余额见表3-7。

表3-7　　　　　　　应付票据（2201）期初余额

日期	供应商	业务员	方向	金额	票号	票据日期
2018-04-30	北京嘉伟	张宏亮	贷	25 740.00	63295321	2018-04-30

❻"应付账款/一般应付款"期初余额见表3-8。

表3-8　　　　应付账款/一般应付款（220201）期初余额

日期	供应商	业务员	摘要	方向	金额	票号	票据日期
2018-06-15	大连博伦	张宏亮	期初余额	贷	600 300.00	14035890	2018-06-15

❼预收账款期初余额见表3-9。

表3-9　　　　　　　预收账款（2203）期初余额

日期	客户	业务员	方向	金额	票号	票据日期	科目编码
2018-05-26	上海乐淘	何丽	贷	30 000.00	98503712	2018-05-26	2203

【具体操作过程】

（1）2018年7月1日，由李成喜（A01）登录企业应用平台。

（2）在U8企业应用平台，依次选择"业务工作→财务会计→总账→设置→期初余额"命令，打开"期初余额录入"窗口，如图3-5所示。

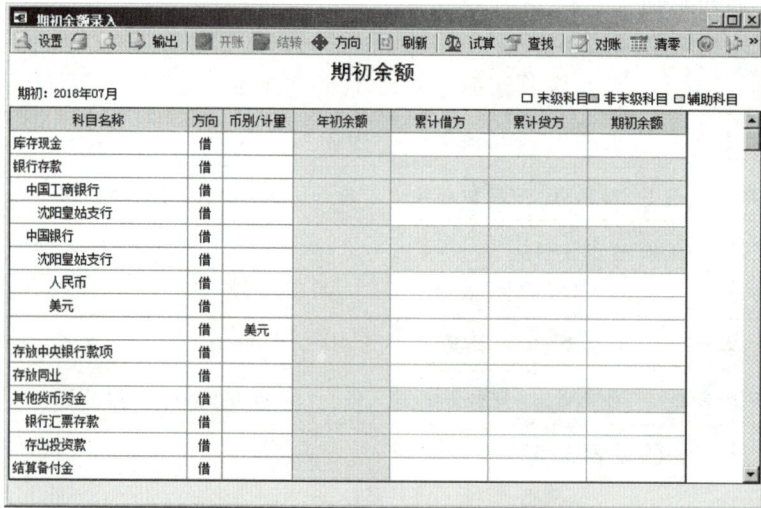

图3-5　"期初余额录入"窗口

（3）"期初余额"那一列单元格有三种颜色。

❶灰色单元格对应的科目设有明细科目，待末级科目输入完成后其期初余额自动汇总生成，无需手工输入。

❷白色单元格对应的科目为末级科目，直接输入数据即可。如：库存现金8 532、银行存款/中国工商银行/沈阳皇姑支行86 080 345等。

❸黄色单元格对应的科目设有辅助核算。以应收票据为例，双击该科目，打开"辅助期初余额"窗口，单击工具栏的"往来明细"按钮，进入"期初往来明细"窗口。单击

"增行"按钮，根据实验资料，"日期"选择"2018-06-23"，"客户"选择"北京汇鑫"，"业务员"选择"刘晓明"，"摘要"输入"期初余额"，"金额"输入"97 000"，"票号"输入"35978808"，"票据日期"选择"2018-06-23"，如图3-6所示。单击"汇总"按钮，系统弹出"完成了往来明细到辅助期初表的汇总！"提示框，单击"确定"后，再单击"退出"按钮。

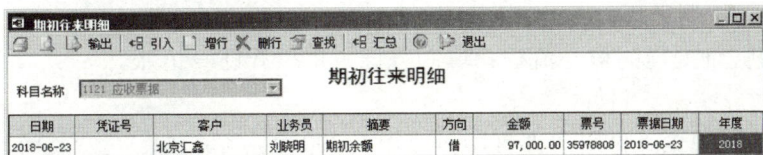

图3-6　"期初往来明细"窗口

【提示】

录入期初往来明细时，在当前行最后一栏回车后系统将自动新增一空行记录。如果输入过程中发现某项输入错误，可按［Esc］键取消当前项输入，将光标移到需要修改的编辑项上，直接修改即可。如果想放弃整行增加数据，在取消当前输入后，再按［Esc］键即可。

在"辅助期初余额"窗口，点击"科目名称"下拉框可选择相同辅助核算的其他科目录入期初余额。若为项目核算科目则可选择相同项目大类的其他科目录入期初余额。

如何"引入"期初往来科目明细账？

在新建账套或年度账未记账且启用了应收/应付系统（其期初余额已经录入）的前提下，可将应收/应付系统的期初余额引入总账对应科目期初往来明细中。

（4）按照上述方法继续录入剩余科目的期初余额。

（5）录入完毕，单击工具栏"试算"按钮，系统进行试算平衡，结果如图3-7所示。单击"确定"按钮后退出"期初余额录入"窗口。

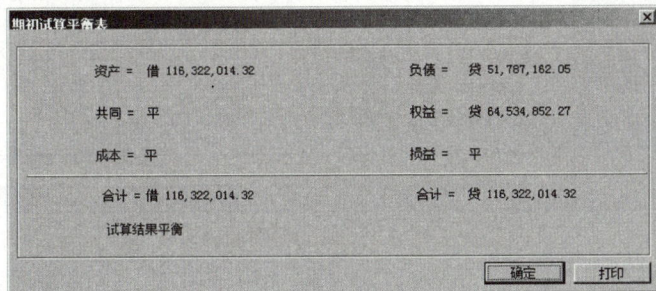

图3-7　期初试算平衡表

【提示】

如果是年中启用系统，还可以录入年初至建账月份的借贷方累计发生额，年初余额由系统自动计算生成。

在"期初余额录入"窗口，单击"对账"按钮，可检查总账、明细账、辅助账的期初余额是否相符。

如果期初余额试算不平衡，系统将不能记账，但可以填制凭证。

若系统已经记账，则不能录入、修改期初余额。

如果所录明细科目的余额方向与总账科目相反，则明细科目的余额用负数表示。

应收票据期初往来明细中的"日期"及"票据日期"均指的是"收到日期"。

应付票据期初往来明细中的"日期"及"票据日期"均指的是"出票日期"。

任务2　　　　　　　　日常业务处理

☞**知识点036　填制凭证**

总账系统凭证处理的核心流程：填制凭证→审核凭证→记账。

【第1笔业务实验资料】

7月1日，以现金支付财务部打印机修理费300元。

借：管理费用/修理费　　　　　　　　　　　　　　　　　　　　　　300

　　贷：库存现金　　　　　　　　　　　　　　　　　　　　　　　　300

【具体操作过程】

（1）2018年7月1日，由赵凯（W02）登录企业应用平台。

（2）在U8企业应用平台，依次选择"业务工作→财务会计→总账→凭证→填制凭证"命令，打开"填制凭证"窗口，如图3-8所示。

图3-8　填制凭证窗口

（3）单击工具栏的"▣"按钮（或按［F5］键），增加一张新凭证。

（4）单击"▦"按钮（或按［F2］键）参照选择"付款凭证"类别（直接输入凭证类别字"付"），确定后按回车键，系统自动生成凭证编号。否则，请手工编号。

（5）制单日期：首次填制凭证系统取登录企业应用平台时输入的操作日期作为记账凭证的填制日期，可修改或单击"▦"按钮参照输入。可在工具栏的"选项"中调整新增凭证日期的生成方式。

（6）附单据数为非必输项。"附单据数"上方两行为凭证自定义项，单击后直接进行输入即可，系统对这些信息只保存不校验。

（7）每笔分录均由摘要、科目、发生额构成，缺一不可。在摘要栏单击"▦"按钮（或按［F2］键）参照选择常用摘要"支付修理费"（也可直接输入摘要），按回车键。

（8）在"科目名称"栏，单击"▣"按钮（或按［F2］键），打开"科目参照"窗口，如图3-9所示，选择损益类科目"660208管理费用/修理费"科目，单击"确定"按钮，按回车键，或者用鼠标单击"借方金额"栏，录入金额300。

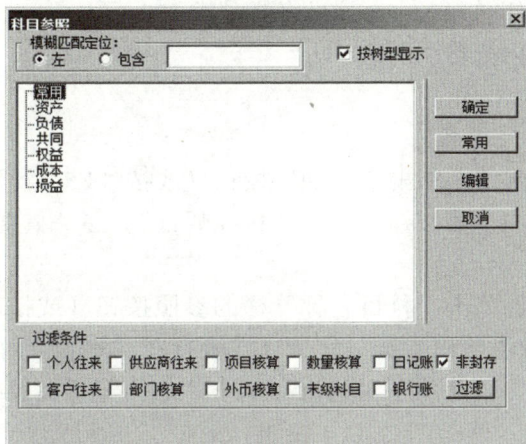

图3-9 "科目参照"窗口

【提示】

如果会计分录中的会计科目不存在，可以单击"编辑"直接新增会计科目。

在"科目名称"栏也可通过直接输入末级科目编码来录入会计科目。

（9）按回车键跳转到第二行（系统自动复制上一行摘要），再按回车键，在"科目名称"栏参照选择资产类科目"1001库存现金"（或者直接输入1001），按回车键，或者用鼠标单击"贷方金额"栏，录入贷方金额300（或直接在贷方金额栏按"="键）。

（10）单击"保存"按钮（或按［F6］键），系统弹出"凭证已保存成功！"信息提示框，单击"确定"按钮，结果如图3-10所示。

图3-10 第1笔业务记账凭证

【提示】

如果会计分录的金额方向错误，可按空格键调整金额方向。

如果会计分录的金额为负数，录入金额之前或之后按"−"减号键，当金额为红字时即表示负数。

【第2笔业务实验资料】

7月1日，以现金报销总经理办公室业务招待费200元。

借：管理费用/业务招待费   200

 贷：库存现金   200

【具体操作过程】

（1）在填制凭证"窗口，单击"增加"按钮（或按［F5］键），增加一张新凭证。单击凭证类别的参照按钮，选择"付款凭证"。在"摘要"栏参照选择第2号常用摘要。

（2）按回车键，或者单击"科目名称"栏的参照按钮（或按［F2］键）选择损益类科目"660206管理费用/业务招待费"科目（或直接在"科目名称"栏输入660206），按回车键，系统自动弹出"辅助项"对话框，单击"部门"栏参照按钮，选择"总经理办公室"，如图3-11所示。单击"确定"按钮，返回"填制凭证"窗口，录入借方金额200。

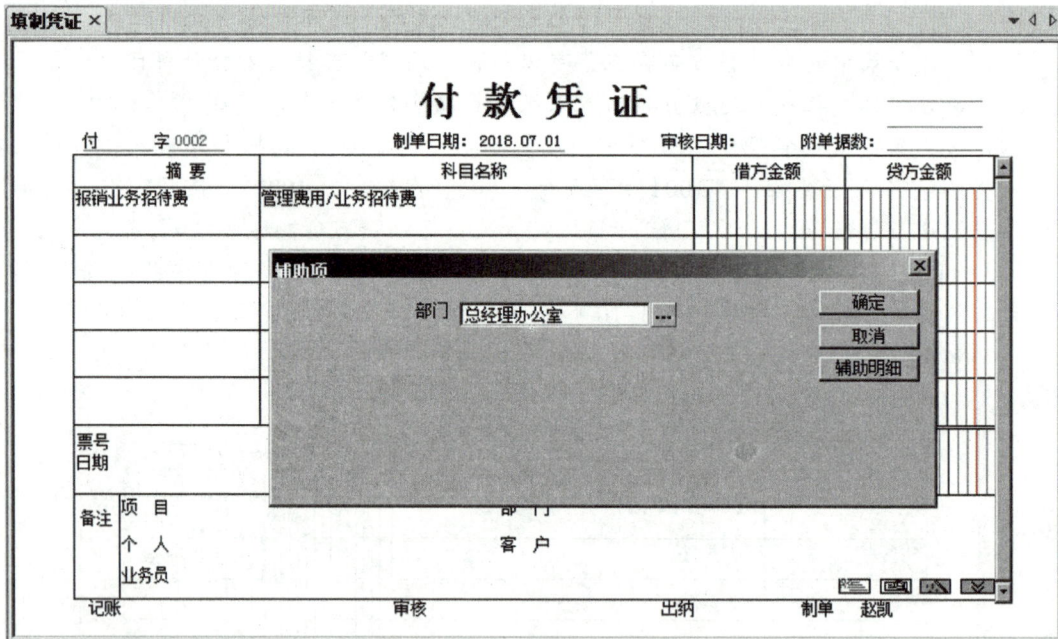

图3-11 "辅助项"对话框

【提示】

若输入的会计科目已设置辅助核算，系统根据科目属性要求在"辅助项"窗口输入相应的辅助信息，如部门、个人、项目、客户、供应商、数量、自定义项等。

如果该科目要进行外币核算，系统自动将凭证格式改为外币式，如果系统有其他辅助核算，则先输入其他辅助核算，再输入外币信息。

（3）按回车键，参照第1笔业务的方法完成第2行分录的填制。单击"保存"按钮，系统弹出"凭证已保存成功！"信息提示框，单击"确定"按钮，结果如图3-12所示。

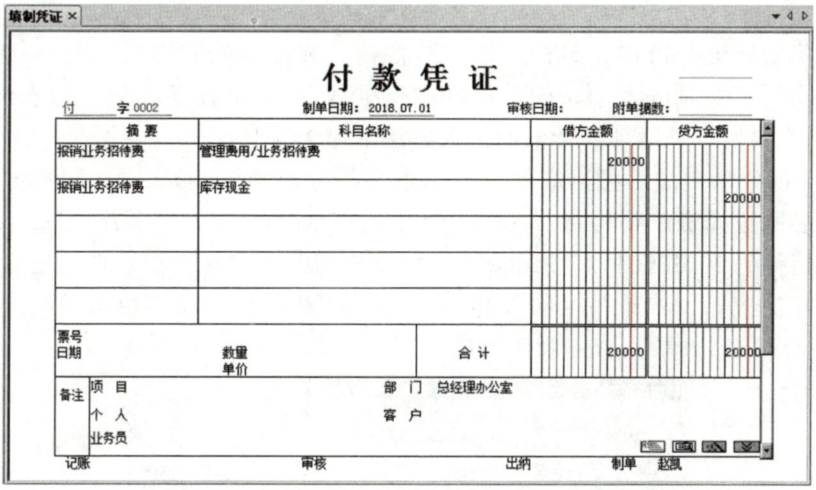

图 3-12 第 2 笔业务记账凭证

【提示】

在"辅助项"窗口录入的辅助信息将在凭证下方的备注中显示。

在"填制凭证"窗口，单击工具栏的"选项"按钮，调出"凭证选项设置"窗口，如图 3-13 所示。选择录入凭证时分录自动携带上条分录信息的内容选项，可提高会计分录的录入速度。

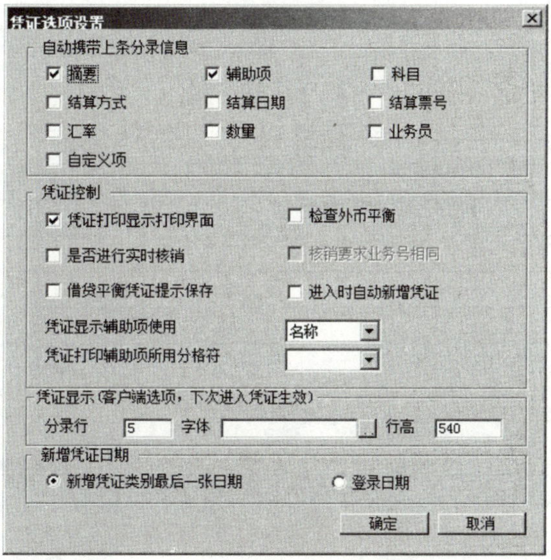

图 3-13 凭证选项设置

在图 3-13 中，可设置新增凭证日期的生成方式。"新增凭证类别最后一张日期"：新增凭证时，将本凭证类别中最后一张凭证的日期作为新增凭证自动带出的日期。"登录日期"：新增凭证时，将登录企业应用平台的操作日期作为新增凭证自动带出的日期。

【第 3 笔业务实验资料】

7 月 1 日，以工商银行转账支票（票号 19771028）支付总经理办公室办公费 230 元。

借：管理费用/办公费　　　　　　　　　　　　　　　　　　　　230

　　贷：银行存款/中国工商银行/沈阳皇姑支行　　　　　　　　　　230

【具体操作过程】

（1）在填制凭证"窗口，单击"增加"按钮（或按［F5］键），增加一张新凭证。单击凭证类别的参照按钮，选择"付款凭证"。在摘要栏输入"支付办公费"。借方科目、辅助项、金额的录入方法同第2笔业务。

（2）第1行分录完成后按回车键（带出上一行分录的摘要），再按回车键，在"科目名称"栏，参照选择资产类科目"10020101银行存款/中国工商银行/沈阳皇姑支行"，（或直接输入科目编码10020101）。按回车键，打开"辅助项"对话框。在"结算方式"栏参照选择"转账支票"，"票号"栏输入19771028，如图3-14所示。单击"确定"按钮，返回"填制凭证"窗口，录入贷方金额230。

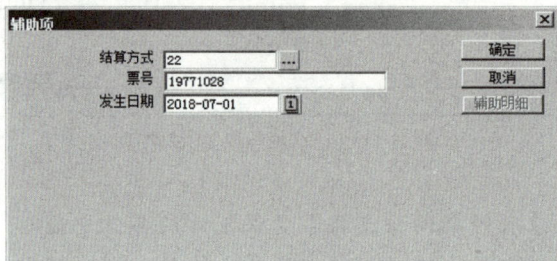

图3-14　"辅助项"对话框

（3）单击"保存"按钮，系统弹出"凭证已保存成功！"信息提示框，单击"确定"按钮，结果如图3-15所示。

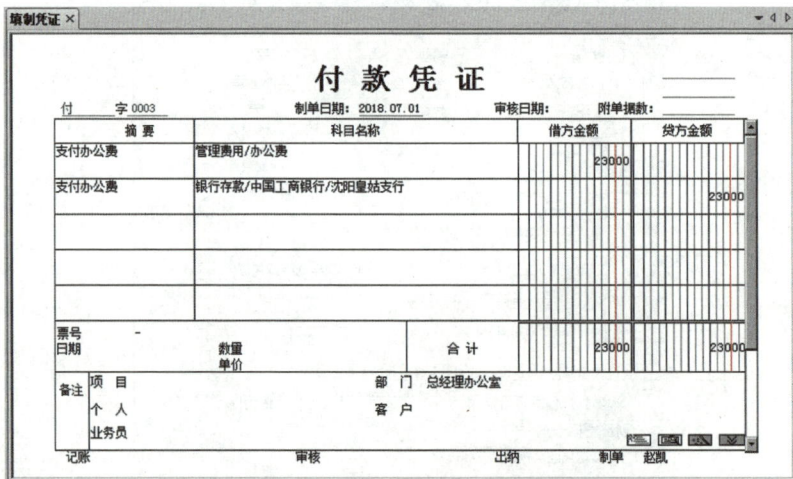

图3-15　第3笔业务记账凭证

【提示】

若"银行存款"未被指定为银行科目，则填制凭证时将不弹出如图3-14所示的对话框。

【第4笔业务实验资料】

7月1日，以现金支付上月固定电话费150元，其中，总经理办公室20元，财务部15元，采购部60元，仓储部10元。

借：管理费用/办公费　　　　　　　　　　　　　　　　　　105

　　贷：库存现金　　　　　　　　　　　　　　　　　　　　　105

【具体操作过程】

（1）在"填制凭证"窗口，单击"增加"按钮（或按［F5］键），增加一张新凭证。单击凭证类别的参照按钮，选择"付款凭证"。在摘要栏输入"支付电话费"。在"科目名称"栏，选择损益类科目"660205 管理费用/办公费"科目，按回车键，弹出"辅助项"对话框，如图3-16所示，单击"辅助明细"按钮，打开"分录合并录入"窗口。

填制凭证-第4笔业务

图3-16　"辅助项"对话框

（2）在"分录合并录入"窗口，单击"增加"按钮，根据实验资料录入各部门的费用，结果如图3-17所示。

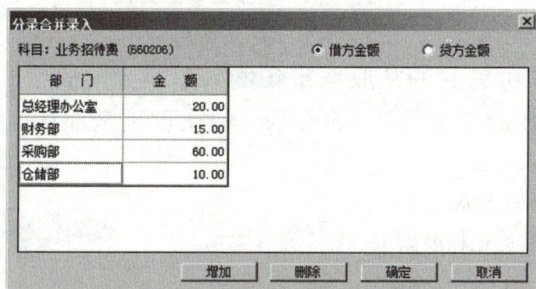

图3-17　"分录合并录入"窗口

（3）单击"确定"按钮，如图3-18所示。连续按四次回车键（自动复制上一行摘要），录入贷方的科目及金额，方法同第1笔业务。录入完毕单击"保存"按钮，系统弹出"凭证已保存成功！"信息提示框，单击"确定"按钮，结果如图3-19所示。

图3-18　借方分录录入完毕

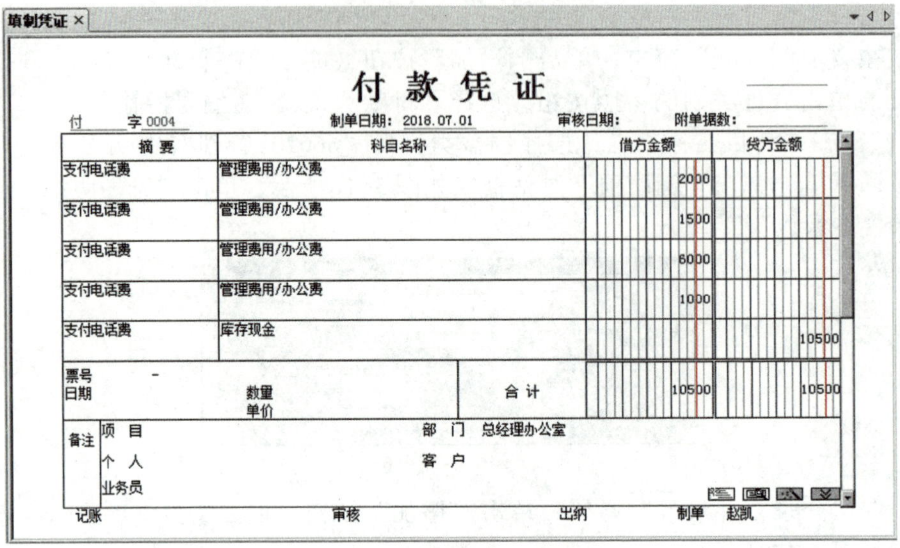

图 3-19　第4笔业务记账凭证

【第5笔业务实验资料】

7月2日，以赚取差价为目的从股票市场购入东旭光电股票1 000股，每股市价11.5元，含已宣告但尚未发放的现金股利0.5元/股，以上款项全部从证券账户划转。假定不考虑交易税费。

借：交易性金融资产/成本　　　　　　　　　　　　　　　　　　　115 000

　　贷：其他货币资金/存出投资款　　　　　　　　　　　　　　　　　115 000

【具体操作过程】

（1）2018年7月2日，由赵凯（W02）登录企业应用平台。

（2）在U8企业应用平台，依次选择"业务工作→财务会计→总账→凭证→填制凭证"命令，打开"填制凭证"窗口。

（3）在填制凭证"窗口，单击"增加"按钮（或按［F5］键），增加一张新凭证。单击凭证类别的参照按钮，选择"转账凭证"。在摘要栏输入"购买股票"。按回车键，在"科目名称"栏，参照选择资产类科目"110101交易性金融资产/成本"科目，按回车键，弹出"辅助项"对话框，在"项目名称"栏参照选择"东旭光电"，如图3-20所示，单击"确定"按钮。录入借方金额115 000。

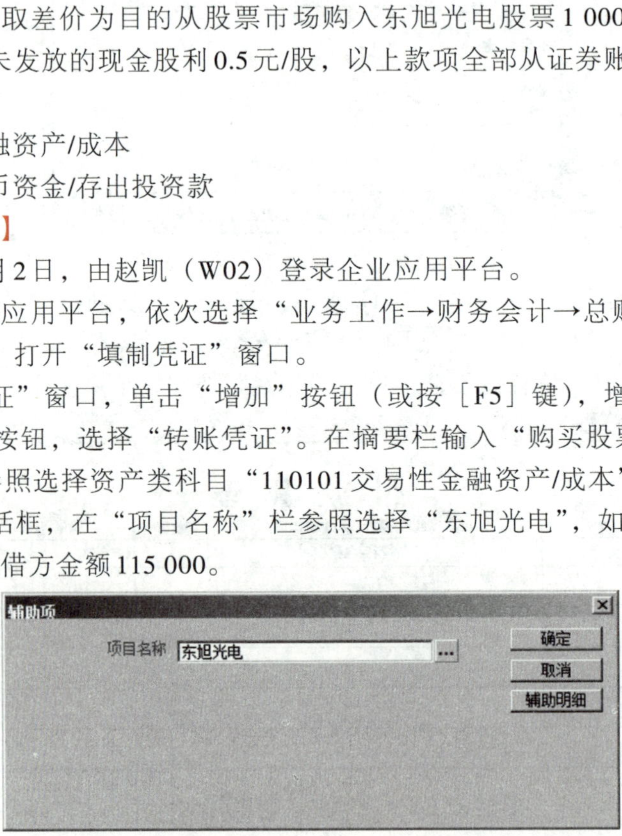

图 3-20　项目名称辅助项

（4）按回车键（自动复制上一行摘要），参考第1笔业务的方法完成贷方会计分录的录入。单击"保存"按钮，系统弹出"凭证已保存成功！"信息提示框，单击"确定"按钮，结果如图3-21所示。

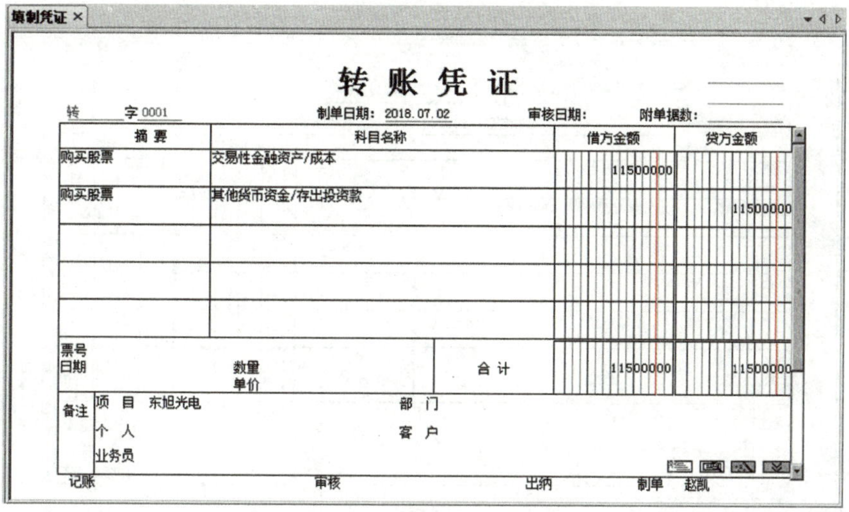

图3-21 第5笔业务记账凭证

【第6笔业务实验资料】

7月5日，收到采购部张宏亮归还个人借款1 000元。

借：库存现金   1 000

    贷：其他应收款/个人往来   1 000

【具体操作过程】

（1）2018年7月5日，由赵凯（W02）登录企业应用平台。

（2）在U8企业应用平台，依次选择"业务工作→财务会计→总账→凭证→填制凭证"命令，打开"填制凭证"窗口。

（3）在填制凭证"窗口，单击"增加"按钮（或按［F5］键），增加一张新凭证。单击凭证类别的参照按钮，选择"收款凭证"。在摘要栏输入"收回个人借款"。按回车键，在"科目名称"栏，参照选择资产类科目"1001库存现金"科目，按回车键，录入借方金额"1 000"。

（4）按回车键（自动复制上一行摘要），在"科目名称"栏（第2行），参照选择资产类科目"122101其他应收款/其他个人往来"，按回车键，弹出"辅助项"对话框。在"部门"栏参照选择"采购部"，"个人"栏选择"张宏亮"，如图3-22所示，点击"确定"，录入贷方金额"1 000"。

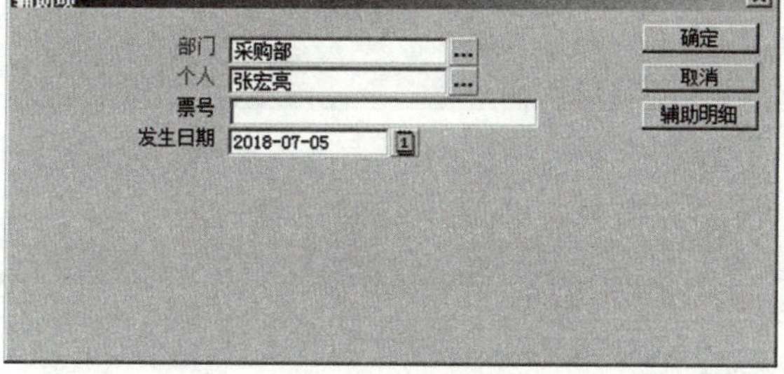

图3-22 "辅助项"对话框

（5）单击"保存"按钮，系统弹出"凭证已保存成功！"信息提示框，单击"确定"按钮，结果如图3-23所示。

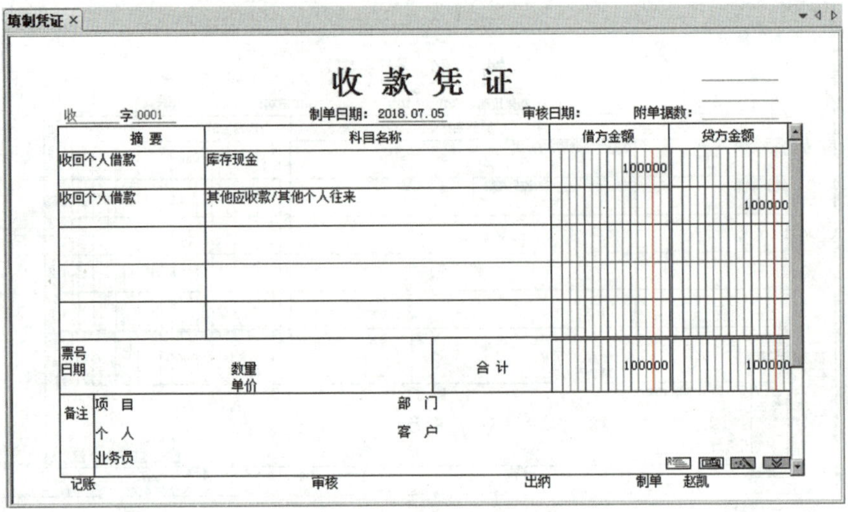

图 3-23　第 6 笔业务记账凭证

【提示】

填制记账凭证是总账系统日常业务处理的起点。记账凭证是所有查询数据最主要的来源。

☞知识点 037　查询凭证

【实验资料】

7 月 5 日，查询 2018 年 7 月份第 1 号收款凭证。

【具体操作过程】

（1）在 U8 企业应用平台，依次选择"业务工作→财务会计→总账→凭证→查询凭证"命令，打开"凭证查询"窗口，根据实验资料录入查询条件，如图 3-24 所示。

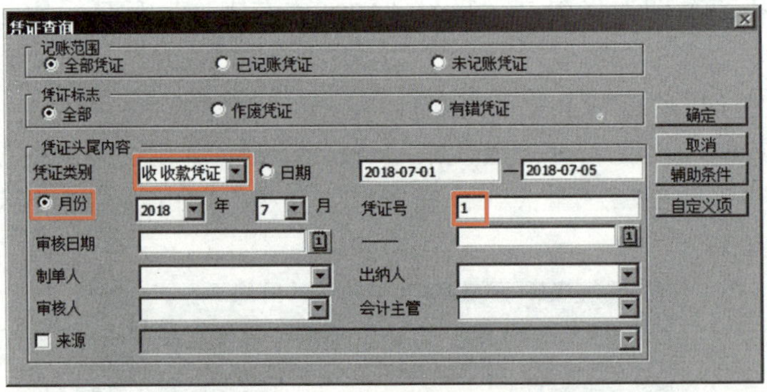

图 3-24　"查询凭证"对话框

（2）单击"确定"按钮，屏幕显示查询凭证列表，如图 3-25 所示。

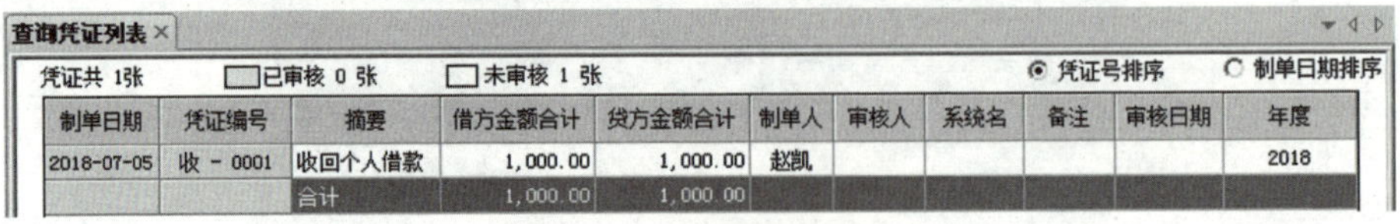

制单日期	凭证编号	摘要	借方金额合计	贷方金额合计	制单人	审核人	系统名	备注	审核日期	年度
2018-07-05	收 - 0001	收回个人借款	1,000.00	1,000.00	赵凯					2018
		合计	1,000.00	1,000.00						

图 3-25　查询凭证列表

（3）双击"收-0001"号凭证，则屏幕显示此张凭证。在这里可对该凭证进行修改、冲销、生成常用凭证等操作。

【提示】

在"填制凭证"窗口，单击工具栏的"查询"按钮，也可查询凭证，如图3-26所示。但此处只能查询未记账凭证，而"查询凭证"功能可查询所有的记账凭证。

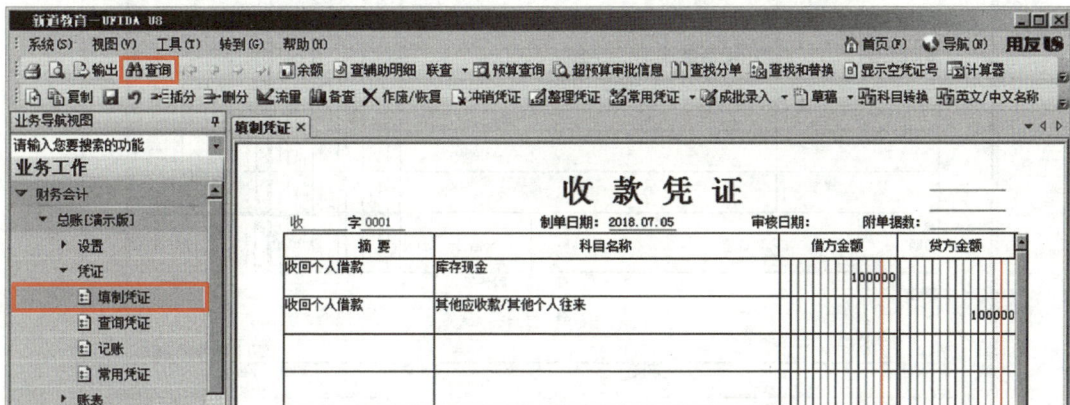

图3-26　第二种查询方式

☞知识点038　修改凭证

【实验资料】

7月5日，将7月份第3号付款凭证的金额修改为2 000元，将借方的部门改为财务部，将贷方的结算方式改为电汇，票号改为25896302。

【具体操作过程】

（1）在U8企业应用平台，依次选择"业务工作→财务会计→总账→凭证→填制凭证"命令，打开"填制凭证"窗口，单击工具栏的"查询"按钮，打开"凭证查询"对话框，根据实验资料录入查询条件，如图3-27所示。单击"确定"按钮，返回该凭证的填制窗口。

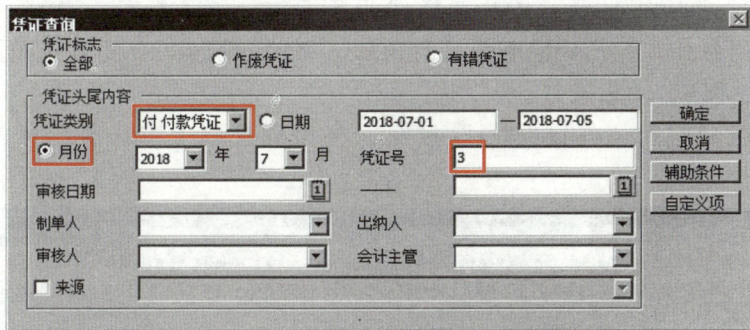

图3-27　"查询凭证"对话框

（2）将光标移动到凭证备注栏的"部门"处，此时光标呈笔头状，双击该部门信息即可调出"辅助项"对话框，将已存部门信息清除后选择"财务部"，单击"确定"按钮，返回填制窗口。将借方金额修改为"2000"。

（3）单击第2行任意位置，参照上面的方法调出"辅助项"对话框，结算方式改为电汇，票号改为25896302。单击"确定"，将贷方金额也改为"2000"。单击"保存"，完成修改，结果如图3-28所示。

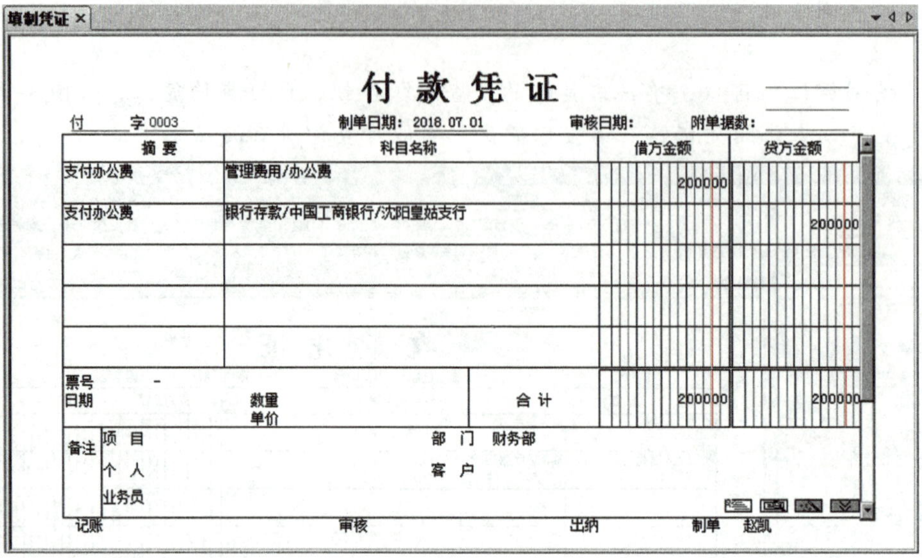

图 3-28　修改后的第 3 号付款凭证

【提示】

除上述调出"辅助项"对话框方法外，还可通过按"Ctrl+s"键或双击凭证右下方的 按钮调出该对话框。

本例中，由于该凭证借贷方均有辅助核算，系统默认显示第 1 行的辅助项。若想调出第 2 行辅助项，必须先用鼠标单击该行任意位置才能调出。

☞知识点 039　删除凭证

【实验资料】

7 月 5 日，删除 7 月份第 4 号付款凭证。

【具体操作过程】

（1）在 U8 企业应用平台，依次选择"业务工作→财务会计→总账→凭证→填制凭证"命令，打开"填制凭证"窗口，参照知识点 037 的方法找到 7 月份第 4 号付款凭证。

（2）单击工具栏的"作废/恢复"按钮，将该凭证打上"作废"标志，如图 3-29 所示。

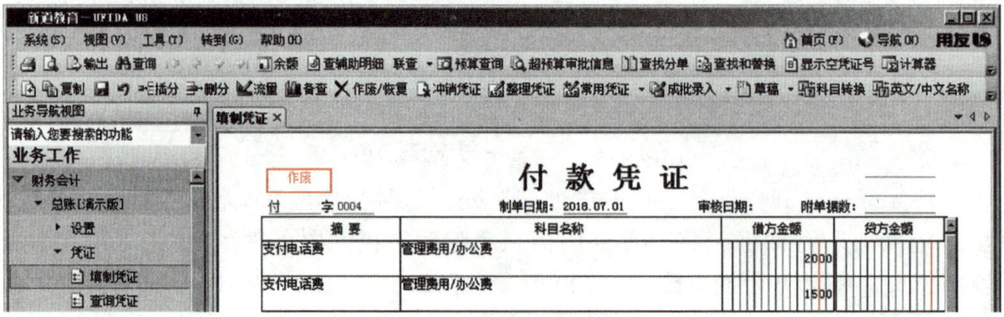

图 3-29　已作废的记账凭证

【提示】

已作废凭证仍保留凭证内容及凭证编号，在凭证左上角显示"作废"字样。单击工具栏的的"作废/恢复"按钮，可取消作废标志，将当前凭证恢复为有效凭证。

作废凭证不能修改，不能审核。在记账时，不对作废凭证作数据处理。在账簿查询时，也查不到作废凭证的数据。

外部系统（如固定资产等系统）传递至总账系统的凭证不能在总账系统作废。

（3）单击工具栏的"整理凭证"命令，选择凭证期间"2018.07"，如图3-30所示。单击"确定"按钮，打开"作废凭证表"对话框。

图3-30 选择凭证期间

（4）在"作废凭证表"对话框中，双击"付-0004"号凭证的"删除"栏，如图3-31所示。单击"确定"按钮，系统弹出"是否还需整理凭证断号"信息提示框，并提示三种断号整理方式，默认选择"按凭证号重排"，单击"是"，系统将该凭证从数据库中彻底删除掉，并对剩余凭证重新排号。

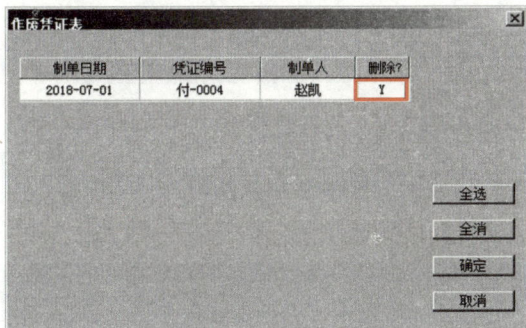

图3-31 凭证删除

☞知识点040 出纳签字

【实验资料】

7月5日，根据权限分工，由贺青对7月份所有收付款记账凭证进行出纳签字。

【具体操作过程】

（1）2018年7月5日，由贺青（W03）登录企业应用平台。

（2）在U8企业应用平台，依次选择"业务工作→财务会计→总账→凭证→出纳签字"命令，打开"出纳签字"对话框，单击"确定"按钮，打开"出纳签字列表"窗口，如图3-32所示。

制单日期	凭证编号	摘要	借方金额合计	贷方金额合计	制单人	签字人	系统名	备注	审核日期	年度
2018-07-05	收 - 0001	收回个人借款	1,000.00	1,000.00	赵凯					2018
2018-07-01	付 - 0001	支付修理费	300.00	300.00	赵凯					2018
2018-07-01	付 - 0002	报销业务招待费	200.00	200.00	赵凯					2018
2018-07-01	付 - 0003	支付办公费	2,000.00	2,000.00	赵凯					2018

图3-32 出纳签字列表

【提示】

如果提示"不存在符合条件的凭证"，表明未指定现金科目、银行科目。

小于操作日期的记账凭证将不显示在"出纳签字列表",也不能被签字。

（3）双击第1张待签字凭证,即可打开该凭证。单击工具栏的"签字"按钮,凭证下方"出纳"右侧将显示出纳员贺青的名字,如图3-33所示,完成本张凭证的出纳签字。

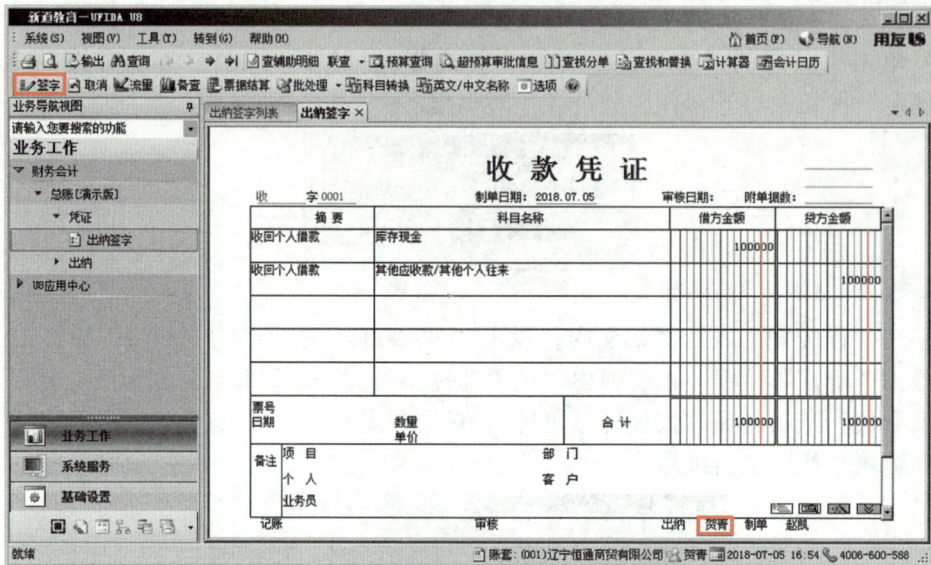

图3-33 单张出纳签字

（4）选择工具栏的"批处理→成批出纳签字"命令,如图3-34所示。系统提示有3张凭证成功进行了批量签字。单击"确定",系统提示"是否重新刷新凭证列表数据",单击"是",完成签字。

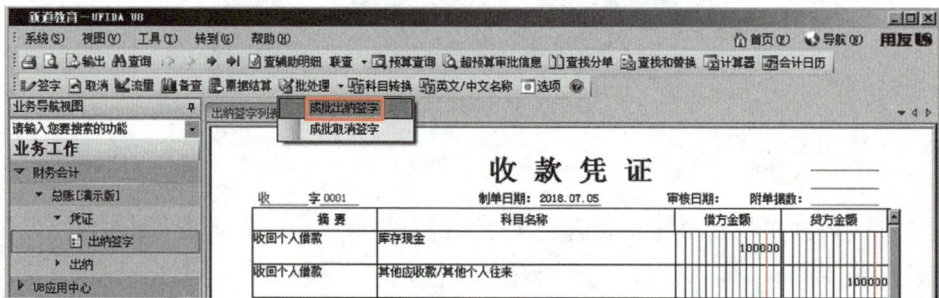

图3-34 批量出纳签字

【提示】

出纳签字完毕,系统自动将登录企业应用平台的操作员作为签字人。

记账凭证一经签字,就不能被修改、删除,只有取消签字后才可以进行修改或删除。单击"签字"按钮右侧的"取消"按钮可取消签字。取消签字只能由出纳员自己进行。

填制记账凭证后,如果该凭证是出纳凭证,且在总账系统选项的"权限"页签中选择"出纳凭证必须经由出纳签字",则出纳凭证由出纳员签字后才能记账;如果不勾选此项,出纳凭证不签字也可进行审核、记账。

☞知识点041 审核凭证

【实验资料】

7月5日,根据权限分工,由王钰对本月记账凭证进行审核。

【具体操作过程】

（1）2018年7月5日，由王钰（W01）登录企业应用平台。

（2）在U8企业应用平台，依次选择"业务工作→财务会计→总账→凭证→审核凭证"命令，打开"凭证审核"对话框，单击"确定"按钮，打开"凭证审核列表"窗口，如图3-35所示。

制单日期	凭证编号	摘要	借方金额合计	贷方金额合计	制单人	审核人	系统名	备注	审核日期	年度
2018-07-05	收－0001	收回个人借款	1,000.00	1,000.00	赵凯					2018
2018-07-01	付－0001	支付修理费	300.00	300.00	赵凯					2018
2018-07-01	付－0002	报销业务招待费	200.00	200.00	赵凯					2018
2018-07-01	付－0003	支付办公费	2,000.00	2,000.00	赵凯					2018
2018-07-02	转－0001	购买股票	115,000.00	115,000.00	赵凯					2018

图3-35　凭证审核列表

【提示】

小于操作日期的记账凭证将不显示在"凭证审核列表"，也不能被审核。

（3）双击第1张待审核凭证，即可打开该凭证，如图3-36所示。单击工具栏的"审核"按钮，凭证下方"审核"右侧将显示审核人王钰的名字，系统自动跳转到下一张待审核凭证。

图3-36　待审核凭证

（4）选择工具栏的"批处理→成批审核凭证"命令，系统提示有4张凭证成功进行了批量审核。单击"确定"，系统提示"是否重新刷新凭证列表数据"，单击"是"，完成审核。

【提示】

凭证审核完毕，系统自动将登录企业应用平台的操作员作为审核人，操作日期作为审核日期。

凭证一经审核，就不能被修改、删除，只有被取消审核签字后才可以进行修改或删除。单击"审核"按钮右侧的"取消"按钮可取消签字。取消审核签字只能由审核人自己进行。

审核人必须具有系统管理中的"审核凭证"（GL0204）功能权限（参考知识点006），还须具有对待审核凭证制单人所制凭证的"审核"数据权限（参考知识点033）。

制单人与审核人不能是同一人。

出纳签字与审核凭证在操作上没有先后顺序。

作废凭证不能被审核，也不能被标错。

已标错的凭证不能被审核。

☛**知识点042　记账**

【实验资料】

7月5日，根据权限分工，由赵凯（W02）对本月记账凭证进行记账。

【具体操作过程】

（1）2018年7月5日，由赵凯（W02）登录企业应用平台。

（2）在U8企业应用平台，依次选择"业务工作→财务会计→总账→凭证→记账"命令，打开"记账"窗口，如图3-37所示。

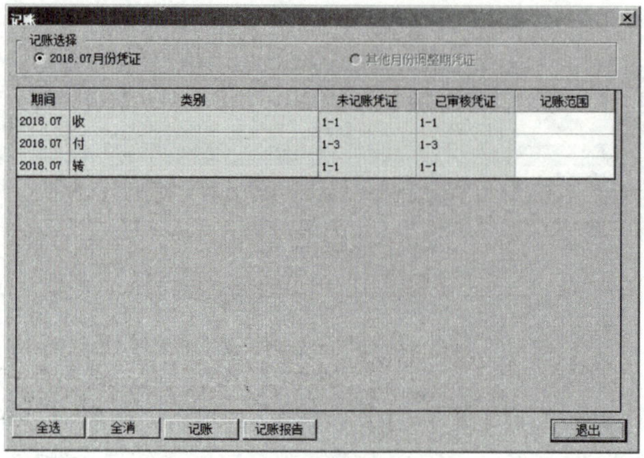

图3-37 "记账"窗口

【提示】

如果不选择记账范围，系统将对所有凭证进行记账。

（3）单击"全选"按钮，再单击"记账"按钮，弹出"期初试算平衡表"窗口，单击"确定"按钮，系统自动进行记账。记账完成后，系统弹出"记账完毕！"提示框，单击"确定"按钮，再单击"退出"按钮，退出"记账"窗口。

【提示】

期初余额试算平衡和凭证已经审核是记账的两个最基本条件。连续使用系统的情况下，上月已结转本月才可以记账。

记账过程一旦因断电或其他原因造成中断后，系统将自动调用"恢复记账前状态"恢复数据，如图3-38所示，恢复完成后再重新记账。

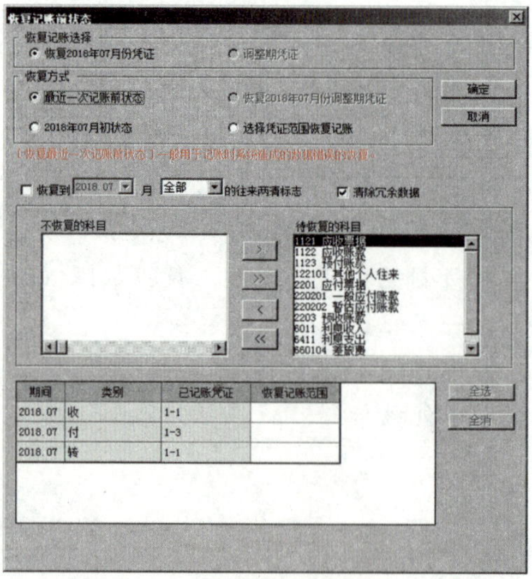

图3-38 恢复记账前状态

只有账套主管才能恢复到月初的记账前状态。

已结账的月份，不能恢复记账前状态。

思考题：已记账凭证可以修改或删除吗？

☞知识点043 冲销凭证

【实验资料】

7月5日，冲销第1号付款凭证。

【具体操作过程】

（1）2018年7月5日，由赵凯（W02）登录企业应用平台。

（2）在U8企业应用平台，依次选择"业务工作→财务会计→总账→凭证→填制凭证"命令，打开"填制凭证"窗口。单击工具栏的"冲销凭证"按钮，打开"冲销凭证"对话框。根据实验资料，"凭证类别"选择"付款凭证"，"凭证号"录入"1"，如图3-39所示。

图3-39 冲销凭证

（3）单击"确定"按钮，系统自动生成一张红字冲销凭证，如图3-40所示。

图3-40 系统自动生成的红字冲销凭证

【提示】

冲销凭证只能冲销已记账凭证。

系统自动生成的红字冲销凭证视为普通凭证，可进行修改、删除等操作，仍需进行后续的审核、出纳签字、记账。

☞知识点044　常用凭证处理

1.第一种处理方式

【实验资料】

（1）设置常用凭证。

设置以下常用凭证：

编码：1；说明：从工行提现金；凭证类别：付款凭证；科目编码：1001和10020101。

（2）调用常用凭证。

7月5日，出纳员贺青以现金支票（票号65302695）从工行提取现金500元。

借：库存现金　　　　　　　　　　　　　　　　　　　　　　　　　　　　500

　　贷：银行存款/中国工商银行/沈阳皇姑支行　　　　　　　　　　　　　500

【具体操作过程】

（1）设置常用凭证：

❶2018年7月5日，由赵凯（W02）登录企业应用平台。

❷在U8企业应用平台，依次选择"业务工作→财务会计→总账→凭证→常用凭证"命令，打开"常用凭证"窗口。单击"增加"按钮，根据实验资料，"编码"录入"1"，说明"从工行提现金"，"凭证类别"选择"付款凭证"，如图3-41所示。

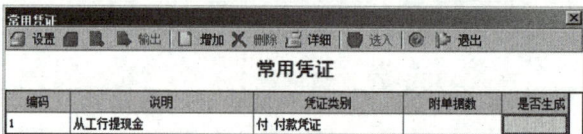

图3-41　"常用凭证"窗口

❸单击"详细"按钮，打开"常用凭证-付款凭证"窗口，单击"增分"按钮，"科目名称"输入科目编码1001。再单击"增分"按钮，在第2行"科目名称"栏输入科目编码10020101，按回车键，弹出"辅助信息"对话框，"结算方式"选择"21现金支票"，如图3-42所示，单击"确定"按钮。退出该窗口。

图3-42　设置常用凭证

【提示】

图3-42中摘要和科目名称为必输项，会计科目可以录入非末级科目。借贷方金额或辅助核算信息可暂不输入，在调用常用凭证后保存前再行输入。

（2）调用常用凭证：

❶在U8企业应用平台，依次选择"业务工作→财务会计→总账→凭证→填制凭证"命令，打开"填制凭证"窗口。选择工具栏"常用凭证→调用常用凭证"命令，打开"调用常用凭证"对话框，输入常用凭证代号"1"，如图3-43所示，单击"确定"按钮，系统将该常用凭证复制到"填制凭证"窗口。

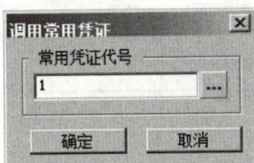

图3-43　调用常用凭证

❷根据实验资料，补充凭证的金额及贷方的辅助项。保存该凭证，结果如图3-44所示。

图3-44　记账凭证

【提示】

在调用常用凭证时，如果不修改直接保存凭证，此时生成的凭证不受任何权限的控制，包括金额权限控制，不受辅助核算及辅助项内容的限制等。

2.第二种处理方式

【实验资料】

7月5日，出纳员贺青将现金70元送存工行。

借：银行存款/中国工商银行/沈阳皇姑支行　　　　　　　　　　　　　70

　　贷：库存现金　　　　　　　　　　　　　　　　　　　　　　　　　　70

将该凭证设置为常用凭证。代号：2；说明：现金存银行。

【具体操作过程】

第二种常用凭证处理方式

❶2018年7月5日，由赵凯（W02）登录企业应用平台。

❷在U8企业应用平台，依次选择“业务工作→财务会计→总账→凭证→填制凭证”命令，打开“填制凭证”窗口。根据实验资料填制一张付款凭证并保存，结果如图3-45所示。

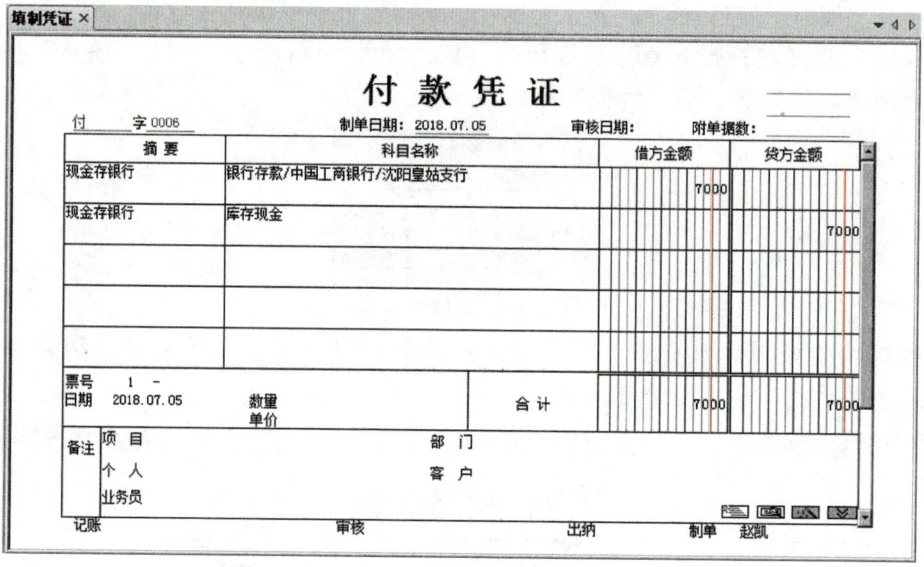

图3-45 记账凭证

❸选择工具栏“常用凭证→生成常用凭证”命令，打开“常用凭证生成”窗口，“代号”输入2，“说明”输入“现金存银行”，结果如图3-46所示。单击“确认”，成功生成常用凭证。

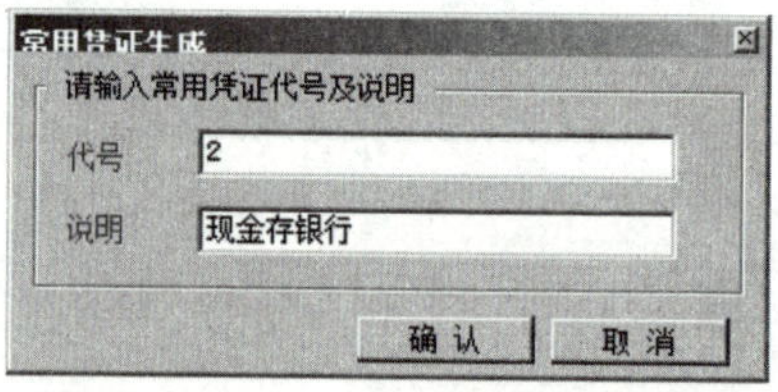

图3-46 生成常用凭证

【提示】

生成常用凭证后，以后再发生同类业务可调用这张常用凭证，以提高工作效率。

项目4　应付款管理系统

应付款管理系统，简称应付系统，用于对企业在采购过程中发生的业务进行处理。该系统提供了参数设置、初始设置、日常处理、单据查询、账表管理、其他处理等功能。根据对供应商往来款项核算和管理的程度不同，系统提供了应付款详细核算和简单核算两种应用方案。应付系统与本教材其他系统的关系如下：

❶应付系统生成的所有记账凭证都传递到总账系统中。

❷应付系统与供应链系统、总账系统集成使用时，应付系统可接收在采购系统中所填制的采购发票，审核并生成记账凭证后传递至总账系统。销售管理系统的销售费用支出单审核后可以自动生成其他应付单，并传递至应付系统。

❸应收款、应付款之间可以相互对冲。应收系统的商业汇票背书可以冲减应付系统的应付账款。通过应付系统的"应付冲应收"功能，可以冲减应收系统的应收账款。

❹应付系统为UFO报表系统提供往来数据。

本项目的重点内容：应付单据、付款单据的日常处理。

本项目的难点内容：已完成业务的逆向操作。

本项目总体流程如图4-1所示。

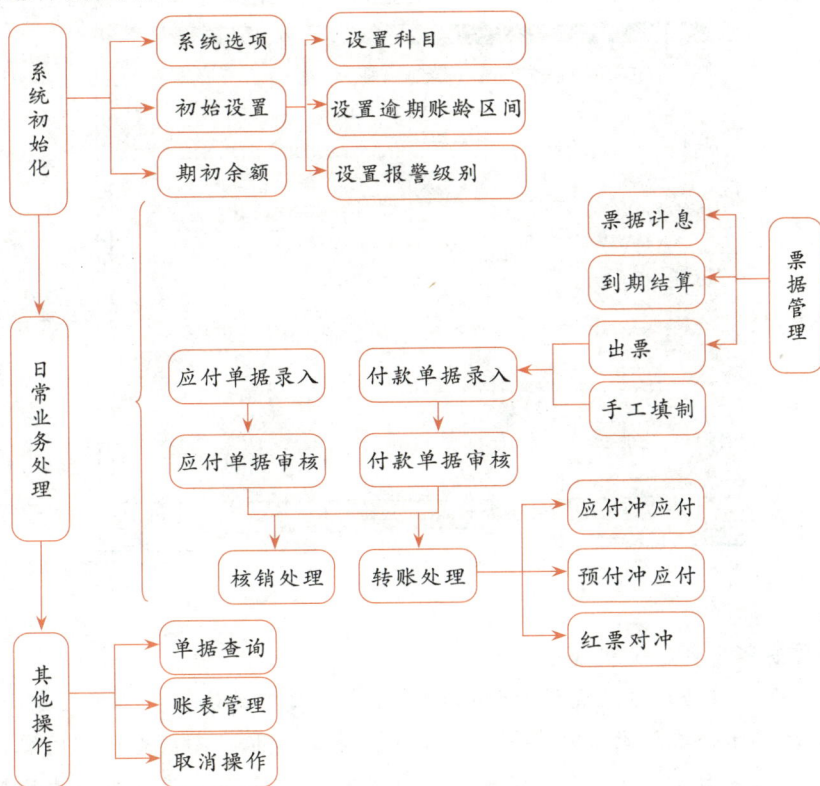

图4-1　本项目总体流程

任务1　　　　　　　　　系统初始化

☞知识点045　设置系统参数

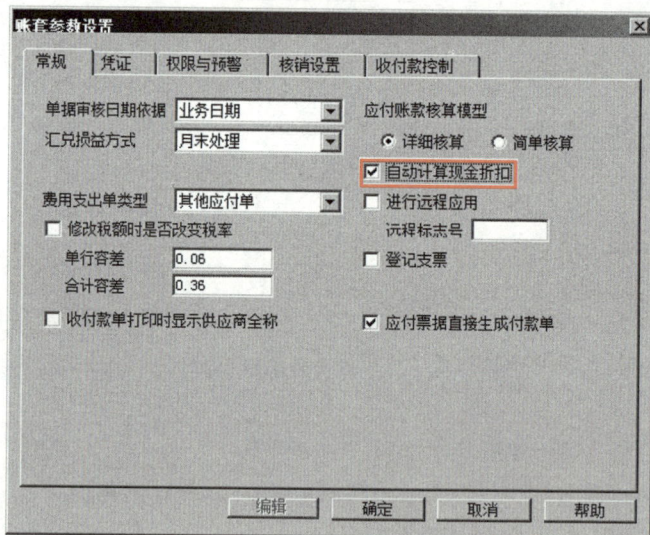

【实验资料】

根据表4-1设置应付系统参数。

表4-1　　　　　　　　　　　应付系统参数

系统名称	页签	选项设置
应付款管理	常规	自动计算现金折扣
	凭证	受控科目制单方式：明细到单据
	权限与预警	取消"控制操作员权限" 按信用方式根据单据提前7天自动报警

【具体操作过程】

（1）2018年7月1日，由赵凯（W02）登录企业应用平台。

（2）在U8企业应用平台，依次选择"业务工作→财务会计→应付款管理→设置→选项"命令，打开"账套参数设置"窗口。单击"编辑"按钮，系统提示"选项修改需要重新登陆才能生效"，单击"确定"按钮，开始参数设置。

（3）在"常规"页签，勾选"自动计算现金折扣"，结果如图4-2所示。

图4-2　"常规"页签

【提示】

"常规"页签部分参数说明如下：

［单据审核日期依据］系统提供两种确认单据审核日期的依据：单据日期和业务日期。由于单据审核后记账，该参数决定单据登记业务账表的入账日期及查询期间取值。

如果选择"业务日期"，则单据审核时，自动将当前业务日期（即登录日期）作为单据的审核日期（即入账日期）。

如果选择"单据日期",则单据审核时,自动将该单据的单据日期作为单据的审核日期(即入账日期)。该参数要求月末结账时单据必须全部审核。业务日期无此要求。

[应付账款核算模型] 系统提供两种应付账款核算模型:简单核算、详细核算。必须选择其中之一,系统缺省选择详细核算方式。系统一旦处理任何业务(包括期初数据录入),该参数将不能修改。

[自动计算现金折扣] 若勾选此项,系统会在核销界面自动计算可享受折扣。

[登记支票] 若勾选此项,则系统自动将具有票据管理结算方式的付款单登记支票登记簿;否则用户应通过付款单上的"登记"按钮,手工登记支票登记簿。

该选项要求在总账系统的选项中选择"支票控制"。

[应付票据直接生成付款单] 该选项默认选择为是,表示应付票据保存时,系统能够自动生成未审核、未核销的付款单;反之则不能,需在票据界面单击"生成"按钮才可生成付款单。

(4)单击"凭证"页签,"受控科目制单方式"勾选"明细到单据",结果如图4-3所示。

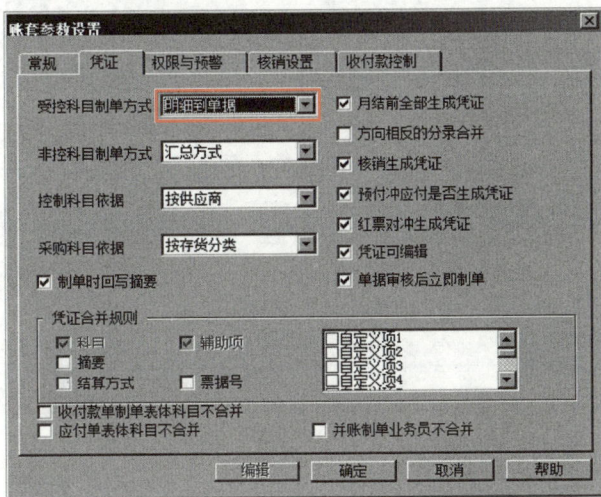

图4-3 "凭证"页签

【提示】

"凭证"页签部分参数说明如下:

[受控科目制单方式] 系统提供两种受控科目制单方式:明细到供应商和明细到单据。

明细到供应商:将一个供应商的多笔业务合并生成一张凭证时,如果这些业务的控制科目相同,则系统将自动将其合并成一条分录。

明细到单据:将一个供应商的多笔业务合并生成一张凭证时,系统将每一笔业务形成一条分录。

[非控科目制单方式] 系统提供三种制单方式:明细到供应商、明细到单据和汇总制单。

汇总制单:将多个供应商的多笔业务合并生成一张凭证时,如果这些业务的非控制科目相同,且其所带辅助核算项目也相同,则系统将自动将其合并成一条分录。

[控制科目依据] 控制科目是指带有供应商往来辅助核算并受应付系统控制的会计科

目。应付系统提供以下控制科目依据：按供应商分类、按供应商、按地区、按采购类型、按存货分类、按存货。根据这里选择的"依据"，可在"初始设置→控制科目设置"中对该"依据"设置不同的控制科目。

［采购科目依据］在此设置的采购科目，是系统自动制单科目取值的依据。应付系统提供以下采购科目依据：按存货分类、按存货、按供应商分类、按供应商、按采购类型。根据这里选择的"依据"，可在"初始设置→产品科目依据"中对该"依据"设置不同的采购科目。假如采购科目依据选择"按采购类型"，则在"初始设置→产品科目设置"中可针对不同的采购类型设置不同的采购科目。

［核销生成凭证］若勾选此项，当核销双方的单据原入账科目不相同时，则核销后需要生成一张调增凭证。

（5）单击"权限与预警"页签，取消勾选"控制操作员权限"，"提前天数"栏输入"7"，结果如图4-4所示。

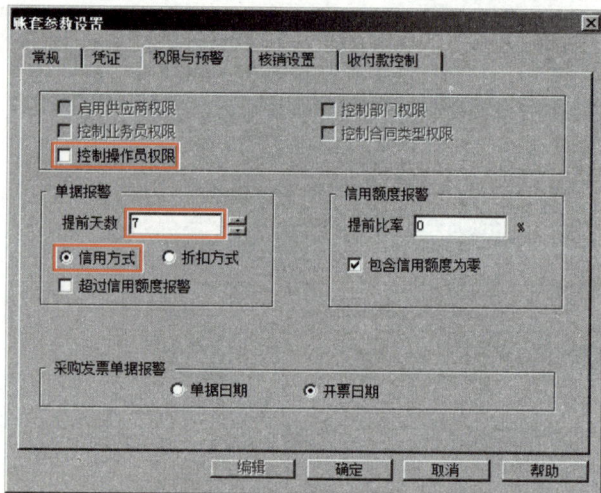

图4-4　"权限与预警"页签

【提示】

"权限与预警"页签部分参数说明如下：

［控制操作员权限］本案例中，由于赵凯本人的记录级数据权限已被控制，如果此处不取消勾选，那么赵凯将不能对其本人的单据进行审核、查询、删改等操作。如果这里勾选"控制操作员权限"，那么在"数据权限控制"中为赵凯本人授权也可以。

［启用供应商权限］只有在"企业应用平台→系统服务→权限→数据权限控制设置"中对"供应商档案"进行记录级数据权限控制时该选项才可设置，否则该选项为屏蔽状态。

［单据报警］若选择按信用方式，在使用预警平台时系统会依据该项设置将"单据到期日-提前天数≤当前注册日期"的已经审核的单据显示出来，提醒您及时付款。

"核销设置"页签部分参数说明如下：

［应付款核销方式］核销即已付款冲销应付款，系统提供两种冲销应付款的方式：按单据和按产品。按单据核销：系统将满足条件的未结算单据全部列出，根据所选择的单据进行核销。按产品核销：系统将满足条件的未结算单据全部列出，根据所选择的存货进行

核销。

☞**知识点046　设置科目**

【实验资料】

（1）设置基本科目。

根据表4-2设置基本科目。

表4-2　　　　　　　　　　　　　设置基本科目

基础科目种类	科目	币种
应付科目	220201 应付账款/一般应付账款	人民币
预付科目	1123 预付账款	人民币
商业承兑科目	2201 应付票据	人民币
银行承兑科目	2201 应付票据	人民币
票据利息科目	660301 财务费用/利息支出	人民币
票据费用科目	660301 财务费用/利息支出	人民币
收支费用科目	660205 管理费用/办公费	人民币
采购科目	1405 库存商品	人民币
税金科目	22210101 应交税费/应交增值税/进项税额	人民币
现金折扣科目	660304 财务费用/现金折扣	人民币

（2）设置结算方式科目。

根据表4-3设置结算方式科目。

表4-3　　　　　　　　　　　　　设置结算方式科目

结算方式	币种	本单位账号	科目
现金	人民币	2107024015890035666	1001 库存现金
现金支票	人民币	2107024015890035666	10020101 沈阳皇姑支行
转账支票	人民币	2107024015890035666	10020101 沈阳皇姑支行
银行汇票	人民币	2107024015890035666	101201 银行汇票存款
信汇	人民币	2107024015890035666	10020101 沈阳皇姑支行
电汇	人民币	2107024015890035666	10020101 沈阳皇姑支行
委托收款	人民币	2107024015890035666	10020101 沈阳皇姑支行
托收承付	人民币	2107024015890035666	10020101 沈阳皇姑支行
其他	人民币	2107024015890035666	10020101 沈阳皇姑支行

【具体操作过程】

（1）2018年7月1日，由赵凯（W02）登录企业应用平台。

（2）在U8企业应用平台，依次选择"业务工作→财务会计→应付款管理→设置→初始设置"命令，打开"初始设置"窗口。在"设置科目"项下选择"基本科目设置"，单击"增加"按钮，根据实验资料设置基本科目，结果如图4-5所示。

基础科目种类	科目	币种
应付科目	220201	人民币
预付科目	1123	人民币
商业承兑科目	2201	人民币
银行承兑科目	2201	人民币
票据利息科目	660301	人民币
票据费用科目	660301	人民币
收支费用科目	660205	人民币
采购科目	1405	人民币
税金科目	22210101	人民币
现金折扣科目	660304	人民币

图4-5　设置基本科目

（3）在"设置科目"项下选择"结算方式科目设置"，单击"增加"按钮，根据实验资料设置结算方式科目，结果如图4-6所示。

结算方式	币种	本单位账号	科目
1 现金	人民币	2107024015890035666	1001
21 现金支票	人民币	2107024015890035666	10020101
22 转账支票	人民币	2107024015890035666	10020101
31 银行汇票	人民币	2107024015890035666	101201
42 信汇	人民币	2107024015890035666	10020101
41 电汇	人民币	2107024015890035666	10020101
5 委托收款	人民币	2107024015890035666	10020101
6 托收承付	人民币	2107024015890035666	10020101
9 其他	人民币	2107024015890035666	10020101

图4-6　设置结算方式科目

【提示】

商业承兑汇票和银行承兑汇票对应"应付票据"科目，已在基本科目中设置，此处无需设置。

［控制科目设置］该功能用于进行更加详细的应付科目、预付科目的设置。根据系统选项中的"控制科目依据"而显示设置依据。

［产品科目设置］该功能用于进行更加详细的采购科目、税金科目的设置。根据系统选项中的"采购科目依据"而显示设置依据。

制单时，基本科目、控制科目、产品科目、结算方式科目的选取规则如下：

单据上科目→控制科目、产品科目或结算方式科目→基本科目→手工输入科目。

以采购发票制单为例，系统先判断控制科目是否设置，若设置则取该科目。同时判断产品科目是否设置，若设置则取该科目。若没有设置控制科目或产品科目，则取"基本科目设置"中设置的应付科目、采购科目和税金科目。若没有设置基本科目，则弹出记账凭证的"科目名称"栏为空，须手工输入科目。若单据上有科目，则优先使用该科目。

☞知识点047　设置逾期账龄区间

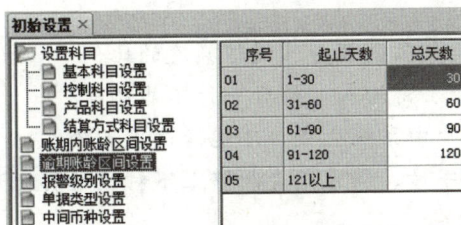

【实验资料】

根据表4-4设置逾期账龄区间。

表4-4　　　　　　　　　　　　设置逾期账龄区间

序号	起止天数（天）	总天数（天）
01	1-30	30
02	31-60	60
03	61-90	90
04	91-120	120
05	121以上	

【具体操作过程】

（1）2018年7月1日，由赵凯（W02）登录企业应用平台。

（2）在U8企业应用平台，依次选择"业务工作→财务会计→应付款管理→设置→初始设置"命令，打开"初始设置"窗口。选择"逾期账龄区间设置"，根据实验资料在第1行的"总天数"栏输入30，按回车键，继续后续天数的录入，结果如图4-7所示。

图4-7　设置逾期账龄区间

【提示】

该功能用于定义逾期应付账款或付款时间间隔，后续可进行逾期应付账款或付款的账龄查询和账龄分析。

最后一个区间不能修改或删除。

[序号]由系统生成，不能修改或删除。

[总天数]直接输入该区间的截止天数。

[起止天数]系统自动生成，无需手工输入。

☞知识点048　设置报警级别

【实验资料】

根据表4-5设置报警级别。

表4-5　　　　　　　　　　　　设置报警级别

序号	起止比率	总比率（%）	级别名称
01	0-10%	10	A
02	10%-20%	20	B
03	20%-30%	30	C
04	30%-40%	40	D
05	40%-50%	50	E
06	50%以上		F

【具体操作过程】

（1）2018年7月1日，由赵凯（W02）登录企业应用平台。

（2）在U8企业应用平台，依次选择"业务工作→财务会计→应付款管理→设置→初始设置"命令，打开"初始设置"窗口。选择"报警级别设置"，根根据实验资料输入第1行的"总比率"和"级别名称"，输入完毕按回车键，继续后续级别的录入，结果如图4-8所示。

序号	起止比率	总比率(%)	级别名称
01	0-10%	10	A
02	10%-20%	20	B
03	20%-30%	30	C
04	30%-40%	40	D
05	40%-50%	50	E
06	50%以上		F

图4-8　设置报警级别

【提示】

这里的比率是指供应商欠款余额与其授信额度的比例。

最后一个级别的总比率无需输入。最后一行不能删除。

［序号］和［起止比率］由系统生成，不能修改或删除。

［级别名称］可以采用字母、编号或者能够上下对应的其他形式。

☞知识点049　录入期初余额

【实验资料】

（1）根据表4-6录入应付账款期初余额，业务员张宏亮。

表4-6　　　　　　　　　　应付账款期初余额

单据类型	发票号	开票日期	供应商	科目	存货	数量	原币单价	金额
采购专用发票	14035890	2018-06-15	大连博伦	220201	1007	150	3 450	600 300.00

（2）根据表4-7录入应付票据期初余额，承兑银行为中国工商银行，业务员张宏亮。

表4-7　　　　　　　　　　应付票据期初余额

单据名称	单据类型	票据编号	收票单位	科目	票据面值	签发日期	到期日
应付票据	银行承兑汇票	63295321	北京嘉伟	2201	25 740.00	2018-04-30	2018-07-30

（3）根据表4-8录入预付账款期初余额，业务员张宏亮。

表4-8　　　　　　　　　　预付账款期初余额

单据名称	单据类型	日期	供应商名称	结算方式	金额	票据号	业务员	科目
预付款	付款单	2018-06-29	天津惠阳	转账支票	20 000.00	10561997	张宏亮	1123

（4）应付系统与总账系统进行对账。

【具体操作过程】

（1）2018年7月1日，由赵凯（W02）登录企业应用平台。

（2）在U8企业应用平台，依次选择"业务工作→财务会计→应付款管理→设置→期初余额"命令，打开"期初余额-查询"对话框。单击"确定"按钮，打开"期初余额"窗口。

（3）单击工具栏的"增加"按钮，弹出"单据类别"对话框，如图4-9所示。单击"确定"按钮，打开"采购发票"窗口。

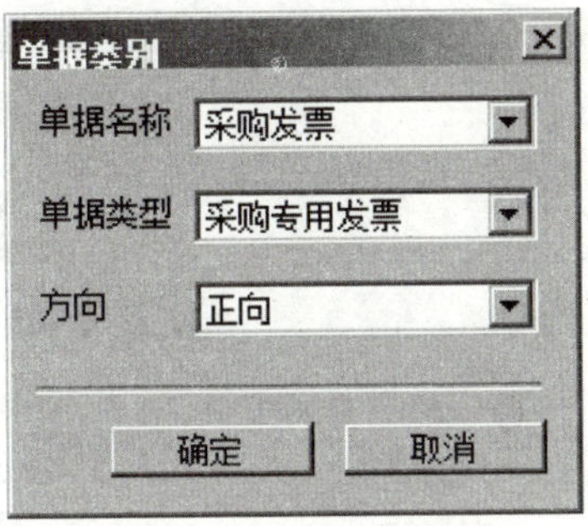

图4-9　选择单据类别

（4）单击工具栏的"增加"按钮，根据实验资料，录入表头的"发票号"、"开票日期"、"供应商"、"业务员"和"税率"等信息，其他表头信息自动带入。

录入表体的"存货编码"、"数量"和"原币单价"等信息，其他表体信息自动带入。录入完毕单击"保存"按钮，结果如图4-10所示。关闭"采购发票"窗口。

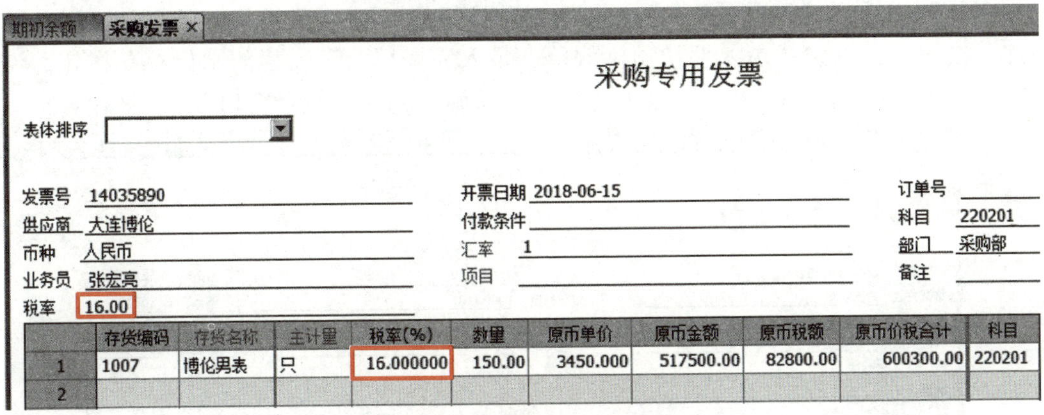

图4-10　期初应付账款

【提示】

期初发票是指还未核销的应付账款，已核销部分金额不显示。

期初发票中表头、表体中均可以输入科目、项目。表头、表体科目必须全为应付系统受控科目。

（5）在"期初余额"窗口，单击工具栏的"增加"按钮，在"单据类别"对话框的"单据名称"栏选择"应付票据"，如图4-11所示。单击"确定"按钮，打开"期初单据录入"窗口。单击"增加"按钮，根据资料录入期初应付票据，结果如图4-12所示，单击"保存"按钮。关闭"期初单据录入"窗口，返回"期初余额"窗口。

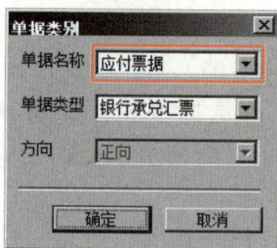

图 4-11　选择单据类别

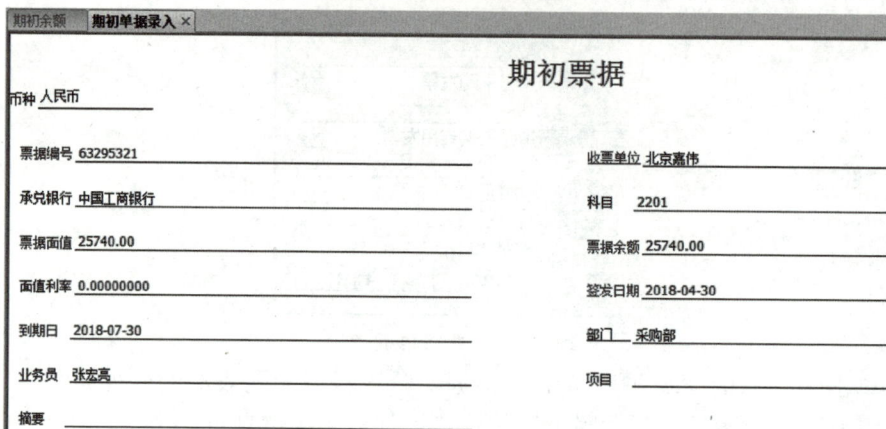

图 4-12　期初应付票据

（6）在"期初余额"窗口，单击工具栏的"增加"按钮，在"单据类别"对话框的"单据名称"栏选择"预付款"。单击"确定"按钮，打开"期初单据录入"窗口。单击"增加"按钮，根据资料录入期初预付款单，录入完毕单击工具栏的"保存"按钮，结果如图 4-13 所示。关闭"期初单据录入"窗口，返回"期初余额"窗口。

图 4-13　期初预付款单

【提示】

单据日期必须小于该账套启用期间（第一年使用）或者该年度会计期初（以后年度使用）。

单据中的科目，用于输入该笔业务的入账科目，可以为空。但是，为了与总账对账相符和查询正确的科目明细账、总账，建议在录入期初单据时录入科目信息。

已进行后续处理如转账、核销等的期初单据不允许删除、修改。

第一个月结账后，期初单据不允许增、删、改、引。

（7）在"期初余额"窗口，先单击工具栏的"刷新"按钮，再单击"对账"按钮，打开"期初对账"对话框，结果如图4-14所示。

科目		应付期初		总账期初		差额	
编号	名称	原币	本币	原币	本币	原币	本币
1123	预付账款	-20,000.00	-20,000.00	-20,000.00	-20,000.00	0.00	0.00
2201	应付票据	25,740.00	25,740.00	25,740.00	25,740.00	0.00	0.00
220201	一般应付账款	600,300.00	600,300.00	600,300.00	600,300.00	0.00	0.00
	合计		606,040.00		606,040.00		0.00

图4-14　与总账期初对账结果

任务 2　日常单据处理

应付系统日常单据处理主要是对如图4-15所示的几种单据进行操作。

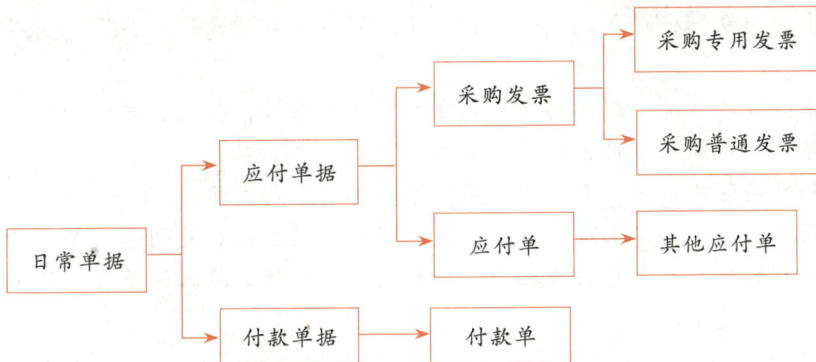

图4-15　应付系统日常单据

☞知识点050　应付单据录入

应付单据处理基本流程：填制→审核→制单。

1. 填制应付单据

（1）采购专用发票。

【实验资料】

2018年7月15号，采购部张宏亮从湖南百盛采购百盛男套装100套，原币单价为328元，增值税税率为16%，取得增值税专用发票，发票号为51668800。

2018年7月15日，采购部张宏亮从北京嘉伟采购嘉伟女风衣200件，原币单价为498元，增值税税率为16%，取得增值税专用发票，发票号为37008908。

2018年7月16号，采购部徐辉从山东顺达采购顺达女士箱包500个，原币单价为278元，增值税税率16%，取得增值税专用发票，发票号为96103451。

2018年7月16号，采购部徐辉向湖南百盛采购百盛男夹克300件，原币单价为298元，增值税税率为16%，取得增值税专用发票，发票号为75002302。

【具体操作过程】

❶2018年7月15日，由赵凯（W02）登录企业应用平台。

❷在U8企业应用平台，依次选择"业务工作→财务会计→应付款管理→应付单据处理→应付单据录入"命令，打开"单据类别"对话框。单击"确定"按钮，打开"采购发票"窗口。

❸单击工具栏的"增加"按钮，根据实验资料，表头录入"发票号"、"供应商"、"税率"和"业务员"等信息，表体录入"存货编码"、"数量"和"原币单价"等信息。录入完毕单击"保存"按钮，结果如图4-16所示。

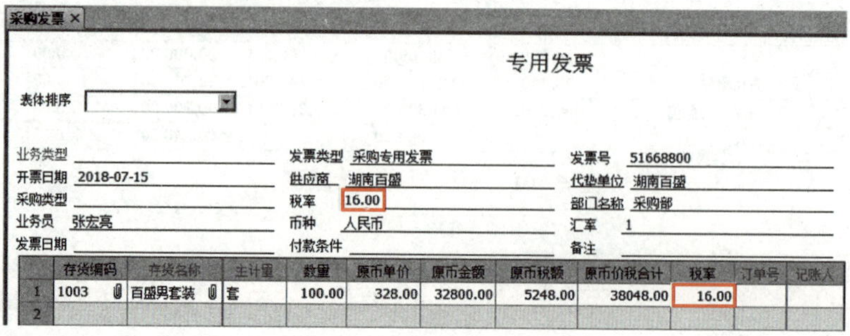

图4-16　采购专用发票

❹按照上述方法继续录入剩余的三张发票。后两张发票建议以16日登录平台后填制。

【提示】

若启用采购管理系统，则采购发票不在应付系统录入，而应在采购管理系统录入，并传递给应付系统，但须在应付系统进行审核。

若未启用采购管理系统，则在应付系统录入各类采购发票。

录入应付单据时，选择供应商后，系统自动将与供应商相关的信息全部带出。

若表体科目的项目大类与表头相同，则自动将表头项目带入该条表体记录的项目中。

（2）运费专用发票。

【实验资料】

2018年7月16日，采购部徐辉从山东顺达采购顺达女士箱包时，发生运费800元，增值税税率10%，进项税额为80元，取得增值税专用发票，发票号为26008593。

【具体操作过程】

❶2018年7月15日，由赵凯（W02）登录企业应用平台。

❷在U8企业应用平台，依次选择"业务工作→财务会计→应付款管理→应付单据处理→应付单据录入"命令，打开"单据类别"对话框。单击"确定"按钮，打开"采购发票"窗口。

❸根据实验资料录入一张采购专用发票，特别注意表头、表体的税率应均为10%。结果如图4-17所示。

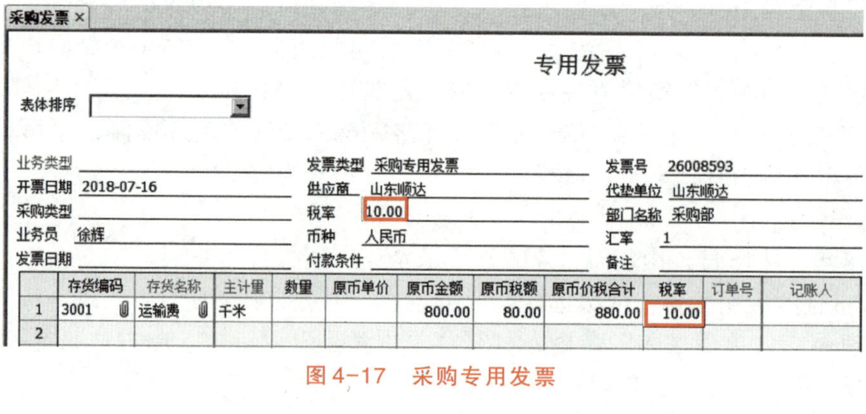

图4-17　采购专用发票

【提示】

根据现行的增值税政策，交通运输业执行10%的税率，开具增值税专用发票。

本案例中，若从山东顺达购货时由第三方运输，则采购专用发票表头"供应商"和"代垫单位"应均为该运输单位。若由第三方运输，但山东顺达已垫付运费，这时采购专用发票表头的"供应商"为该运输单位，"代垫单位"为山东顺达。

（3）采购普通发票。

【实验资料】

2018年7月20日，采购部张宏亮从大连博伦采购博伦女表1只，无税单价为3 450元，增值税税率为16%，取得增值税普通发票，发票号为31697566。

【具体操作过程】

❶2018年7月20日，由赵凯（W02）登录企业应用平台。

❷在U8企业应用平台，依次选择"业务工作→财务会计→应付款管理→应付单据处理→应付单据录入"命令，打开"单据类别"对话框，在"单据类别"栏选择"采购普通发票"，如图4-18所示。单击"确定"按钮，打开"采购发票"窗口。

图4-18　选择单据类别

❸单击"增加"，根据实验资料，表头项目录入方法同专用发票。录入表体项目时，先选择存货编码，再将该行存货的"税率"改为"0"，数量正常输入，"原币金额"栏输入价税合计金额。保存后结果如图4-19所示。

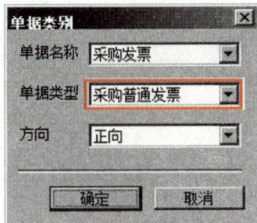

	存货编码	存货名称	规格型号	主计量	数量	原币金额	原币税额	税率	订单号	记账人
1	1006	博伦女表		只	1.00	4002.00	0.00	0.00		
2										

图4-19　采购普通发票

【提示】

购货取得增值税普通发票，其增值税进项税额不得抵扣，应计入存货成本。

（4）其他应付单。

【实验资料】

2018年7月21日，采购部张宏亮与沈阳通达结算当月货车租赁费1 000元，款项下月支付。

【具体操作过程】

❶2018年7月21日,由赵凯(W02)登录企业应用平台。

❷在U8企业应用平台,依次选择"业务工作→财务会计→应付款管理→应付单据处理→应付单据录入"命令,打开"单据类别"对话框,在"单据名称"栏选择"应付单",如图4-20所示。单击"确定"按钮,打开"应付单"窗口。

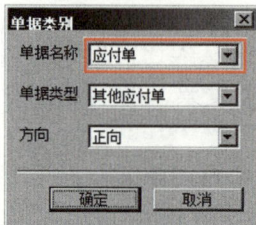

（填制其他应付单）

图 4-20　选择单据类别

❸单击"增加",根据实验资料,表头的"供应商"选择"沈阳通达","金额"输入"1000","业务员"选择"张宏亮"。表体的"科目"栏参照选择"660205管理费用/办公费"。保存后结果如图4-21所示。

图 4-21　其他应付单

【提示】

无论是否启用采购管理系统,非采购业务形成的应付账款均通过应付单处理。若启用销售管理系统,则销售费用支出单的"单据流向"可以是其他应付单。

应付单实质上是一张记账凭证,表头反映贷方信息,表体反映借方信息,如下所示:

借:××××（表体项目中的"科目"）

　贷:应付系统受控科目（表头项目中的"科目",必须是受控科目）

应付单表体信息可以不输入,若不输入保存单据时系统会自动形成一条方向相反、金额相等的记录,该记录可修改。

（5）负向的应付单据。

【实验资料】

2018年7月22日,发现本月15日张宏亮从北京嘉伟采购的嘉伟女风衣中有100件发生质量问题,经协商,将货物退给供应商,当日收到对方开具的红字增值税专用发票,票号为37008928。

（填制负向的应付单据）

【具体操作过程】

❶2018 年 7 月 22 日，由赵凯（W02）登录企业应用平台。

❷在 U8 企业应用平台，依次选择"业务工作→财务会计→应付款管理→应付单据处理→应付单据录入"命令，打开"单据类别"对话框，在"方向"栏选择"负向"，如图 4-22 所示。单击"确定"按钮，打开"采购发票"窗口。

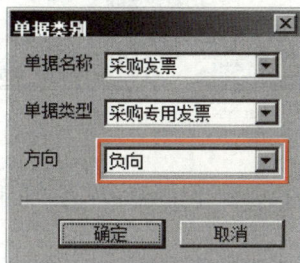

图 4-22　选择单据类别

❸单击"增加"，根据实验资料填制红字采购专用发票。除表体数量须填列负数外，其他信息的录入与正向的专用发票相同。保存后结果如图 4-23 所示。

图 4-23　红字采购专用发票

【提示】

采购过程中如果发生退货、销售折让等，则需要填制负向的应付单据。

2. 修改应付单据

【实验资料】

2018 年 7 月 23 日，发现本月 15 日所填制的从湖南百盛采购百盛男套装的"51668800"号采购专用发票中的原币单价应为 320 元。

【具体操作过程】

❶2018 年 7 月 23 日，由赵凯（W02）登录企业应用平台。

❷在 U8 企业应用平台，依次选择"业务工作→财务会计→应付款管理→应付单据处理→应付单据录入"命令，打开"单据类别"对话框，单击"确定"按钮，打开"采购发票"窗口。

❸单击工具栏的"定位"按钮，打开"单据定位条件"对话框，在"单据编号"栏输入"51668800"，如图 4-24 所示。单击"确定"找到该发票。单击"修改"按钮，将表体中"单价"改为 320 后保存该发票。

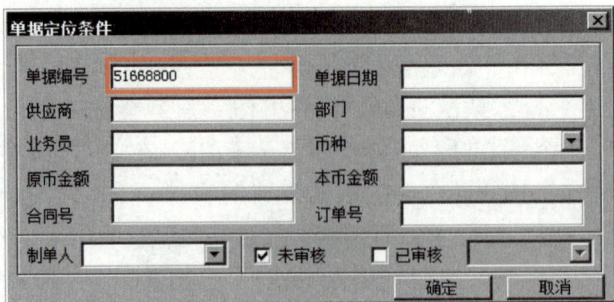

图 4-24　单据定位条件

【提示】

通过点击"定位"按钮右侧的 ← （上张）、→ （下张）、◄ （首张）和 ►｜（末张）四个按钮也可查找单据。

在未启用采购管理系统的情况下，若发现采购发票错误，则在应付系统进行修改。单据名称、单据类型不可修改。

3. 删除应付单据

【实验资料】

2018年7月23日，发现本月16日所填制的从湖南百盛采购百盛男夹克的"75002302"号采购专用发票填制错误，应删除。

【具体操作过程】

❶2018年7月25日，由赵凯（W02）登录企业应用平台。

❷在 U8 企业应用平台，依次选择"业务工作→财务会计→应付款管理→应付单据处理→应付单据录入"命令，打开"单据类别"对话框，单击"确定"按钮，打开"采购发票"窗口。

❸单击工具栏的"定位"按钮，打开"单据定位条件"对话框，在"单据编号"栏输入"75002302"，单击"确定"找到该发票。单击"删除"按钮，弹出"单据删除后不能恢复，是否继续？"提示框，单击"是"，将该发票删除。

【提示】

如果采购发票已做过后续处理，如审核、制单、核销、转账等，则该发票不能修改或删除。但是，系统对所有的处理都提供了逆向操作功能，通过逆向操作把后续处理全部取消，此时发票即可修改或删除。

☞知识点051　应付单据审核

【实验资料】

2018年7月23日，将本月应付单据全部审核。

【具体操作过程】

（1）2018年7月23日，由赵凯（W02）登录企业应用平台。

（2）在 U8 企业应用平台，依次选择"业务工作→财务会计→应付款管理→应付单据处理→应付单据审核"命令，打开"应付单查询条件"对话框，如图4-25所示。单击"确定"按钮，打开"单据处理"窗口，显示应付单据列表，如图4-26所示。

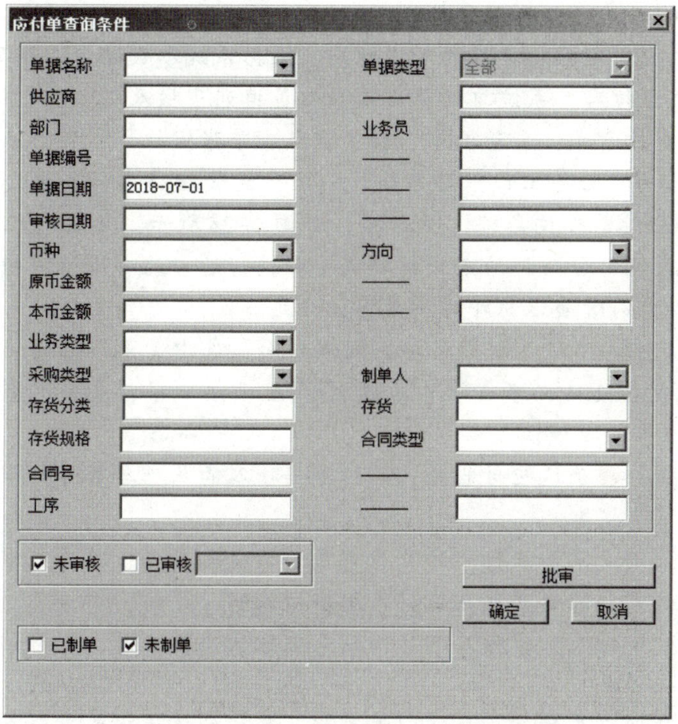

图 4-25 "应付单查询条件"对话框

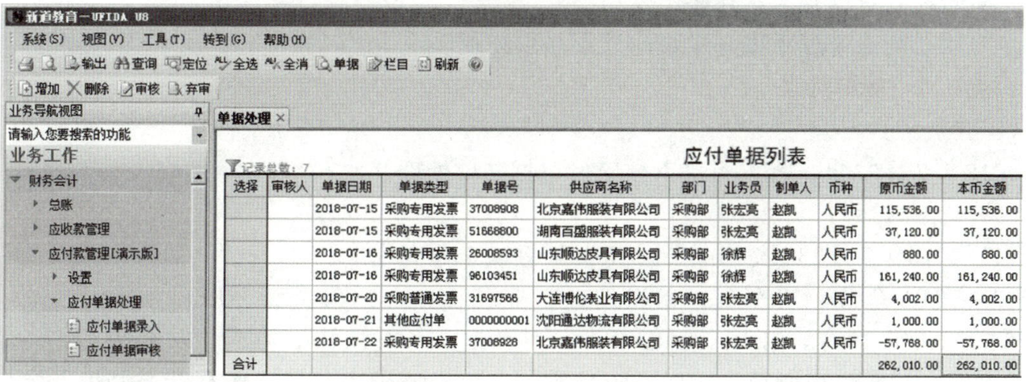

图 4-26 应付单据列表

（3）单击工具栏的"全选"按钮，此时每张单据最左侧的"选择"栏显示"Y"字样，表示该单据被选中。单击工具栏的"审核"按钮，弹出如图 4-27 所示的提示框，单击"确定"按钮，此时每张单据左侧的"审核人"栏均显示"赵凯"，完成审核工作。

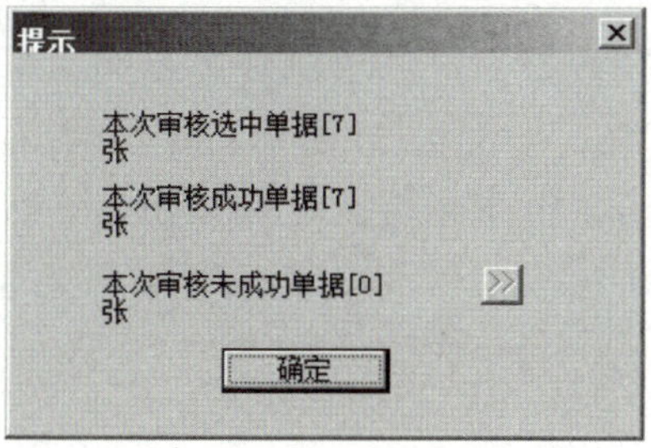

图 4-27 审核结果

【提示】

[审核日期] 主要决定应付单据的入账日期，依据系统参数而定，详见知识点045。

[审核人] 单据审核后，系统自动将当前操作员填列审核人。

系统提供三种审核方式：自动批审、批量审核、单张审核。

[自动批审] 选择"业务工作→财务会计→应付款管理→应付单据处理→应付单据审核"命令，打开"应付单查询条件"对话框，如图4-25所示。单击"批审"按钮，系统根据当前的过滤条件将符合条件的未审核单据全部进行后台的一次性审核处理。

[批量审核] 本案例所演示的即为批量审核方式。

[单张审核] 在图4-26所示的应付单据列表界面，选中需要审核的记录，点击工具栏的"单据"按钮（或直接双击那一行单据记录），显示该单据，点击"审核"按钮将该单据审核。

审核有三个含义：❶确认应付账款；❷对单据输入的正确与否进行审查；❸对应付单据进行记账。

在本系统中，采购发票和应付单的处理都基于该发票或应付单已经审核的基础上。

在采购管理系统录入的发票也在应付系统审核入账。

取消审核将清空审核人和审核日期，回到未记账状态，此时，可对该应付单据进行修改或删除。

已经做过后续处理（如核销、转账、汇兑损益等）的单据不能进行弃审处理。

已审核的应付单据不允许修改或删除。

不能在已结账月份中进行审核处理或弃审处理。

☞**知识点052　制单处理**

【实验资料】

2018年7月23日，将本月已审核应付单据制单处理。

【具体操作过程】

（1）2018年7月23日，由赵凯（W02）登录企业应用平台。

（2）在U8企业应用平台，依次选择"业务工作→财务会计→应付款管理→制单处理"命令，打开"制单查询"对话框，系统默认已勾选"发票制单"，再勾选"应付单制单"，如图4-28所示。单击"确定"按钮，打开"制单"窗口，显示应付制单列表，如图4-29所示。

（3）在"凭证类别"栏，用下拉框选择"转账凭证"。（也可在凭证中修改该类别）

（4）单击工具栏的"全选"按钮，选择要进行制单的单据，此时"选择标志"栏自动生成数字序号，如图4-30所示。

（5）点击工具栏的"制单"按钮，进入填制凭证界面，单击"保存"按钮，保存当前记账凭证并将其传递到总账系统，如图4-31所示。单击 ➡ 后再单击"保存"将后续6张凭证逐一保存。或者，直接单击"批量保存凭证"按钮，一次性将全部凭证保存。

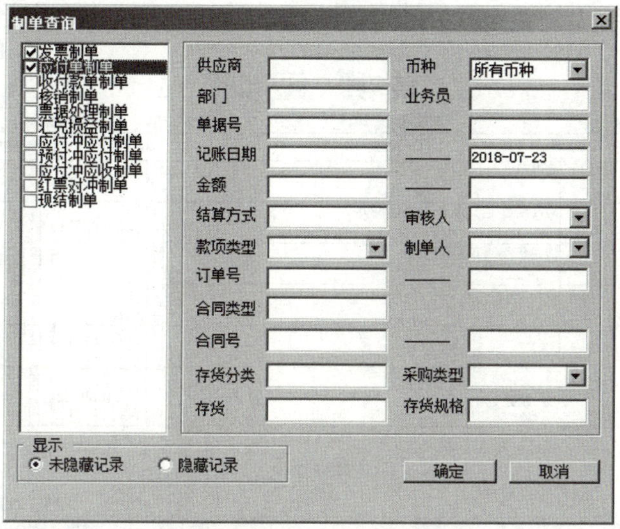

图4-28 制单查询

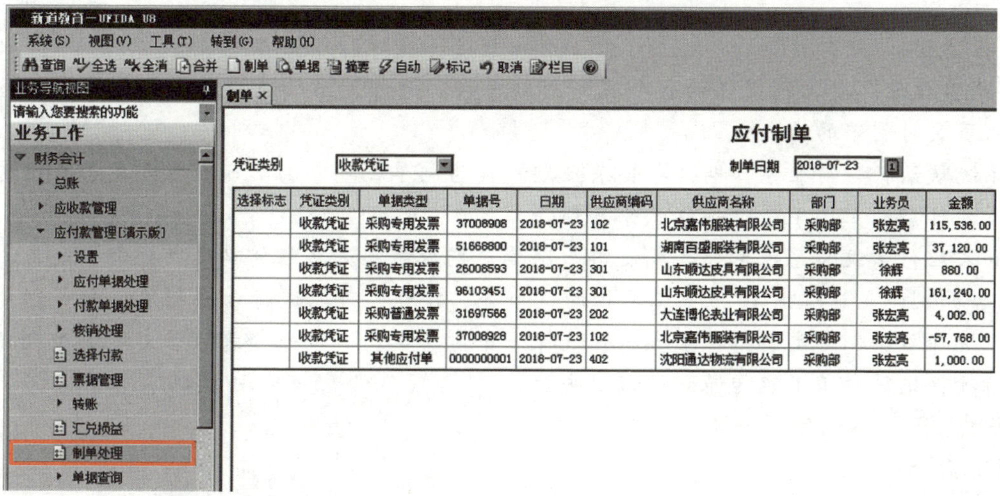

图4-29 应付制单列表

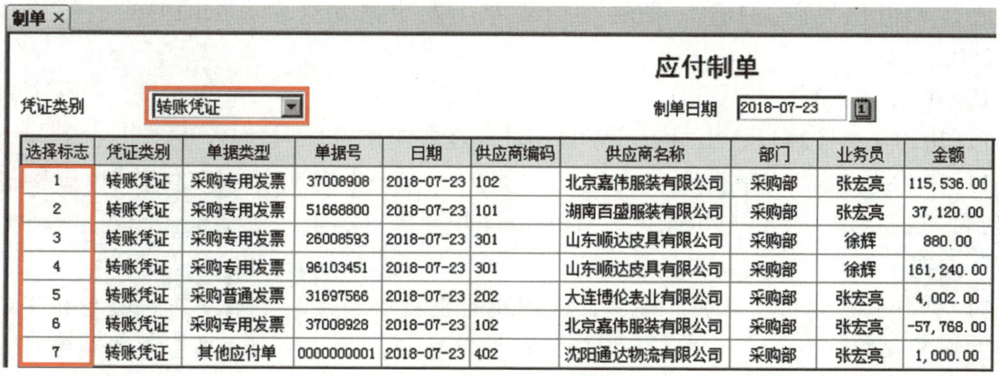

应付制单

| 凭证类别 | 转账凭证 | | | | | | 制单日期 | 2018-07-23 | |

选择标志	凭证类别	单据类型	单据号	日期	供应商编码	供应商名称	部门	业务员	金额
1	转账凭证	采购专用发票	37008908	2018-07-23	102	北京嘉伟服装有限公司	采购部	张宏亮	115,536.00
2	转账凭证	采购专用发票	51668800	2018-07-23	101	湖南百盛服装有限公司	采购部	张宏亮	37,120.00
3	转账凭证	采购专用发票	26008593	2018-07-23	301	山东顺达皮具有限公司	采购部	徐辉	880.00
4	转账凭证	采购专用发票	96103451	2018-07-23	301	山东顺达皮具有限公司	采购部	徐辉	161,240.00
5	转账凭证	采购普通发票	31697566	2018-07-23	202	大连博伦表业有限公司	采购部	张宏亮	4,002.00
6	转账凭证	采购专用发票	37008928	2018-07-23	102	北京嘉伟服装有限公司	采购部	张宏亮	-57,768.00
7	转账凭证	其他应付单	0000000001	2018-07-23	402	沈阳通达物流有限公司	采购部	张宏亮	1,000.00

图4-30 应付制单列表

图4-31　记账凭证

【提示】

"制单处理"是系统提供的一个统一制单平台。此外，系统还在各个业务处理的过程中提供了实时制单的功能。

系统默认将当前业务日期（即登录日期）作为制单日期。制单日期应大于等于所选单据的最大日期，但小于等于当前业务日期。

如果应付系统与总账系统集成使用，制单日期应该满足总账制单日期要求。

[合并制单]通过图4-29中工具栏的"合并"按钮，可以进行合并制单。合并制单一次可以选择多个制单类型，但至少必须选择一个制单类型。合并分录后若出现本币金额为零的情况，则该分录不能传递到凭证中去。

☞知识点053　应付单据一体化处理

【实验资料】

2018年7月24日，采购部张宏亮从天津惠阳采购博伦男表700只，原币单价为2 850元，增值税税率为16%，取得增值税专用发票，发票号为62019700，价税合计2 314 200元。

【具体操作过程】

（1）2018年7月24日，由赵凯（W02）登录企业应用平台。

（2）在U8企业应用平台，依次选择"业务工作→财务会计→应付款管理→应付单据处理→应付单据录入"命令，打开"单据类别"对话框。单击"确定"按钮，打开"采购发票"窗口。

（3）单击工具栏的"增加"按钮，根据实验资料填制采购专用发票。填制完毕单击"保存"按钮保存该发票。单击工具栏的"审核"按钮，系统提示"是否立即制单？"，如图4-32所示。单击"是"，进入"填制凭证"界面，单击"保存"按钮保存该记账凭证，如图4-33所示。

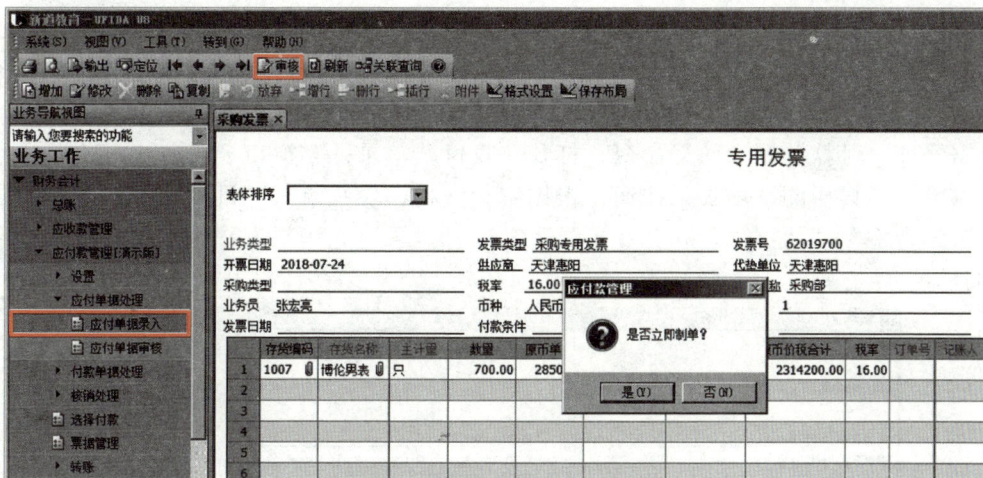

图 4-32　发票审核并立即制单

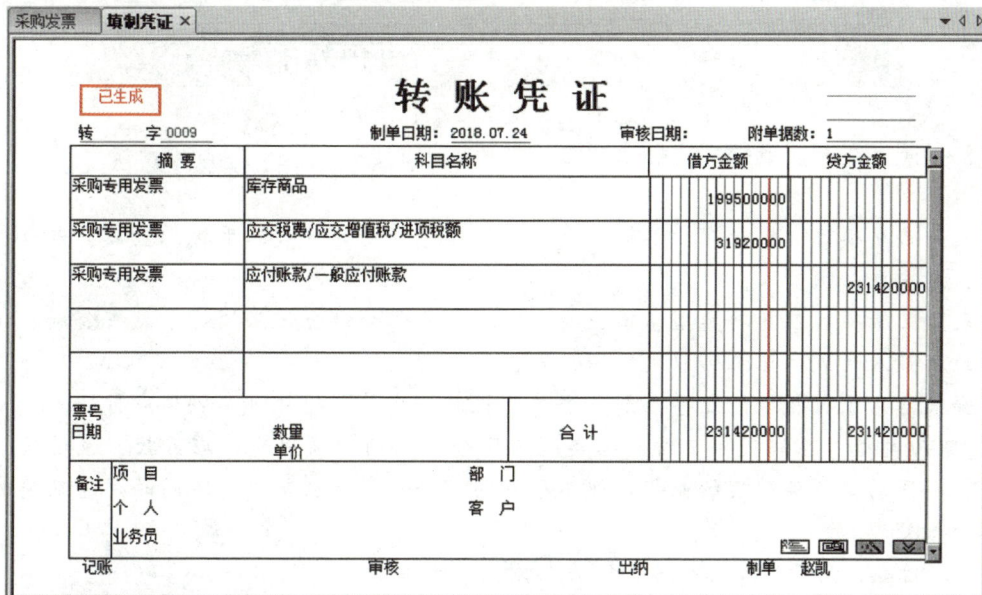

图 4-33　记账凭证

☞知识点 054　付款单据录入

付款单据处理基本流程：填制→审核→核销→制单。

1. 填制付款单

（1）偿还前欠货款的付款单。

【实验资料】

2018 年 7 月 23 日，经采购部张宏亮申请，以转账支票（票号 19771032）向湖南百盛支付本月 15 日货款 39 120 元。

2018 年 7 月 23 日，经采购部徐辉申请，以电汇（票号 35969920）向山东顺达支付本月 16 日的货款及运费 162 020 元。

2018 年 7 月 23 日，经采购部张宏亮申请，以转账支票（票号 19771033）向大连博伦支付本月 20 日货款 4 002 元。

【具体操作过程】

❶2018年7月23日，由赵凯（W02）登录企业应用平台。

❷在U8企业应用平台，依次选择"业务工作→财务会计→应付款管理→付款单据处理→付款单据录入"命令，打开"收付款单录入"窗口。

❸单击工具栏的"增加"按钮，根据实验资料，表头录入"日期"、"供应商"、"结算方式"、"金额"、"票据号"和"业务员"等信息。录入完毕单击"保存"按钮，结果如图4-34所示。

	款项类型	供应商	科目	金额	本币金额	部门	业务员	项目
1	应付款	湖南百盛	220201	39120.00	39120.00	采购部	张宏亮	
2								

图4-34　偿还欠款的付款单

❹参照上述方法继续完成剩余两张付款单的填制。

【提示】

表头必输项目：供应商、单据日期、单据编号、结算方式、币种、金额，当币种为外币时，汇率也必须输入。

表体必输项目：款项类型、供应商、金额。表体金额合计必须等于表头金额。

缺省带入的表体记录可以进行增、删、改处理。

如果启用了付款申请业务，则点击工具栏的"生单"按钮可参照生成付款单。

［款项类型］系统提供三种款项类型来区分不同的款项用途：应付款、预付款、其他费用。不同的款项类型后续业务处理不尽不同。若一张付款单具有不同的用途款项，应在表体分行处理。

a.应付款，用于冲销应付账款，表体对应的科目为受控科目。

b.预付款，用于形成预付账款，表体对应的科目为受控科目。

c.其他费用，其表体对应的科目为非受控科目。

只有应付款和预付款性质的付款单才能与采购发票、应付单进行核销勾兑。

［代付款］若付款单表头供应商与表体供应商不同，则表体记录所在的款项为代付款。在核销时，代付款的供应商的记录只能与其本身的应付款核销。

（2）预付货款的付款单。

【实验资料】

2018年7月23日，经采购部张宏亮申请，以转账支票（票号19771035）向上海恒久预付货款30 000元。

【具体操作过程】

❶2018年7月23日，由赵凯（W02）登录企业应用平台。

❷在U8企业应用平台，依次选择"业务工作→财务会计→应付款管理→付款单据处

理→付款单据录入"命令，打开"收付款单录入"窗口。

❸单击工具栏的"增加"按钮，根据实验资料，表头录入"供应商"、"结算方式"、"金额"、"票据号"和"业务员"等信息。表头录入完毕将表体第1行的"款项类型"单元格选择为"预付款"，单击"保存"按钮，结果如图4-35所示。

付款单

表体排序								
单据编号	0000000005		日期	2018-07-23			供应商	上海恒久
结算方式	转账支票		结算科目	10020101			币种	人民币
汇率	1		金额	30000.00			本币金额	30000.00
供应商银行	中国银行上海静安支行		供应商账号	9517205720902010400			票据号	19771035
部门	采购部		业务员	张宏亮			项目	
摘要								

	款项类型	供应商	科目	金额	本币金额	部门	业务员	项目
1	预付款	上海恒久	1123	30000.00	30000.00	采购部	张宏亮	
2								

图 4-35　预付货款的付款单

（3）虚拟付款单。

【实验资料】

2018年7月23日，经采购部张宏亮与大连博伦协商，对方同意减免6月15日所欠货款300元。

【具体操作过程】

❶2018年7月23日，由赵凯（W02）登录企业应用平台。

❷在U8企业应用平台，依次选择"业务工作→财务会计→应付款管理→付款单据处理→付款单据录入"命令，打开"收付款单录入"窗口。

❸单击工具栏的"增加"按钮，根据实验资料，表头"供应商"选择"大连博伦"，"结算方式"选择"其他"，"结算科目"修改为"6301营业外收入"，"金额"输入"300"，"业务员"选择"张宏亮"。单击"保存"按钮，结果如图4-36所示。

付款单

表体排序								
单据编号	0000000006		日期	2018-07-23			供应商	大连博伦
结算方式	其他		结算科目	6301			币种	人民币
汇率	1.00000000		金额	300.00			本币金额	300.00
供应商银行	交通银行大连西岗支行		供应商账号	3041309299285602525			票据号	
部门	采购部		业务员	张宏亮			项目	
摘要								

	款项类型	供应商	科目	金额	本币金额	部门	业务员	项目
1	应付款	大连博伦	220201	300.00	300.00	采购部	张宏亮	
2								

图 4-36　（虚拟）付款单

【提示】

所谓虚拟付款单，是指表头"结算方式"栏为"其他"、"结算科目"栏为非银行科目的付款单。

（4）收款单。

【实验资料】

2018年7月23日，采购部张宏亮通知财务，收回多付湖南百盛的购货款2 000元，当日收到电汇款（票号59720715）。

【具体操作过程】

❶2018年7月23日，由赵凯（W02）登录企业应用平台。

❷在U8企业应用平台，依次选择"业务工作→财务会计→应付款管理→付款单据处理→付款单据录入"命令，打开"收付款单录入"窗口。点击"切换"按钮。

❸单击工具栏的"增加"按钮，根据实验资料填制收款单。单击"保存"按钮，结果如图4-37所示。

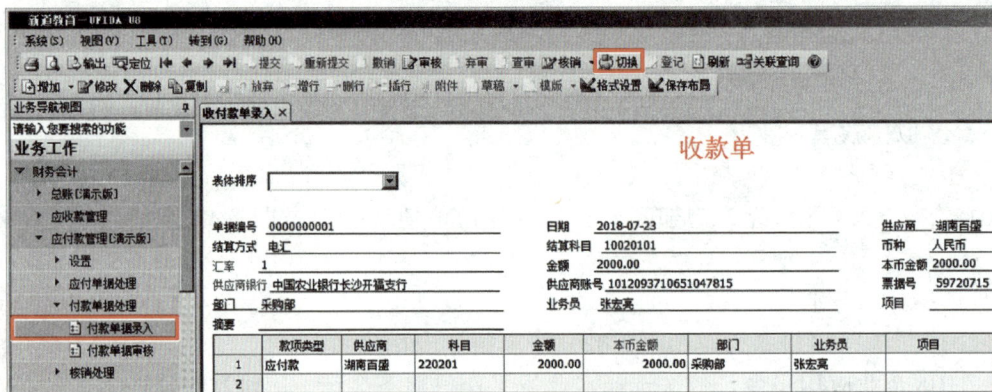

图4-37　应付系统收款单

【提示】

应付、预付用途的收款单可与应付、预付用途的付款单进行"红票对冲"操作。

应付、预付用途的收款单可与应付、预付用途的付款单或红字应付单据进行核销操作。

2. 修改付款单

【实验资料】

2018年7月24日，发现当日所填制支付山东顺达货款及运费的付款单有误，付款金额应为162 120元。

【具体操作过程】

❶2018年7月24日，由赵凯（W02）登录企业应用平台。

❷在U8企业应用平台，依次选择"业务工作→财务会计→应付款管理→付款单据处理→付款单据录入"命令，打开"收付款单录入"窗口。

❸单击工具栏的"定位"按钮，打开"收付款单定位条件"对话框，在"供应商"栏参照选择"山东顺达"，如图4-38所示，单击"确定"找到该付款单。单击"修改"按钮，将表头、表体中的"金额"栏均改为"162120"。保存该付款单，结果如图4-39所示。

图 4-38　收付款单定位条件

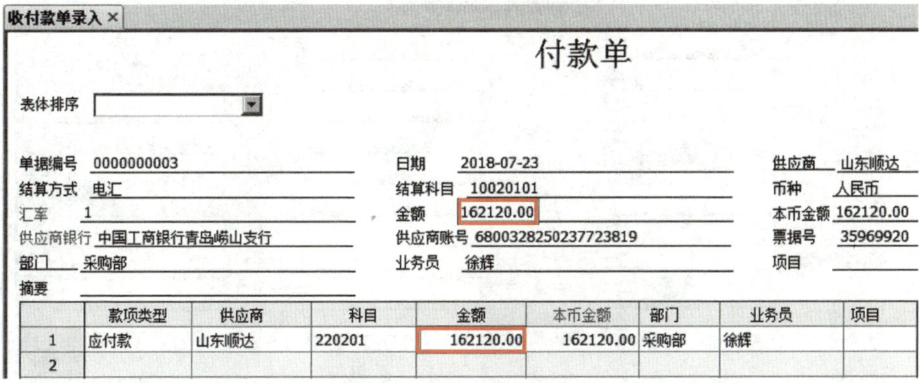

图 4-39　修改后的付款单

【提示】

通过点击"定位"按钮右侧的 ⬅（上张）、➡（下张）、⬅|（首张）和 |➡（末张）四个按钮也可查找单据。

3. 删除付款单

【实验资料】

2018 年 7 月 24 日，发现当日所填制支付大连博伦货款 4 002 元的付款单有误，应删除该付款单。

【具体操作过程】

❶2018 年 7 月 24 日，由赵凯（W02）登录企业应用平台。

❷在 U8 企业应用平台，依次选择"业务工作→财务会计→应付款管理→付款单据处理→付款单据录入"命令，打开"收付款单录入"窗口。

❸单击工具栏的"定位"按钮，打开"单据定位条件"对话框，在"供应商"栏参照选择"大连博伦"，单击"确定"找到该付款单。单击"删除"按钮，弹出"单据删除后不能恢复，是否继续？"提示框，单击"是"，将该付款单删除。

【提示】

如果付款单已做过后续处理，如审核、制单、核销、预付冲应付、红票对冲等，则该付款单不能修改或删除。但是，系统对所有的处理都提供了逆向操作功能，通过逆向操作把后续处理全部取消，此时付款单即可修改或删除。

☞**知识点055 付款单据审核**

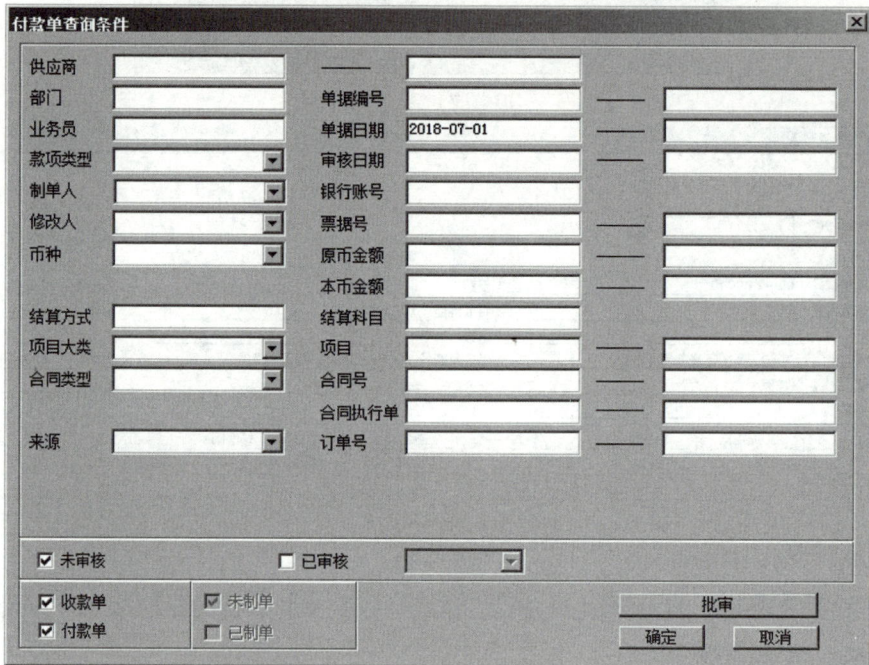

【实验资料】

2018年7月25日，将本月收付款单全部审核。

【具体操作过程】

（1）2018年7月25日，由赵凯（W02）登录企业应用平台。

（2）在U8企业应用平台，依次选择"业务工作→财务会计→应付款管理→付款单据处理→付款单据审核"命令，打开"付款单查询条件"对话框，如图4-40所示。单击"确定"按钮，打开"收付款单列表"窗口，如图4-41所示。

图4-40 付款单查询条件

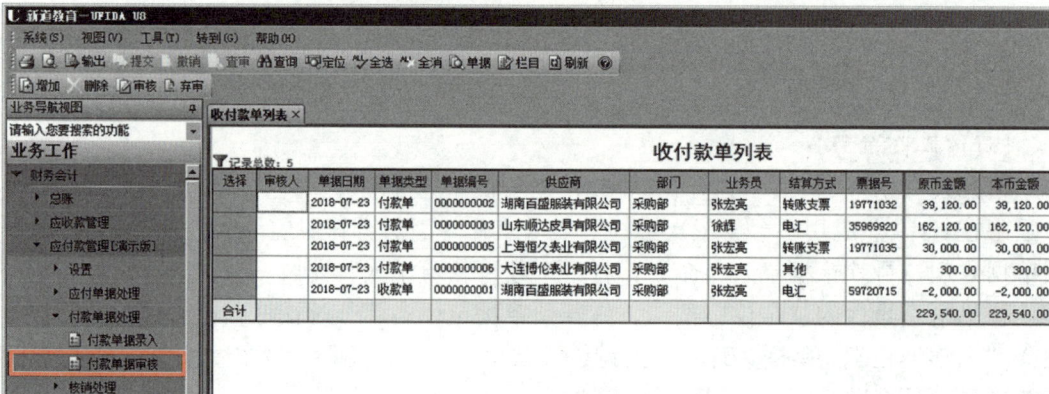

图4-41 收付款单列表

（3）单击工具栏的"全选"按钮，此时每张单据最左侧的"选择"栏显示"Y"字样，表示该单据被选中。单击工具栏的"审核"按钮，弹出如图4-42所示的提示框，单击"确定"按钮，此时每张单据左侧的"审核人"栏均显示"赵凯"，完成审核工作。

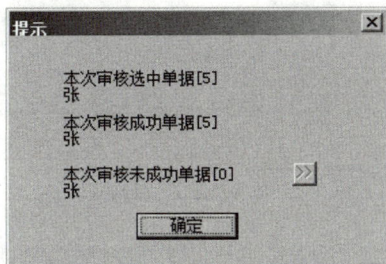

图 4-42　审核结果

【提示】

付款单的审核即对付款单据进行记账，并在单据上填上审核日期、审核人的过程。系统将单据日期作为审核日期，将当前操作员作为审核人。

不能在已结账月份中进行审核或弃审处理。

系统提供三种审核方式：自动批审、批量审核、单张审核。具体操作方法参考应付单据的三种审核方式。

☞知识点 056　核销处理

【实验资料】

2018 年 7 月 25 日，对山东顺达、大连博伦、湖南百盛本月发生的采购业务进行核销处理。

【具体操作过程】

（1）2018 年 7 月 25 日，由赵凯（W02）登录企业应用平台。

（2）在 U8 企业应用平台，依次选择"业务工作→财务会计→应付款管理→核销处理→手工核销"命令，打开"核销条件"对话框，在"供应商"栏参照选择"山东顺达"，如图 4-43 所示，单击"确定"按钮，打开"单据核销"窗口。

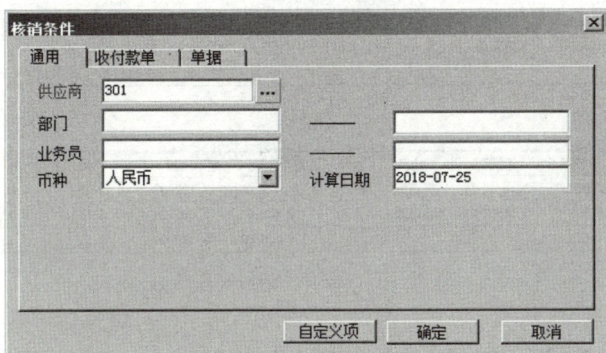

图 4-43　核销条件

【提示】

若"收付款单"页签的"单据类型"选择付款单，被核销单据列表中可以显示：蓝字发票、蓝字其他应付单、收款单。

若"收付款单"页签的"单据类型"选择收款单，被核销单据列表中可以显示：红字发票、红字其他应付单、付款单。

（3）在窗口下方"26008593"号发票的"本次结算"栏输入"880"，"96103451"号发票的"本次结算"栏输入"161240"，如图 4-44 所示。单击"保存"按钮，完成核销。

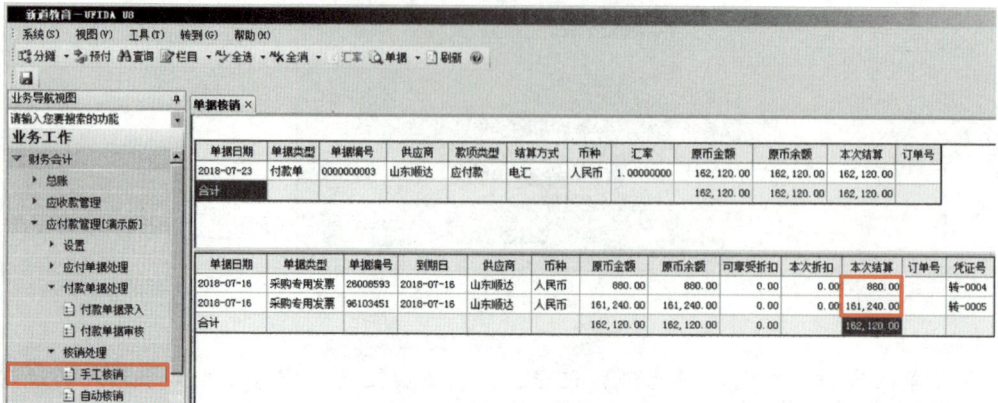

图 4-44 山东顺达核销界面

（4）参照上述方法继续完成对大连博伦的核销处理，界面如图 4-45 所示。

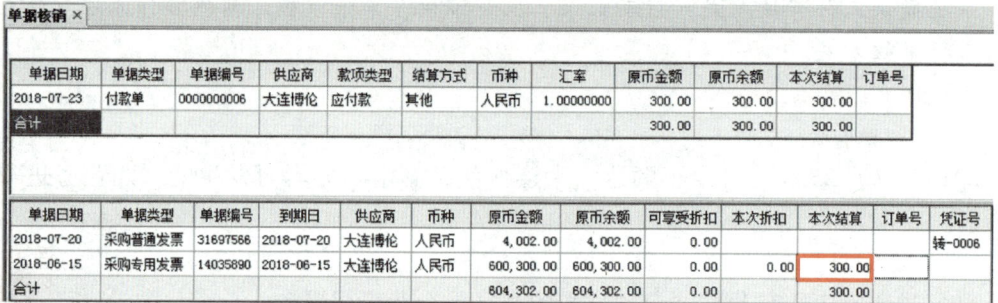

图 4-45 大连博伦核销界面

（5）参照前述方法继续完成对湖南百盛的核销处理，界面如图 4-46 所示。

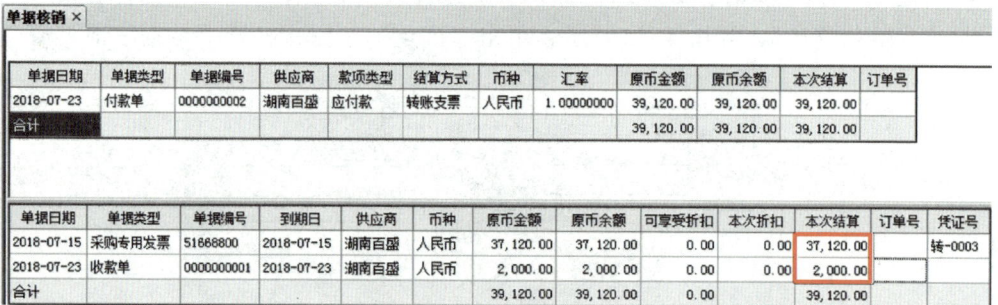

图 4-46 湖南百盛核销界面

【提示】

通过核销功能可将付款单与发票或应付单相关联，冲减本期应付，减少企业债务。

未审核过的或者原币余额为零的单据记录均不显示在收付款单、被核销单据列表中。

红字单据整条记录金额、余额均正数显示，单据类型为收款单。

核销后的收付款单原币余额=原币金额−本次结算金额。

发票、应付单在自动计算现金折扣的情况下，核销后的原币余额=原币金额−本次结算金额−本次折扣金额；无现金折扣的情况下，核算后的原币余额=原币金额−本次结算金额。

款项类型为应付款或预付款的付款单均可进行核销。

若付款单数额等于原有单据数额，付款单与原有单据完全核销。

若付款单数额大于原有单据数额，部分核销原有单据，部分形成预付款。

若付款单数额小于原有单据数额，原有单据仅得到部分核销。

☞ 知识点 057　制单处理

【实验资料】

2018 年 7 月 25 日，按供应商对本月付款核销业务制单处理。

【具体操作过程】

（1）2018 年 7 月 25 日，由赵凯（W02）登录企业应用平台。

（2）在 U8 企业应用平台，依次选择"业务工作→财务会计→应付款管理→制单处理"命令，打开"制单查询"对话框，勾选"收付款单制单"和"核销制单"，如图 4-47 所示。单击"确定"按钮，打开"制单"窗口，显示应付制单列表。

图 4-47　制单查询

（3）单击列表表头"供应商名称"项，此时单据按供应商名称排序，在各单据左侧的"选择标志"栏输入制单序号，供应商名称相同的序号相同。在"凭证类别"栏，用下拉框选择"付款凭证"，如图 4-48 所示。

应付制单

凭证类别　付款凭证　　　制单日期 2018-07-25

选择标志	凭证类别	单据类型	单据号	日期	供应商编码	供应商名称	部门	业务员	金额
1	付款凭证	付款单	0000000006	2018-07-23	202	大连博伦表业有限公司	采购部	张宏亮	300.00
1	付款凭证	核销	0000000006	2018-07-25	202	大连博伦表业有限公司	采购部	张宏亮	300.00
2	付款凭证	付款单	0000000002	2018-07-23	101	湖南百盛服装有限公司	采购部	张宏亮	39,120.00
2	付款凭证	收款单	0000000001	2018-07-23	101	湖南百盛服装有限公司	采购部	张宏亮	-2,000.00
2	付款凭证	核销	0000000002	2018-07-25	101	湖南百盛服装有限公司	采购部	张宏亮	39,120.00
3	付款凭证	付款单	0000000003	2018-07-23	301	山东顺达皮具有限公司	采购部	徐辉	162,120.00
3	付款凭证	核销	0000000003	2018-07-25	301	山东顺达皮具有限公司	采购部	徐辉	162,120.00
4	付款凭证	付款单	0000000005	2018-07-23	201	上海恒久表业有限公司	采购部	张宏亮	30,000.00

图 4-48　应付制单列表

（4）单击工具栏的"制单"按钮，保存当前记账凭证并将其传递到总账系统，如图4-49所示。单击"➡"，再单击"保存"，将后续三张凭证逐一保存。

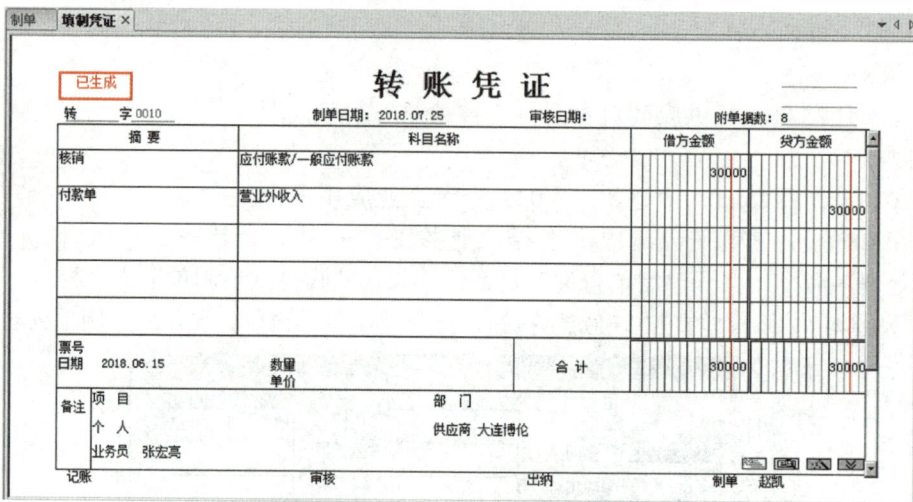

图4-49 记账凭证

【提示】

［收付款单制单］收付款单制单借方取表体科目，贷方取表头的结算科目，用会计分录表示如下：

借：应付科目（款项类型＝应付款）

预付科目（款项类型＝预付款）

费用科目（款项类型＝其他费用）

贷：结算科目（表头金额）

［核销制单］当核销双方的入账科目不相同时需要进行核销制单，但该功能受系统参数的控制（参考知识点45），若未勾选"核销生成凭证"，则即使入账科目不一致也不制单。

但是，如果核销双方入账科目相同的核销记录不制单，则该记录将一直显示在应付制单列表，这样容易对其他制单类型的制单造成影响。为此，在实际操作中，习惯于将"收付款单"与"核销制单"进行合并制单处理。

☞**知识点058　收款单据一体化处理**

【实验资料】

2018年7月30日，经采购部张宏亮申请，向天津惠阳签发金额为2 294 200元的转账支票一张（票号：19771038），用于偿还本月24日货款。

【具体操作过程】

（1）2018年7月30日，由赵凯（W02）登录企业应用平台。

（2）在U8企业应用平台，依次选择"业务工作→财务会计→应付款管理→付款单据处理→付款单据录入"命令，单击"确定"按钮，打开"收付款单录入"窗口。

（3）单击工具栏的"增加"按钮，根据实验资料填制付款单。填制完毕单击"保存"按钮保存该付款单，如图4-50所示。单击工具栏的"审核"按钮，系统提示"是否立即

制单？"，单击"否"，再单击工具栏的"核销"按钮，弹出"核销条件"对话框，单击"确定"按钮，进入核销界面。

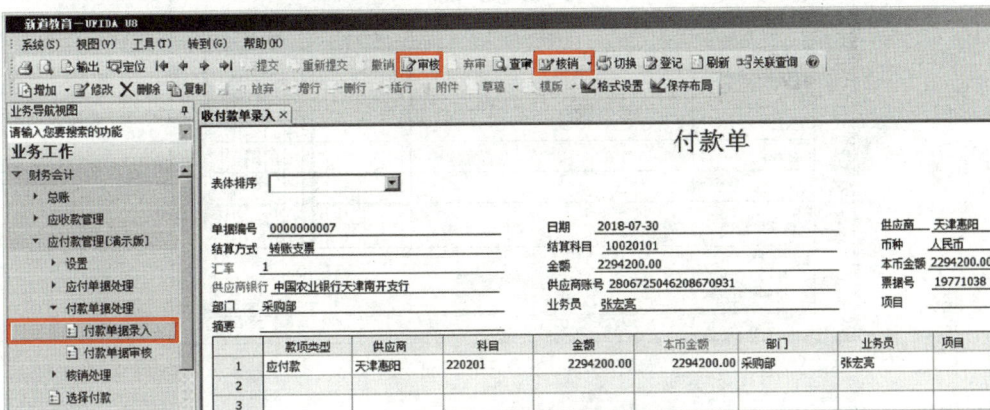

图 4-50　付款单

（4）在采购专用发票的"本次结算"栏输入"2294200"，如图 4-51 所示，单击"保存"按钮。

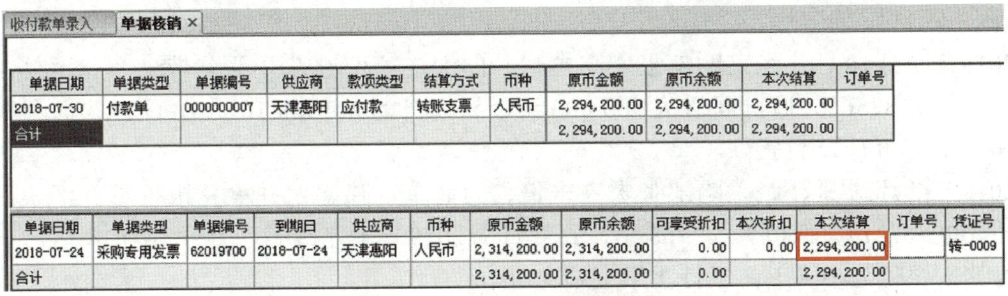

图 4-51　天津惠阳核销界面

（5）选择"业务工作→财务会计→应付款管理→制单处理"命令，单击"确定"按钮，打开"制单查询"对话框，勾选"收付款单制单"和"核销制单"，单击"确定"，打开应付制单列表，如图 4-52 所示。

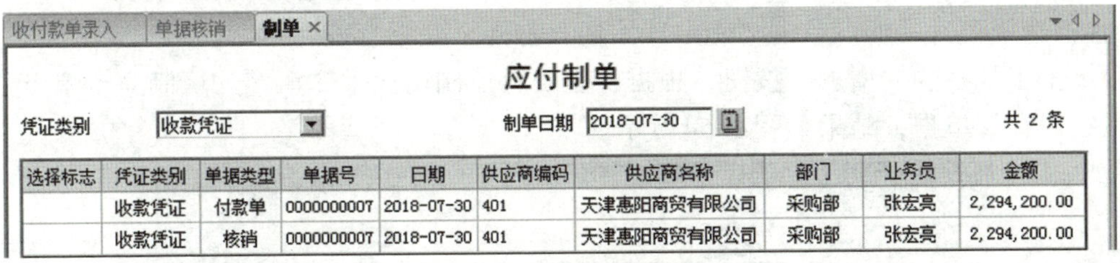

图 4-52　应付制单列表

（6）在应付制单列表，"凭证类别"栏选择"付款凭证"，依次单击工具栏的"全选"、"合并"和"制单"按钮，进入填制凭证界面，单击"保存"按钮，保存当前记账凭证并将其传递到总账系统，如图 4-53 所示。

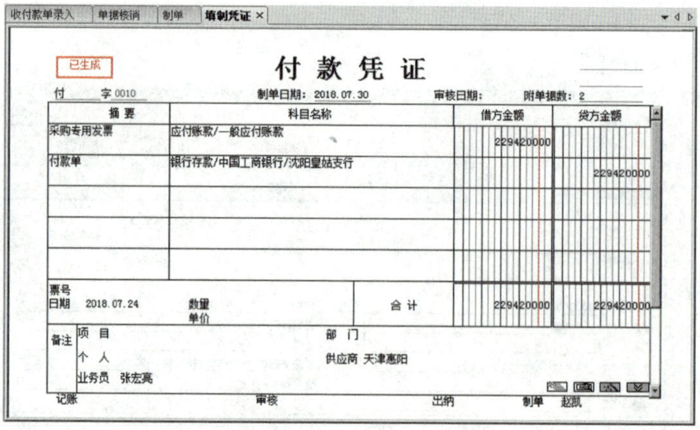

图 4-53　记账凭证

任务3　　票据管理

☞知识点059　商业汇票出票

【实验资料】

2018年7月18日，经采购部张宏亮申请，向大连博伦签发并承兑带息商业承兑汇票一张（票号：82563561），面值为500 000元，到期日为2018年10月18日，票面利率为5%。用于偿还6月15日货款。

2018年7月27日，经采购部张宏亮申请，向北京嘉伟签发并承兑银行承兑汇票一张（票号：39856721），面值为57 768元，到期日为2019年1月27日。用于偿还本月15日货款。付款人银行为中国工商银行沈阳皇姑支行。

【具体操作过程】

（1）填制商业汇票。

❶2018年7月18日，由赵凯（W02）登录企业应用平台。在U8企业应用平台，依次选择"业务工作→财务会计→应付款管理→票据管理"命令，打开"条件查询选择"对话框，单击"确定"按钮，打开"票据管理"窗口。

❷单击工具栏的"增加"按钮，根据实验资料填制商业承兑汇票。填制完毕单击"保存"按钮保存该单据，结果如图4-54所示。

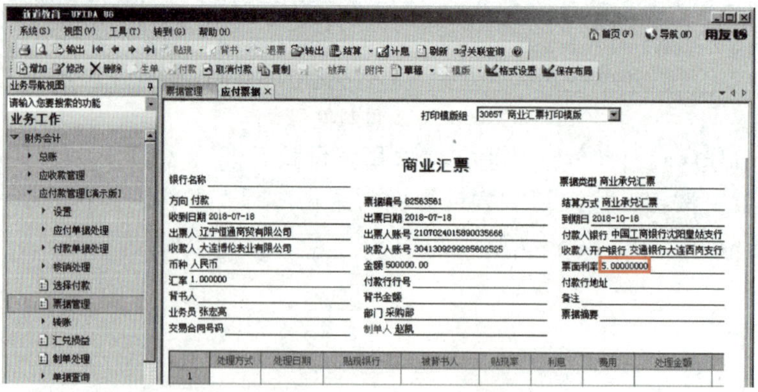

图 4-54　商业承兑汇票

❸重新登录企业应用平台，操作日期为27日。按照上述方法继续填制银行承兑汇票。

【提示】

如果系统参数选择"应付票据直接生成付款单"（系统缺省值为勾选此项，如图4-2所示），则商业汇票保存完毕，系统自动生成一张未审核、未核销付款单，可对该付款单进行后续处理。该付款单的后续处理与在付款单据录入中填制的付款单相同。

如果启用付款申请业务，在票据录入界面，点击"生单"按钮，可参照已经审核的付款申请单生成票据。

如果商业汇票出票作为预付款，则保存票据后到"付款单据录入"中，找到该汇票自动生成的付款单，将表体的"款项类型"改为"预付款"即可。

（2）选择"应付款管理→付款单据处理→付款单据审核"命令，对上述汇票自动生成的两张付款单进行审核。

（3）选择"应付款管理→核销处理→手工核销"命令，对大连博伦的往来款进行核销处理，核销界面如图4-55所示。

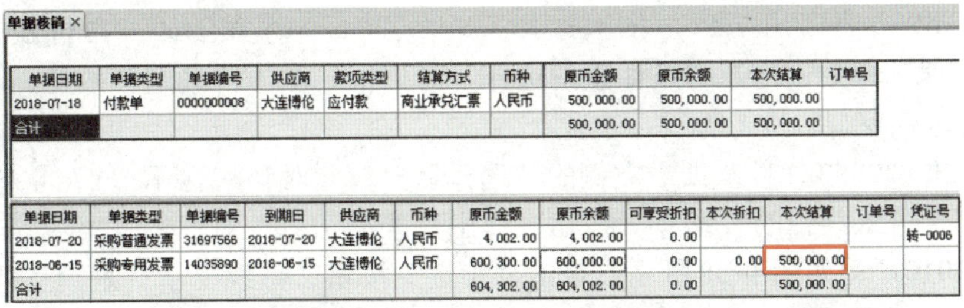

单据日期	单据类型	单据编号	供应商	款项类型	结算方式	币种	原币金额	原币余额	本次结算	订单号
2018-07-18	付款单	0000000008	大连博伦	应付款	商业承兑汇票	人民币	500,000.00	500,000.00	500,000.00	
合计							500,000.00	500,000.00	500,000.00	

单据日期	单据类型	单据编号	到期日	供应商	币种	原币金额	原币余额	可享受折扣	本次折扣	本次结算	订单号	凭证号
2018-07-20	采购普通发票	31697568	2018-07-20	大连博伦	人民币	4,002.00	4,002.00	0.00				转-0006
2018-06-15	采购专用发票	14035890	2018-06-15	大连博伦	人民币	600,300.00	600,000.00	0.00	0.00	500,000.00		
合计						604,302.00	604,002.00	0.00		500,000.00		

图4-55 大连博伦核销界面

对北京嘉伟的往来款进行核销处理，界面如图4-56所示。

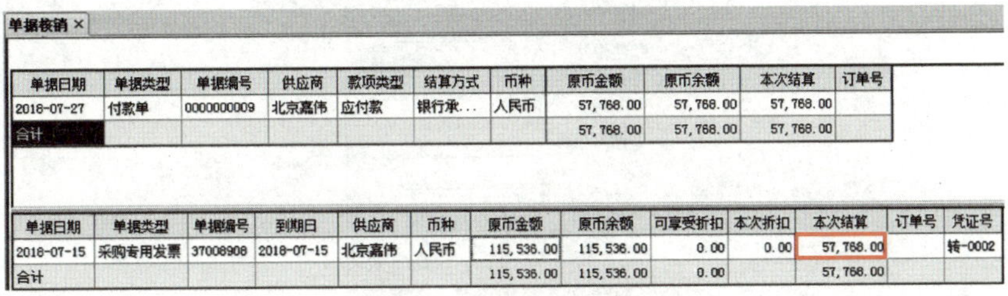

单据日期	单据类型	单据编号	供应商	款项类型	结算方式	币种	原币金额	原币余额	本次结算	订单号
2018-07-27	付款单	0000000009	北京嘉伟	应付款	银行承...	人民币	57,768.00	57,768.00	57,768.00	
合计							57,768.00	57,768.00	57,768.00	

单据日期	单据类型	单据编号	到期日	供应商	币种	原币金额	原币余额	可享受折扣	本次折扣	本次结算	订单号	凭证号
2018-07-15	采购专用发票	37008908	2018-07-15	北京嘉伟	人民币	115,536.00	115,536.00	0.00	0.00	57,768.00		转-0002
合计						115,536.00	115,536.00	0.00		57,768.00		

图4-56 北京嘉伟核销界面

（4）选择"应付款管理→制单处理"命令，勾选"收付款单制单""核销制单"，单击"确定"，打开"制单"窗口。

单击列表表头"供应商名称"项，此时单据按供应商名称排序，在各单据左侧的"选择标志"栏输入制单序号，供应商名称相同的序号相同。在"凭证类别"栏，用下拉框选择"转账凭证"，如图4-57所示。

应付制单

凭证类别 [转账凭证 ▼]   制单日期 2018-07-27   共4条

选择标志	凭证类别	单据类型	单据号	日期	供应商编码	供应商名称	部门	业务员	金额
1	转账凭证	付款单	0000000008	2018-07-18	202	大连博伦表业有限公司	采购部	张宏亮	500,000.00
1	转账凭证	核销	0000000008	2018-07-27	202	大连博伦表业有限公司	采购部	张宏亮	500,000.00
2	转账凭证	付款单	0000000009	2018-07-27	102	北京嘉伟服装有限公司	采购部	张宏亮	57,768.00
2	转账凭证	核销	0000000009	2018-07-27	102	北京嘉伟服装有限公司	采购部	张宏亮	57,768.00

图4-57 应付制单列表

单击"制单"按钮，进入"填制凭证"界面，单击"成批保存凭证"按钮，保存两张转账凭证。

【提示】

在票据列表界面或票据填制界面，单击"删除"或"修改"按钮，可对商业汇票进行修改或删除。但以下几种情况不能修改或删除：

❶ 票据自动生成的付款单已经进行核销、转账等后续处理的不能被修改或删除；

❷ 出票日期所在月份已经结账的票据不能被修改或删除；

❸ 已经进行计息、结算、转出等处理的票据不能被修改或删除。

☞知识点060　票据到期结算

【实验资料】

2018年7月30日，收到银行通知，63295321号银行承兑汇票到期，已于当日支付票款。

【具体操作过程】

（1）2018年7月30日，由赵凯（W02）登录企业应用平台。

（2）在U8企业应用平台，依次选择"业务工作→财务会计→应付款管理→票据管理"命令，打开"条件查询选择"对话框，单击"确定"按钮，打开"票据管理"窗口。

（3）双击63295321号票据最左侧的"选择"栏，此时该栏显示"Y"字样，表示该单据被选中。单击工具栏的"结算"按钮，弹出"票据结算"对话框，"结算科目"栏参照选择"10020101"，如图4-58所示。单击"确定"按钮，系统提示"是否立即制单?"，单击"是"，进入填制凭证界面，将凭证类别字改为"付"，单击"保存"按钮，结果如图4-59所示。

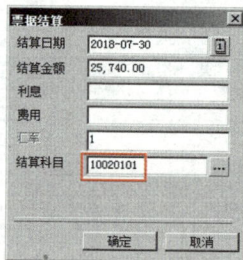

图 4-58　票据结算

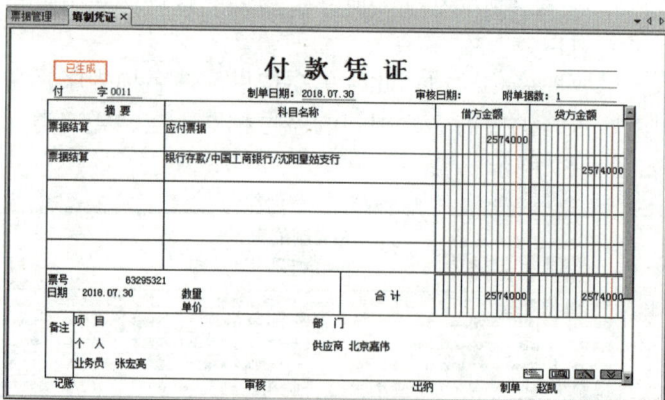

图 4-59　记账凭证

☞知识点061 带息票据计息

【实验资料】

2018年7月31日，对82563561号带息商业承兑汇票计息。

【具体操作过程】

（1）2018年7月31日，由赵凯（W02）登录企业应用平台。

（2）在U8企业应用平台，依次选择"业务工作→财务会计→应付款管理→票据管理"命令，打开"条件查询选择"对话框，单击"确定"按钮，打开"票据管理"窗口。

（3）双击82563561号票据最左侧的"选择"栏，此时该栏显示"Y"字样，表示该单据被选中。单击工具栏的"计息"按钮，弹出"票据计息"对话框，如图4-60所示。单击"确定"按钮，系统提示"是否立即制单?"，单击"是"，进入填制凭证界面，将凭证类别字改为"转"，单击"保存"按钮，结果如图4-61所示。

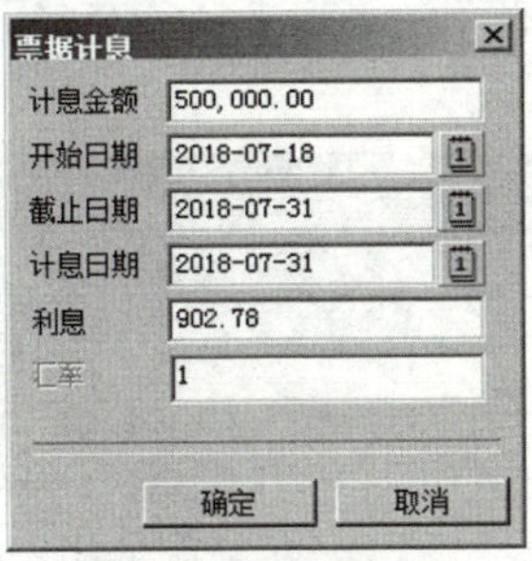

图4-60 票据计息

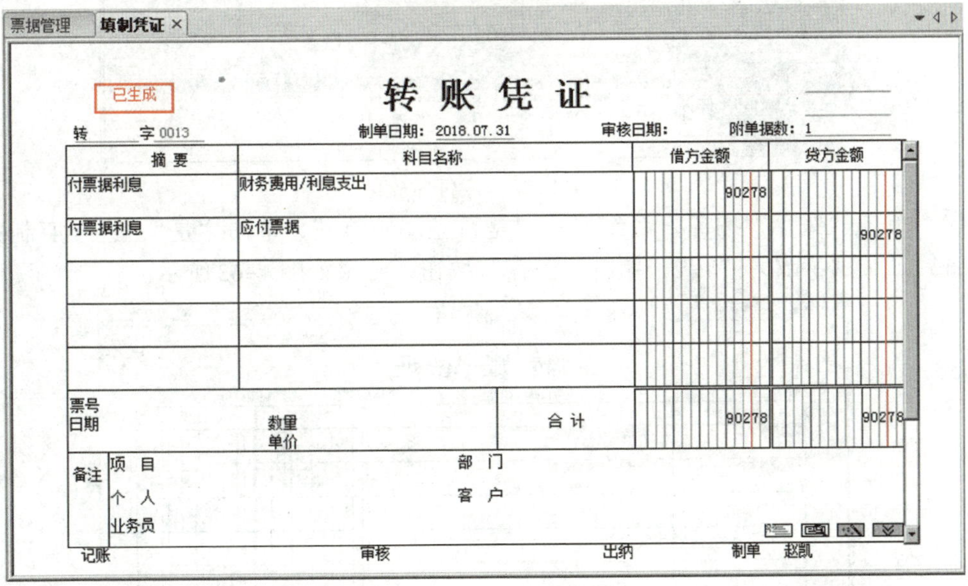

图4-61 记账凭证

【提示】

计息日期应大于已经结账月，小于等于当前业务月日期。

本例利息金额的计算过程如下：500 000×0.05÷360×13=902.78（元）

利息金额系统自动计算，可修改。

任务4　　　　　　　　转账处理

☞知识点062　　应付冲应付

【实验资料】

2018年7月31日，经三方协商一致，将本月20日形成的应向大连博伦支付的应付款4 002元转为应向沈阳通达的应付款。

【具体操作过程】

（1）2018年7月31日，由赵凯（W02）登录企业应用平台。

（2）在U8企业应用平台，依次选择"业务工作→财务会计→应付款管理→转账→应付冲应付"命令，打开"应付冲应付"窗口。

（3）在转出的"供应商"栏选择"大连博伦"，转入的"供应商"栏选择"沈阳通达"，单击工具栏的"查询"按钮。在"31697566"号发票的"并账金额"栏输入"4002"，如图4-62所示。

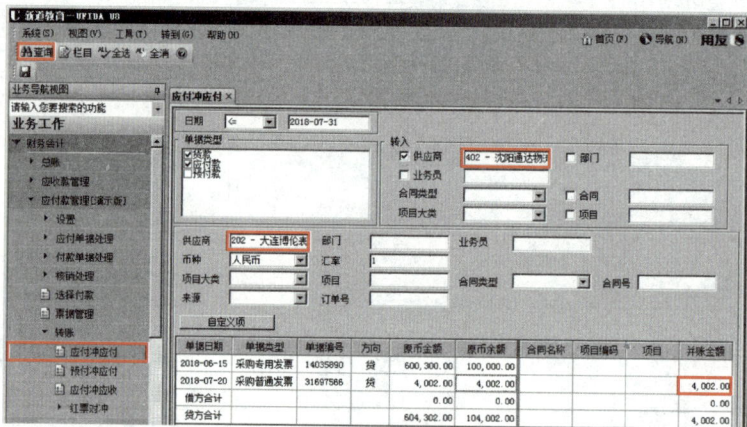

图4-62　应付冲应付

（4）单击"保存"按钮，系统提示"是否立即制单？"，单击"是"，进入填制凭证界面，将凭证类别字改为"转"，单击"保存"按钮，结果如图4-63所示。

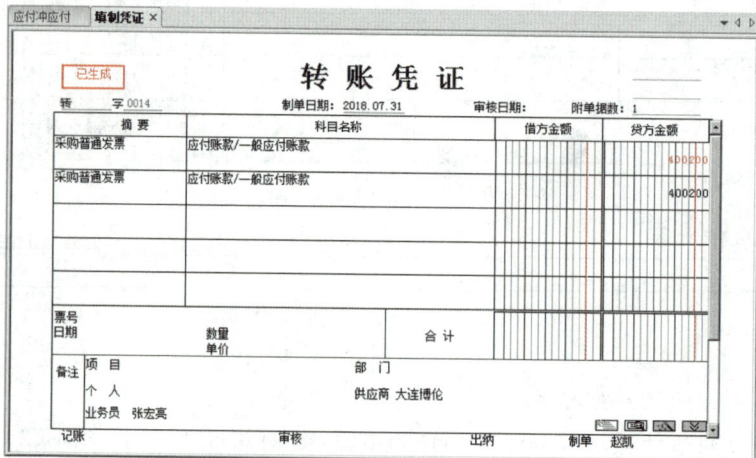

图4-63　记账凭证

【提示】

应付冲应付也称并账，指将应付款在供应商、部门、业务员、项目和合同之间进行转移，实现应付业务的调整。以下情况可能需要使用该功能：

❶操作性错误。如所填制的应付单据供应商选择错误且无法修改。

❷实际工作需要。如债权债务转移、部门合并、分管某供应商的业务员离职等。

每一笔应付款的并账金额应大于零，小于等于其原币余额。

☞知识点 063　预付冲应付

【实验资料】

2018 年 7 月 31 日，经双方协商一致，用天津惠阳上月 29 日的预付款 20 000 元冲减本月 24 日的应付款。

【具体操作过程】

（1）2018 年 7 月 31 日，由赵凯（W02）登录企业应用平台。

（2）在 U8 企业应用平台，依次选择"业务工作→财务会计→应付款管理→转账→预付冲应付"命令，打开"预付冲应付"窗口。

（3）在"预付款"页签，"供应商"栏选择"天津惠阳"，单击"过滤"按钮，在所过滤单据的"转账金额"栏输入"20000"，如图 4-64 所示。

图 4-64　预付冲应付——"预付款"页签

（4）单击"应付款"页签，单击"过滤"按钮，在所过滤采购发票的"转账金额"栏输入"20000"，如图 4-65 所示。

（5）单击"确定"按钮，系统提示"是否立即制单"，单击"是"，进入填制凭证界面，将凭证类别字改为"转"，单击"保存"按钮，结果如图 4-66 所示。

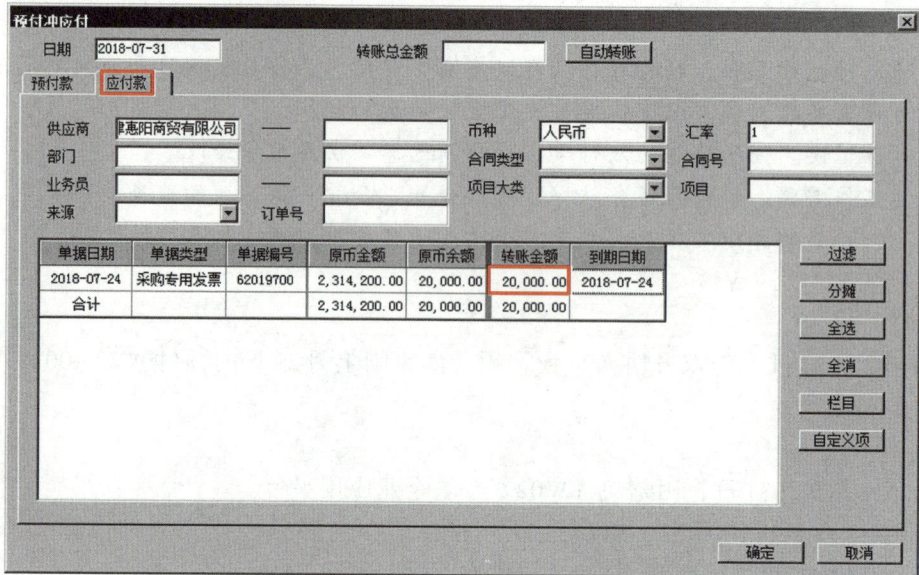

图 4-65　预付冲应付——"应付款"页签

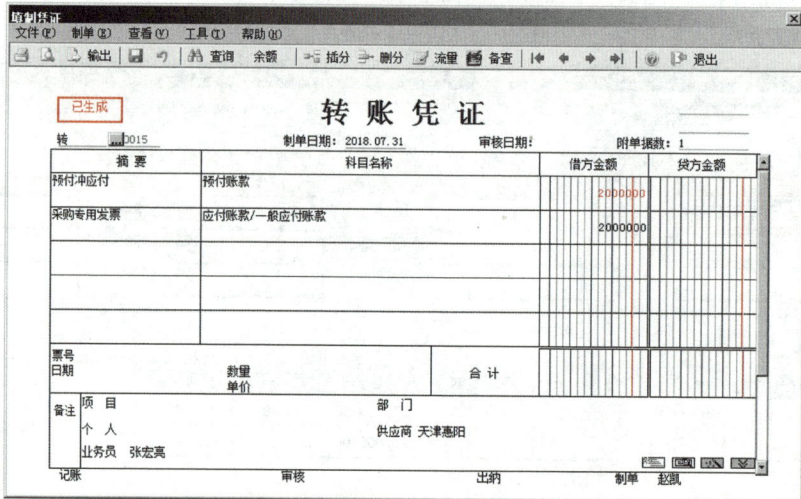

图 4-66　记账凭证

【提示】

预付冲应付就是将预付款与应付款进行勾对。

每一笔预付款、应付款的转账金额不能大于其自身余额。

预付款的转账金额合计应等于应付款的转账金额合计，且不能超过两者金额的较小者。

红字预付款也可冲销红字应付款，此时"预付款"页签中的"类型"应为收款单。

蓝字预付款冲销蓝字应付款与红字预付款冲销红字应付款不能同时进行。

预付款与应付款之间也可通过"核销"进行勾对。

☞知识点 064　红票对冲

【实验资料】

2018 年 7 月 31 日，对本月北京嘉伟的退货业务进行红票对冲。

【具体操作过程】

（1）2018 年 7 月 31 日，由赵凯（W02）登录企业应用平台。

（2）在 U8 企业应用平台，依次选择"业务工作→财务会计→应付款管理→转账→红票对冲→手工对冲"命令，打开"红票对冲条件"对话框。在"通用"页签，"供应商"栏选择"北京嘉伟"，如图 4-67 所示。单击"确定"按钮，打开"红票对冲"窗口。

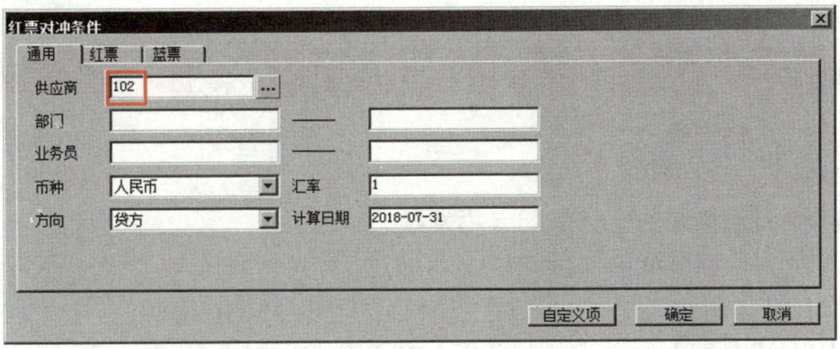

图 4-67　红票对冲条件

（3）在"红票对冲"窗口下方采购发票的"对冲金额"栏输入"57768"，如图 4-68 所示。

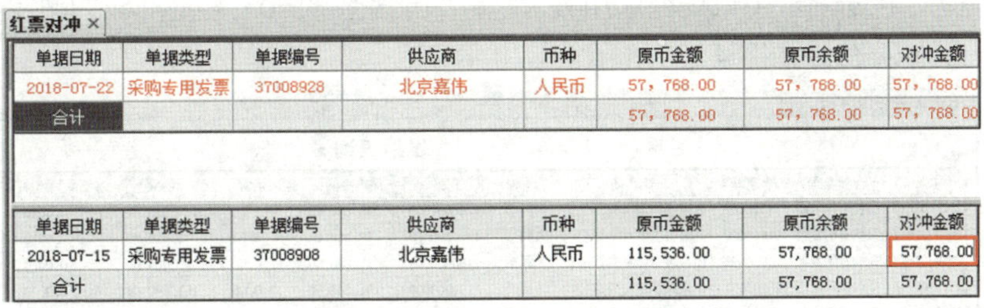

单据日期	单据类型	单据编号	供应商	币种	原币金额	原币余额	对冲金额
2018-07-22	采购专用发票	37008928	北京嘉伟	人民币	57,768.00	57,768.00	57,768.00
合计						57,768.00	57,768.00

单据日期	单据类型	单据编号	供应商	币种	原币金额	原币余额	对冲金额
2018-07-15	采购专用发票	37008908	北京嘉伟	人民币	115,536.00	57,768.00	57,768.00
合计					115,536.00	57,768.00	57,768.00

图 4-68　红票对冲

（4）单击"保存"按钮，系统提示"是否立即制单"，单击"是"，进入填制凭证界面，将凭证类别字改为"转"，单击"保存"按钮，结果如图 4-69 所示。

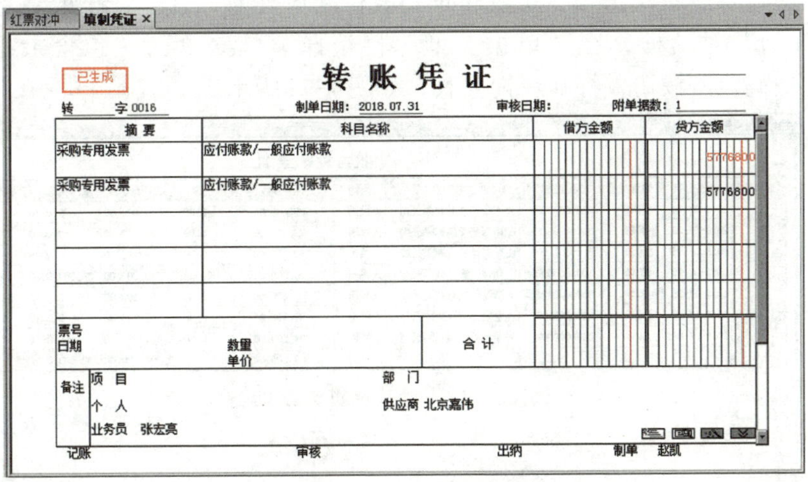

图 4-69　记账凭证

【提示】

红票对冲就是用某供应商的红字发票与其蓝字发票进行冲抵。

系统提供两种对冲方式：手工对冲和自动对冲。

如果红字单据中有对应单据号，则可使用自动对冲，否则应使用手工对冲。

对冲金额合计不能大于红票金额。

红票对冲同样应遵循核销规则。

任务 5　　　　　　　　　　其他操作

☞知识点 065　单据查询

【实验资料】

（1）查询 7 月份填制的全部采购专用发票。

（2）查询 7 月份填制的全部付款单。

【具体操作过程】

（1）2018 年 7 月 31 日，由赵凯（W02）登录企业应用平台。

（2）在 U8 企业应用平台，依次选择"业务工作→财务会计→应付款管理→单据查询→发票查询"命令，打开"查询条件选择-发票查询"对话框，在"发票类型"栏选择"01 采购专用发票"，"包含余额=0"栏选择"是"，单击"确定"按钮，打开查询列表，如图 4-70 所示。

单据查询

发票查询

记录总数：6

单据日期	单据类型	单据编号	供应商	币种	汇率	原币金额	原币余额	本币金额	本币余额	打印次数
2018-07-15	采购专用发票	37008908	北京嘉伟服装有限公司	人民币	1.00000000	115,536.00	0.00	115,536.00	0.00	0
2018-07-15	采购专用发票	51668800	湖南百盛服装有限公司	人民币	1.00000000	37,120.00	0.00	37,120.00	0.00	0
2018-07-16	采购专用发票	26008593	山东顺达皮具有限公司	人民币	1.00000000	880.00	0.00	880.00	0.00	0
2018-07-16	采购专用发票	96103451	山东顺达皮具有限公司	人民币	1.00000000	161,240.00	0.00	161,240.00	0.00	0
2018-07-22	采购专用发票	37008928	北京嘉伟服装有限公司	人民币	1.00000000	-57,768.00	0.00	-57,768.00	0.00	0
2018-07-24	采购专用发票	62019700	天津惠阳商贸有限公司	人民币	1.00000000	2,314,200.00	0.00	2,314,200.00	0.00	0
合计						2,571,208.00		2,571,208.00		

图 4-70　采购专用发票查询结果

（3）在应付系统依次选择"单据查询→收付款单查询"命令，打开"查询条件选择-收付款单查询"对话框，在"单据类型"栏选择"付款单"，"包含余额=0"栏选择"是"，单击"确定"按钮，打开查询列表，如图 4-71 所示。

收付款单查询

记录总数：7

选择打印	单据日期	单据类型	单据编号	供应商	币种	原币金额	原币余额	本币金额	本币余额	打印次数
	2018-07-18	付款单	0000000008	大连博伦表业有限公司	人民币	500,000.00	0.00	500,000.00	0.00	0
	2018-07-23	付款单	0000000002	湖南百盛服装有限公司	人民币	39,120.00	0.00	39,120.00	0.00	0
	2018-07-23	付款单	0000000003	山东顺达皮具有限公司	人民币	162,120.00	0.00	162,120.00	0.00	0
	2018-07-23	付款单	0000000005	上海恒久表业有限公司	人民币	30,000.00	30,000.00	30,000.00	30,000.00	0
	2018-07-23	付款单	0000000006	大连博伦表业有限公司	人民币	300.00	0.00	300.00	0.00	0
	2018-07-27	付款单	0000000009	北京嘉伟服装有限公司	人民币	57,768.00	0.00	57,768.00	0.00	0
	2018-07-30	付款单	0000000007	天津惠阳商贸有限公司	人民币	2,294,200.00	0.00	2,294,200.00	0.00	0
合计						3,083,508.00	30,000.00	3,083,508.00	30,000.00	

图 4-71　付款单查询结果

☞知识点 066　账表管理

【实验资料】

（1）查询 7 月份业务总账。

（2）查询7月份应付票据科目明细账。

（3）进行7月份付款账龄分析。

【具体操作过程】

账表管理

（1）2018年7月31日，由赵凯（W02）登录企业应用平台。

（2）在应付系统选择“账表管理→业务账表→业务总账”命令，打开“查询条件选择-应付总账表”对话框，单击“确定”按钮，打开应付总账表，如图4-72所示。

应付总账表

币种：

期间：2018 . 7 - 2018 . 7

期间	本期应付	本期付款	余额	月回收率%	年回收率%
	本币	本币	本币		
期初余额			580,300.00		
201807	2,576,210.00	3,081,508.00	75,002.00	119.61	97.64
总计	2,576,210.00	3,081,508.00	75,002.00		

图4-72 应付总账表

（3）在应付系统选择“账表管理→科目账查询→科目明细账”命令，打开“供应商往来科目明细账”对话框，在查询条件的“科目”栏选择“2201应付票据”，单击“确定”按钮，打开应付票据科目明细账，如图4-73所示。

单位往来科目明细账

科目明细账

金额式

科目 2201 应付票据

期间：2018.07-2018.07

年	月	日	凭证号	科目		供应商		摘要	借方	贷方	方向	余额
				编号	名称	编号	名称		本币	本币		本币
				2201	应付票据	102	北京嘉伟	期初余额			贷	25,740.00
2018	07	27	转-0012	2201	应付票据	102	北京嘉伟	付款单		57,768.00	贷	83,508.00
2018	07	30	付-0011	2201	应付票据	102	北京嘉伟	票据结算	25,740.00		贷	57,768.00
2018	07			2201	应付票据	102	北京嘉伟	本月合计	25,740.00	57,768.00	贷	57,768.00
2018	07			2201	应付票据	102	北京嘉伟	本年累计	25,740.00	57,768.00	贷	57,768.00
2018	07	27	转-0011	2201	应付票据	202	大连博伦	付款单		500,000.00	贷	500,000.00
2018	07	31	转-0013	2201	应付票据	202	大连博伦	付票据利息		902.78	贷	500,902.78
2018	07			2201	应付票据	202	大连博伦	本月合计		500,902.78	贷	500,902.78
2018	07			2201	应付票据	202	大连博伦	本年累计		500,902.78	贷	500,902.78
				2201	应付票据			合 计	25,740.00	558,670.78	贷	558,670.78
				2201	应付票据			累 计	25,740.00	558,670.78	贷	558,670.78
								合 计	25,740.00	558,670.78	贷	558,670.78
								累 计	25,740.00	558,670.78	贷	558,670.78

图4-73 应付票据科目明细账

（4）在应付系统选择“账表管理→统计分析→付款账龄分析”命令，打开“付款账龄分析”对话框，单击“确定”按钮，打开“付款账龄分析”窗口，如图4-74所示。

付款账龄分析

账龄

币种： 所有币种

供应商 全部

截止日期： 2018-07-31

供应商		金额	预付款		账期内		1-30		31-60		61-90		91-120		121	
编号	名称		金额	%	金额	%	金额	%	金额	%	金额	%	金额	%	金额	%
101	湖南百盛服装有限公司	37,120.00					37,120.00	100.00								
102	北京嘉伟服装有限公司	57,768.00					57,768.00	100.00								
201	上海恒久表业有限公司	30,000.00	30,000.00	100.00												
202	大连博伦表业有限公司	500,300.00							500,300.00	100.00						
301	山东顺达皮具有限公司	162,120.00					162,120.00	100.00								
401	天津惠阳商贸有限公司	2,294,200.00					2,294,200.00	100.00								
合计：	数量	5					4	80.00	1	20.00						
合计：	金额	3,081,508.00	30,000.00	0.97			2,551,208.00	82.79	500,300.00	16.24						

图4-74 付款账龄分析

☞**知识点 067　取消操作**

【实验资料】

2018年7月31日，取消本月对北京嘉伟的红票对冲处理。

【具体操作过程】

（1）2018年7月31日，由赵凯（W02）登录企业应用平台。

（2）在U8企业应用平台，依次选择"业务工作→财务会计→应付款管理→单据查询→凭证查询"命令，打开"凭证查询条件"对话框，"业务类型"选择"转账制单"，单击"确定"按钮，打开"凭证查询"窗口，如图4-75所示。

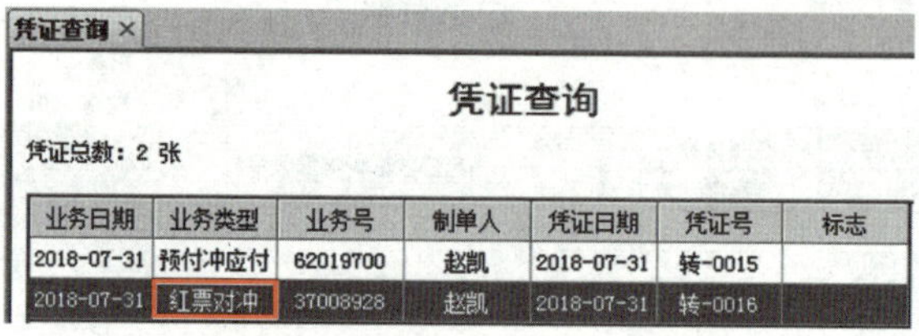

凭证查询

凭证总数：2 张

业务日期	业务类型	业务号	制单人	凭证日期	凭证号	标志
2018-07-31	预付冲应付	62019700	赵凯	2018-07-31	转-0015	
2018-07-31	红票对冲	37008928	赵凯	2018-07-31	转-0016	

图4-75　应付系统凭证列表

单击选中"业务类型"为"红票对冲"的转账凭证，单击工具栏的"删除"按钮，系统提示"确定要删除此凭证吗？"，单击"是"，该记账凭证从应付系统删除。

【提示】

从应付系统删除的凭证在总账中显示"作废"字样，并未予以删除，可通过"整理凭证"功能将其彻底清除掉。

（3）在应付系统选择"其他处理→取消操作"命令，打开"取消操作条件"对话框，在"操作类型"下拉框中选择"红票对冲"，如图4-76所示。单击"确定"按钮，打开"取消操作"窗口，如图4-77所示。

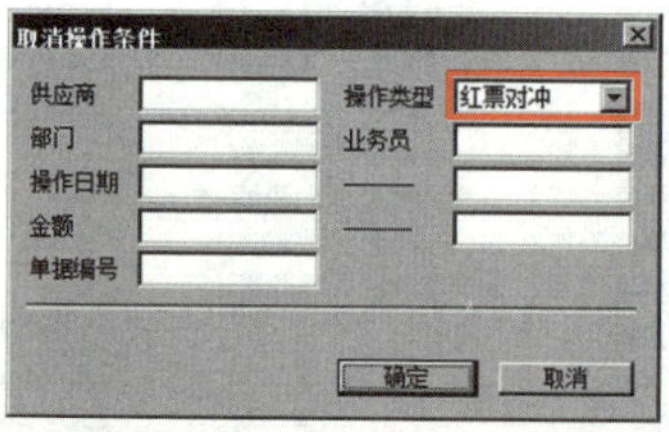

图4-76　取消操作条件

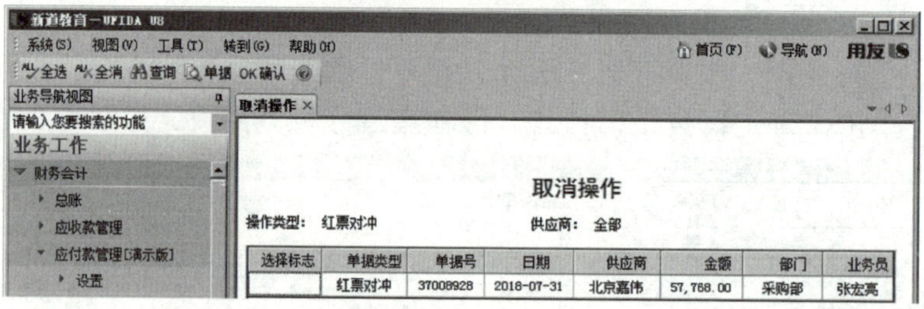

图4-77　"取消操作"窗口

（4）双击"红票对冲"栏左侧的"选择标志"栏，单击工具栏的"确认"按钮，完成本次取消操作。

【提示】

如果某操作类型已经制单处理，在取消操作前，应先到"单据查询→凭证查询"中将该记账凭证删除，再进行取消操作。

取消选择付款，则核销处理被取消，同时选择付款生成的付款单也一并删除，应付单据恢复原状。

如果转账处理（应付冲应付、预付冲应付等）发生月份已经结账，则不能被恢复。

以下情况不允许取消票据处理：

❶票据日期所在月份已经结账。

❷票据计息和票据结算后又进行了其他处理。

❸票据转出后所生成的应付单已经进行了核销等处理。

项目5　应收款管理系统

应收款管理系统，简称应收系统，用于对企业在销售过程中发生的业务进行处理。该系统提供了参数设置、初始设置、日常处理、单据查询、账表管理、其他处理等功能。根据对客户往来款项核算和管理的程度不同，系统提供了应收款详细核算和简单核算两种应用方案。应收系统与本教材其他系统的关系如下：

❶应收系统生成的所有记账凭证都传递到总账系统中。

❷应收系统与供应链系统、总账系统集成使用时，应收系统可接收在销售管理系统中所填制的销售发票，审核并生成记账凭证后传递至总账系统。销售管理系统的代垫费用单审核后自动生成其他应收单，并传递至应收系统。

❸应收款、应付款之间可以相互对冲。应收系统的商业汇票背书可以冲减应付系统的应付账款。通过应收系统的"应收冲应付"功能，可以冲减应付系统的应付账款。

❹应收系统为UFO报表系统提供往来数据。

本项目的重点内容：应收单据、收款单据的日常处理。

本项目的难点内容：已完成业务的逆向操作。

本项目总体流程如图5-1所示。

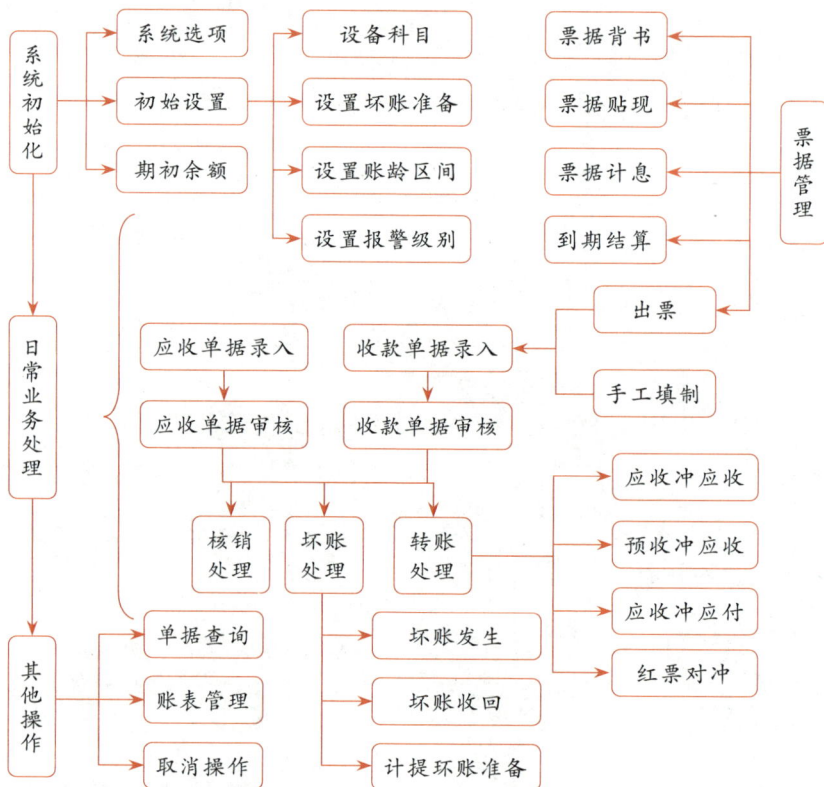

图5-1　本项目总体流程

任务1　　　　　　　系统初始化

☞知识点068　设置系统参数

【实验资料】

根据表5-1设置应收系统参数。

表5-1　　　　　　　　　　　　　应收系统参数

系统名称	页签	选项设置
应收款管理	常规	单据审核日期依据：单据日期 坏账处理方式：应收余额百分比法 自动计算现金折扣
	凭证	受控科目制单方式：明细到单据
	权限与预警	取消"控制操作员权限" 按信用方式根据单据提前7天自动报警

【具体操作过程】

（1）2018年7月1日，由赵凯（W02）登录企业应用平台。

（2）在U8企业应用平台，依次选择"业务工作→财务会计→应收款管理→设置→选项"命令，打开"账套参数设置"窗口。单击"编辑"按钮，系统提示"选项修改需要重新登陆才能生效"，单击"确定"按钮，开始参数设置。

设置系统参数

（3）在"常规"页签，"单据审核日期依据"项选择"单据日期"，"坏账处理方式"项选择"应收余额百分比法"，勾选"自动计算现金折扣"，结果如图5-2所示。

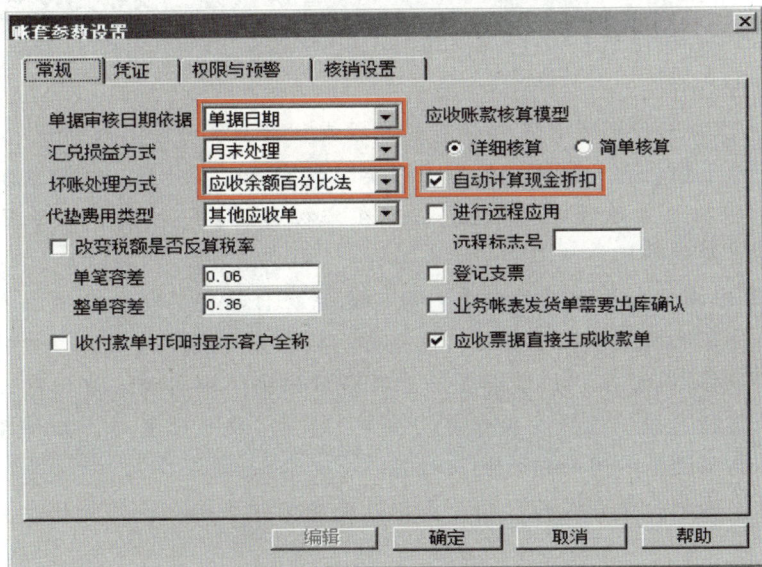

图5-2　"常规"页签

【提示】

说明：应收系统与应付系统的基本原理大体一致，相关系统参数的"提示"请参见项目四（知识点45），本项目仅就上一项目未说明之处或两系统差异之处（如坏账相关问题、票据贴现与背书等）进行提示。

　　［坏账处理方式］系统提供以下四种坏账处理方式：应收余额百分比法、销售收入百分比法、账龄分析法和直接转销法。前三种方式统称为备抵法。

　　采用备抵法，需在初始设置中进行坏账准备设置等，才能在坏账处理中进行后续操作。

　　采用直接转销法，初始设置中无"坏账准备设置"项，坏账发生时，直接到"坏账处理→坏账发生"中将应收账款转为损失即可。

　　（4）单击"凭证"页签，"受控科目制单方式"选择"明细到单据"，结果如图5-3所示。

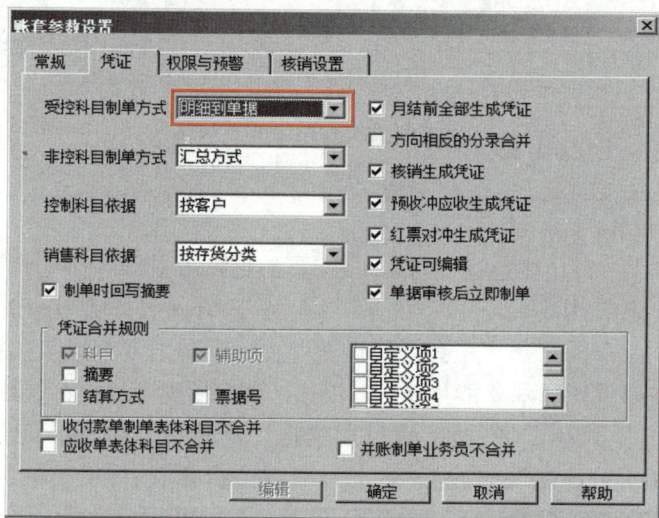

图5-3　"凭证"页签

【提示】

　　［控制科目依据］控制科目是指带有客户往来辅助核算并受应收系统控制的会计科目。应收系统提供以下控制科目依据：按客户分类、按客户、按地区、按销售类型、按存货分类、按存货。根据这里选择的"依据"，可在"初始设置→控制科目设置"中对该"依据"设置不同的控制科目。

　　［销售科目依据］在此设置的销售科目，是系统自动制单科目取值的依据。应收系统提供以下销售科目依据：按存货分类、按存货、按客户分类、按客户、按销售类型。根据这里选择的"依据"，可在"初始设置→产品科目依据"中对该"依据"设置不同的销售科目。假如销售科目依据选择"按销售类型"，则在"初始设置→产品科目设置"中可针对不同的销售类型设置不同的销售收入科目。

　　例如，在收取手续费方式的代销业务中，受托方销售受托代销货物时，根据销售专用发票制单：

　　借：应收账款（或银行存款、应收票据等）
　　　　贷：应付账款/受托代销（该科目为供应商往来辅助核算，但不受控于应付系统）
　　　　　　应交税费/应交增值税/销项税额

　　此时，销售科目依据应选择"按销售类型"，在产品科目设置中设置"销售受托代销货物（手续费）"这一销售类型的"销售收入科目"为"应付账款/受托代销"。则该销售类型的销售发票制单时自动生成上述会计分录。

　　（5）单击"权限与预警"页签，取消勾选"控制操作员权限"，"提前天数"栏输入"7"，结果如图5-4所示。

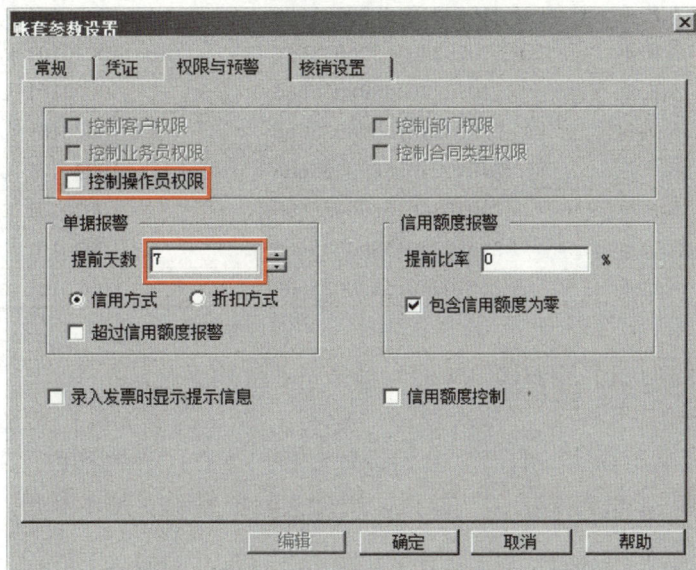

图5-4　"权限与预警"页签

☞知识点069　设置科目

【实验资料】

（1）设置基本科目。

根据表5-2设置基本科目。

表5-2　　　　　　　　　　　　　　基本科目

基础科目种类	科目	币种
应收科目	1122 应收账款	人民币
预收科目	2203 预收账款	人民币
销售收入科目	6001 主营业务收入	人民币
销售退回科目	6001 主营业务收入	人民币
商业承兑科目	1121 应收票据	人民币
银行承兑科目	1121 应收票据	人民币
票据利息科目	660301 财务费用/利息支出	人民币
票据费用科目	660301 财务费用/利息支出	人民币
收支费用科目	660105 销售费用/办公费	人民币
现金折扣科目	660304 财务费用/现金折扣	人民币
税金科目	22210106 应交税费/应交增值税/销项税额	人民币
坏账入账科目	1231 坏账准备	人民币

（2）设置结算方式科目。

根据表5-3设置结算方式科目。

表5-3　　　　　　　　　　结算方式科目

结算方式	币种	本单位账号	科目
现金	人民币	2107024015890035666	1001库存现金
现金支票	人民币	2107024015890035666	10020101沈阳皇姑支行
转账支票	人民币	2107024015890035666	10020101沈阳皇姑支行
银行汇票	人民币	2107024015890035666	10020101沈阳皇姑支行
信汇	人民币	2107024015890035666	10020101沈阳皇姑支行
电汇	人民币	2107024015890035666	10020101沈阳皇姑支行
委托收款	人民币	2107024015890035666	10020101沈阳皇姑支行
托收承付	人民币	2107024015890035666	10020101沈阳皇姑支行
其他	人民币	2107024015890035666	10020101沈阳皇姑支行

【具体操作过程】

（1）2018年7月1日，由赵凯（W02）登录企业应用平台。

（2）在U8企业应用平台，依次选择"业务工作→财务会计→应收款管理→设置→初始设置"命令，打开"初始设置"窗口。在"设置科目"项下选择"基本科目设置"，单击"增加"按钮，根据实验资料设置基本科目，结果如图5-5所示。

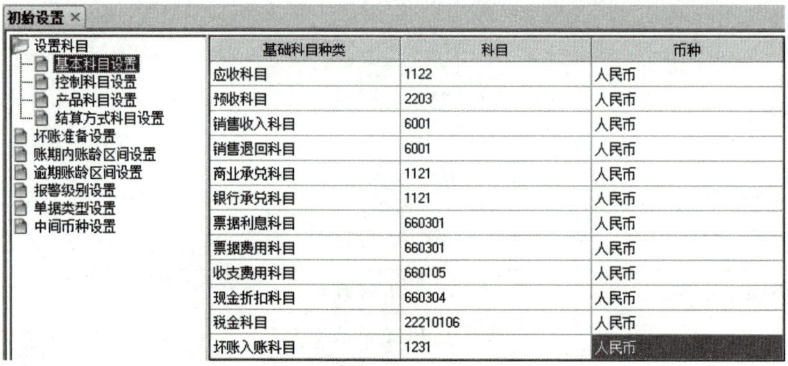

图5-5　设置基本科目

（3）在"设置科目"项下选择"结算方式科目设置"，单击"增加"按钮，根据实验资料设置结算方式科目，结果如图5-6所示。

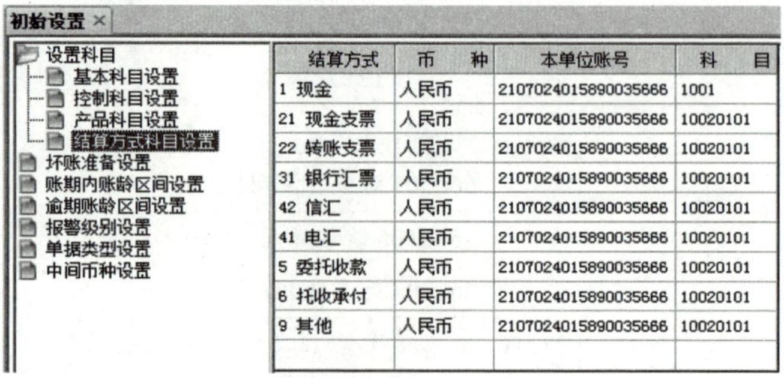

图5-6　设置结算方式科目

【提示】

"商业承兑汇票"和"银行承兑汇票"这两种结算方式的入账科目在"基本科目设置"的"商业承兑科目"和"银行承兑科目"中设置，不在"结算方式科目设置"中设置。

制单时，基本科目、控制科目、产品科目、结算方式科目的选取规则如下：

单据上科目→控制科目、产品科目或结算方式科目→基本科目→手工输入科目。

以销售发票制单为例，系统先判断控制科目是否设置，若设置则取该科目。同时判断产品科目是否设置，若设置则取该科目。若没有设置控制科目或产品科目，则取"基本科目设置"中设置的应收科目、销售收入科目和税金科目。若没有设置基本科目，则弹出记账凭证的"科目名称"栏为空，须手工输入科目。若单据上有科目，则优先使用该科目。

☞知识点070 设置坏账准备

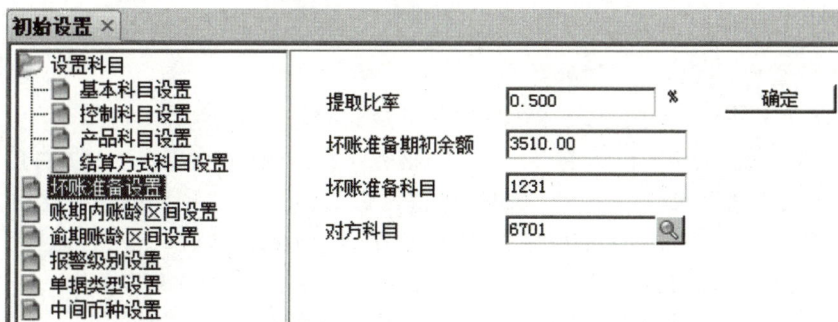

【实验资料】

坏账准备期末提取比率为"0.5%"，坏账准备期初余额为"3510"，坏账准备科目为"1231坏账准备"，坏账准备对方科目为"6701资产减值损失"。

【具体操作过程】

（1）2018年7月1日，由赵凯（W02）登录企业应用平台。

（2）在U8企业应用平台，依次选择"业务工作→财务会计→应收款管理→设置→初始设置"命令，打开"初始设置"窗口。单击"坏账准备设置"项，录入"提取比率"、"坏账准备期初余额"、"坏账准备科目"和"对方科目"这四项信息，录入完毕单击"确定"按钮，系统提示"存储完毕"，单击"确定"按钮，结果如图5-7所示。

图5-7 坏账准备初始设置

【提示】

坏账初始设置根据应收系统选项中所设置的坏账处理方式的不同而不同。如果选择直接转销法，则在初始设置中不显示"坏账初始设置"功能。

进行坏账处理（计提坏账准备、坏账发生、坏账收回）后，该参数将不能修改。

坏账处理后应考虑该事项的所得税影响。

☞知识点071 设置账龄区间

【实验资料】

（1）设置账期内账龄区间。

根据表5-4设置账期内账龄区间。

表5-4　　　　　　　　　　账期内账龄区间

序号	起止天数（天）	总天数（天）
01	1-10	10
02	11-30	30
03	31-60	60
04	61-90	90
05	91以上	

（2）设置逾期账龄区间。

根据表5-5设置逾期账龄区间。

表5-5　　　　　　　　　　逾期账龄区间

序号	起止天数（天）	总天数（天）
01	1-30	30
02	31-60	60
03	61-90	90
04	91-120	120
05	121以上	

【具体操作过程】

（1）2018年7月1日，由赵凯（W02）登录企业应用平台。

（2）在U8企业应用平台，依次选择"业务工作→财务会计→应收款管理→设置→初始设置"命令，打开"初始设置"窗口。选择"账期内账龄区间设置"，根据实验资料在第一行的"总天数"栏输入"10"，按回车键，继续后续天数的录入，结果如图5-8所示。

设置账龄区间

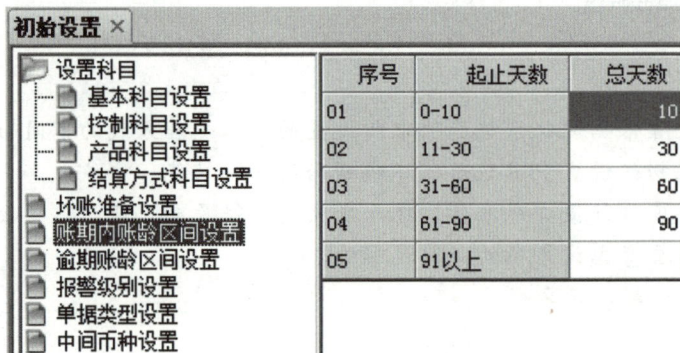

图5-8　设置账期内账龄区间

【提示】

该功能用于定义账期内应收账款或收款时间间隔的功能，后续可进行账期内应收账款或收款的账龄查询和账龄分析。

［序号］序号由系统生成，不能修改或删除。

［总天数］直接输入该区间的截止天数。

［起止天数］系统自动生成，无需手工输入。

（3）选择"逾期账龄区间设置"，根据实验资料在第 1 行的"总天数"栏输入"30"，按回车键，继续后续天数的录入，结果如图 5-9 所示。

图 5-9 设置逾期账龄区间

☞知识点 072 设置报警级别

【实验资料】

根据表 5-6 设置报警级别。

表 5-6   报警级别

序号	起止比率	总比率（%）	级别名称
01	0-10%	10	甲
02	10%-20%	20	乙
03	20%-30%	30	丙
04	30%-40%	40	丁
05	40%-50%	50	戊
06	50%以上		己

【具体操作过程】

（1）2018 年 7 月 1 日，由赵凯（W02）登录企业应用平台。

（2）在 U8 企业应用平台，依次选择"业务工作→财务会计→应收款管理→设置→初始设置"命令，打开"初始设置"窗口。选择"报警级别设置"，根据实验资料输入第 1 行的"总比率""级别名称"，输入完毕按回车键，继续后续级别的录入，结果如图 5-10 所示。

设置报警级别

【提示】

这里的比率是指客户欠款余额与其授信额度的比例。

图 5-10　设置报警级别

☞知识点 073　录入期初余额

【实验资料】

（1）根据表 5-7 录入应收账款期初余额，业务员刘晓明。

表 5-7　　　　　　　　　　　　　　　应收账款期初余额

单据类型	开票日期	发票号	客户	科目	存货编码	数量	无税单价	金额
销售专用发票	2018-06-17	21323501	沈阳金泰	1122	1003	1 200	500	696 000.00

（2）根据表 5-8 录入应收票据期初余额，承兑银行为中国银行，业务员刘晓明。

表 5-8　　　　　　　　　　　　　　　应收票据期初余额

单据类型	票据编号	开票单位	票据面值	科目	签发日期	收到日期	到期日
银行承兑汇票	35978808	北京汇鑫	97 000.00	1121	2018-06-20	2018-06-23	2018-07-20

（3）根据表 5-9 录入预收账款期初余额，业务员何丽。

表 5-9　　　　　　　　　　　　　　　预收账款期初余额

单据名称	单据类型	方向	日期	客户	结算方式	金额	票据号	科目编码
预收款	收款单	正	2018-05-26	上海乐淘	银行汇票	30 000.00	98503712	2203

（4）应收系统与总账系统进行对账。

【具体操作过程】

（1）2018 年 7 月 1 日，由赵凯（W02）登录企业应用平台。

（2）在 U8 企业应用平台，依次选择"业务工作→财务会计→应收款管理→设置→期初余额"命令，打开"期初余额-查询"对话框。单击"确定"按钮，打开"期初余额"窗口。

录入期初余额

（3）单击工具栏的"增加"按钮，弹出"单据类别"对话框，如图 5-11 所示。单击"确定"按钮，打开"期初销售发票"窗口。

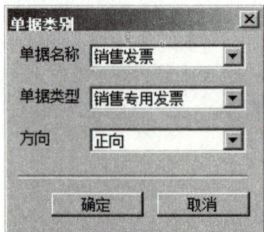

图 5-11　选择单据类别

（4）单击工具栏的"增加"按钮，根据实验资料，录入表头的"发票号"、"开票日期"、"客户"和"业务员"等信息，其他表头信息自动带入。

录入表体的"货物编码"、"数量"和"无税单价"等信息，其他表体信息自动带入。录入完毕单击"保存"按钮，结果如图 5-12 所示。关闭"期初销售发票"窗口。

| 期初余额 | 期初销售发票 × | | | | | | | | | |

销售专用发票

表体排序 [   ]

开票日期	2018-06-17		发票号	21323501			订单号			
客户名称	沈阳金鑫		客户地址	辽宁省沈阳市铁西区百花路2号			电话	024-65308833		
开户银行	中国农业银行沈阳百花支行		银行账号	5830611580626927622			税号	91210103291938726A		
付款条件			税率(%)	16.00			科目	1122		
币种	人民币		汇率	1			销售部门	销售部		
业务员	刘晓明		项目				备注			

	货物编号	货物名称	主计量单位	税率(%)	数量	无税单价	含税单价	税额	无税金额	价税合计	科目
1	1003	百盛男套装	套	16.00	1200.00	500.00	580.00	96000.00	600000.00	696000.00	1122
2											

图 5-12 期初应收账款

【提示】

对于销售发票以外其他情况形成的应收账款期初余额，可填制期初其他应收单。

（5）在"期初余额"窗口，单击工具栏的"增加"按钮，在"单据类别"对话框的"单据名称"栏选择"应收票据"，如图 5-13 所示。单击"确定"按钮，打开"期初单据录入"窗口。单击"增加"按钮，根据资料录入期初应收票据，结果如图 5-14 所示，单击"保存"按钮。关闭"期初单据录入"窗口，返回"期初余额"窗口。

单据类别

单据名称	应收票据 ▾
单据类型	银行承兑汇票 ▾
方向	正向 ▾

[确定]　[取消]

图 5-13 选择单据类别

| 期初余额 | 期初单据录入 × | | |

期初票据

币种 人民币

票据编号	35978808		开票单位	北京汇鑫
承兑银行	中国银行		背书单位	
票据面值	97000.00		票据余额	97000.00
面值利率	0.00000000		科目	1121
签发日期	2018-06-20		收到日期	2018-06-23
到期日	2018-07-20		部门	销售部
业务员	刘晓明		项目	
摘要				

图 5-14 期初应收票据

（6）在"期初余额"窗口，单击工具栏的"增加"按钮，在"单据类别"对话框的"单据名称"栏选择"预收款"。单击"确定"按钮，打开"期初单据录入"窗口。

单击"增加"按钮，根据资料录入期初预收款单，录入完毕单击工具栏的"保存"按钮，结果如图5-15所示。关闭"期初单据录入"窗口，返回"期初余额"窗口。

收款单

表体排序									

单据编号 0000000001　　日期 2018-05-26　　客户 上海乐淘
结算方式 银行汇票　　结算科目 10020101　　币种 人民币
汇率 1　　金额 30000.00　　本币金额 30000.00
客户银行 交通银行闵区北京路支行　　客户账号 8059209375023168063　　票据号 98503712
部门 销售部　　业务员 何丽　　项目
摘要

	款项类型	客户	部门	业务员	金额	本币金额	科目	本币余额	余额
1	预收款	上海乐淘	销售部	何丽	30000.00	30000.00	2203	30000.00	30000.00
2									

图5-15　期初预收账款

（7）在"期初余额"窗口，先单击工具栏的"刷新"按钮，再单击"对账"按钮，打开"期初对账"对话框，结果如图5-16所示。

科目		应收期初		总账期初		差额	
编号	名称	原币	本币	原币	本币	原币	本币
1121	应收票据	97,000.00	97,000.00	97,000.00	97,000.00	0.00	0.00
1122	应收账款	696,000.00	696,000.00	696,000.00	696,000.00	0.00	0.00
2203	预收账款	-30,000.00	-30,000.00	-30,000.00	-30,000.00	0.00	0.00
	合计		763,000.00		763,000.00		0.00

图5-16　与总账期初对账结果

任务2　日常单据处理

应收系统日常单据处理主要是对如图5-17所示的几种单据进行操作。

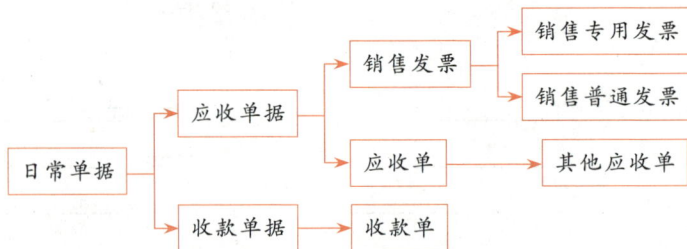

图5-17　应收系统日常单据

☞知识点074　应收单据录入

应收单据处理基本流程：填制→审核→制单。

1. 填制应收单据

（1）销售专用发票。

【实验资料】

2018年7月15日，销售部刘晓明向上海乐淘销售博伦男表100只，无税单价为3 800元，增值税税率为16%（销售专用发票号码：25678900）。

2018 年 7 月 15 日，销售部刘晓明向沈阳喜来销售博伦女表 30 只，无税单价为 5 000 元，增值税税率为 16%（销售专用发票号码：25678901）。

2018 年 7 月 16 日，销售部何丽向北京汇鑫销售嘉伟男风衣 800 件，无税单价为 900 元，增值税税率为 16%（销售专用发票号码：25678902）。

2018 年 7 月 16 日，销售部何丽向广州华丰销售百盛男套装 200 套，无税单价为 500 元，增值税税率为 16%（销售专用发票号码：25678905），付款条件：4/10，2/20，n/30。

【具体操作过程】

❶ 2018 年 7 月 15 日，由赵凯（W02）登录企业应用平台。

❷ 在 U8 企业应用平台，依次选择"业务工作→财务会计→应收款管理→应收单据处理→应收单据录入"命令，打开"单据类别"对话框。单击"确定"按钮，打开"销售发票"窗口。

❸ 单击工具栏的"增加"按钮，根据实验资料，表头录入"发票号"、"客户"、"业务员"和"税率"等信息，表体录入"存货编码"、"数量"和"无税单价"等信息。录入完毕单击"保存"按钮，结果如图 5-18 所示。

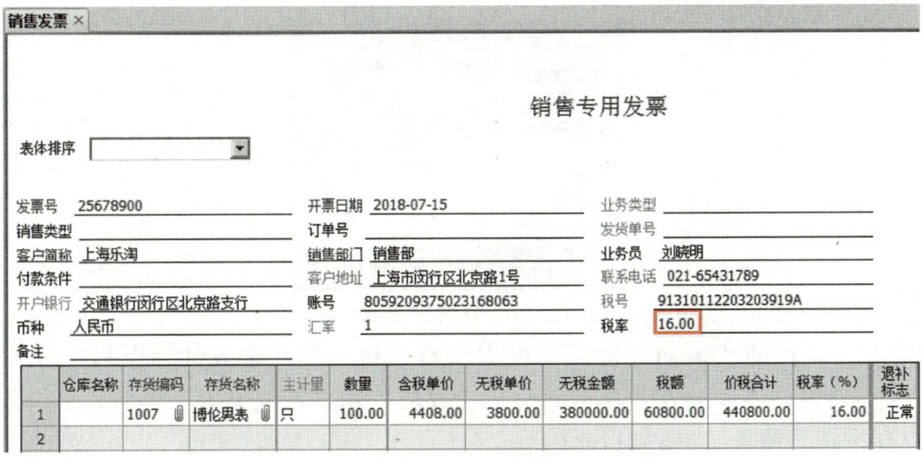

图 5-18 销售专用发票

❹ 按照上述方法继续录入剩余的三张发票，后两张发票建议以 16 日登录平台后填制。最后一张发票表头的"付款条件"栏应选择"4/10，2/20，n/30"，如图 5-19 所示。关闭该窗口。

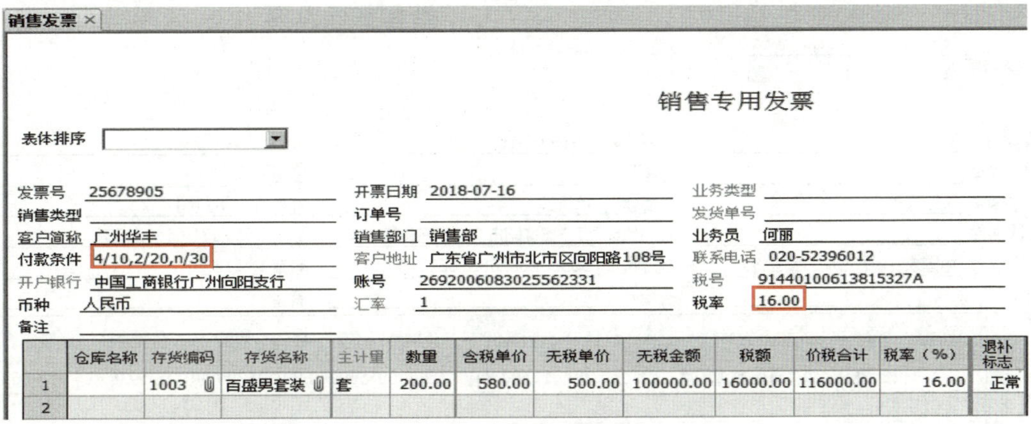

图 5-19 销售专用发票

【提示】

若启用销售管理系统，则销售发票不在应收系统录入，而应在销售管理系统录入，并传递给应收系统，但须在应收系统进行审核。

若未启用销售管理系统，则在应收系统录入各类销售发票。

录入应收单据时，选择客户后，系统自动将与客户相关的信息全部带出。

若表体科目的项目大类与表头相同，则自动将表头项目带入该条表体记录的项目中。

（2）销售普通发票。

2018年7月16号，销售部刘晓明向沈阳喜来销售恒久情侣表60对，无税单价9 999元，增值税税率为16%（销售普通发票号码：90336015）。

【具体操作过程】

❶ 在应收系统选择"应收单据处理→应收单据录入"命令，打开"单据类别"对话框，在"单据类别"栏选择"销售普通发票"，如图5-20所示。单击"确定"按钮，打开"销售发票"窗口。

填制销售普通发票

图5-20　选择单据类别

❷ 单击工具栏的"增加"按钮，根据实验资料，表头录入"发票号"、"客户"和"业务员"等信息，表体录入"存货编码"、"数量"和"无税单价"等信息。录入完毕单击"保存"按钮，结果如图5-21所示。

销售普通发票

表体排序

发票号	90336015	开票日期	2018-07-16	业务类型	
销售类型		订单号		发货单号	
客户简称	沈阳喜来	销售部门	销售部	业务员	刘晓明
付款条件		客户地址	辽宁省沈阳市沈河区万春路66号	联系电话	024-65507283
开户银行	中国农业银行沈阳万春支行	银行账号	5830626920062662115	税率	16.00
币种	人民币	汇率	1	备注	

	仓库名称	存货编码	存货名称	主计量	数量	含税单价	无税单价	无税金额	税额	价税合计	税率（%）
1		1008	恒久情侣表	对	60.00	11598.84	9999.00	599940.00	95990.40	695930.40	16.00
2											

图5-21　销售普通发票

【提示】

与采购普通发票表头、表体的"税率"均为零不同，销售普通发票应正常计算销项税额，表头、表体的"税率"均不为零。

（3）其他应收单。

【实验资料】

2018 年 7 月 16 号，销售部何丽向北京汇鑫销售商品时，以工行转账支票（票号19771031）代垫运费 1 000 元。

【具体操作过程】

❶ 在应收系统选择"应收单据处理→应收单据录入"命令，打开"单据类别"对话框，在"单据名称"栏选择"应收单"，如图 5-22 所示。单击"确定"，打开"应收单"窗口。

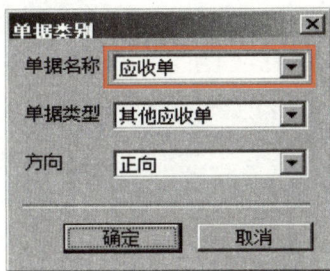

填制其他应收单

单据类别	
单据名称	应收单
单据类型	其他应收单
方向	正向
确定	取消

图 5-22 选择单据类别

❷ 单击"增加"，根据实验资料，录入表头项目"客户""金额""业务员"等信息。表体的"科目"栏参照选择"10020101 银行存款/中国工商银行/沈阳皇姑支行"。保存后结果如图 5-23 所示。

应收单

应收单 ×

表体排序

单据编号 0000000001	单据日期 2018-07-16	客户 北京汇鑫
科目 1122	币种 人民币	汇率 1
金额 1000.00	本币金额 1000.00	数量 0.00
部门 销售部	业务员 何丽	项目
付款条件	摘要	

	方向	科目	币种	汇率	金额	本币金额	部门	业务员	项目	摘要
1	贷	10020101	人民币	1.00000000	1000.00	1000.00	销售部	何丽		
2										

图 5-23 其他应收单

【提示】

若未启用销售管理系统，则伴随销售业务产生的代垫费用由应收系统进行录入。

若启用销售管理系统，则伴随销售业务产生的代垫费用需在销售管理系统中填制"销售费用支出单"，该支出单自动生成的其他应收单自动传递至应收系统。

无论是否启用销售管理系统，除销售发票、代垫费用外，其他涉及"应收账款"科目的业务也可考虑使用其他应收单。

应收单实质上是一张记账凭证，表头反映借方信息，表体反映贷方信息，如下所示：

借：应收系统受控科目（表头项目中的"科目"，必须是受控科目）

　　贷：××××（表体项目中的"科目"）

应收单表体信息可以不输入，若不输入保存单据时系统会自动形成一条方向相反、金额相等的记录，该记录可修改。

（4）负向应收单据。

【实验资料】

2018年7月16号，根据沈阳金泰反馈，6月17日业务员刘晓明所售百盛男套装100件发生质量问题，经协商予以退货，我公司当日收到所退货物，并开具了红字增值税专用发票，票号25678921。

【具体操作过程】

❶ 在应收系统选择"应收单据处理→应收单据录入"命令，打开"单据类别"对话框，在"单据方向"栏选择"负向"，如图5-24所示。单击"确定"，打开"销售发票"窗口。

图5-24　选择单据类别

❷ 单击"增加"，根据实验资料，录入表头项目"发票号""客户""业务员"等信息。表体录入"存货编码"、"数量"和"无税单价"等信息。录入完毕单击"保存"按钮，结果如图5-25所示。

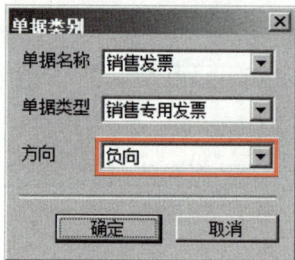

图5-25　红字销售专用发票

【提示】

销售过程中如果发生退货、销售折让等，则需要填制负向的销售发票。如果填制销售折让发票，则红字销售专用发票表体录入"存货编码"、"无税金额"和"退补标志"即可，"数量"栏为空，且"退补标志"选择"退补"。

2.修改应收单据

【实验资料】

2018年7月17日，发现16日所填制的向北京汇鑫销售商品的25678902号发票有误，所售货物应为"嘉伟女风衣"，单价仍为900元。

【具体操作过程】

❶ 2018年7月17日，由赵凯（W02）登录企业应用平台。

❷ 在应收系统选择"应收单据处理→应收单据录入"命令，打开"单据类别"对话框，单击"确定"，打开"销售发票"窗口。

修改应收单据

❸ 单击工具栏的"定位"按钮，打开"单据定位条件"对话框，在"单据编号"栏输入"25678902"，如图5-26所示，单击"确定"找到该发票。单击"修改"按钮，双击表体第一行"存货编码"单元格，将"1005"清除后重新选择"1004"，"无税单价"再次输入"900"。单击"保存"按钮。关闭"销售发票"窗口。

图5-26 单据定位条件

【提示】

通过点击"定位"按钮右侧的 ◀（上张）、▶（下张）、◀|（首张）和 |▶（末张）四个按钮也可查找单据。

单据名称、单据类型不可修改。

3.删除应付单据

【实验资料】

2018年7月17日，发现本月15日所填制的向沈阳喜来销售商品的25678901号发票有误，应删除。

【具体操作过程】

❶ 在应收系统选择"应收单据处理→应收单据录入"命令，打开"单据类别"对话框，单击"确定"，打开"销售发票"窗口。

❷ 单击工具栏的"定位"按钮，打开"单据定位条件"对话框，在"单据编号"栏输入"25678901"，单击"确定"找到该发票。

删除应收单据

❸ 单击"删除"按钮，弹出"单据删除后不能恢复，是否继续？"提示框，单击"是"，将该发票删除。

【提示】

如果销售发票已做过后续处理，如审核、制单、核销、转账、坏账等，则该发票不能修改或删除。但是，系统对所有的处理都提供了逆向操作功能，通过逆向操作把后续处理全部取消，此时发票即可修改或删除。

☞知识点075 应收单据审核

【实验资料】

2018年7月18日，将本月应收单据全部审核。

【具体操作过程】

（1）2018年7月18日，由赵凯（W02）登录企业应用平台。

（2）在U8企业应用平台，依次选择"业务工作→财务会计→应收款管理→应收单据处理→应收单据审核"命令，打开"应收单查询条件"对话框，如图5-27所示。单击"确定"按钮，打开"单据处理"窗口，显示应付单据列表，如图5-28所示。

图5-27 应收单查询条件

应收单据列表

记录总数：6

选择	审核人	单据日期	单据类型	单据号	客户名称	部门	业务员	制单人	原币金额	本币金额	备注
		2018-07-15	销售专用发票	25678900	上海乐淘易贸易有限公司	销售部	刘晓明	赵凯	440,800.00	440,800.00	
		2018-07-16	其他应收单	0000000001	北京汇鑫百货有限公司	销售部	何丽	赵凯	1,000.00	1,000.00	
		2018-07-16	销售普通发票	90336015	沈阳喜来商贸有限公司	销售部	刘晓明	赵凯	695,930.40	695,930.40	
		2018-07-16	销售专用发票	25678902	北京汇鑫百货有限公司	销售部	何丽	赵凯	835,200.00	835,200.00	
		2018-07-16	销售专用发票	25678905	广州华丰超市有限公司	销售部	何丽	赵凯	116,000.00	116,000.00	
		2018-07-16	销售专用发票	25678921	沈阳金泰商贸有限公司	销售部	刘晓明	赵凯	-58,000.00	-58,000.00	
合计									2,030,930.40	2,030,930.40	

图5-28 应收单据列表

（3）单击工具栏的"全选"按钮，此时每张单据最左侧的"选择"栏显示"Y"字样，表示该单据被选中。单击工具栏的"审核"按钮，弹出如图5-29所示的提示框，单击"确定"按钮，此时每张单据左侧的"审核人"栏均显示"赵凯"，完成审核工作。

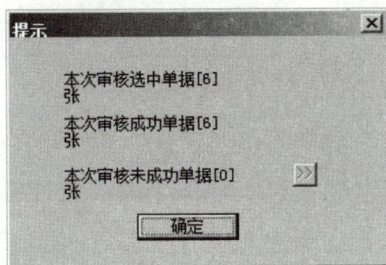

图5-29　审核结果

【提示】

［审核日期］主要决定应收单据的入账日期，依据系统参数而定。

［审核人］单据审核后，系统自动将当前操作员填列审核人。

系统提供三种审核方式：自动批审、批量审核、单张审核。

［自动批审］选择"业务工作→财务会计→应收款管理→应收单据处理→应收单据审核"命令，打开"应收单查询条件"对话框，如图5-27所示。单击"批审"按钮，系统根据当前的过滤条件将符合条件的未审核单据全部进行后台的一次性审核处理。

［批量审核］本案例所演示的即为批量审核方式。

［单张审核］在图5-28所示的应收单据列表界面，选中需要审核的记录，点击工具栏中的"单据"按钮（或直接双击那一条单据记录），显示该单据，点击"审核"按钮将该单据审核。

审核有三个含义：❶确认应收账款；❷对单据输入的正确与否进行审查；❸对应收单据进行记账。

在本系统中，销售发票和应收单的处理都基于该发票或应收单已经审核的基础上。

在销售管理系统录入的发票也在应收系统审核入账，其中，现款结算的销售发票审核时同步核销对应的现款结算收款单。

取消审核将清空审核人和审核日期，回到未记账状态，此时，可对该应收单据进行修改或删除。

已经做过后续处理（如核销、转账、坏账等）的单据不能进行弃审处理。

已审核的应收单据不允许修改或删除。

不能在已结账月份中进行审核处理或弃审处理。

☞知识点076　制单处理

【实验资料】

2018年7月19日，将本月已审核应收单据制单处理。

【具体操作过程】

（1）2018年7月19日，由赵凯（W02）登录企业应用平台。

（2）在U8企业应用平台，依次选择"业务工作→财务会计→应收款管理→制单处理"命令，打开"制单查询"对话框，系统默认已勾选"发票制单"，再勾选"应收单制单"，如图5-30所示。单击"确定"按钮，打开"制单"窗口，显

制单处理

示应收制单列表，如图5-31所示。

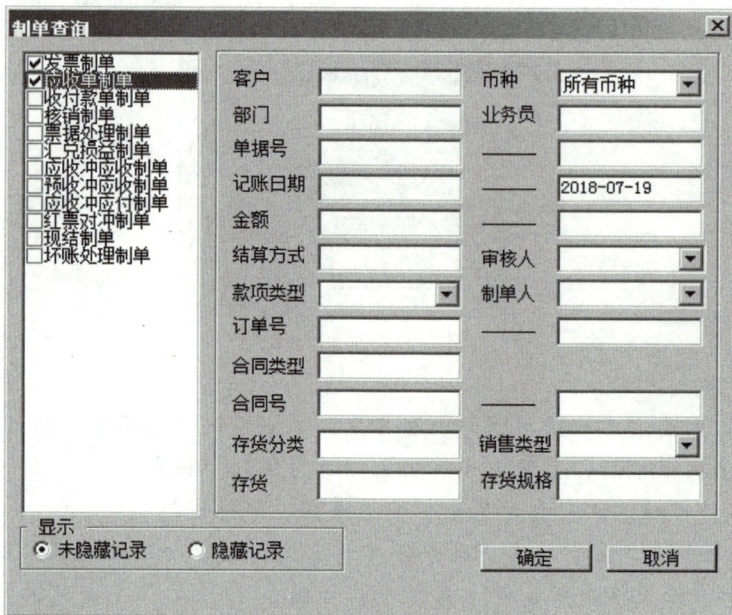

图 5-30　制单查询

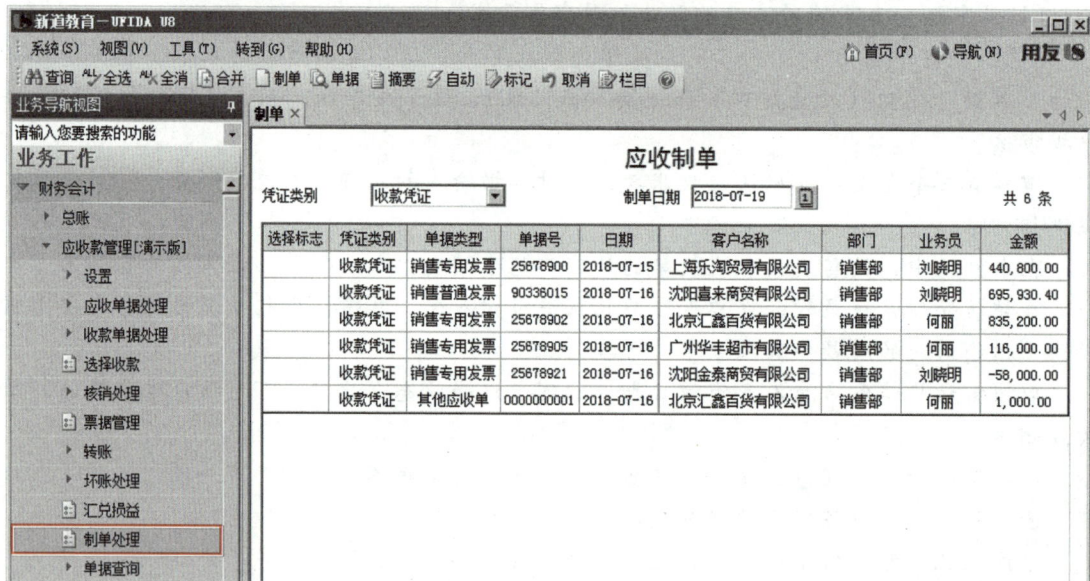

图 5-31　应收制单列表

（3）在"凭证类别"栏，用下拉框选择"转账凭证"。（也可在凭证中修改该类别）

（4）单击工具栏的"全选"按钮，选择要进行制单的单据，此时"选择标志"栏自动生成数字序号，如图5-32所示。

（5）点击工具栏的"制单"按钮，进入填制凭证界面，单击"保存"按钮，保存当前记账凭证并将其传递到总账系统，如图5-33所示。单击"➡"后再单击"保存"，将后续5张凭证逐一保存。其中，其他应收单所生成的应为付款凭证，且保存前第2行会计分录应补充结算方式、票据号等信息，结果如图5-34所示。

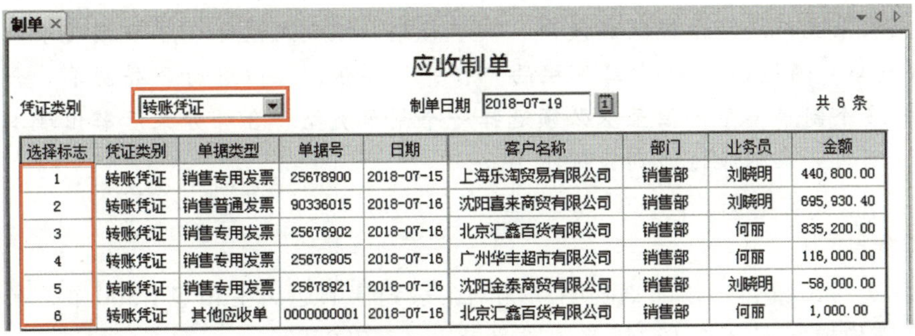

应收制单

凭证类别 转账凭证　　制单日期 2018-07-19　　共 6 条

选择标志	凭证类别	单据类型	单据号	日期	客户名称	部门	业务员	金额
1	转账凭证	销售专用发票	25678900	2018-07-15	上海乐淘贸易有限公司	销售部	刘晓明	440,800.00
2	转账凭证	销售普通发票	90336015	2018-07-16	沈阳喜来商贸有限公司	销售部	刘晓明	695,930.40
3	转账凭证	销售专用发票	25678902	2018-07-16	北京汇鑫百货有限公司	销售部	何丽	835,200.00
4	转账凭证	销售专用发票	25678905	2018-07-16	广州华丰超市有限公司	销售部	何丽	116,000.00
5	转账凭证	销售专用发票	25678921	2018-07-16	沈阳金泰商贸有限公司	销售部	刘晓明	-58,000.00
6	转账凭证	其他应收单	0000000001	2018-07-16	北京汇鑫百货有限公司	销售部	何丽	1,000.00

图5-32　应收制单列表

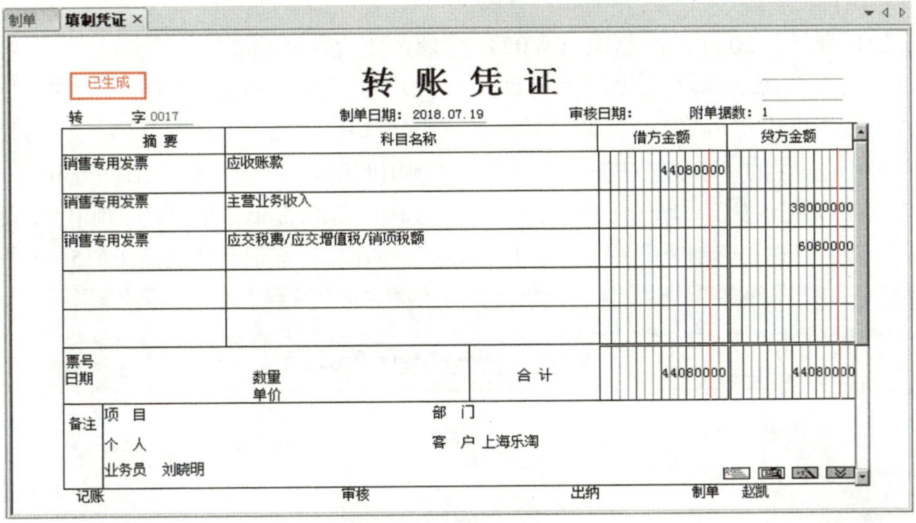

图5-33　记账凭证

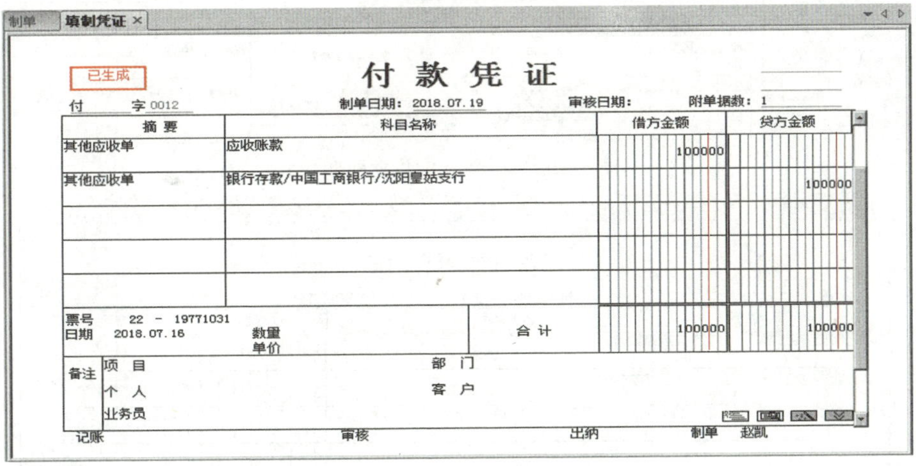

图5-34　记账凭证

【提示】

“制单处理”是系统提供的一个统一制单平台。此外，系统还在各个业务处理的过程中提供了实时制单的功能。

系统默认将当前业务日期（即登录日期）作为制单日期。制单日期应大于等于所选单据的最大日期，但小于等于当前业务日期。

如果应收系统与总账系统集成使用，制单日期应该满足总账制单日期要求。

[合并制单]通过图5-31中工具栏的"合并"按钮，可以进行合并制单。合并制单一次可以选择多个制单类型，但至少必须选择一个制单类型。合并分录后若出现本币金额为零的情况，则该分录不能传递到凭证中去。

☞知识点077　应收单据一体化处理

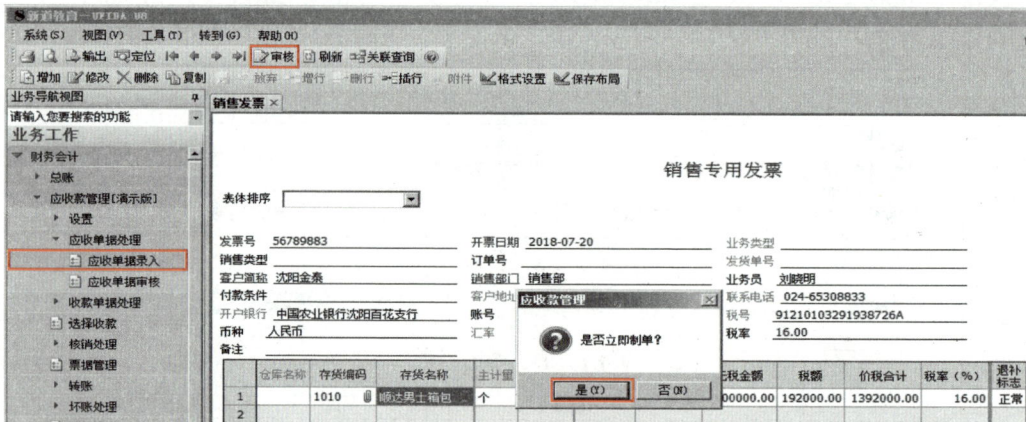

【实验资料】

2018年7月20日，销售部刘晓明向沈阳金泰销售顺达男士箱包1 500个，无税单价为800元，增值税税率为16%（销售专用发票号码：56789883）。

【具体操作过程】

（1）2018年7月20日，由赵凯（W02）登录企业应用平台。

（2）在应收系统选择"应收单据处理→应收单据录入"命令，打开"单据类别"对话框，单击"确定"，打开"销售发票"窗口。

（3）单击工具栏的"增加"按钮，根据实验资料填制销售专用发票。填制完毕单击"保存"按钮保存该发票。单击工具栏的"审核"按钮，系统提示"是否立即制单?"，如图5-35所示。单击"是"，进入填制凭证界面，单击"保存"按钮保存该记账凭证，如图5-36所示。

图5-35　发票审核并立即制单

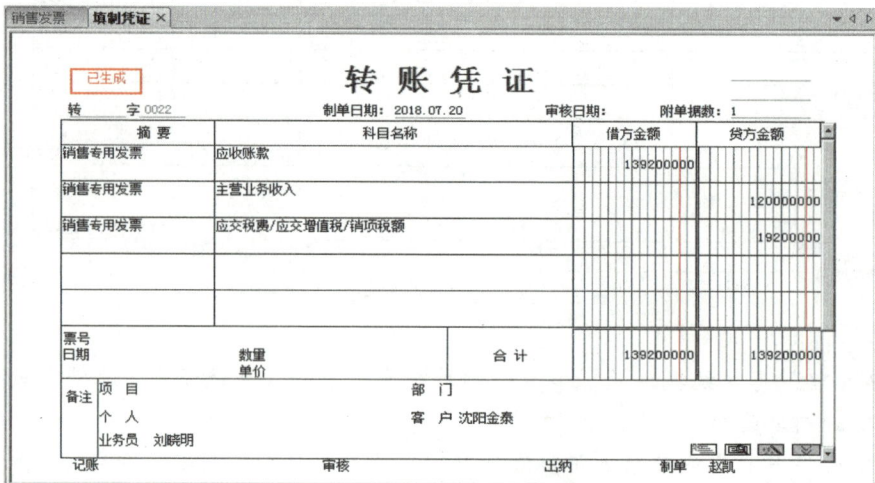

图5-36　记账凭证

☞知识点078 收款单据录入

收款单据处理基本流程：填制→审核→核销→制单。

1. 填制收款单

（1）收回前欠货款的收款单。

【实验资料】

2018年7月22日，销售部刘晓明通知财务，收到上海乐淘电汇款300 000元（票号：85693256），用于支付本月15日的货款。

2018年7月22日，销售部刘晓明通知财务，收到沈阳喜来一张174 000元的转账支票（票号：12943715），用于支付本月15日的货款。

2018年7月22日，销售部何丽通知财务，收到广州华丰电汇款112 000元（票号：12159437），用于支付本月16日的货款。

【具体操作过程】

❶ 2018年7月22日，由赵凯（W02）登录企业应用平台。

❷ 在U8企业应用平台，依次选择"业务工作→财务会计→应收款管理→收款单据处理→收款单据录入"命令，打开"收付款单录入"窗口。

❸ 单击工具栏的"增加"按钮，根据实验资料，表头录入"客户"、"结算方式"、"金额"、"票据号"和"业务员"等信息。录入完毕单击"保存"按钮，结果如图5-37所示。

填制收回前欠货款的收款单

收款单

表体排序

单据编号 0000000002	日期 2018-07-22	客户 上海乐淘
结算方式 电汇	结算科目 10020101	币种 人民币
汇率 1	金额 300000.00	本币金额 300000.00
客户银行 交通银行闵行区北京路支行	客户账号 8059209375023168063	票据号 85693256
部门 销售部	业务员 刘晓明	项目

摘要

	款项类型	客户	部门	业务员	金额	本币金额	科目	项目	本币余额	余额
1	应收款	上海乐淘	销售部	刘晓明	300000.00	300000.00	1122		300000.00	300000.00
2										

图5-37 收回上海乐淘欠款的收款单

❹ 参照上述方法继续完成剩余两张收款单的填制，结果如图5-38、图5-39所示。

收款单

表体排序

单据编号 0000000003	日期 2018-07-22	客户 沈阳喜来
结算方式 转账支票	结算科目 10020101	币种 人民币
汇率 1	金额 174000.00	本币金额 174000.00
客户银行 中国农业银行沈阳万春支行	客户账号 5830626920062662115	票据号 12943715
部门 销售部	业务员 刘晓明	项目

摘要

	款项类型	客户	部门	业务员	金额	本币金额	科目	项目	本币余额	余额
1	应收款	沈阳喜来	销售部	刘晓明	174000.00	174000.00	1122		174000.00	174000.00
2										

图5-38 收回沈阳喜来欠款的收款单

图5-39 收回广州华丰欠款的收款单

【提示】

表头必输项目：客户、单据日期、单据编号、结算方式、币种、金额，当币种为外币时，汇率也必须输入。

表体必输项目：款项类型、客户、金额。表体金额合计必须等于表头金额。

缺省带入的表体记录可以进行增删改处理。

［款项类型］系统提供以下几种款项类型来区分不同的款项用途：应收款、预收款、其他费用、现款结算、销售定金等。不同的款项类型后续业务处理不尽不同。若一张付款单具有不同的用途款项，应在表体分行处理。

❶应收款，用于冲销应收账款，表体对应的科目为受控科目。

❷预收款，用于形成预收账款，表体对应的科目为受控科目。

❸其他费用，其表体对应的科目为非受控科目。

❹现款结算，用于核销现款结算的发票，表体对应的科目为受控科目，该收款单只能在对应发票审核时才能核销。

❺销售定金，其款项用途是为了销售订单业务的完成，表体对应的科目为非受控科目。

a.该收款单在"转货款"时，可以生成款项类型为"应收款"的收款单；

b.该收款单在"转营业外收入"时，生成款项类型为"其他费用"的收款单；

c.该收款单在"退回"时，生成款项类型为"销售定金"的付款单。

只有应收款、预收款、现款结算性质的付款单才能与销售发票、应收单进行核销勾对。

［代付款］若付款单表头客户与表体客户不同，则表体记录所在的款项为代付款。在核销时，代付款的客户的记录只能与其本身的应收款核销。

（2）预收货款的收款单。

【实验资料】

2018年7月23日，销售部何丽通知财务，预收广州华丰货款180 000元，结算方式：电汇，票据号86578972。

【具体操作过程】

❶2018年7月23日，由赵凯（W02）登录企业应用平台。

❷在U8企业应用平台，依次选择"业务工作→财务会计→应收款管理→收款单据处理→收款单据录入"命令，打开"收付款单录入"窗口。

❸ 单击工具栏的"增加"按钮，根据实验资料，表头录入"客户"、"结算方式"、"金额"、"票据号"和"业务员"等信息。

表头录入完毕将表体第一行的"款项类型"单元格选择为"预收款"，单击"保存"按钮，结果如图 5-40 所示。

收款单

	款项类型	客户	部门	业务员	金额	本币金额	科目	项目	本币余额	余额
1	预收款	广州华丰	销售部	何丽	180000.00	180000.00	2203		180000.00	180000.00
2										

单据编号 0000000005 日期 2018-07-23 客户 广州华丰
结算方式 电汇 结算科目 10020101 币种 人民币
汇率 1 金额 180000.00 本币金额 180000.00
客户银行 中国工商银行广州向阳支行 客户账号 2692006083025562331 票据号 86578972
部门 销售部 业务员 何丽 项目

图 5-40 预收广州华丰货款的收款单

（3）虚拟收款单。

【实验资料】

2018 年 7 月 23 日，沈阳金泰出现经营困难，经协商我公司同意免除对方 6 月 17 日所欠货款 50 000 元。

【具体操作过程】

❶ 2018 年 7 月 23 日，由赵凯（W02）登录企业应用平台。

❷ 在 U8 企业应用平台，依次选择"业务工作→财务会计→应收款管理→收款单据处理→收款单据录入"命令，打开"收付款单录入"窗口。

❸ 单击工具栏的"增加"按钮，根据实验资料，表头"客户"选择"沈阳金泰"，"结算方式"选择"其他"，"结算科目"修改为"6711 营业外支出"，"金额"输入"50000"。单击"保存"按钮，结果如图 5-41 所示。

收款单

单据编号 0000000006 日期 2018-07-23 客户 沈阳金泰
结算方式 其他 结算科目 6711 币种 人民币
汇率 1 金额 50000.00 本币金额 50000.00
客户银行 中国农业银行沈阳百花支行 客户账号 5830611580626927622 票据号
部门 业务员 项目

	款项类型	客户	部门	业务员	金额	本币金额	科目	项目	本币余额	余额
1	应收款	沈阳金泰			50000.00	50000.00	1122		50000.00	50000.00
2										

图 5-41 （虚拟）收款单

【提 示】

所谓虚拟收款单，是指表头"结算方式"栏为"其他"、"结算科目"栏为非银行科目的收款单。

如果企业需要退款给客户，则需要在应收系统填制付款单。方法如下：

选择"业务工作→财务会计→应收款管理→收款单据处理→收款单据录入"命令，打开"收付款单录入"窗口，点击【切换】按钮，即可进行付款单的录入，如图5-42所示。

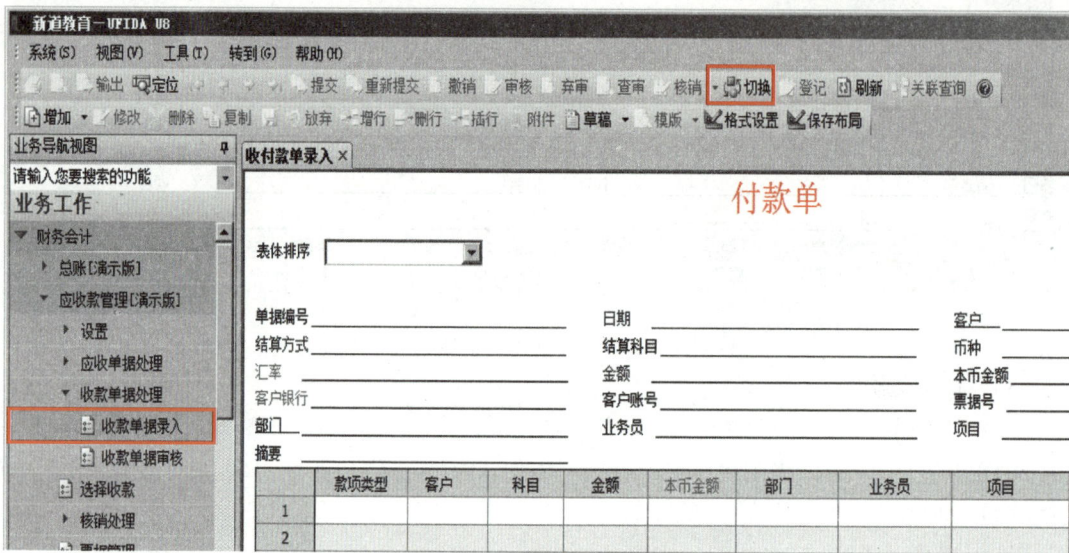

图5-42　应收系统付款单

【提 示】

应收、预收用途的付款单可与应收、预收用途的收款单进行"红票对冲"操作。

应收、预收用途的付款单可与应收、预收用途的收款单或红字应收单据进行核销操作。

2.修改收款单

【实验资料】

2018年7月23日，发现本月22日所填制收取上海乐淘货款的收款单有误，金额应修改为410 800元。

【具体操作过程】

❶ 2018年7月23日，由赵凯（W02）登录企业应用平台。

❷ 在U8企业应用平台，依次选择"业务工作→财务会计→应收款管理→收款单据处理→收款单据录入"命令，打开"收付款单录入"窗口。

❸ 单击工具栏的"定位"按钮，打开"收付款单定位条件"对话框，在"单据日期"栏参照选择"2018-07-22"，"客户"栏选择"上海乐淘"，如图5-43所示，单击"确定"找到该收款单。单击"修改"按钮，将表头、表体中的"金额"栏均改为"410800"。保存该收款单，结果如图5-44所示。

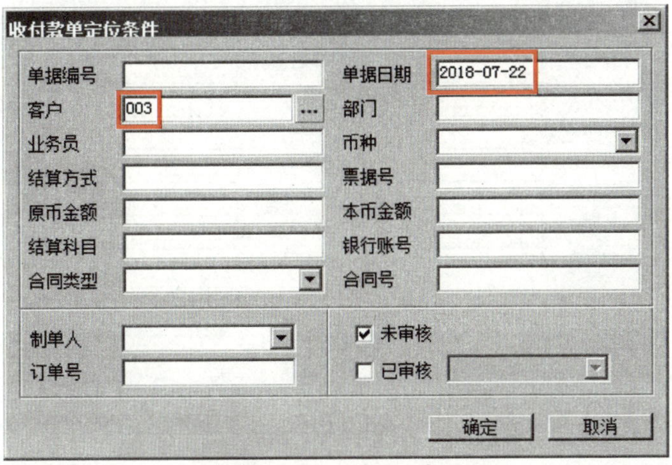

图5-43　收付款单定位条件

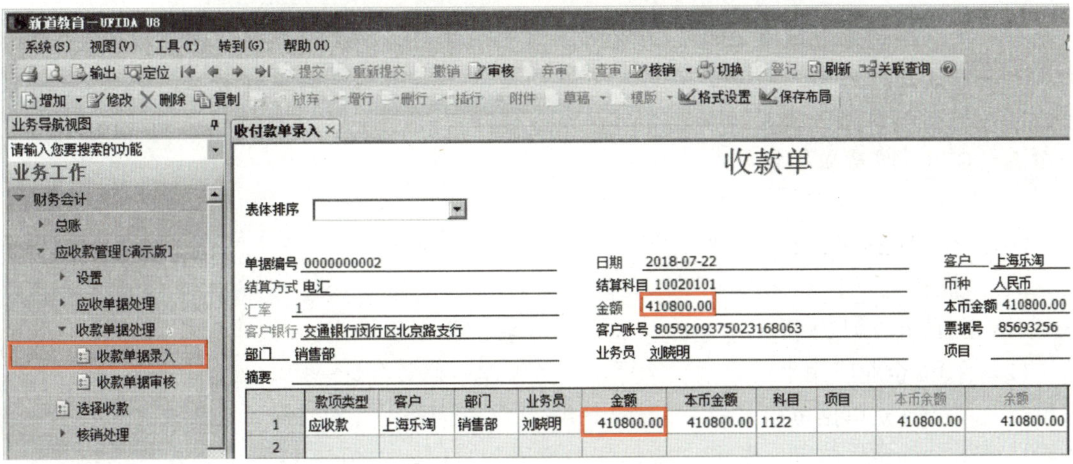

图5-44　修改后的收款单

【提示】

通过点击"定位"按钮右侧的 ◄（上张）、►（下张）、|◄（首张）和 ►|（末张）四个按钮也可查找单据。

3. 删除收款单

【实验资料】

2018年7月24日，发现本月22日所填制收取沈阳喜来174 000元货款的收款单有误，应删除。

【具体操作过程】

❶ 2018年7月24日，由赵凯（W02）登录企业应用平台。

❷ 在U8企业应用平台，依次选择"业务工作→财务会计→应收款管理→收款单据处理→收款单据录入"命令，打开"收付款单录入"窗口。

❸ 单击工具栏的"定位"按钮，打开"收付款单定位条件"对话框，在"客户"栏参照选择"沈阳喜来"，"本币金额"栏输入"174000"，如图5-45所示。单击"确定"找到该收款单。单击"删除"按钮，弹出"单据删除后不能恢复，是否继续?"提示框，单击"是"，将该收款单删除。

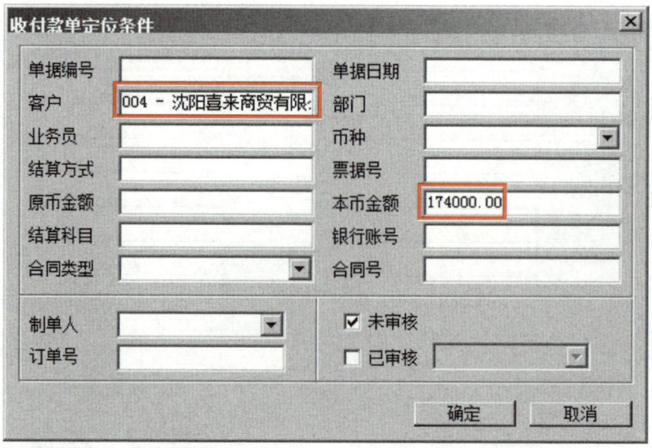

图 5-45　收付款单定位条件

【提示】

如果收款单已做过后续处理，如审核、制单、核销、预收冲应收、红票对冲等，则该收款单不能修改或删除。但是，系统对所有的处理都提供了逆向操作功能，通过逆向操作把后续处理全部取消，此时收款单才可修改或删除。

☞知识点 079　收款单据审核

【实验资料】

2018 年 7 月 25 日，将本月收款单全部审核。

【具体操作过程】

（1）2018 年 7 月 25 日，由赵凯（W02）登录企业应用平台。

（2）在 U8 企业应用平台，依次选择"业务工作→财务会计→应收款管理→收款单据处理→收款单据审核"命令，打开"收款单查询条件"对话框，如图 5-46 所示。单击"确定"按钮，打开"收付款单列表"窗口，如图 5-47 所示。

收款单据审核

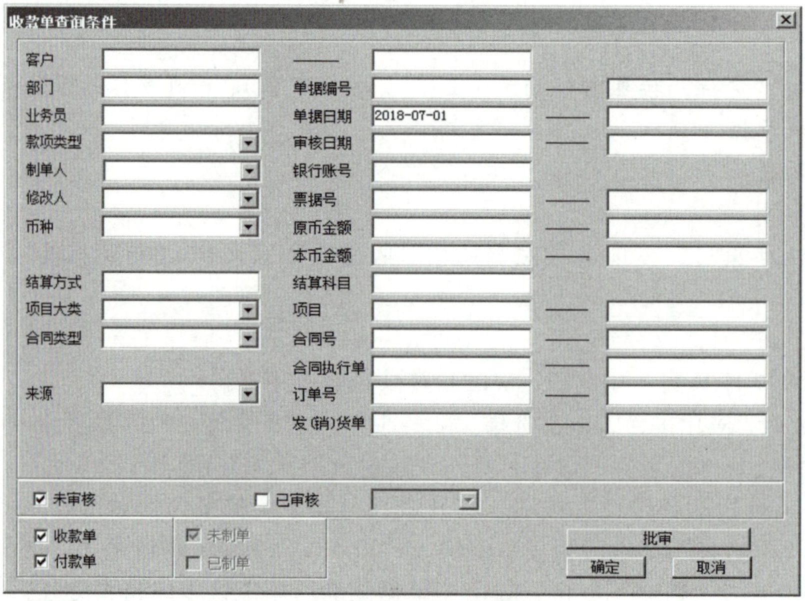

图 5-46　收款单查询条件

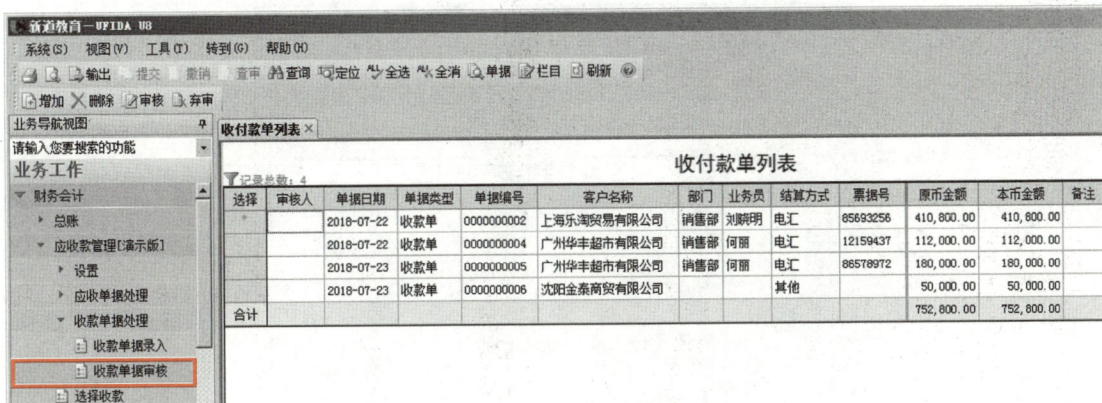

图5-47 收付款单列表

（3）单击工具栏的"全选"按钮，此时每张单据最左侧的"选择"栏显示"Y"字样，表示该单据被选中。单击工具栏的"审核"按钮，弹出如图5-48所示的提示框，单击"确定"按钮，此时每张单据左侧的"审核人"栏均显示"赵凯"，完成审核工作。

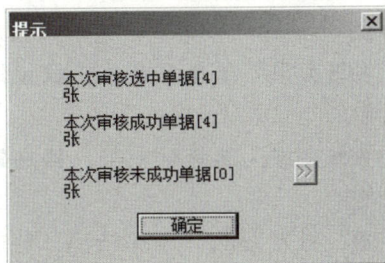

图5-48 审核结果

【提示】

付款单的审核即对付款单据进行记账，并在单据上填上审核日期、审核人的过程。系统将单据日期作为审核日期，将当前操作员作为审核人。

月末结账前收款单必须全部审核。不能在已结账月份中进行审核或弃审处理。

系统提供三种审核方式：自动批审、批量审核、单张审核。具体操作方法参考应收单据的三种审核方式。

☞知识点080 核销处理

【实验资料】

2018年7月25日，对上海乐淘、广州华丰、沈阳金泰本月发生的销售业务进行核销处理。

【具体操作过程】

（1）2018年7月25日，由赵凯（W02）登录企业应用平台。

（2）在U8企业应用平台，依次选择"业务工作→财务会计→应收款管理→核销处理→手工核销"命令，打开"核销条件"对话框，在"客户"栏选择"上海乐淘"，如图5-49所示。单击"确定"按钮，打开"单据核销"窗口。

核销处理

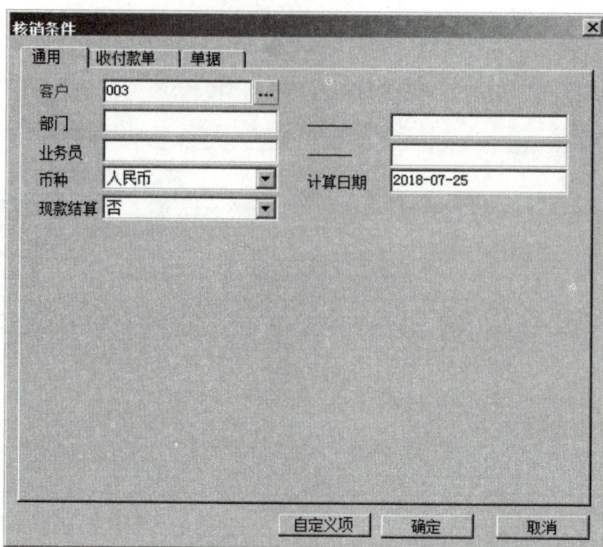

图 5-49 核销条件

【提示】

若"收付款单"页签的"单据类型"选择收款单，被核销单据列表中可以显示：蓝字发票、蓝字其他应收单、付款单。

若"收付款单"页签的"单据类型"选择付款单，被核销单据列表中可以显示：红字发票、红字其他应收单、收款单。

（3）在窗口下方"25678900"号发票的"本次结算"栏输入"410800"，如图 5-50 所示。单击"保存"按钮，完成核销。

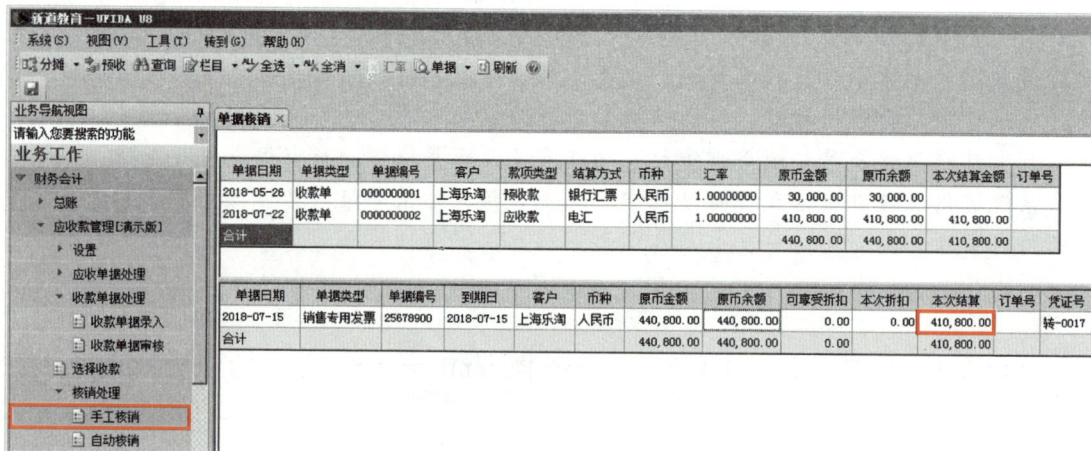

图 5-50 上海乐淘核销界面

（4）参照上述方法继续完成对广州华丰的核销处理。该笔销售有现金折扣，根据付款条件客户应享受 4% 的折扣，则实际收款 112 000 元（116 000−200×500×0.04）。核销时，25678905 号发票的"本次折扣"栏录入"4000"，"本次结算"栏录入"112000"，如图 5-51 所示。单击"保存"按钮，完成核销。

单据日期	单据类型	单据编号	客户	款项类型	结算方式	币种	汇率	原币金额	原币余额	本次结算金额	订单号
2018-07-22	收款单	0000000004	广州华丰	应收款	电汇	人民币	1.00000000	112,000.00	112,000.00	112,000.00	
2018-07-23	收款单	0000000005	广州华丰	预收款	电汇	人民币	1.00000000	180,000.00	180,000.00		
合计								292,000.00	292,000.00	112,000.00	

单据日期	单据类型	单据编号	到期日	客户	币种	原币金额	原币余额	可享受折扣	本次折扣	本次结算	订单号	凭证号
2018-07-16	销售专用发票	25678905	2018-08-15	广州华丰	人民币	116,000.00	116,000.00	4,640.00	4,000.00	112,000.00		转-0020
合计						116,000.00	116,000.00	4,640.00	4,000.00	112,000.00		

图 5-51 广州华丰核销界面

（5）参照前述方法继续完成对沈阳金泰的核销处理，界面如图 5-52 所示。

单据日期	单据类型	单据编号	客户	款项类型	结算方式	币种	汇率	原币金额	原币余额	本次结算金额	订单号
2018-07-23	收款单	0000000006	沈阳金泰	应收款	其他	人民币	1.00000000	50,000.00	50,000.00	50,000.00	
合计								50,000.00	50,000.00	50,000.00	

单据日期	单据类型	单据编号	到期日	客户	币种	原币金额	原币余额	可享受折扣	本次折扣	本次结算	订单号	凭证号
2018-06-17	销售专用发票	21323501	2018-06-17	沈阳金泰	人民币	696,000.00	696,000.00	0.00	0.00	50,000.00		
2018-07-20	销售专用发票	56789883	2018-07-20	沈阳金泰	人民币	1,392,000.00	1,392,000.00	0.00				转-0022
合计						2,088,000.00	2,088,000.00	0.00		50,000.00		

图 5-52 沈阳金泰核销界面

【提示】

通过核销功能可将收款单与发票或应收单相关联，冲减本期应收，减少企业债权。

未审核过的或者原币余额为零的单据记录均不显示在收付款单、被核销单据列表中。

红字单据整条记录金额、余额均正数显示，单据类型为付款单。

核算后的收付款单原币余额=原币金额−本次结算金额。

发票、应付单在自动计算现金折扣的情况下，核算后的原币余额=原币金额−本次结算金额−本次折扣金额；无现金折扣的情况下，核算后的原币余额=原币金额−本次结算金额。

款项类型为应收款或预收款的收款单均可进行核销。

若收款单数额等于原有单据数额，付款单与原有单据完全核销。

若收款单数额大于原有单据数额，部分核销原有单据，部分形成预收款。

若收款单数额小于原有单据数额，原有单据仅得到部分核销。

☞知识点 081 制单处理

【实验资料】

2018 年 7 月 25 日，按客户对本月收款核销业务制单处理。

【具体操作过程】

（1）2018 年 7 月 25 日，由赵凯（W02）登录企业应用平台。

（2）在 U8 企业应用平台，依次选择"业务工作→财务会计→应付款管理→制单处理"命令，打开"制单查询"对话框，勾选"收付款单制单"和"核销制单"，如图 5-53 所示。单击"确定"按钮，打开"制单"窗口，显示应收制单列表。

制单处理

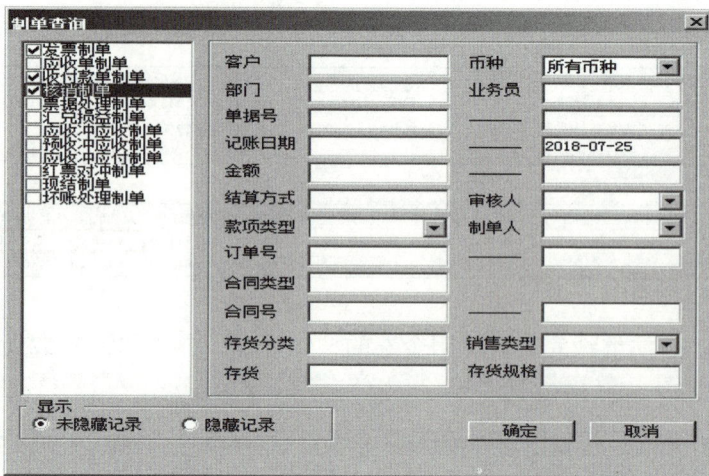

图 5-53 制单查询

（3）单击列表表头"客户名称"项，此时单据按客户名称排序，在各单据左侧的"选择标志"栏输入制单序号，客户名称相同的序号相同，如图 5-54 所示。

图 5-54 应收制单列表

（4）单击工具栏的"制单"按钮，保存当前记账凭证并将其传递到总账系统，如图 5-55 所示。单击" ➡ "，再单击"保存"将后续两张凭证逐一保存。

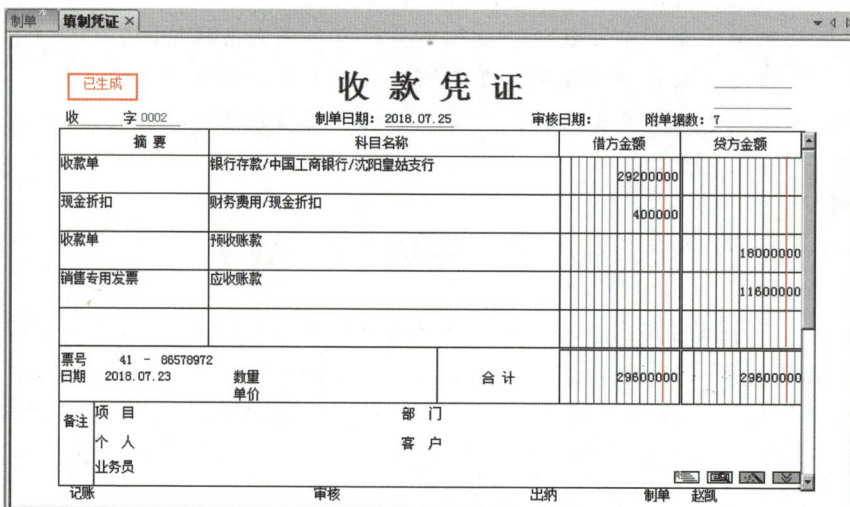

图 5-55 记账凭证

【提示】

［收付款单制单］收付款单制单借方取表头的结算科目，贷方取表体科目，用会计分录表示如下：

借：结算科目（表头金额）

　　贷：应收科目（款项类型＝应收款）

　　　　预收科目（款项类型＝预收款）

　　　　费用科目（款项类型＝其他费用）

［核销制单］当核销双方的入账科目不相同时需要进行核销制单，但该功能受系统参数的控制，若未勾选"核销生成凭证"，则即使入账科目不一致也不制单。

但是，如果核销双方入账科目相同的核销记录不制单，则该记录将一直显示在应收制单列表，这样容易对其他制单类型的制单造成影响。为此，在实际操作中，习惯于将"收付款单制单"与"核销制单"进行合并制单处理。

☞知识点082　收款单据一体化处理

【实验资料】

2018年7月26日，销售部刘晓明通知财务，收到沈阳金泰电汇款1 392 000元（票号：12390569），用于支付本月20日货款。

【具体操作过程】

（1）2018年7月26日，由赵凯（W02）登录企业应用平台。

（2）在U8企业应用平台，依次选择"业务工作→财务会计→应收款管理→收款单据处理→收款单据录入"命令，单击"确定"按钮，打开"收付款单录入"窗口。

（3）单击工具栏的"增加"按钮，根据实验资料填制收款单。填制完毕单击"保存"按钮保存该收款单，结果如图5-56所示。

图5-56　收款单

（4）单击工具栏的"审核"按钮，系统提示"是否立即制单？"，单击"否"，再单击工具栏的"核销"按钮，弹出"核销条件"对话框，单击"确定"按钮，进入核销界面，在56789883号发票的"本次结算"栏输入"1392000"，如图5-57所示，单击"保存"按钮。

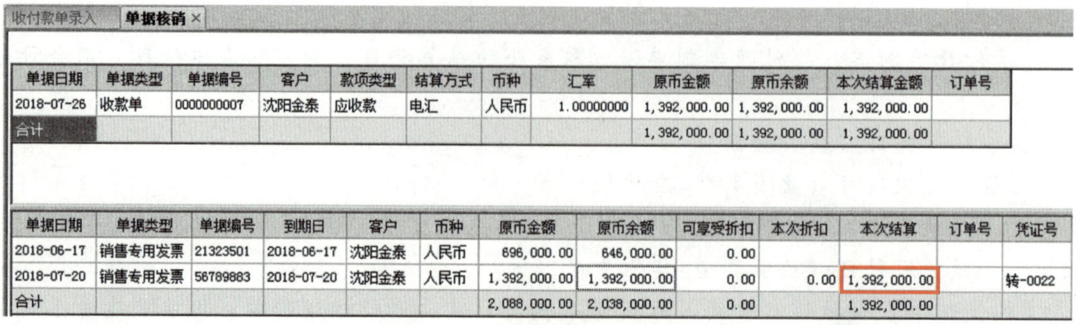

单据日期	单据类型	单据编号	客户	款项类型	结算方式	币种	汇率	原币金额	原币余额	本次结算金额	订单号
2018-07-26	收款单	0000000007	沈阳金泰	应收款	电汇	人民币	1.00000000	1,392,000.00	1,392,000.00	1,392,000.00	
合计								1,392,000.00	1,392,000.00	1,392,000.00	

单据日期	单据类型	单据编号	到期日	客户	币种	原币金额	原币余额	可享受折扣	本次折扣	本次结算	订单号	凭证号
2018-06-17	销售专用发票	21323501	2018-06-17	沈阳金泰	人民币	696,000.00	646,000.00	0.00				
2018-07-20	销售专用发票	56789883	2018-07-20	沈阳金泰	人民币	1,392,000.00	1,392,000.00	0.00	0.00	1,392,000.00		转-0022
合计						2,088,000.00	2,038,000.00	0.00		1,392,000.00		

图5-57　沈阳金泰核销界面

（5）选择“业务工作→财务会计→应收款管理→制单处理”命令，单击“确定”按钮，打开“制单查询”对话框，勾选“收付款单制单”和“核销制单”，单击“确定”，打开应收制单列表，如图5-58所示。

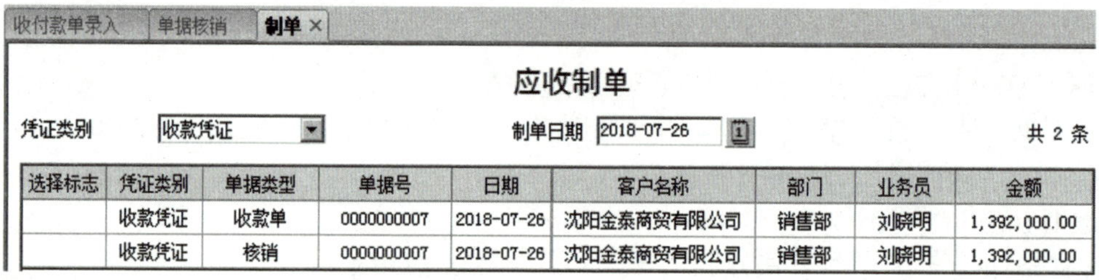

选择标志	凭证类别	单据类型	单据号	日期	客户名称	部门	业务员	金额
	收款凭证	收款单	0000000007	2018-07-26	沈阳金泰商贸有限公司	销售部	刘晓明	1,392,000.00
	收款凭证	核销	0000000007	2018-07-26	沈阳金泰商贸有限公司	销售部	刘晓明	1,392,000.00

图5-58　应收制单列表

（6）在应收制单列表，依次单击工具栏的“全选”、“合并”和“制单”按钮，进入填制凭证界面，单击“保存”按钮，保存当前记账凭证并将其传递到总账系统，如图5-59所示。

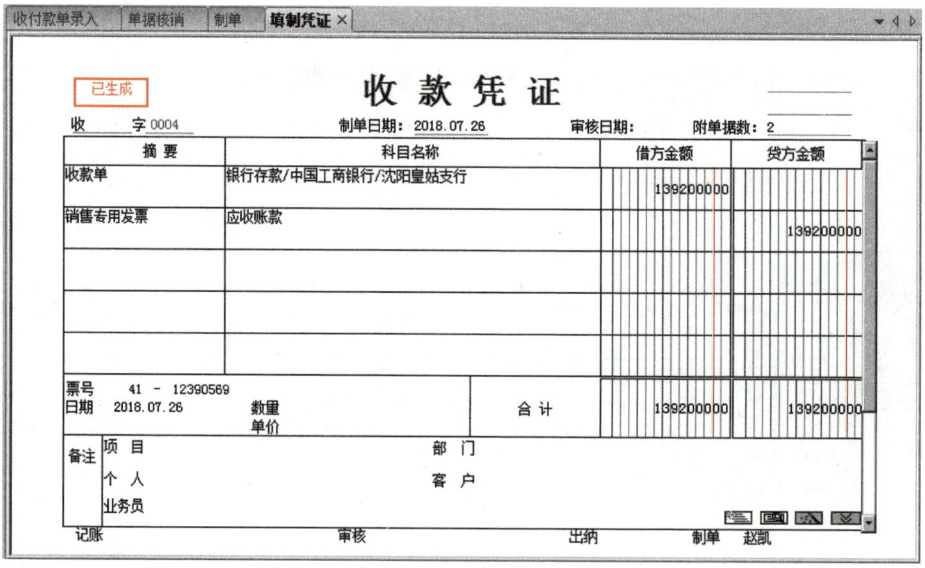

图5-59　记账凭证

☞知识点083　选择收款

【实验资料】

2018年7月27日，销售部何丽通知财务，收到北京汇鑫本月16日货款及代垫运费，结算方式为电汇，票据号：91681702。

【具体操作过程】

（1）2018年7月27日，由赵凯（W02）登录企业应用平台。

（2）在U8企业应用平台，依次选择"业务工作→财务会计→应收款管理
→选择收款"命令，打开"选择收款-条件"对话框。在该对话框的"客户"栏选择"北
京汇鑫"，如图5-60所示。单击"确定"按钮，打开"选择收款-单据"窗口。

图 5-60　选择收款过滤窗口

（3）单击工具栏的"全选"按钮，结果如图5-61所示。

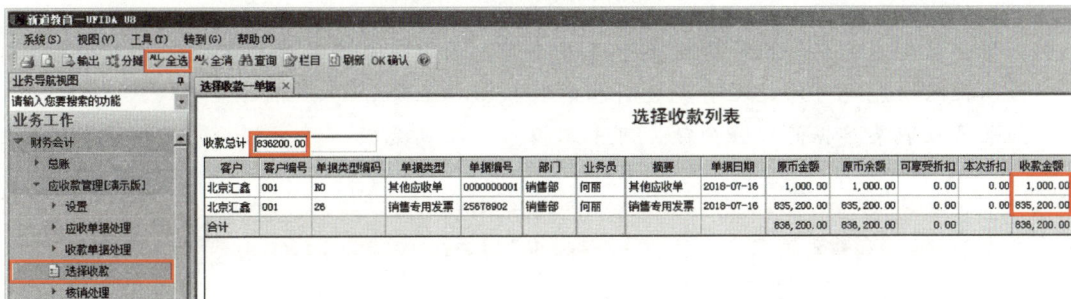

图 5-61　"选择收款-单据"窗口

（4）单击工具栏的"确认"按钮，打开"选择收款-收款单"对话框。"结算方式"
栏选择"电汇"，"票据号"栏输入91681702，如图5-62所示。单击"确定"按钮，完成
选择收款。

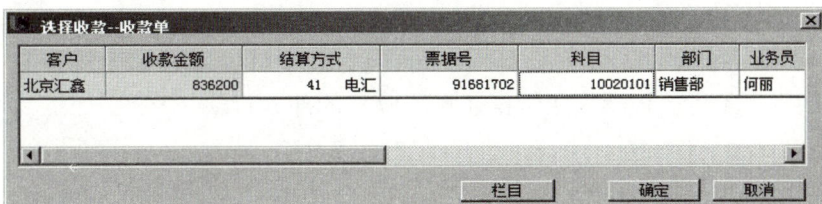

图 5-62　"选择收款-收款单"窗口

【提示】

选择收款后系统自动生成已审核、已核销的收款单。

（5）选择"业务工作→财务会计→应收款管理→制单处理"命令，单击"确定"按钮，打开"制单查询"对话框，勾选"收付款单制单"和"核销制单"，单击"确定"，打开应收制单列表。依次单击工具栏的"全选"、"合并"和"制单"按钮，进入填制凭证界面，单击"保存"按钮，保存当前记账凭证并将其传递到总账系统，如图5-63所示。

图5-63　记账凭证

【提示】

选择收款功能可以实现一次对单个或多个客户的单笔或多笔款项的收款核销处理。

选择收款功能也可以处理有现金折扣的收款核销业务。

如果只收取某单据的部分金额，可手工输入"收款金额"。

任务3　票据管理

☞知识点084　收到商业汇票

【实验资料】

2018年7月28日，销售部刘晓明通知财务，收到沈阳喜来签发并承兑的银行承兑汇票一张（票据号：34579612），面值为300 000元，到期日为2018年10月28日。票面记载收款人开户银行为工行。该票据用于偿还本月16日的部分货款。

2018年7月29日，销售部刘晓明通知财务，收到沈阳金泰签发并承兑的银行承兑汇票一张（票据号：80925367），面值为100 000元，到期日为2019年1月29日。票面记载收款人开户银行为工行。该票据用于偿还6月17日的部分货款。

【具体操作过程】

（1）填制商业汇票。

❶ 2018年7月28日，由赵凯（W02）登录企业应用平台。在U8企业应用

收到商业汇票

平台，依次选择“业务工作→财务会计→应收款管理→票据管理”命令，打开“条件查询选择”对话框，单击“确定”按钮，打开“票据管理”窗口。

❷ 单击工具栏的“增加”按钮，根据实验资料填制银行承兑汇票。填制完毕单击“保存”按钮保存该单据，结果如图5-64所示。

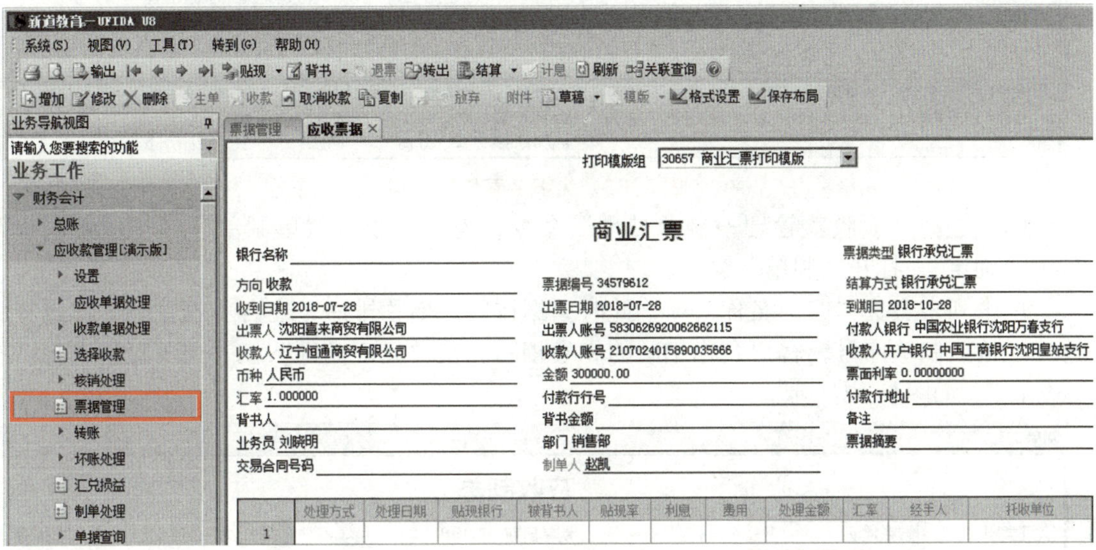
新道教育—UFIDA U8
系统(S) 视图(V) 工具(T) 转到(G) 帮助(H)
业务导航视图
请输入您要搜索的功能
业务工作
财务会计
总账
应收款管理[演示版]
设置
应收单据处理
收款单据处理
选择收款
核销处理
票据管理
转账
坏账处理
汇兑损益
制单处理
单据查询
票据管理 应收票据
打印模版组 30657 商业汇票打印模版
商业汇票
银行名称
票据类型 银行承兑汇票
方向 收款
票据编号 34579612
结算方式 银行承兑汇票
收到日期 2018-07-28
出票日期 2018-07-28
到期日 2018-10-28
出票人 沈阳喜来商贸有限公司
出票人账号 5830626920062662115
付款人银行 中国农业银行沈阳万春支行
收款人 辽宁恒通商贸有限公司
收款人账号 2107024015890035666
收款人开户银行 中国工商银行沈阳皇姑支行
币种 人民币
金额 300000.00
票面利率 0.00000000
汇率 1.000000
付款行行号
付款行地址
背书人
背书金额
备注
业务员 刘晓明
部门 销售部
票据摘要
交易合同号码
制单人 赵凯
处理方式 处理日期 贴现银行 被背书人 贴现率 利息 费用 处理金额 汇率 经手人 托收单位

图5-64　银行承兑汇票

❸ 重新登录企业应用平台，操作日期为29日。按照上述方法继续填制第2张银行承兑汇票。

【提示】

如果系统参数选择“应收票据直接生成付款单”（系统缺省值为勾选此项），则商业汇票保存完毕，系统自动生成一张未审核、未核销收款单，可对该付款单进行后续处理。该收款单的后续处理与在收款单据录入中填制的收款单相同。

如果所收商业汇票作为预收款，则保存票据后到“收款单据录入”中，找到该汇票自动生成的收款单，将表体的“款项类型”改为“预收款”即可。

（2）选择“应收款管理→收款单据处理→收款单据审核”命令，对上述汇票自动生成的两张收款单进行审核。

（3）选择“应收款管理→核销处理→手工核销”命令，对沈阳喜来的往来款进行核销处理，核销界面如图5-65所示。

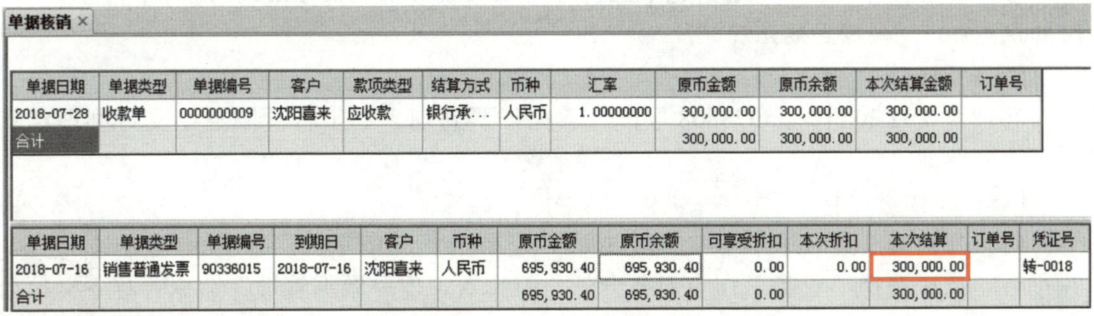
单据核销
单据日期 单据类型 单据编号 客户 款项类型 结算方式 币种 汇率 原币金额 原币余额 本次结算金额 订单号
2018-07-28 收款单 0000000009 沈阳喜来 应收款 银行承... 人民币 1.00000000 300,000.00 300,000.00 300,000.00
合计 300,000.00 300,000.00 300,000.00
单据日期 单据类型 单据编号 到期日 客户 币种 原币金额 原币余额 可享受折扣 本次折扣 本次结算 订单号 凭证号
2018-07-16 销售普通发票 90336015 2018-07-16 沈阳喜来 人民币 695,930.40 695,930.40 0.00 0.00 300,000.00 转-0018
合计 695,930.40 695,930.40 0.00 300,000.00

图5-65　沈阳喜来核销界面

对沈阳金泰的往来款进行核销处理，界面如图5-66所示。

单据日期	单据类型	单据编号	客户	款项类型	结算方式	币种	汇率	原币金额	原币余额	本次结算金额	订单号
2018-07-29	收款单	0000000010	沈阳金泰	应收款	银行承...	人民币	1.00000000	100,000.00	100,000.00	100,000.00	
合计								100,000.00	100,000.00	100,000.00	

单据日期	单据类型	单据编号	到期日	客户	币种	原币金额	原币余额	可享受折扣	本次折扣	本次结算	订单号	凭证号
2018-06-17	销售专用发票	21323501	2018-06-17	沈阳金泰	人民币	696,000.00	646,000.00	0.00	0.00	100,000.00		
合计						696,000.00	646,000.00	0.00		100,000.00		

图5-66 沈阳金泰核销界面

（4）选择"应收款管理→制单处理"命令，勾选"收付款单制单"和"核销制单"，单击"确定"，打开"制单"窗口。

单击列表表头"客户名称"项，此时单据按客户名称排序，在各单据左侧的"选择标志"栏输入制单序号，客户名称相同的序号相同。在"凭证类别"栏，用下拉框选择"转账凭证"，如图5-67所示。

应收制单

凭证类别 [转账凭证 ▼]　　制单日期 [2018-07-29 📅]　　共 4 条

选择标志	凭证类别	单据类型	单据号	日期	客户名称	部门	业务员	金额
1	转账凭证	收款单	0000000009	2018-07-28	沈阳喜来商贸有限公司	销售部	刘晓明	300,000.00
1	转账凭证	核销	0000000009	2018-07-29	沈阳喜来商贸有限公司	销售部	刘晓明	300,000.00
2	转账凭证	收款单	0000000010	2018-07-29	沈阳金泰商贸有限公司	销售部	刘晓明	100,000.00
2	转账凭证	核销	0000000010	2018-07-29	沈阳金泰商贸有限公司	销售部	刘晓明	100,000.00

图5-67 应收制单列表

单击"制单"按钮，进入"填制凭证"界面，单击"成批保存凭证"按钮，保存两张转账凭证。

【提示】

在票据列表界面或票据填制界面，单击"删除"或"修改"按钮，可对商业汇票进行修改或删除。但以下几种情况不能修改或删除：

❶票据自动生成的收款单已经进行核销、转账等后续处理的不能被修改或删除；

❷收到日期所在月份已经结账的票据不能被修改或删除；

❸已经进行背书、贴现、计息、结算等处理的票据不能被修改或删除。

☞知识点085 票据到期结算

【实验资料】

2018年7月20日，35978808号银行承兑汇票到期，到工行沈阳皇姑支行办理结算，当日收到票款。

【具体操作过程】

（1）2018年7月20日，由赵凯（W02）登录企业应用平台。在U8企业应用平台，依次选择"业务工作→财务会计→应收款管理→票据管理"命令，打开"条件查询选择"对话框，单击"确定"按钮，打开"票据管理"窗口。

票据到期结算

（2）双击35978808号票据最左侧的"选择"栏，此时该栏显示"Y"字样，表示该单据被选中。单击工具栏的"结算"按钮，弹出"票据结算"对话框，"结算科目"栏参照选择"10020101"，"托收单位"栏选择"中国工商银行沈阳皇姑支行"，如图5-68所示。单击"确定"按钮，系统提示"是否立即制单？"，单击"是"，进入填制凭证界面，将凭证类别字改为"收"，单击"保存"按钮，结果如图5-69所示。

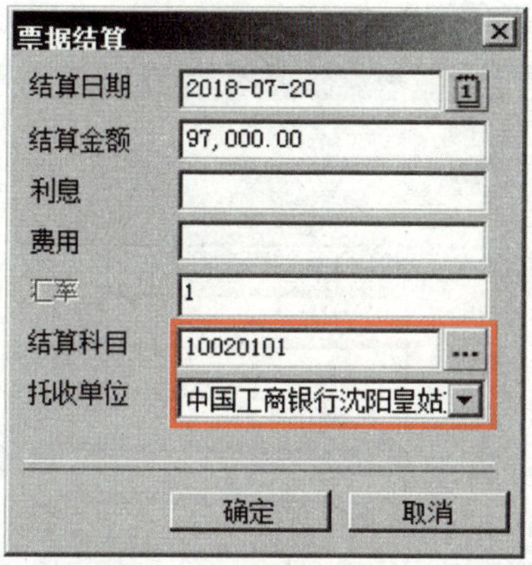

图5-68　票据结算

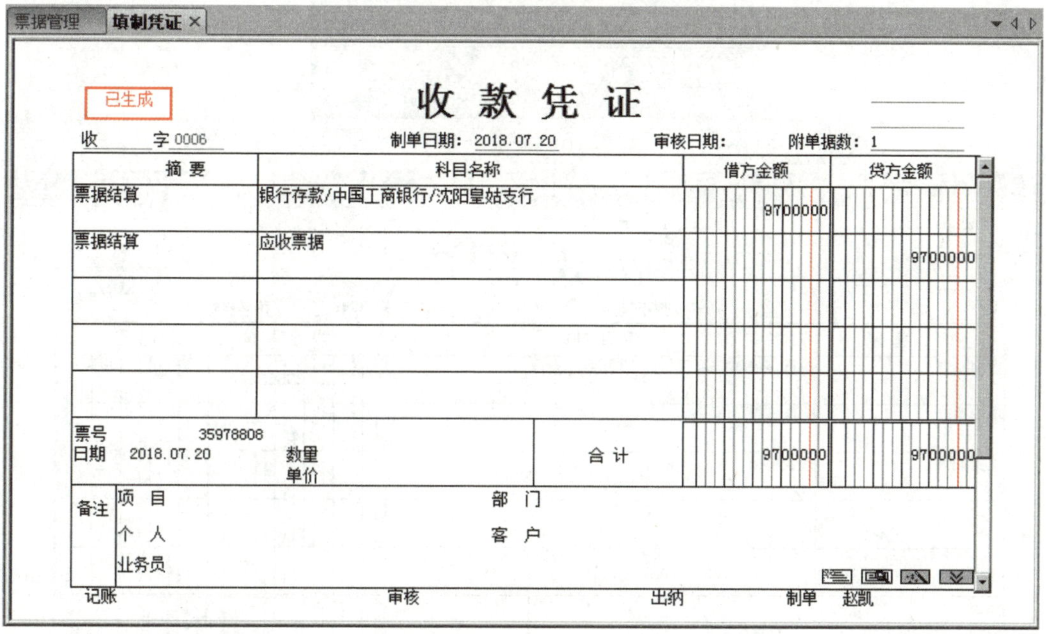

图5-69　记账凭证

☞知识点086　票据贴现

【实验资料】

2018年7月31日，将34579612号商业承兑汇票到工行沈阳皇姑支行办理贴现，贴现率为6%，贴现款当日已存入银行。

【具体操作过程】

（1）2018年7月31日，由赵凯（W02）登录企业应用平台。在U8企业应用平台，依次选择"业务工作→财务会计→应收款管理→票据管理"命令，打

开"条件查询选择"对话框，单击"确定"按钮，打开"票据管理"窗口。

（2）双击34579612号票据最左侧的"选择"栏，此时该栏显示"Y"字样，表示该单据被选中。单击工具栏的"贴现"按钮，弹出"票据贴现"对话框。根据实验资料，"贴现率"栏输入"6"，"结算科目"栏选择"10020101"，如图5-70所示。单击"确定"按钮，系统提示"是否立即制单？"，单击"是"，进入填制凭证界面，将凭证类别字改为"收"，单击"保存"按钮，结果如图5-71所示。

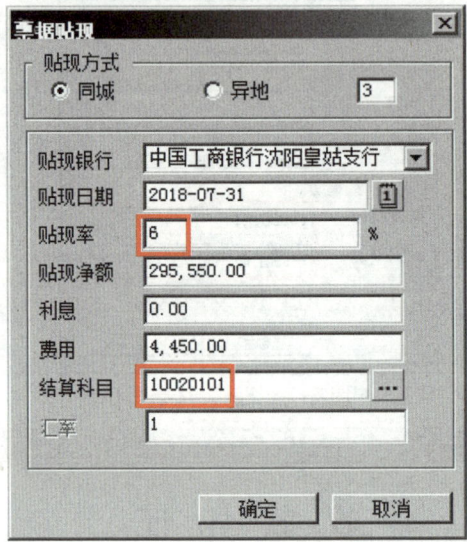

图 5-70　票据贴现

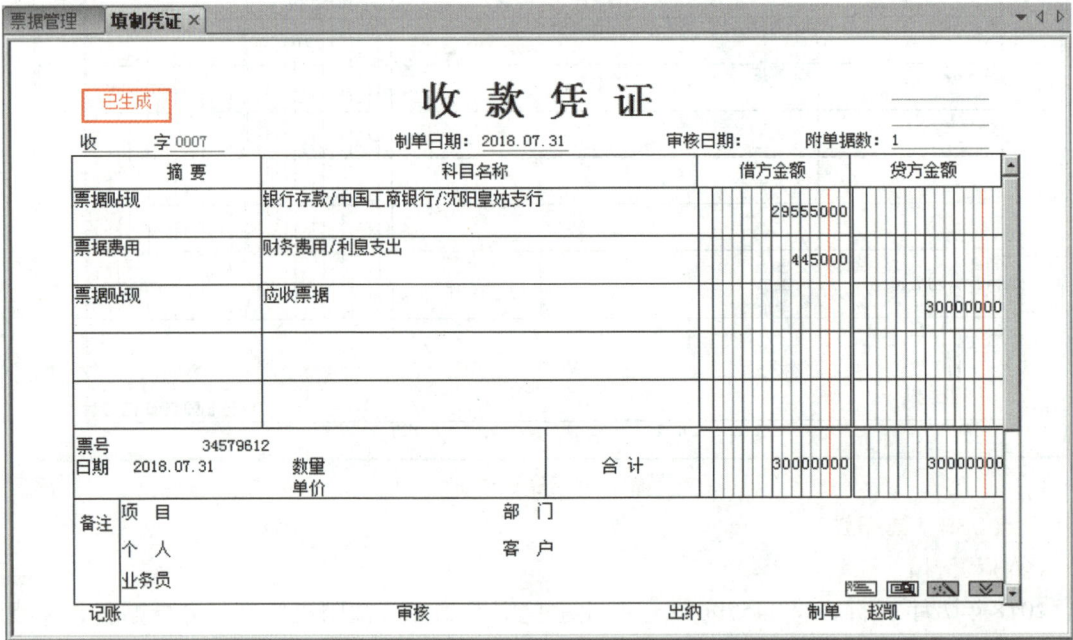

图 5-71　记账凭证

【提示】

贴现是指票据持票人在票据未到期前为获得现金向银行贴付一定利息而发生的票据转

让行为。

[贴现日期]向银行申请办理贴现的日期。该日期应大于已结账月以及票据出票日，小于等于票据到期日。

[费用]如果贴现净额小于票据余额，系统自动将其差额作为费用。

[利息]如果贴现净额大于票据余额，系统自动将其差额作为利息。

[结算科目]是指贴现净额入账的银行存款科目。

本例贴现利息的计算过程：4 450=300 000×89×0.06÷360。

☞知识点087 票据背书

【实验资料】

2018年7月31日，将80925367号银行承兑汇票背书转让给大连博伦，用于偿还6月15日的货款。

【具体操作过程】

（1）2018年7月31日，由赵凯（W02）登录企业应用平台。在U8企业应用平台，依次选择"业务工作→财务会计→应收款管理→票据管理"命令，打开"条件查询选择"对话框，单击"确定"按钮，打开"票据管理"窗口。

（2）双击80925367号票据最左侧的"选择"栏，此时该栏显示"Y"字样，表示该单据被选中。单击工具栏的"背书"按钮，弹出"票据背书"对话框。根据实验资料，"被背书人"栏选择"大连博伦"，如图5-72所示。单击"确定"按钮，打开"冲销应付账款"对话框，如图5-73所示。

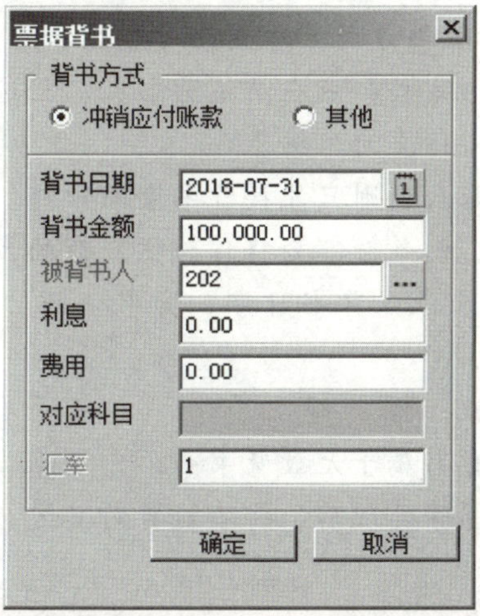

图 5-72 票据背书

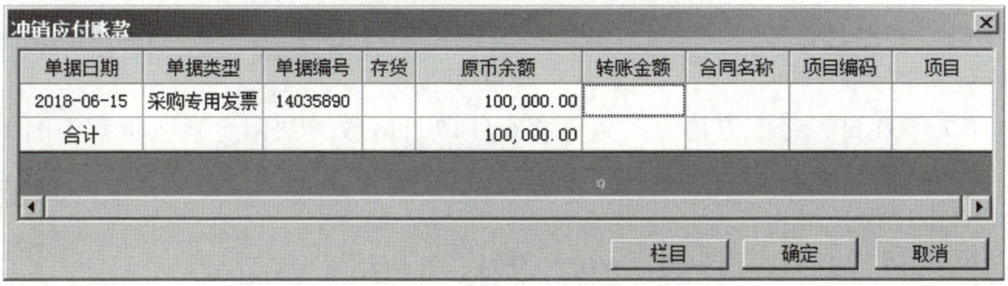

图 5-73 冲销应付账款

（3）在"转账金额"栏输入"100000"，单击"确定"按钮，系统提示"是否立即制单？"，单击"是"，进入填制凭证界面，将凭证类别字改为"转"，单击"保存"按钮，结果如图5-74所示。

图5-74 记账凭证

【提示】

［背书方式］系统提供两种背书方式：冲销应付账款和其他。

❶冲销应付账款。若选择该方式，应在"被背书人"栏选择冲销的供应商，系统会调出该供应商所有背书日期之前未结算的单据。

若背书金额小于等于应付账款，则只能按背书金额冲销。

若背书金额大于应付账款，则差额部分将作为供应商的预付款。

❷其他。若选择该方式，应录入背书日期、背书金额、被背书人、对应科目等。此时，对应科目应为非受控科目。

票据背书本质上是一种付款行为。

根据票据法的规定，部分背书属于无效背书。

票据进行贴现、背书、结算等处理后，将不能再对其进行其他处理。

任务4　　转账处理

☞知识点088　应收冲应收

【实验资料】

2018年7月31日，经三方协商一致，将6月17日应收"沈阳金泰"货款中的200 000元转给"沈阳喜来"。

【具体操作过程】

（1）2018年7月31日，由赵凯（W02）登录企业应用平台。

（2）在U8企业应用平台，依次选择"业务工作→财务会计→应收款管理→转

应收冲应收

账→应收冲应收"命令，打开"应收冲应收"窗口。

（3）在转出的"客户"栏选择"沈阳金泰"，转入的"客户"栏选择"沈阳喜来"，单击工具栏的"查询"按钮。在"21323501"号发票的"并账金额"栏输入"200000"，如图5-75所示。

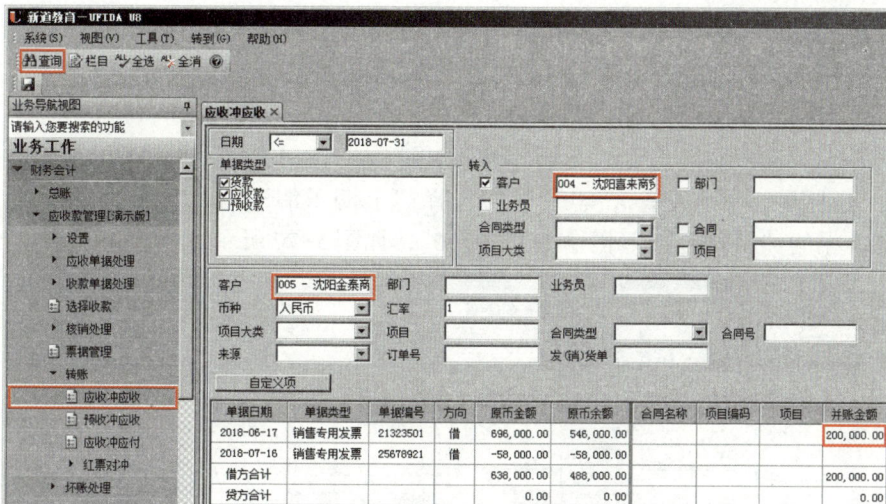

图5-75 应收冲应收

（4）单击"保存"按钮，系统提示"是否立即制单?"，单击"是"，进入填制凭证界面，将凭证类别字改为"转"，单击"保存"按钮，结果如图5-76所示。

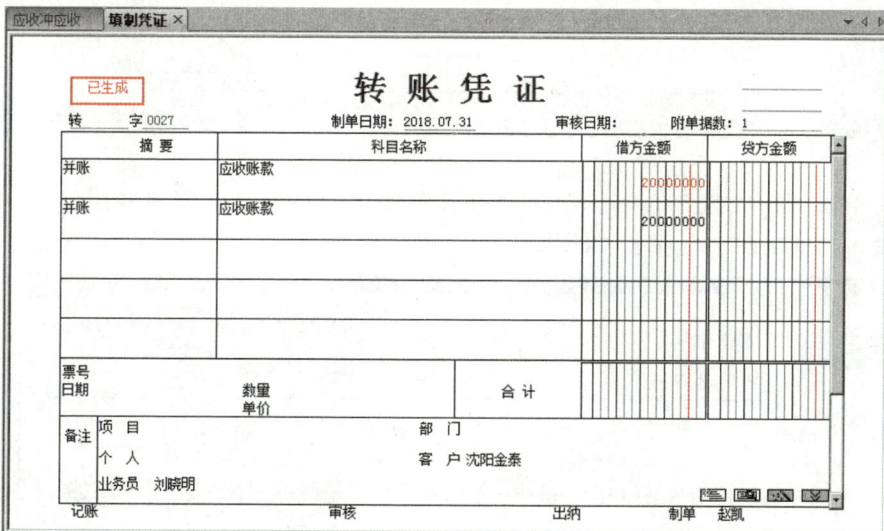

图5-76 记账凭证

【提示】

应收冲应收也称并账，指将应收款在客户、部门、业务员、项目和合同之间进行转移，实现应收业务的调整。以下情况可能需要使用该功能：

❶操作性错误。如所填制的应收单据客户选择错误且无法修改。

❷实际工作需要。如债权债务转移、部门合并、分管某客户的业务员离职等。

每一笔应收款的并账金额应大于零，小于等于其原币余额。

☞知识点089 预收冲应收

【实验资料】

2018年7月31日，经双方协商一致，用上海乐淘5月26日的预收款30 000元冲减本月15日的应收款。

【具体操作过程】

（1）2018年7月31日，由赵凯（W02）登录企业应用平台。

（2）在U8企业应用平台，依次选择"业务工作→财务会计→应收款管理→转账→预收冲应收"命令，打开"预收冲应收"窗口。

（3）在"预收款"页签，"客户"栏选择"上海乐淘"，按"过滤"按钮，在所过滤单据的"转账金额"栏输入"30000"，如图5-77所示。

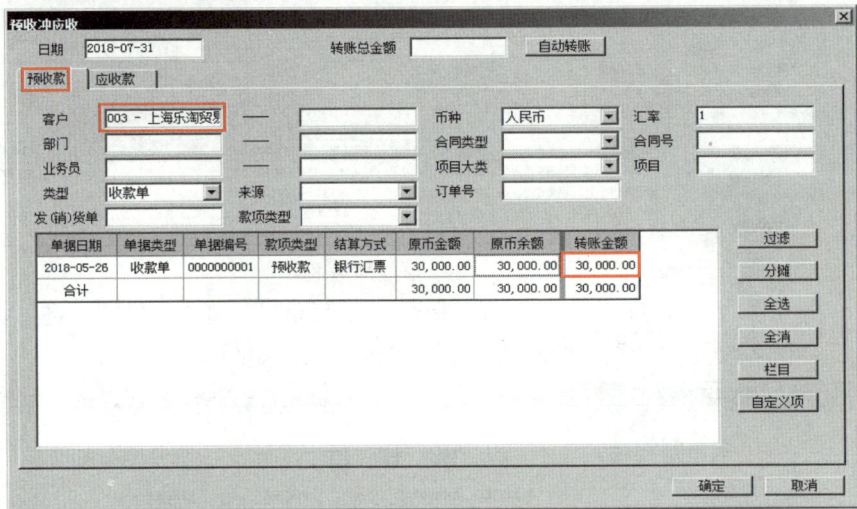

图5-77 预收冲应收——"预收款"页签

（4）单击"应收款"页签，单击"过滤"按钮，在所过滤销售专用发票的"转账金额"栏输入"30000"，如图5-78所示。

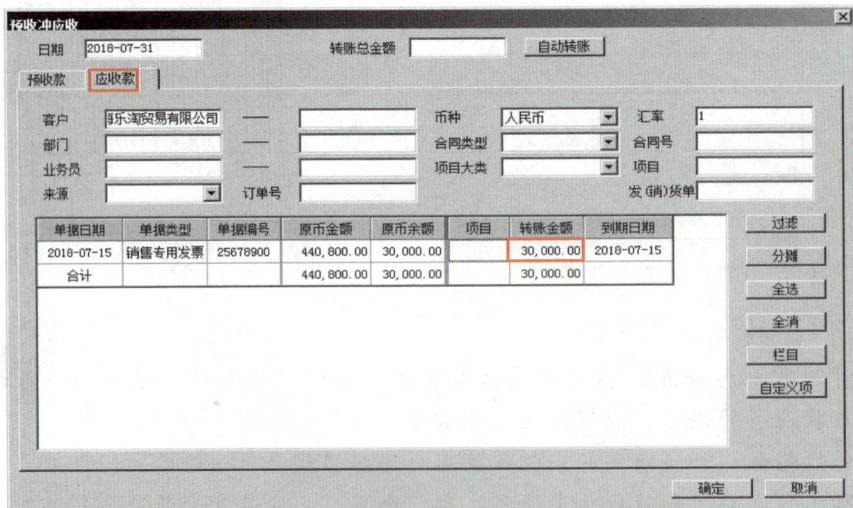

图5-78 预收冲应收——"应收款"页签

（5）单击确定"按钮"，系统提示"是否立即制单"，单击"是"，进入填制凭证界面，将凭证类别字改为"转"，单击"保存"按钮，结果如图5-79所示。

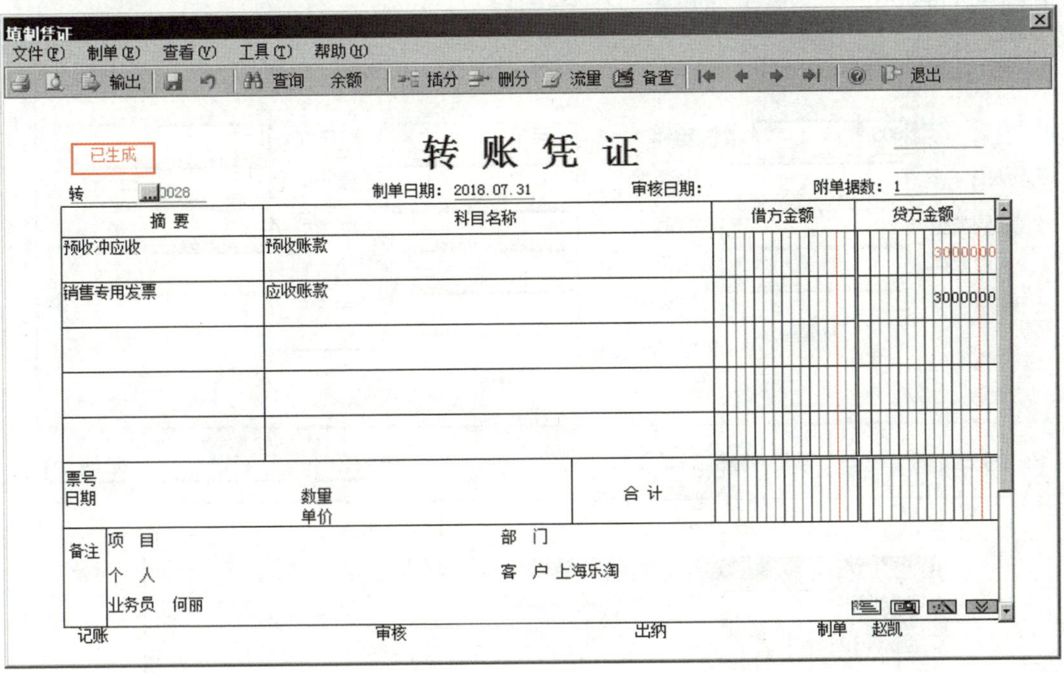

图5-79　记账凭证

【提示】

预收冲应收就是将预收款与应收款进行对冲。

每一笔预收款、应收款的转账金额不能大于其自身余额。

预收款的转账金额合计应等于应收款的转账金额合计，且不能超过两者金额的较小者。

红字预收款也可冲销红字应收款，此时"预收款"页签中的"类型"应为付款单。

蓝字预收款冲销蓝字应收款与红字预收款冲销红字应收款不能同时进行。

预收款与应收款之间也可通过"核销"进行勾对。

☞ **知识点090　应收冲应付**

【实验资料】

2018年7月31日，经三方协商一致，将6月17日应收沈阳金泰货款中的1 000元冲销本月应付沈阳通达的1 000元货车租赁费。

【具体操作过程】

（1）2018年7月31日，由赵凯（W02）登录企业应用平台。

（2）在U8企业应用平台，依次选择"业务工作→财务会计→应收款管理→转账→应收冲应付"命令，打开"应收冲应付"窗口。

（3）在"应收"页签，"客户"栏选择"沈阳金泰"，如图5-80所示。单击"应付"页签，"供应商"栏选择"沈阳通达"，如图5-81所示。单击"确定"按钮，打开"应收冲应付"窗口。

（4）在窗口上方销售专用发票的"转账金额"栏输入"1000"，窗口下方其他应付单的"转账金额"栏输入"1000"，如图5-82所示。

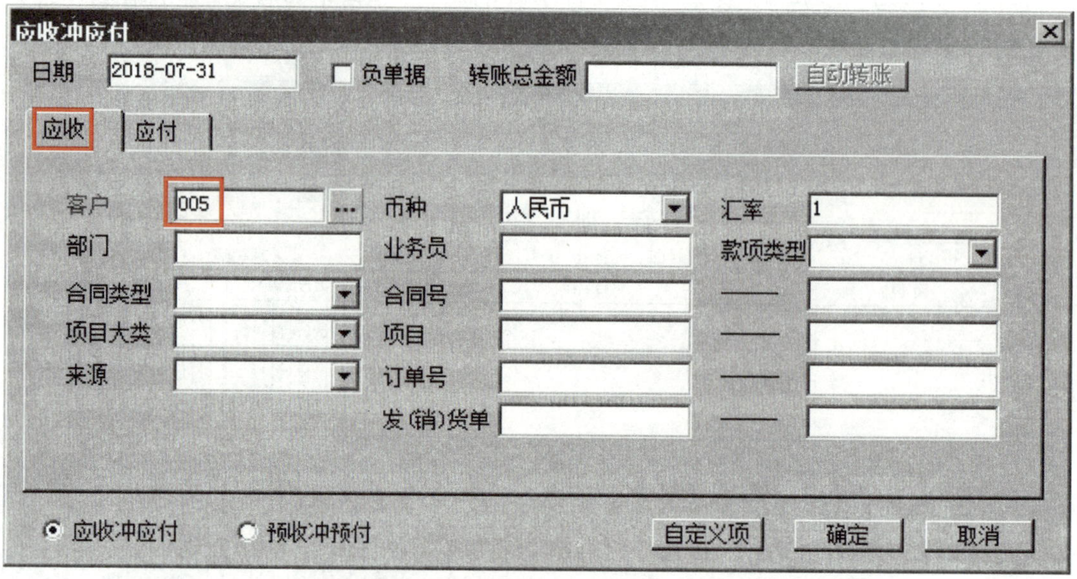

图 5-80　应收冲应付——“应收”页签

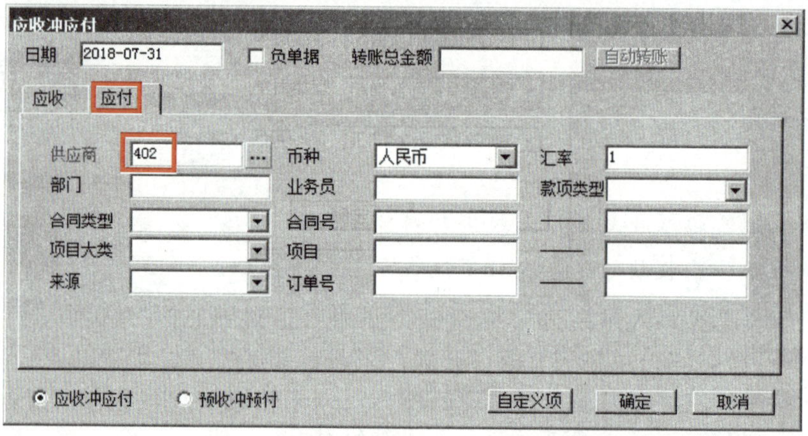

图 5-81　应收冲应付——“应付”页签

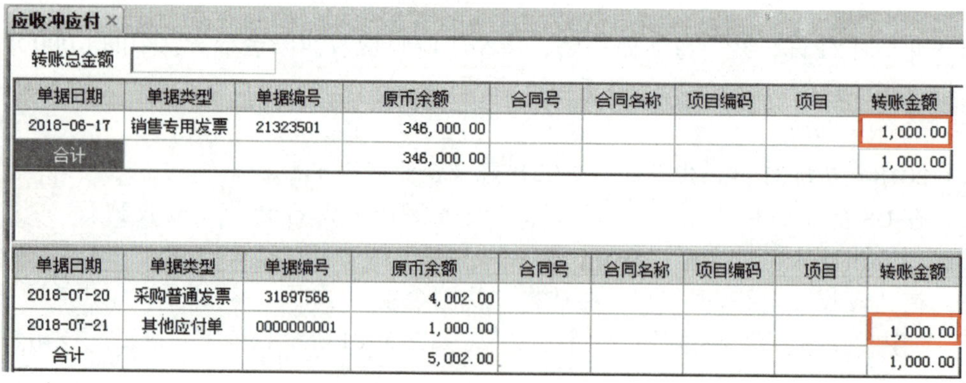
应收冲应付

转账总金额

单据日期	单据类型	单据编号	原币余额	合同号	合同名称	项目编码	项目	转账金额
2018-06-17	销售专用发票	21323501	346,000.00					1,000.00
合计			346,000.00					1,000.00

单据日期	单据类型	单据编号	原币余额	合同号	合同名称	项目编码	项目	转账金额
2018-07-20	采购普通发票	31697566	4,002.00					
2018-07-21	其他应付单	0000000001	1,000.00					1,000.00
合计			5,002.00					1,000.00

图 5-82　应收冲应付

（5）单击工具栏的“保存”按钮，系统提示“是否立即制单”，单击“是”，进入填制凭证界面，将凭证类别字改为“转”，单击“保存”按钮，结果如图5-83所示。

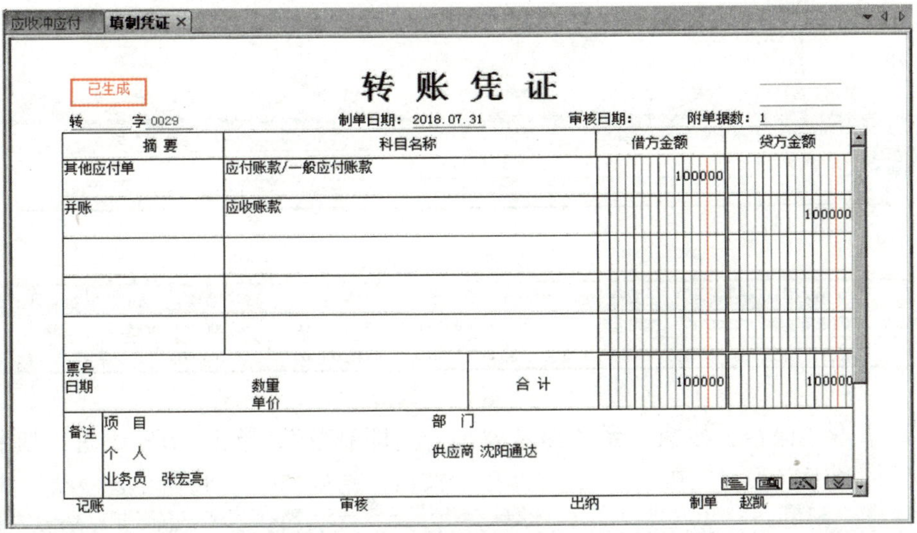

图 5-83　记账凭证

【提示】

应收冲应付是用某客户的应收款冲抵某供应商的应付款。

以下情况可能需要使用该功能：

❶ 某公司既是客户又是供应商；

❷ 本单位与供应商、客户之间存在"三角债"。

每一笔应付款的转账金额应大于零，小于等于其原币余额。

应付款的转账金额合计一般应等于应收款的转账金额合计。

应收冲应付也可进行不等额对冲。

与应付系统的"应付冲应收"比较，除所生成记账凭证的来源不同外，两者的操作方法、处理结果均一致，可等效使用。

☞知识点 091　红票对冲

【实验资料】

2018 年 7 月 31 日，对本月沈阳金泰的退货业务进行红票对冲。

【具体操作过程】

（1）2018 年 7 月 31 日，由赵凯（W02）登录企业应用平台。

（2）在 U8 企业应用平台，依次选择"业务工作→财务会计→应收款管理→转账→红票对冲→手工对冲"命令，打开"红票对冲条件"对话框。在"通用"页签，"客户"栏选择"沈阳金泰"，如图 5-84 所示。单击"确定"按钮，打开"红票对冲"窗口。

红票对冲

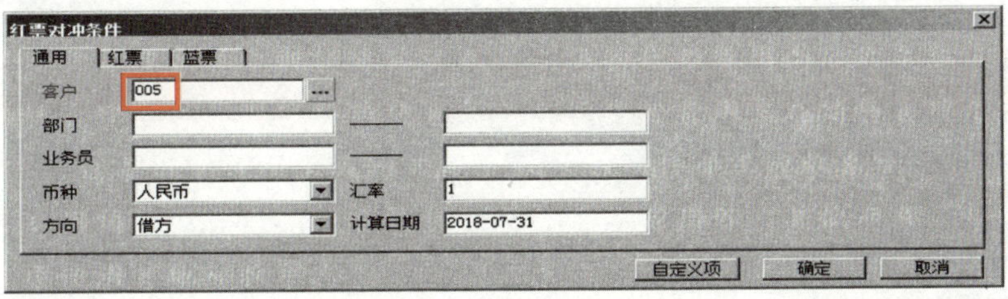

图 5-84　红票对冲条件

（3）在"红票对冲"窗口下方销售专用发票的"对冲金额"栏输入"58500"，如图5-85所示。

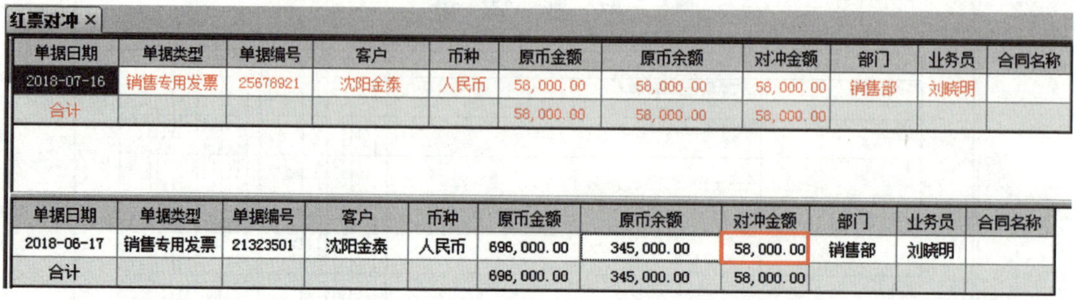

单据日期	单据类型	单据编号	客户	币种	原币金额	原币余额	对冲金额	部门	业务员	合同名称
2018-07-16	销售专用发票	25678921	沈阳金泰	人民币	58,000.00	58,000.00	58,000.00	销售部	刘晓明	
合计						58,000.00	58,000.00	58,000.00			

单据日期	单据类型	单据编号	客户	币种	原币金额	原币余额	对冲金额	部门	业务员	合同名称
2018-06-17	销售专用发票	21323501	沈阳金泰	人民币	696,000.00	345,000.00	58,000.00	销售部	刘晓明	
合计					696,000.00	345,000.00	58,000.00			

图5-85　红票对冲

（4）单击"保存"按钮，系统提示"是否立即制单"，单击"是"，进入填制凭证界面，将凭证类别字改为"转"，单击"保存"按钮，结果如图5-86所示。

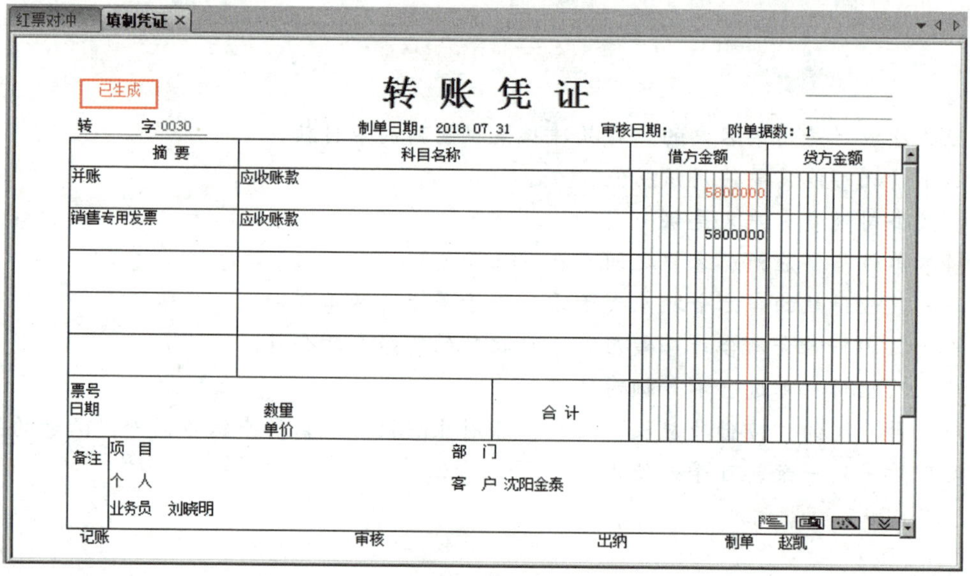

图5-86　记账凭证

【提示】

红票对冲就是用某客户的红字发票与其蓝字发票进行冲抵。

系统提供两种对冲方式：手工对冲和自动对冲。

如果红字单据中有对应单据号，则可使用自动对冲，否则应使用手工对冲。

对冲金额合计不能大于红票金额。

红票对冲同样应遵循核销规则。

任务5　坏账处理

☞知识点092　发生坏账

【实验资料】

2018年7月31日，沈阳金泰6月17日的应收款中有30 000元发生坏账。

【具体操作过程】

（1）2018年7月31日，由赵凯（W02）登录企业应用平台。

（2）在 U8 企业应用平台，依次选择"业务工作→财务会计→应收款管理→坏账处理→坏账发生"命令，打开"坏账发生"对话框。在"客户"栏选择"沈阳金泰"，如图5-87所示。单击"确定"按钮，打开"发生坏账损失"窗口。

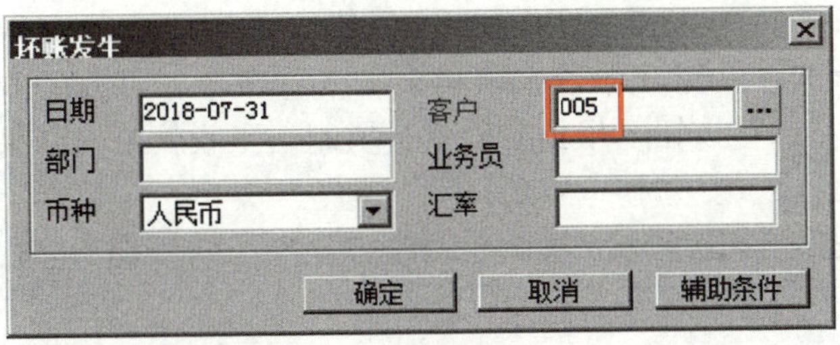

图 5-87 红票对冲条件

（3）在"本次发生坏账金额"栏输入"30000"，如图5-88所示。

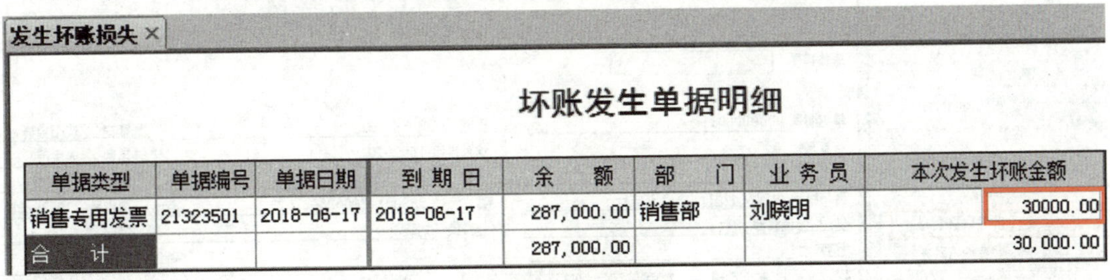

坏账发生单据明细

单据类型	单据编号	单据日期	到期日	余额	部门	业务员	本次发生坏账金额
销售专用发票	21323501	2018-06-17	2018-06-17	287,000.00	销售部	刘晓明	30000.00
合计				287,000.00			30,000.00

图 5-88 红票对冲

（4）单击"确认"按钮，系统提示"是否立即制单？"，单击"是"，进入填制凭证界面，将凭证类别字改为"转"，单击"保存"按钮，结果如图5-89所示。

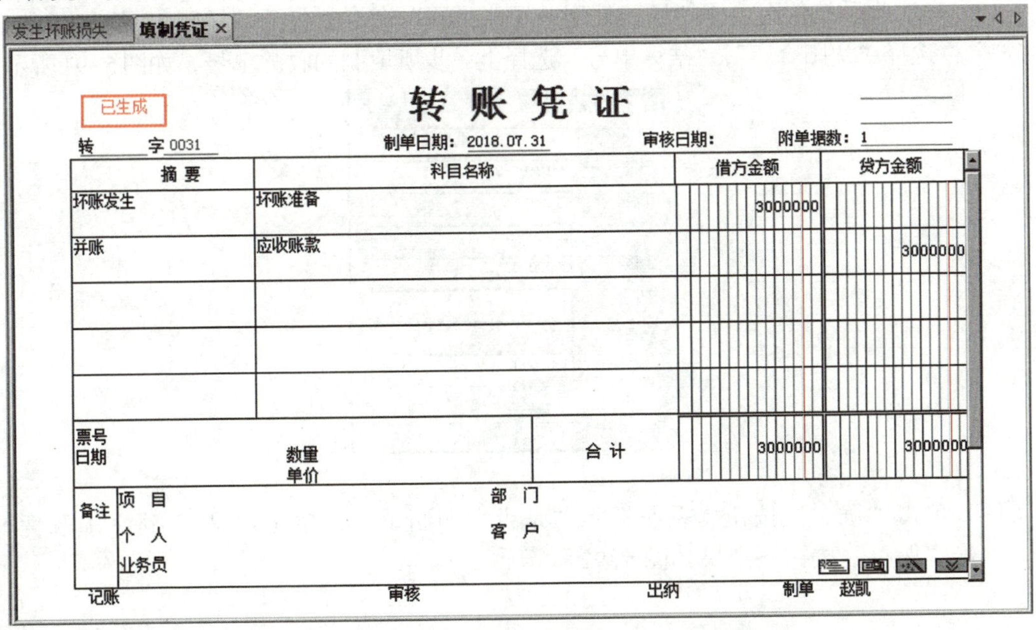

转 账 凭 证

已生成

转 字 0031　　　制单日期：2018.07.31　　　审核日期：　　　附单据数：1

摘 要	科目名称	借方金额	贷方金额
坏账发生	坏账准备		3000000
并账	应收账款		3000000
票号 日期	数量 单价	合计 3000000	3000000
备注 项目 个人 业务员	部门 客户		

记账　　　　　审核　　　　　出纳　　　　　制单 赵凯

图 5-89 记账凭证

☞知识点093 坏账收回

【实验资料】

2018年7月31日，销售部刘晓明通知财务，收到银行通知（电汇，票据号：25635688），收回已作为坏账处理的应向沈阳金泰收取的应收账款30 000元。

【具体操作过程】

（1）2018年7月31日，由赵凯（W02）登录企业应用平台。

（2）填制收款单。在U8企业应用平台，依次选择"业务工作→财务会计→应收款管理→收款单据处理→收款单据录入"命令，打开"收付款单录入"窗口。单击"增加"按钮，根据实验资料填制一张收款单，结果如图5-90所示。关闭该窗口。

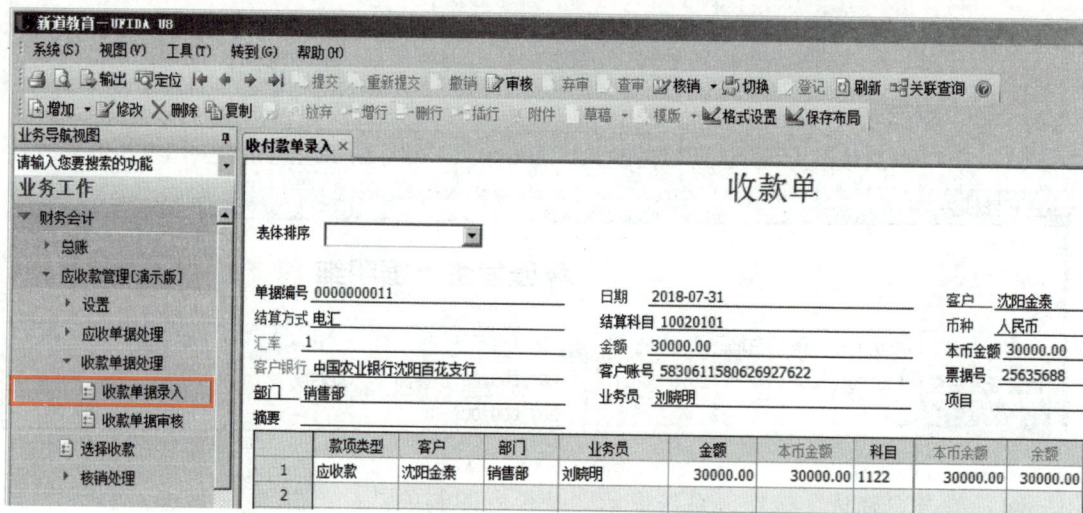

图5-90 收回坏账的收款单

（3）在应收系统依次选择"坏账处理→坏账收回"命令，打开"坏账收回"对话框。在"客户"栏选择"沈阳金泰"，"结算单号"选择上一步所填制的收款单号，如图5-91所示。

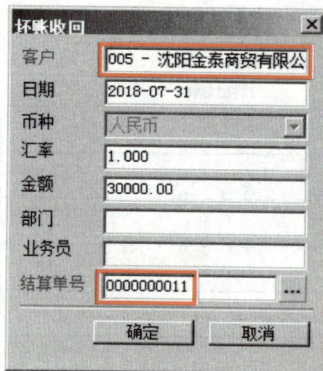

图5-91 坏账收回

（4）单击"确定"按钮，系统提示"是否立即制单？"，单击"是"，进入填制凭证界面，单击"保存"按钮，结果如图5-92所示。

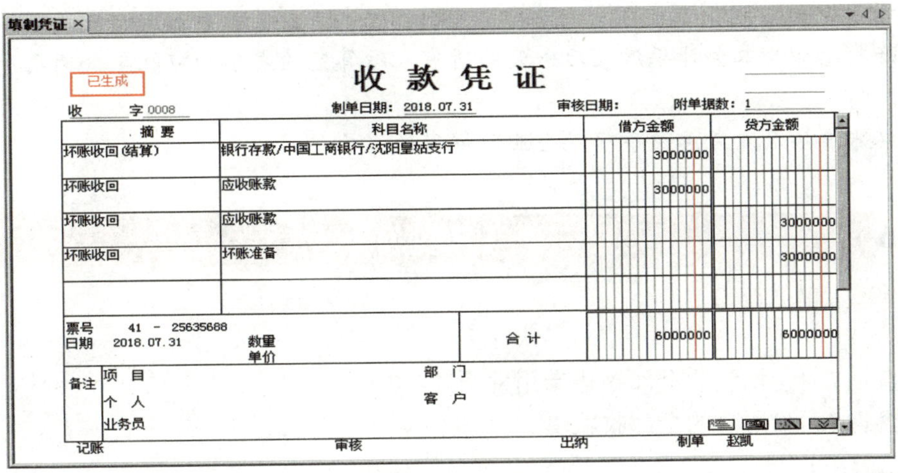

图 5-92　记账凭证

【提示】

收回坏账的收款单应单独填制，且不审核。

☞知识点 094　计提坏账准备

【实验资料】

2018 年 7 月 31 日，计提坏账准备（视同年末）。

【具体操作过程】

（1）2018 年 7 月 31 日，由赵凯（W02）登录企业应用平台。

（2）在 U8 企业应用平台，依次选择"业务工作→财务会计→应收款管理→坏账处理→计提坏账准备"命令，打开"应收账款百分比法"窗口，如图 5-93 所示。

应收账款总额	计提比率	坏账准备	坏账准备余额	本次计提
672,930.40	0.500%	3,364.65	3,510.00	-145.35

图 5-93　计提坏账准备

（3）单击工具栏的"确认"按钮，系统提示"是否立即制单？"，单击"是"，进入填制凭证界面，将凭证类别字改为"转"，单击"保存"按钮，结果如图 5-94 所示。

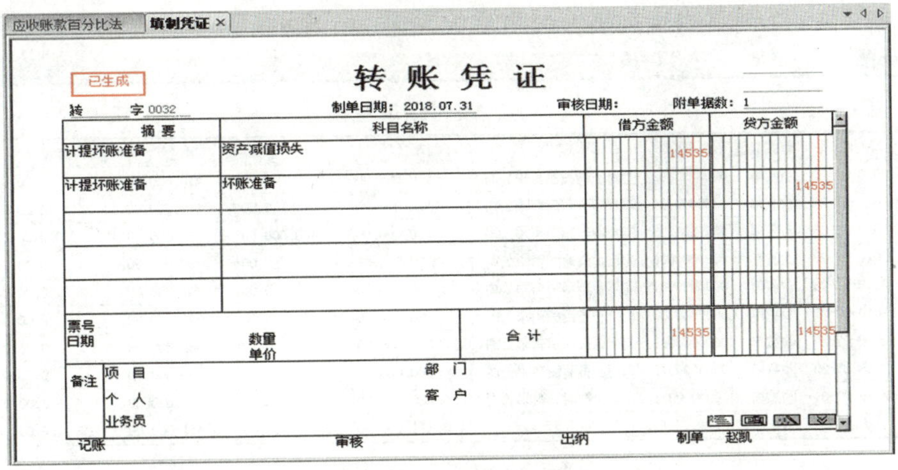

图 5-94　记账凭证

【提示】

应收账款总额为本会计年度最后一天的所有未结算完的发票和应收单余额之和减去预收款数额。

计提坏账准备后应考虑该事项对企业所得税的影响。

任务6　　其他操作

☞知识点095　单据查询

【实验资料】

（1）查询7月份填制的全部销售专用发票。

（2）查询7月份所有的全部收款单。

【具体操作过程】

（1）2018年7月31日，由赵凯（W02）登录企业应用平台。

（2）在U8企业应用平台，依次选择"业务工作→财务会计→应收款管理→单据查询→发票查询"命令，打开"查询条件选择-发票查询"对话框，在"发票类型"栏选择"26销售专用发票"，"包含余额=0"栏选择"是"，单击"确定"按钮，打开查询列表，如图5-95所示。

单据查询

单据查询结果列表 ×

发票查询

▽记录总数：5

单据日期	单据类型	单据编号	客户	原币金额	原币余额	本币金额	本币余额	打印次数
2018-07-15	销售专用发票	25678900	上海乐淘贸易有限公司	440,800.00	0.00	440,800.00	0.00	
2018-07-16	销售专用发票	25678902	北京汇鑫百货有限公司	835,200.00	0.00	835,200.00	0.00	
2018-07-16	销售专用发票	25678905	广州华丰超市有限公司	116,000.00	0.00	116,000.00	0.00	
2018-07-16	销售专用发票	25678921	沈阳金泰商贸有限公司	-58,000.00	0.00	-58,000.00	0.00	
2018-07-20	销售专用发票	56789883	沈阳金泰商贸有限公司	1,392,000.00	0.00	1,392,000.00	0.00	
合计				2,726,000.00		2,726,000.00		

图5-95　销售专用发票查询结果

（3）在应收系统依次选择"单据查询→收付款单查询"命令，打开"查询条件选择-收付款单查询"对话框，在"单据类型"栏选择"收款单"，"包含余额=0"栏选择"是"，单击"确定"按钮，打开查询列表，如图5-96所示。

单据查询结果列表 ×

收付款单查询

▽记录总数：9

选择打印	单据日期	单据类型	单据编号	客户	原币金额	原币余额	本币金额	本币余额	打印次数
	2018-07-22	收款单	0000000002	上海乐淘贸易有限公司	410,800.00	0.00	410,800.00	0.00	0
	2018-07-22	收款单	0000000004	广州华丰超市有限公司	112,000.00	0.00	112,000.00	0.00	0
	2018-07-23	收款单	0000000005	广州华丰超市有限公司	180,000.00	180,000.00	180,000.00	180,000.00	0
	2018-07-23	收款单	0000000006	沈阳金泰商贸有限公司	50,000.00	0.00	50,000.00	0.00	0
	2018-07-26	收款单	0000000007	沈阳金泰商贸有限公司	1,392,000.00	0.00	1,392,000.00	0.00	0
	2018-07-27	收款单	0000000008	北京汇鑫百货有限公司	836,200.00	0.00	836,200.00	0.00	0
	2018-07-28	收款单	0000000009	沈阳喜来商贸有限公司	300,000.00	0.00	300,000.00	0.00	0
	2018-07-29	收款单	0000000010	沈阳金泰商贸有限公司	100,000.00	0.00	100,000.00	0.00	0
	2018-07-31	收款单	0000000011	沈阳金泰商贸有限公司	30,000.00	0.00	30,000.00	0.00	0
合计					3,411,000.00	180,000.00	3,411,000.00	180,000.00	

图5-96　收款单查询结果

☞**知识点 096　账表管理**

【实验资料】

（1）查询 7 月份业务总账。

（2）查询 7 月份应收账款科目余额表。

（3）进行 7 月份欠款分析。

【具体操作过程】

（1）2018 年 7 月 31 日，由赵凯（W02）登录企业应用平台。

（2）在应收系统选择"账表管理→业务账表→业务总账"命令，打开"查询条件选择–应收总账表"对话框，单击"确定"按钮，打开应收总账表，如图 5-97 所示。

账表管理

期间	本期应收 本币	本期收回 本币	余额 本币	月回收率%	年回收率%
期初余额			666,000.00		
201807	3,452,930.40	3,446,000.00	672,930.40	99.80	83.78
总计	3,452,930.40	3,446,000.00	672,930.40		

图 5-97　应收总账表

（3）在收付系统选择"账表管理→科目账查询→科目余额表"命令，打开"客户往来科目余额表"对话框，在查询条件的"科目"栏选择"1122 应收账款"，单击"确定"按钮，打开"单位往来科目余额表"窗口，如图 5-98 所示。

科目余额表　　　　金额式

科目　1122 应收账款　　　　期间：2018.07-2018.07

科目 编号	科目 名称	客户 编号	客户 名称	方向	期初余额 本币	借方 本币	贷方 本币	方向	期末余额 本币
1122	应收账款	001	北京汇鑫百货有限公司	平		836,200.00	836,200.00	平	
1122	应收账款	002	广州华丰超市有限公司	平		116,000.00	116,000.00	平	
1122	应收账款	003	上海乐淘贸易有限公司	平		440,800.00	440,800.00	平	
1122	应收账款	004	沈阳喜来商贸有限公司	平		895,930.40	300,000.00	借	595,930.40
1122	应收账款	005	沈阳金泰商贸有限公司	借	696,000.00	1,164,000.00	1,603,000.00	借	257,000.00
小计：				借	696,000.00	3,452,930.40	3,296,000.00	借	852,930.40
合计：				借	696,000.00	3,452,930.40	3,296,000.00	借	852,930.40

图 5-98　应收账款科目余额表

（4）在应收系统选择"账表管理→统计分析→欠款分析"命令，打开"欠款分析"对话框，单击"确定"按钮，打开"欠款分析"窗口，如图 5-99 所示。

欠款分析

客户　全部　　　　币种　　　　截止日期：2018-07-31

客户 编号	客户 名称	欠款总计	信用额度	信用余额	货款 金额	应收款 金额	预收款 金额
004	沈阳喜来商贸有限公司	595,930.40		-595,930.40	595,930.40		
005	沈阳金泰商贸有限公司	257,000.00		-257,000.00	257,000.00		
002	广州华丰超市有限公司	-180,000.00		180,000.00			180,000.00
总计		672,930.40			852,930.40		180,000.00

图 5-99　欠款分析

☞知识点097　取消操作

【实验资料】

2018年7月31日，取消本月对沈阳金泰的红票对冲处理。

【具体操作过程】

（1）2018年7月31日，由赵凯（W02）登录企业应用平台。

（2）在U8企业应用平台，依次选择"业务工作→财务会计→应收款管理→单据查询→凭证查询"命令，打开"凭证查询条件"对话框，"业务类型"选择"转账制单"，单击"确定"按钮，打开"凭证查询"窗口，如图5-100所示。单击工具栏的"删除"按钮，系统提示"确定要删除此凭证吗"，单击"是"，该记账凭证从应收系统删除。

凭证查询

凭证总数：3 张

业务日期	业务类型	业务号	制单人	凭证日期	凭证号	标志
2018-07-31	预收冲应收	25678900	赵凯	2018-07-31	转-0028	
2018-07-31	应收冲应付	21323501	赵凯	2018-07-31	转-0029	
2018-07-31	红票对冲	25678921	赵凯	2018-07-31	转-0030	

图5-100　转账制单凭证列表

【提示】

从应付系统删除的凭证在总账中显示"作废"字样，并未予以删除，可通过"整理凭证"功能将其彻底清除掉。

（3）在应收系统选择"其他处理→取消操作"命令，打开"取消操作条件"对话框，在"操作类型"下拉框中选择"红票对冲"，如图5-101所示。单击"确定"按钮，打开"取消操作"窗口，如图5-102所示。

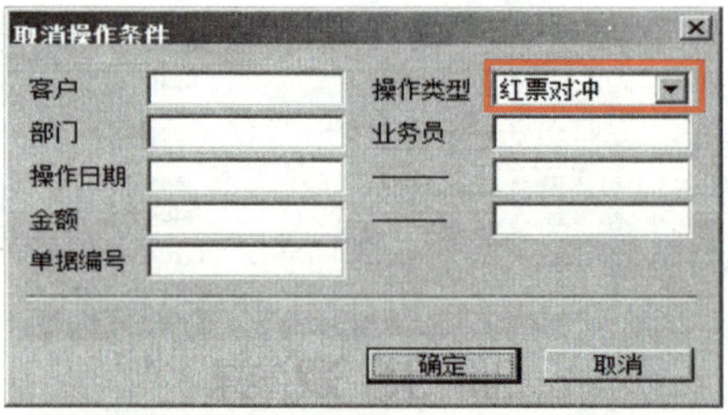

图5-101　取消操作条件

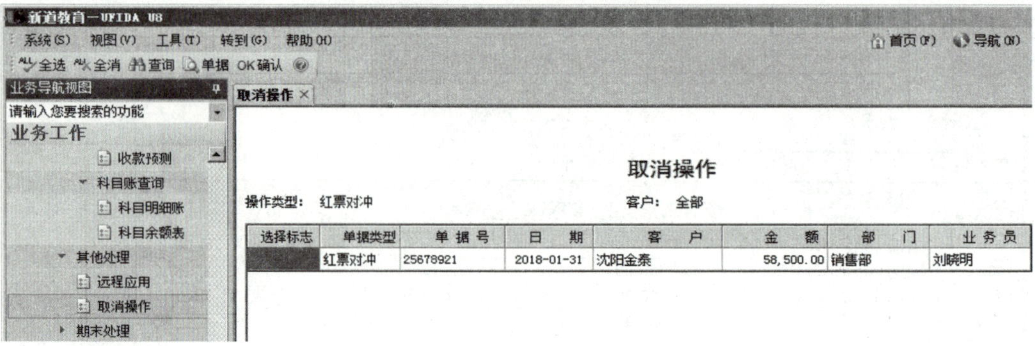

取消操作

操作类型：红票对冲　　　　　　客户：全部

选择标志	单据类型	单据号	日　期	客　户	金　额	部　门	业务员
	红票对冲	25678921	2018-01-31	沈阳金泰	58,500.00	销售部	刘晓明

图5-102　取消红票对冲

（4）双击"红票对冲"栏左侧的"选择标志"栏，单击工具栏的"确认"按钮，完成本次取消操作。

【提示】

如果某操作类型已经制单处理，在取消操作前，应先到"单据查询→凭证查询"中将该记账凭证删除，再进行取消操作。

取消选择收款，则核销处理被取消，同时选择收款生成的收款单也一并删除，应收单据恢复原状。

如果转账处理（应收冲应收、预收冲应收、应收冲应付等）发生月份已经结账，则不能被恢复。

以下情况不允许取消票据处理：

❶票据日期所在月份已经结账。

❷票据背书方式为"冲销应付账款"，且应付系统已经结账。

❸票据计息后又进行了贴现等处理。

❹票据转出后所生成的应收单已经进行了核销等处理。

☞知识点098 应收应付系统月末结账

【实验资料】

2018年7月31日，对应收、应付系统进行月末结账。

【具体操作过程】

（1）2018年7月31日，由赵凯（W02）登录企业应用平台。

（2）在U8企业应用平台，依次选择"业务工作→财务会计→应收款管理→期末处理→月末结账"命令，打开"月末处理"对话框，双击7月份的"结账标志"栏，单击"下一步"按钮，显示本月各处理类型的处理情况，如图5-103所示。单击"完成"按钮，系统提示"7月份结账成功"，单击"确定"按钮。

应收应付系统
月末结账

处理类型	处理情况
截止到本月应收单据全部记账	是
截止到本月收款单据全部记账	是
截止到本月应收单据全部制单	是
截止到本月收款单据全部制单	是
截止到本月票据处理全部制单	是
截止到本月其他处理全部制单	是

上一步　完成　取消

图5-103　应收系统7月份处理情况表

（3）参照上述方法，在应付系统选择"期末处理→月末结账"命令，打开"月末处理"对话框，双击7月份的"结账标志"栏，单击"下一步"按钮，显示本月各处理类型的处理情况。单击"完成"按钮，系统提示"7月份结账成功"，单击"确定"按钮。

【提示】

系统进行月末结账后，该月将不能再进行任何处理。

如果上月未结账，则本月不能结账。

如果本月还有未审核的收付款单，则不能结账。

应付系统与采购管理系统集成使用时，采购管理系统结账后才能对应付系统进行结账处理。同理，应收系统与销售管理系统集成使用时，应先进行销售管理系统结账，然后再进行应收系统结账。

项目6　薪资管理系统

薪资管理系统是由工资管理系统更名而来的，该系统适用于各类企业、行政事业单位进行工资核算、工资发放、工资费用分摊、工资统计分析和个人所得税核算等。该系统具有以下功能：初始设置、业务处理、统计分析等。

薪资管理系统与其他系统的关系如下：

❶薪资管理系统与总账系统。薪资管理系统将工资计提、分摊结果自动生成记账凭证，传递到总账系统。

❷薪资管理系统与UFO报表系统。薪资管理系统向UFO报表系统传递数据。

❸薪资管理系统与计件工资系统。计件工资系统从薪资管理系统获取工资类别及计件相关参数和工资人员档案，并将计件工资汇总的结果传递到薪资管理系统。

本项目的重点内容：工资变动处理。

本项目的难点内容：公式设置、工资分摊设置。

本项目总体流程如图6-1所示。

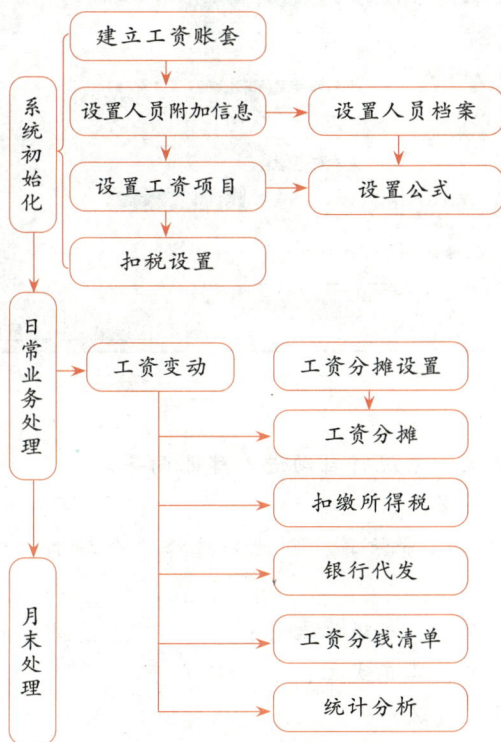

图6-1　本项目总体流程

任务1　系统初始化

☞知识点099　建立工资账套

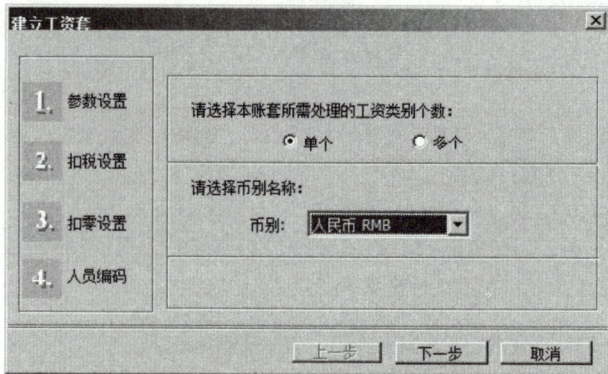

【实验资料】

2018年7月1日，根据表6-1建立工资账套，其他项默认。

表6-1　　　　　　　　　　工资账套建账向导

建账向导	相关设置
参数设置	单个工资类别
扣税设置	从工资中代扣个人所得税
扣零设置	扣零设置且扣零至元
人员编码	本系统人员编码与公共平台的人员编码一致

【具体操作过程】

（1）2018年7月1日，由赵凯（W02）登录企业应用平台。

（2）在U8企业应用平台，依次选择"业务工作→人力资源→薪资管理"命令，打开"建立工资套——参数设置"对话框，如图6-2所示。

图6-2　建立工资套——参数设置

【提示】

初次使用薪资管理系统，系统将自动进入建账向导。

工资类别个数：单个或多个。

如果企业所有人员统一工资核算，则此处选择单个类别。以下情况可考虑采用多个类别：

❶企业同时存在在职人员、离退休人员；

❷企业同时存在正式工、非正式工；

❸企业每月工资分多次发放；

❹企业存在多个工厂或分支机构等。

每个工资账套中，可建立999个工资类别（含发放次数，第998、999号为系统使用）。

（3）单击"下一步"按钮，打开"建立工资套——扣税设置"对话框，勾选"是否从工资中代扣个人所得税"项，如图6-3所示。

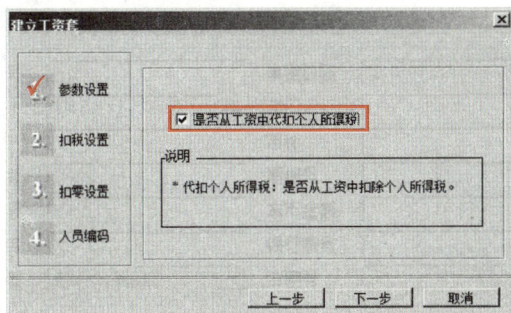

图6-3　建立工资套——扣税设置

【提示】

根据个人所得税法的规定，企业支付职工工资，应代扣代缴个人所得税。

若勾选此项，"工资变动"时系统会根据预设的税率表自动计算个人所得税。

（4）单击"下一步"按钮，打开"建立工资套——扣零设置"对话框，勾选"扣零"项，同时选择"扣零至元"项，如图6-4所示。

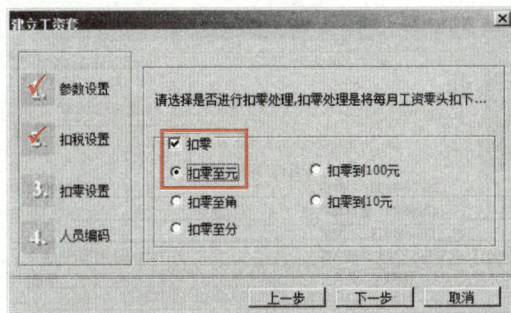

图6-4　建立工资套——扣零设置

【提示】

若勾选"扣零"设置，系统在计算工资时将依据所选择的扣零类型将零头扣下，并在累计成整时发放。本例选择"扣零至元"，则发放工资时暂不发10元以下的元、角、分，包括5元，2元，1元，该人累计够10时才予以发放。

在实务中，如果企业采用现金发放工资，则在系统中应选择扣零；如果采用转账方式发放工资，则在系统中可不扣零。

（5）单击"下一步"按钮，打开"建立工资套——人员编码"对话框，如图6-5所示，单击"完成"按钮，结束建账向导。

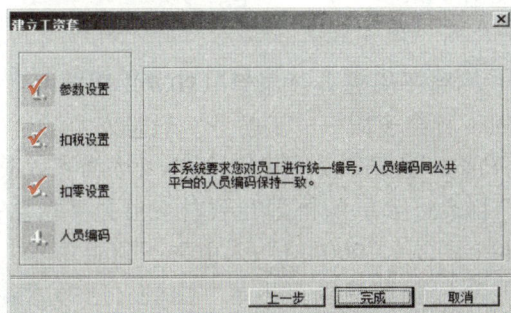

图6-5　建立工资套——人员编码

【提示】

根据向导建账过程中设置的部分参数可以在选项中修改。

☞知识点100 设置人员附加信息

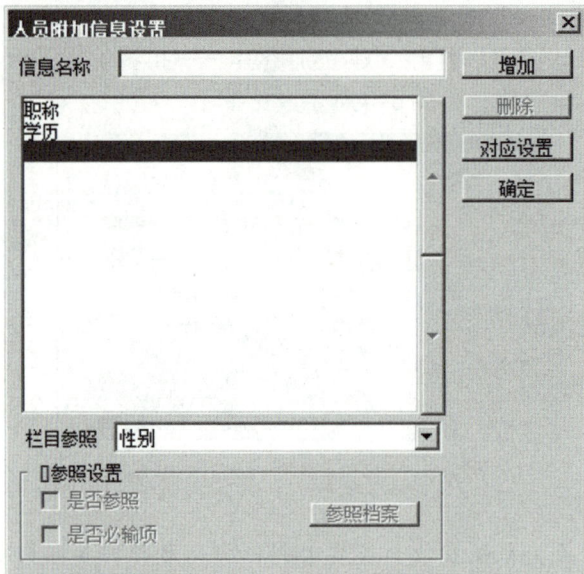

【实验资料】

2018年7月1日，增加人员附加信息"职称"和"学历"。

【具体操作过程】

（1）2018年7月1日，由赵凯（W02）登录企业应用平台。

（2）在U8企业应用平台，依次选择"业务工作→人力资源→薪资管理→设置→人员附加信息设置"命令，打开"人员附加信息设置"对话框。单击"增加"按钮，在"信息名称"栏输入"职称"，再单击"增加"按钮，在"信息名称"栏输入"学历"，再单击"增加"按钮，结果如图6-6所示。单击"确定"按钮。

图 6-6 设置人员附加信息

【提示】

［是否参照］勾选此项，点击"参照档案"按钮，可以设置人员附加信息的参照值。

例如，将"初级"、"中级"、"副高级"和"高级"设置为"职称"这一附加信息的参照档案，则在录入人员档案时，该人"职称"栏可参照选择上述四个档案之一。

［是否必输项］若勾选此项，则在录入人员档案时此附加信息内容不能为空。当一个字段设置为"必输项"时，仅对以后增改人员档案时进行控制，以前已经存在的记录不做改变。

已使用过的人员附加信息不可删除，但可以修改。

☞知识点101 设置工资项目

【实验资料】

2018年7月1日，根据表6-2增加工资项目。

表6-2　　　　　　　　　　　　　　　　　工资项目

工资项目名称	类型	长度	小数	增减项
基本工资	数字	8	2	增项
岗位工资	数字	8	2	
奖金	数字	8	2	
交通补贴	数字	8	2	
工龄津贴	数字	8	2	
加班津贴	数字	8	2	
病假扣款	数字	8	2	减项
事假扣款	数字	8	2	
个人养老保险	数字	8	2	
个人医疗保险	数字	8	2	
个人失业保险	数字	8	2	
个人住房公积金	数字	8	2	
企业养老保险	数字	8	2	其它
企业医疗保险	数字	8	2	
企业失业保险	数字	8	2	
企业工伤保险	数字	8	2	
企业生育保险	数字	8	2	
企业住房公积金	数字	8	2	
五险一金工资基数	数字	8	2	
应付工资	数字	8	2	
计税工资	数字	8	2	
日工资	数字	8	2	
加班天数	数字	8	1	
病假天数	数字	8	1	
事假天数	数字	8	1	

【具体操作过程】

（1）在U8企业应用平台，依次选择"业务工作→人力资源→薪资管理→设置→工资项目设置"命令，打开"工资项目设置"窗口，如图6-7所示。

设置工资项目

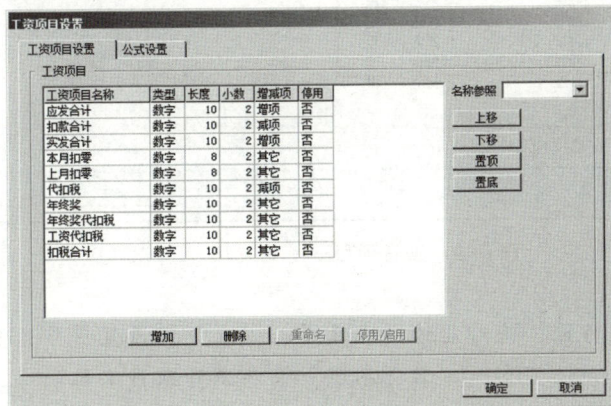

图6-7　工资项目设置

【提示】

首次打开该窗口，工资项目列表所显示的是系统提供的固定工资项目，这些项目不可修改、删除。

（2）单击"应发合计"项，再单击"增加"按钮，根据实验资料逐项添加工资项目，结果如图6-8、图6-9所示。

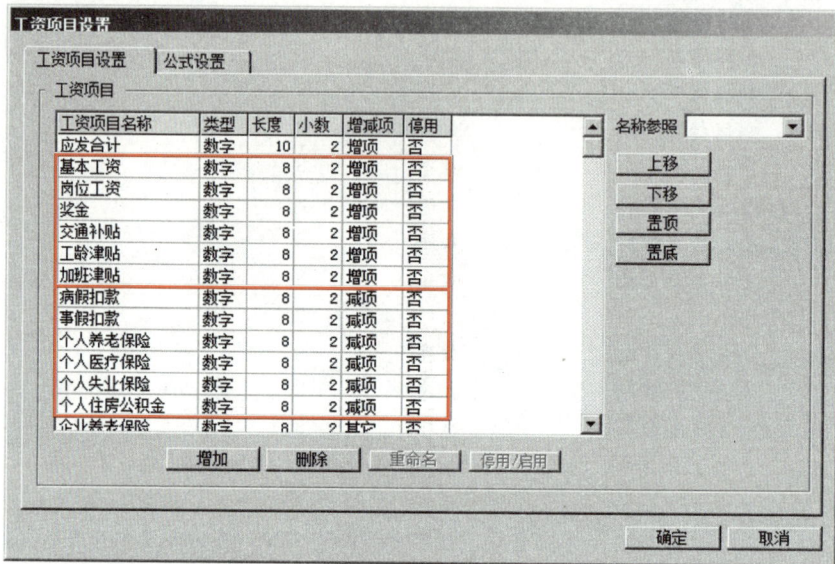

图6-8　工资项目——增项、减项

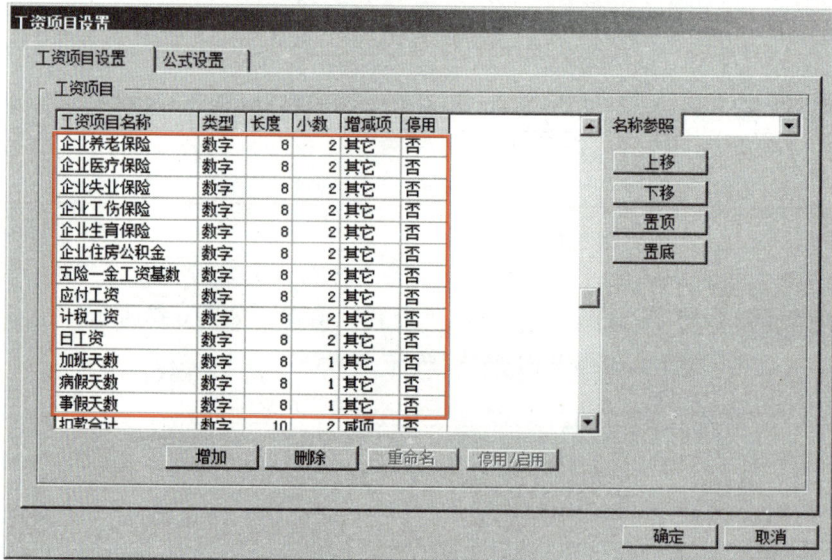

图6-9　工资项目——其它项

【提示】

工资项目设置得合理与否，将对后续公式设置、工资分摊设置等产生直接影响。

工资项目名称必须唯一，可参照"名称参照"录入工资项目名称。

已使用的工资项目不可删除，不能修改数据类型。

利用界面上的"上移""下移"按钮可调整工资项目的排列顺序。

[增项] 所有的增项直接计入"应发合计"。

[减项] 所有的减项直接计入"扣款合计"。

字符型的工资项目小数位不可用，其增减项为其它。

"应付工资"不同于系统预置的"应发合计"，主要用于工资、工会经费、职工教育经费、职工福利费等的计提。

关于"应付工资"、"应发合计"、"五险一金工资基数"以及"计税工资"等工资项目，现举例说明如下：

假如张某本月基本工资5 000元，五险一金工资基数为4 500元，本月请病假1天（根据该公司规定，请假一天扣100元）。张某所在地当地职工负担的"三险一金"缴费比例合计为21%（由于工伤保险和生育保险全部由企业缴付，无需职工负担，所以职工负担的实际是"三险一金"）。张某本人应负担的"三险一金"合计为：4 500×21%=945（元）。

张某的"应付工资"为：5 000-100=4 900（元）。该金额就是月末计提工资时应贷记"应付职工薪酬——工资"的金额。而在U8系统中，"应发合计"是所有增项的合计，即张某的"应发合计"为5 000元。

根据社会保险法律制度规定，"五险一金工资基数"一般为职工本人上一年度平均工资或本人上月工资收入。

根据个人所得税法律制度规定，职工缴付的"三险一金"属于免税项目，应从纳税人的应纳税所得额中扣除。

张某的"计税工资"为：5 000-100-945=3 955（元）。

张某的应纳税所得额为：5 000-100-945-3 500=455（元）。按照现行个人所得税政策，张某适用3%的税率，应纳个人所得税：455×3%=13.65（元）。

张某本月实发工资为：5 000-100-945-13.65=3 941.35（元）。

☞知识点102 设置人员档案

【实验资料】

2018年7月1日，根据表6-3添加人员档案，所有职工的开户银行均为中国工商银行。

表6-3   在岗人员档案

薪资部门名称	人员编号	人员姓名	人员类别	银行账号	职称	学历
总经理办公室	A01	李成喜	企业管理人员	2107024026370021901	高级	研究生
财务部	W01	王钰	企业管理人员	2107024026370021902	高级	本科
财务部	W02	赵凯	企业管理人员	2107024026370021903	中级	研究生
财务部	W03	贺青	企业管理人员	2107024026370021904	初级	专科
销售部	X01	刘晓明	销售人员	2107024026370021905	高级	本科
销售部	X02	何丽	销售人员	2107024026370021906	中级	专科
采购部	G01	张宏亮	采购人员	2107024026370021907	高级	本科
采购部	G02	徐辉	采购人员	2107024026370021908	中级	专科
仓储部	C01	李泽华	企业管理人员	2107024026370021909	初级	专科

【具体操作过程】

（1）在 U8 企业应用平台，依次选择"业务工作→人力资源→薪资管理→设置→人员档案"命令，打开"人员档案"窗口。

（2）单击工具栏的"批增"按钮，打开"人员批量增加"对话框，单击对话框右上方的"查询"按钮，如图 6-10 所示，单击"确定"按钮，人员添加成功并返回"人员档案"窗口，如图 6-11 所示。

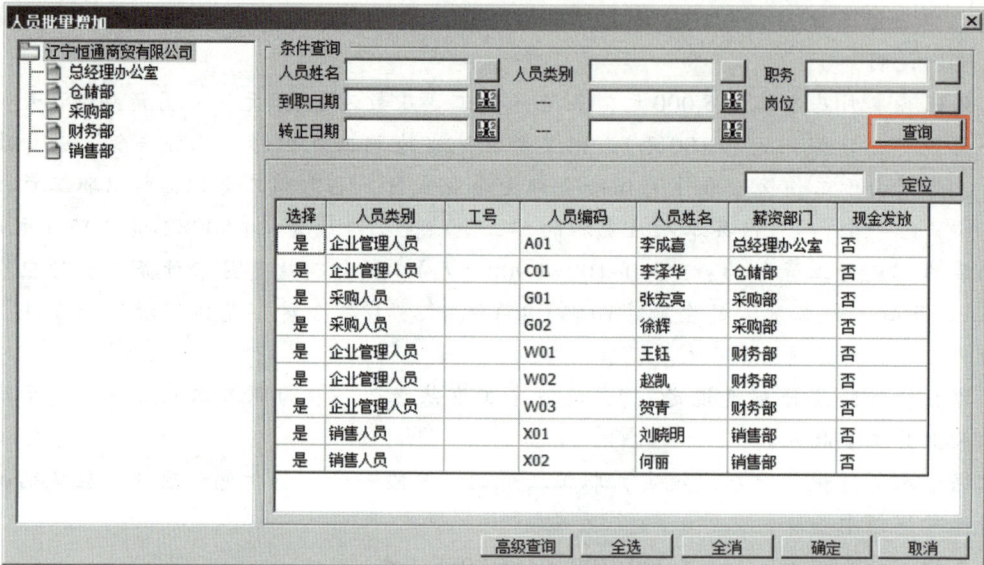

图 6-10　批量增加人员档案

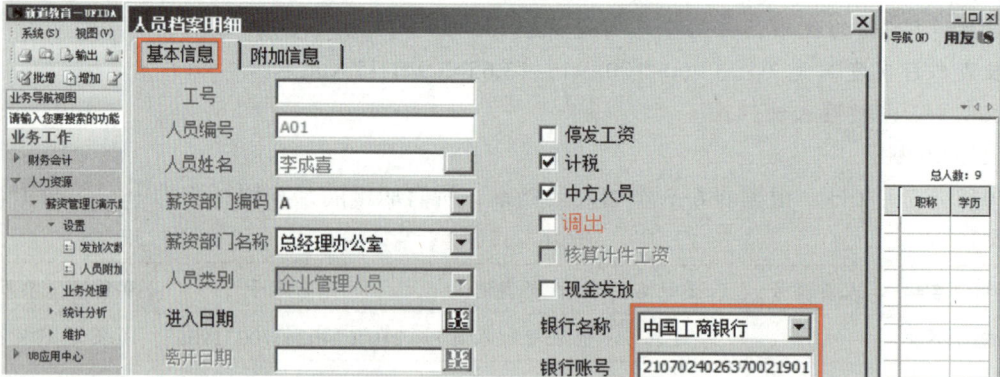

图 6-11　人员档案列表

（3）补充每个职员的开户银行、账号、职称、学历。双击"李成喜"那一行，打开"人员档案明细"窗口，根据实验资料，"银行名称"选择"中国工商银行"，"银行账号"输入 2107024026370021901，如图 6-12 所示。

（4）点击"附加信息"页签，"职称"栏输入"高级"，"学历"栏输入"研究生"，如图 6-13 所示。单击"确定"按钮，系统提示"写入该人员档案信息吗？"，单击"确定"按钮。

（5）继续完成后续人员基本信息及附加信息的录入。录入完毕关闭"人员档案明细"窗口，返回"人员档案"窗口，结果如图 6-14 所示。

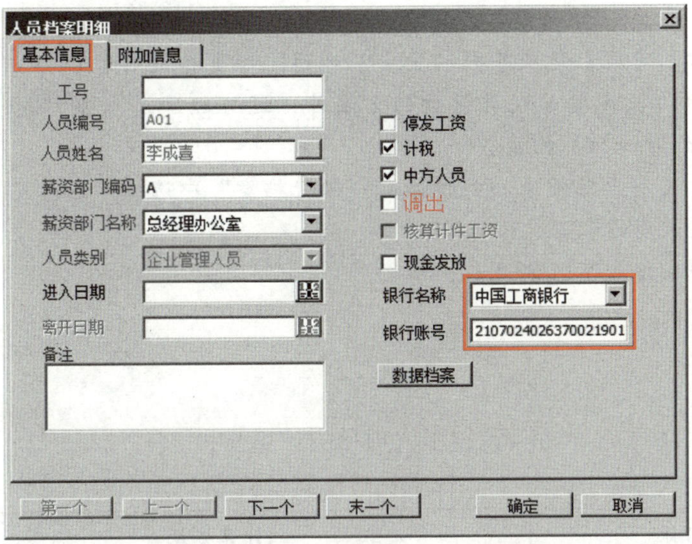

图 6-12　人员档案明细——基本信息

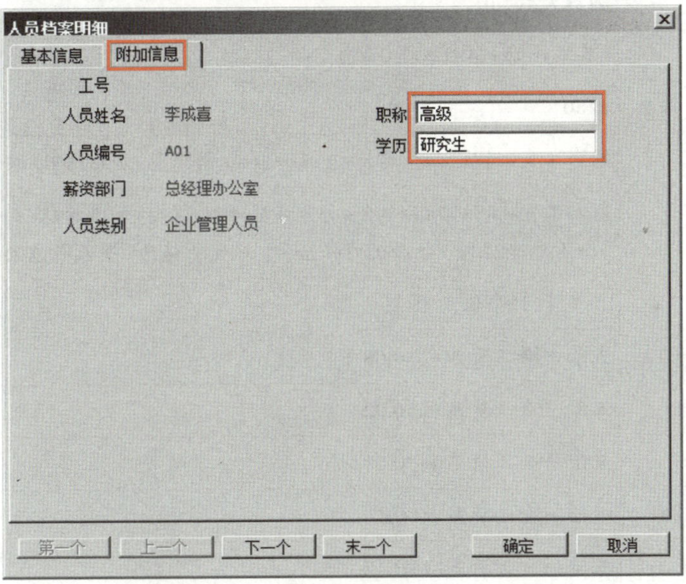

图 6-13　人员档案明细——附加信息

人员档案

总人数：9

选择	薪资部门名称	工号	人员编号	人员姓名	人员类别	账号	是否计税	工资停发	核算计件工资	现金发放	职称	学历
	总经理办公室		A01	李成喜	企业管理人员	2107024026370021901	是	否	否	否	高级	研究生
	仓储部		C01	李泽华	企业管理人员	2107024026370021909	是	否	否	否	初级	专科
	采购部		G01	张宏高	采购人员	2107024026370021907	是	否	否	否	高级	本科
	采购部		G02	徐辉	采购人员	2107024026370021908	是	否	否	否	中级	专科
	财务部		W01	王钰	企业管理人员	2107024026370021902	是	否	否	否	高级	本科
	财务部		W02	赵凯	企业管理人员	2107024026370021903	是	否	否	否	中级	研究生
	财务部		W03	贺青	企业管理人员	2107024026370021904	是	否	否	否	初级	本科
	销售部		X01	刘晓明	销售人员	2107024026370021905	是	否	否	否	高级	本科
	销售部		X02	何丽	销售人员	2107024026370021906	是	否	否	否	中级	专科

图 6-14　人员档案

【提示】

这里的"批增"实质上是从基础档案中"调用"人员档案的过程。

除本例所展示的批量增加人员档案的方法外，还可以通过点击"批量"按钮右侧的"增加"按钮，单个增加人员档案。

若在"基础设置→基础档案→收付结算→银行档案"中选择了账号定长，则输入银行账号时必须按所定长度输入。

删除的人员档案信息不可恢复。

☞知识点103　设置公式

1. 定义常规公式

【实验资料】

2018年7月1日，根据表6-4设置工资项目的计算公式。

表6-4　　　　　　　　　　工资项目的计算公式

序号	工资项目名称	计算公式
1	加班津贴	加班天数*40
2	日工资	（基本工资+岗位工资）/21
3	五险一金工资基数	2280
4	应付工资	基本工资+岗位工资+奖金+交通补贴+工龄津贴+加班津贴−病假扣款−事假扣款
5	计税工资	基本工资+岗位工资+奖金+交通补贴+工龄津贴+加班津贴−病假扣款−事假扣款−个人养老保险−个人医疗保险−个人失业保险−个人住房公积金
6	事假扣款	日工资/2*事假天数
7	个人养老保险	五险一金工资基数*0.08
8	个人医疗保险	五险一金工资基数*0.02
9	个人失业保险	五险一金工资基数*0.01
10	个人住房公积金	五险一金工资基数*0.1
11	企业养老保险	五险一金工资基数*0.12
12	企业医疗保险	五险一金工资基数*0.08
13	企业失业保险	五险一金工资基数*0.02
14	企业工伤保险	五险一金工资基数*0.005
15	企业生育保险	五险一金工资基数*0.0085
16	企业住房公积金	五险一金工资基数*0.1

【具体操作过程】

（1）设置"加班津贴"的计算公式。在U8企业应用平台，依次选择"业务工作→人力资源→薪资管理→设置→工资项目设置"命令，打开"工资项目设置"窗口，单击"公式设置"页签，如图6-15所示。

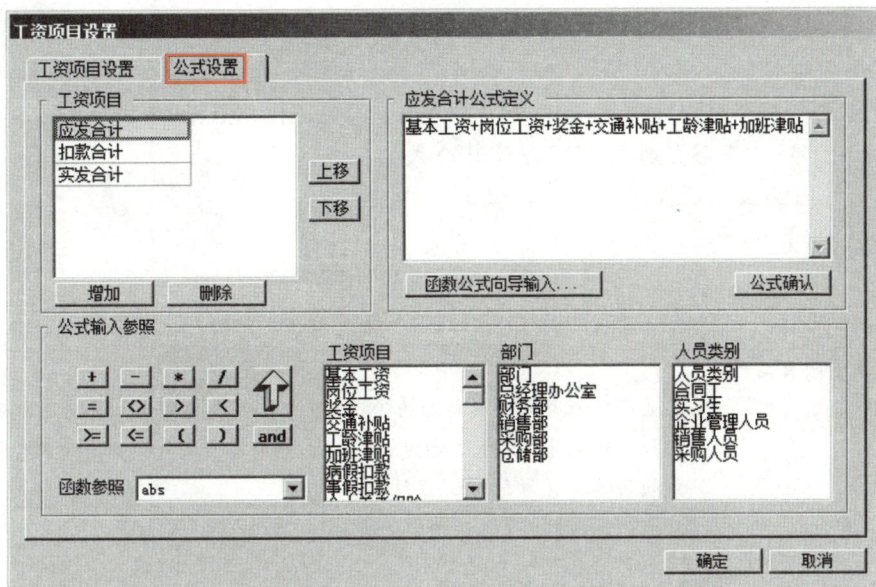

图 6-15   "工资项目设置——公式设置"窗口

【提示】

应发合计、扣款合计和实发合计的计算公式由系统根据定义的增减项自动设置，无需在此修改这些公式。

（2）单击"增加"按钮，从窗口左上方工资项目下拉列表中选择"加班津贴"，进行"加班津贴"项目的公式定义。单击公式定义区，从窗口下方的"工资项目"中选择"加班天数"，然后输入"*40"。定义完毕单击"公式确认"按钮，系统将对该公式进行合法性判断后保存，结果如图 6-16 所示。

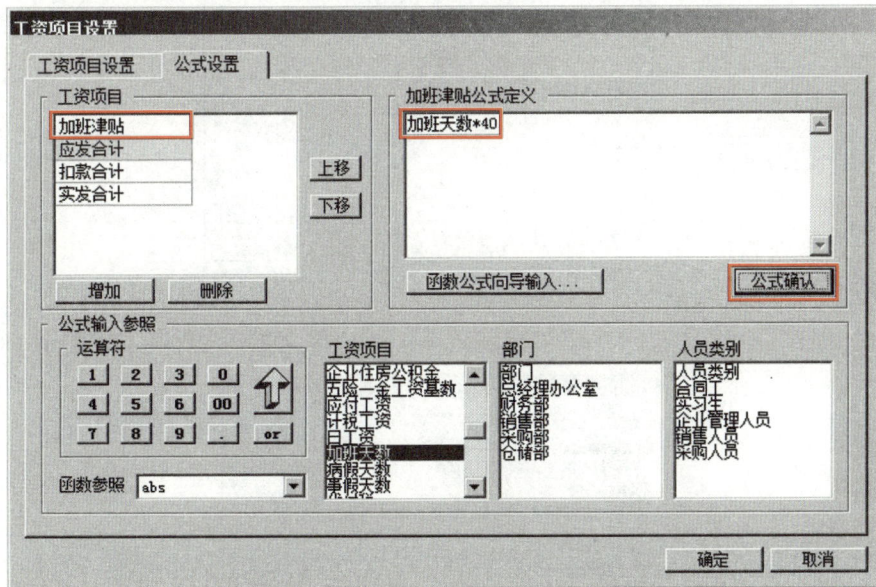

图 6-16   加班津贴的计算公式

（3）参照上述方法继续完成后续常规公式的定义。

【提示】

系统固定项目，如应发合计、扣款合计、实发合计、代扣税等，不能设置取数公式。

相同的工资项目可以重复定义公式（即多次计算），但以最后的运行结果为准。

利用"上移""下移"按钮可调整计算公式的顺序。

2.使用"iff函数"设置工资项目的计算公式

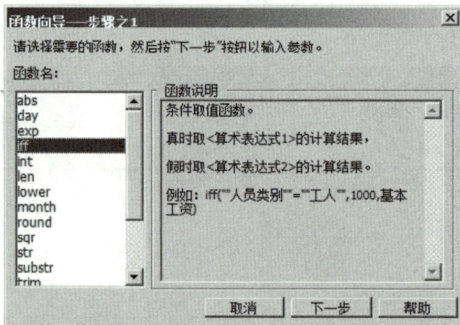

【实验资料】

2018年7月1日，根据表6-5设置工资项目的计算公式。

表6-5　　　　　　　　　　　　　工资项目的计算公式

序号	工资项目名称	计算公式
1	交通补贴	企业管理人员的交通补贴为280元，其他人员类别的人员交通补贴为490元
2	岗位工资	企业管理人员的岗位工资为1 000元，销售人员的岗位工资为800元，采购人员的岗位工资为500元
3	病假扣款	如果病假天数<=2天，病假扣款=日工资*病假天数*0.2； 如果病假天数>2天且<=7天，病假扣款=日工资*病假天数*0.4； 如果病假天数>7天，病假扣款=日工资*病假天数

【具体操作过程】

（1）设置"交通补贴"的计算公式：

❶在U8企业应用平台，依次选择"业务工作→人力资源→薪资管理→设置→工资项目设置"命令，打开"工资项目设置"窗口，单击"公式设置"页签。单击"增加"按钮，从下拉列表中选择"交通补贴"，点击"函数公式向导输入…"按钮，打开"函数向导——步骤之1"对话框，单击选中"iff"，如图6-17所示。

图6-17　函数向导——步骤之1

❷单击"下一步"按钮，打开"函数向导——步骤之2"对话框，如图6-18所示。

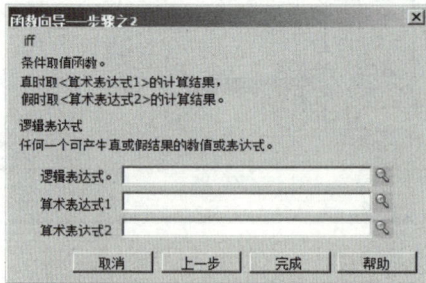

图6-18　函数向导——步骤之2

❸单击"逻辑表达式。"栏右侧的"🔍"参照按钮，打开"参照"对话框。"参照列表"选择"人员类别"，然后从下面的人员类别列表中选择"企业管理人员"，结果如图6-19所示。

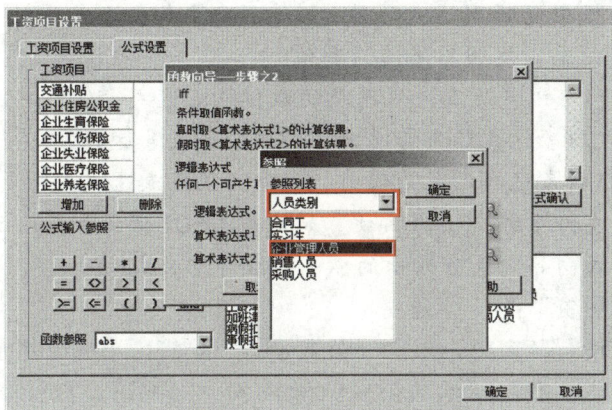

图6-19 设置逻辑表达式

❹单击"确定"按钮，返回"函数向导——步骤之2"对话框，在"算术表达式1"栏输入"280"，在"算术表达式2"栏输入490，结果如图6-20所示。

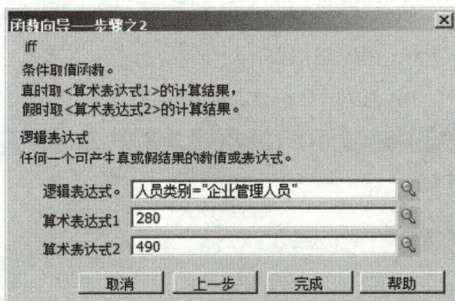

图6-20 设置算术表达式

❺单击"完成"按钮，返回"工资项目设置"窗口，单击"公式确认"按钮，结果如图6-21所示。

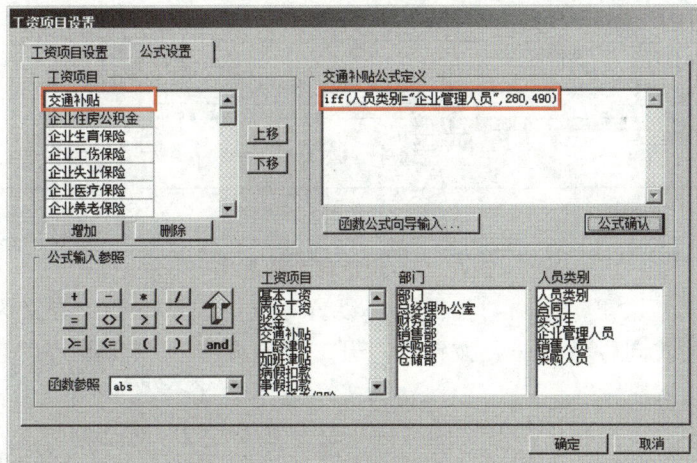

图6-21 交通补贴的计算公式

【提示】

[iff函数] 即条件取值函数，其基本格式如下：

iff（<逻辑表达式>，<算术表达式1>，<算术表达式2>）

其基本含义是：根据逻辑表达式的值，真时取<算术表达式1>的计算结果，假时取<算术表达式2>的计算结果。返回结果均为数值。

逻辑表达式：任何可以产生真或假结果的数值或表达式。

算术表达式1：逻辑表达式结果为真时，所取的值或表达式。

算术表达式2：逻辑表达式结果为假时，所取的值或表达式。

函数公式向导只支持系统提供的函数。如果熟悉SQL语法和SQL函数，还可以定义符合SQL语法且函数公式向导中没有列出的SQL函数计算公式。

（2）设置"岗位工资"的计算公式。

❶在"工资项目设置"窗口，单击"公式设置"页签。单击"增加"按钮，从下拉列表中选择"岗位工资"，点击"函数公式向导输入…"按钮，打开"函数向导——步骤之1"对话框，单击选中"iff"。

❷单击"下一步"按钮，打开"函数向导——步骤之2"对话框。

❸单击"逻辑表达式。"栏右侧的"🔍"参照按钮，打开"参照"对话框。"参照列表"选择"人员类别"，然后从下面的人员类别列表中选择"企业管理人员"。单击"确定"按钮，返回"函数向导——步骤之2"对话框，在"算术表达式1"栏输入"1000"，"算术表达式2"栏暂不输入，结果如图6-22所示。

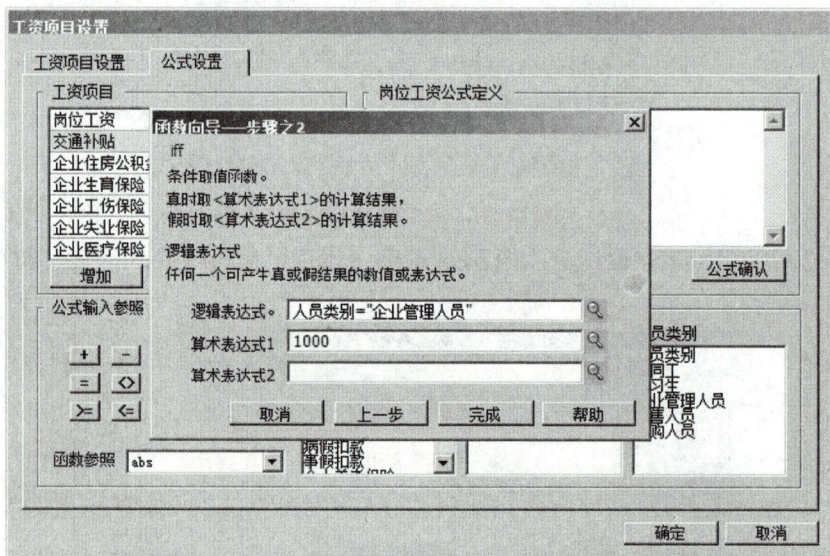

图6-22 设置算术表达式

❹单击"完成"按钮，返回"工资项目设置"窗口，点击公式定义区"）"的左侧。继续点击"函数公式向导输入…"按钮，打开"函数向导——步骤之1"对话框，单击选中"iff"。

❺单击"下一步"按钮，打开"函数向导——步骤之2"对话框。

❻单击"逻辑表达式。"栏右侧的"🔍"参照按钮，打开"参照"对话框。"参照列

表"选择"人员类别",然后从下面的人员类别列表中选择"销售人员"。单击"确定"按钮,返回"函数向导——步骤之2"对话框,在"算术表达式1"栏输入"800","算术表达式2"栏输入"500",结果如图6-23所示。

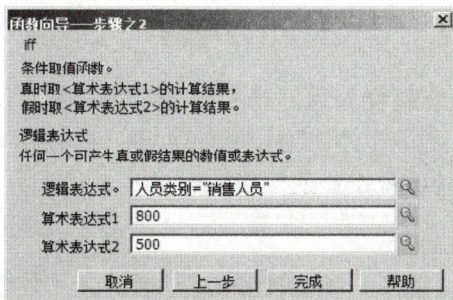

图6-23　在iff函数中嵌套另一个iff函数

❼单击"完成"按钮,返回"工资项目设置"窗口,单击"公式确认"按钮,结果如图6-24所示。

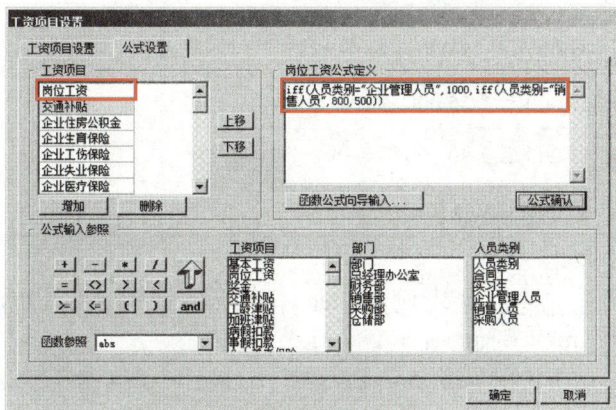

图6-24　岗位工资的计算公式

(3)设置"病假扣款"的计算公式。

参照前述方法可完成"病假扣款"的计算公式,结果如图6-25所示。注意"and"前后需各加一个空格。

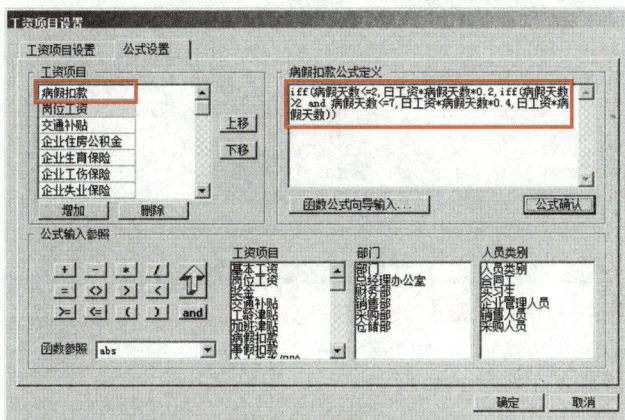

图6-25　病假扣款的计算公式

【提示】

此外，病假扣款的计算公式也可设成如下形式：iff（病假天数>7，日工资*病假天数，iff（病假天数>2 and 病假天数<=7，日工资*病假天数*0.4，日工资*病假天数*0.2））

☞知识点104　扣税设置

【实验资料】

2018年7月1日，设置应税收入为"计税工资"项。根据《个人所得税法》的规定，2013年9月1日以后，个人所得税"工资、薪金所得"的费用扣除标准为3 500元，附加减除费用标准为1 300元。具体税率和速算扣除数见表6-6。

表6-6　　　　　　　个人所得税"工资、薪金所得"税率表

级数	全月应纳税所得额	税率（%）	速算扣除数
1	不超过1 500元	3	0
2	超过1 500元至4 500元的部分	10	105
3	超过4 500元至9 000元的部分	20	555
4	超过9 000元至35 000元的部分	25	1 005
5	超过35 000元至55 000元的部分	30	2 755
6	超过55 000元至80 000元的部分	35	5 505
7	超过80 000元的部分	45	13 505

【具体操作过程】

（1）在U8企业应用平台，依次选择"业务工作→人力资源→薪资管理→设置→选项"命令，打开"选项"对话框。

（2）单击"编辑"按钮，点击"扣税设置"页签，将"收入额合计"由"实发合计"改为"计税工资"，如图6-26所示。

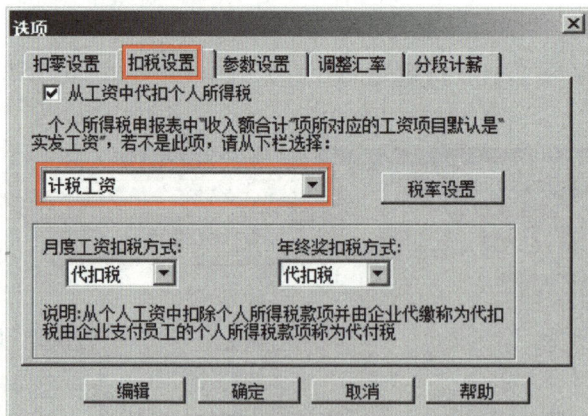

图6-26　选项——扣税设置

（3）单击"税率设置"按钮，打开"个人所得税申报表——税率表"对话框，如图6-27所示。

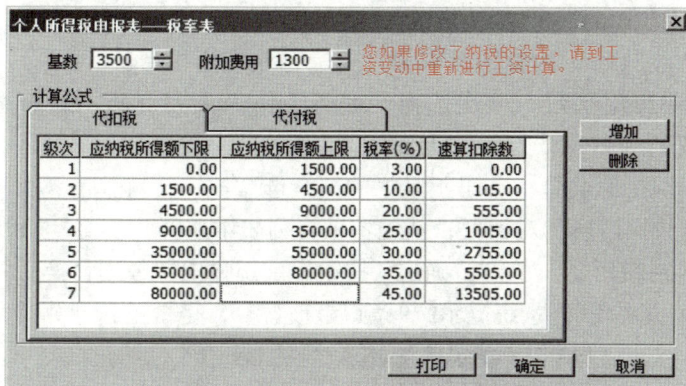

图6-27　个人所得税申报表——税率表

【提示】

根据最新税收法规，可以调整"基数"、"附加费用"、"应纳税所得额上限"、"税率"和"速算扣除数"，也可增加或删除级次。

调整某一级"应纳税所得额上限"，则其下一级"应纳税所得额下限"将随之改变。

系统已预设速算扣除数，可修改。

若删除级次，必须从最末级开始删除，不能跨级删除。当税率表中只剩一级时，该级不能删除。

修改税率表或重新选择"收入额合计"项后，需到"工资变动"中再次执行计算功能，否则系统仍保留修改前的数据。

修改税率不影响以前期间的税率设置。

任务2　　　　　　　　业务处理

☞知识点105　工资变动

【实验资料】

2018年7月31日，根据以下资料计算本月职工工资：

（1）全体职工的奖金为200元。

（2）除奖金外，本月职工工资数据见表6-7。

表6-7　　　　　　　　　　　　　　工资变动表

人员编号	人员姓名	行政部门	基本工资	工龄津贴	加班天数	病假天数	事假天数
A01	李成喜	总经理办公室	5 000	300		5	
W01	王钰	财务部	3 500	300	2		
W02	赵凯	财务部	3 000	100		1	
W03	贺青	财务部	2 100	150			1
X01	刘晓明	销售部	3 000	150	7		
X02	何丽	销售部	2 900	100	6		
G01	张宏亮	采购部	3 000	100		2	2
G02	徐辉	采购部	2 900	100			
C01	李泽华	仓储部	2 600	200	8		

【具体操作过程】

（1）2018年7月31日，由赵凯（W02）登录企业应用平台。

（2）在U8企业应用平台，依次选择"业务工作→人力资源→薪资管理→业务处理→工资变动"命令，打开"工资变动"窗口。

（3）录入全体职工的奖金。单击工具栏的"全选"按钮，再单击"替换"按钮，打开"工资项数据替换"对话框，从工资项目列表中选择"奖金"项，在"替换成"栏输入"200"，如图6-28所示。单击"确定"按钮，系统弹出"数据替换后将不可恢复。是否继续？"提示框，单击"是"，系统提示"9条记录被替换，是否重新计算？"，单击"是"。

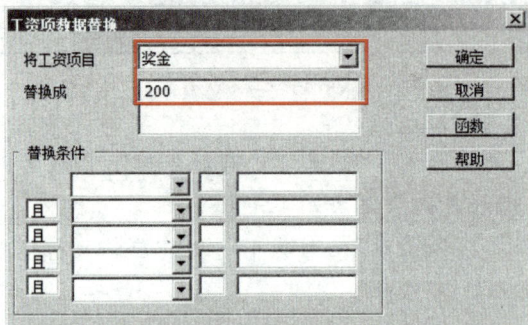

图6-28　数据替换

（4）根据表6-7直接录入工资数据，结果如图6-29所示。

选择	工号	人员编号	姓名	部门	人员类别	基本工资	工龄津贴	加班天数	病假天数	事假天数
		A01	李成喜	总经理办公室	企业管理人员	5,000.00	300.00		5.0	
		C01	李泽华	仓储部	企业管理人员	2,600.00	200.00	8.0		
		G01	张宏亮	采购部	采购人员	3,000.00	100.00		2.0	2.0
		G02	徐辉	采购部	采购人员	2,900.00	100.00			
		W01	王珏	财务部	企业管理人员	3,500.00	300.00	2.0		
		W02	赵凯	财务部	企业管理人员	3,000.00	100.00		1.0	
		W03	贺青	财务部	企业管理人员	2,100.00	150.00			1.0
		X01	刘朝明	销售部	销售人员	3,000.00	150.00	7.0		
		X02	何丽	销售部	销售人员	2,900.00	150.00	6.0		
合计						28,000.00	1,500.00	23.0	8.0	3.0

图6-29　录入工资数据

【提示】

可使用"过滤器"功能选择某些项目进行录入。

可使用工具栏的"过滤"按钮筛选符合某些条件的人员进行录入。

（5）录入完毕，单击工具栏的"计算""汇总"按钮，部分结果数据如图6-30所示。

选择	工号	人员编号	姓名	部门	人员类别	应发合计	五险一金工资基数	应付工资	计税工资	扣款合计	实发合计	本月扣零	代扣税
		A01	李成喜	总经理办公室	企业管理人员	6,780.00	2,280.00	6,208.58	5,729.78	1,168.20	5,610.00	1.80	117.98
		C01	李泽华	仓储部	企业管理人员	4,600.00	2,280.00	4,600.00	4,121.20	497.44	4,100.00	2.56	18.64
		G01	张宏亮	采购部	采购人员	4,290.00	2,280.00	4,056.66	3,577.86	714.48	3,570.00	5.52	2.34
		G02	徐辉	采购部	采购人员	4,190.00	2,280.00	4,190.00	3,711.20	485.14	3,700.00	4.86	6.34
		W01	王珏	财务部	企业管理人员	5,360.00	2,280.00	5,360.00	4,881.20	520.24	4,830.00	9.76	41.44
		W02	赵凯	财务部	企业管理人员	4,580.00	2,280.00	4,541.90	4,063.10	533.79	4,040.00	6.21	16.89
		W03	贺青	财务部	企业管理人员	3,730.00	2,280.00	3,656.19	3,177.39	552.61	3,170.00	7.39	
		X01	刘朝明	销售部	销售人员	4,920.00	2,280.00	4,920.00	4,441.20	507.04	4,410.00	2.96	28.24
		X02	何丽	销售部	销售人员	4,730.00	2,280.00	4,730.00	4,251.20	501.34	4,220.00	8.66	22.54
合计						43,180.00	20,520.00	42,263.33	37,954.13	5,480.28	37,650.00	49.72	254.41

图6-30　工资计算结果数据

【提示】

以下情况需在工资变动中再次进行"计算"和"汇总"：

❶重新设置了工资项目的计算公式；

❷重新进行了扣税设置；

❸修改了工资变动表中的部分数据。

☞知识点106 工资分摊设置

【实验资料】

2018年7月31日，根据以下资料进行工资分摊设置：

（1）计提工资（见表6-8）。

表6-8 计提工资

部门名称	人员类别	工资项目	借方科目	贷方科目
总经理办公室、财务部、仓储部	企业管理人员	应付工资	管理费用/职工薪酬（660202）	应付职工薪酬/工资（221101）
销售部	销售人员		销售费用/职工薪酬（660102）	
采购部	采购人员		管理费用/职工薪酬（660202）	

（2）代扣个人所得税（见表6-9）。

表6-9 代扣个人所得税

部门名称	人员类别	工资项目	借方科目	贷方科目
总经理办公室、财务部、仓储部	企业管理人员	代扣税	应付职工薪酬/工资（221101）	应交税费/应交个人所得税（222104）
销售部	销售人员		应付职工薪酬/工资（221101）	
采购部	采购人员		应付职工薪酬/工资（221101）	

（3）代扣职工负担的三险一金（见表6-10）。

表6-10 代扣职工负担的三险一金

部门名称	人员类别	工资项目	借方科目	贷方科目
总经理办公室、财务部、仓储部	企业管理人员	个人医疗保险	应付职工薪酬/工资（221101）	其他应付款/代扣医疗保险（224101）
销售部	销售人员		应付职工薪酬/工资（221101）	
采购部	采购人员		应付职工薪酬/工资（221101）	
总经理办公室、财务部、仓储部	企业管理人员	个人养老保险	应付职工薪酬/工资（221101）	其他应付款/代扣养老保险（224102）
销售部	销售人员		应付职工薪酬/工资（221101）	
采购部	采购人员		应付职工薪酬/工资（221101）	
总经理办公室、财务部、仓储部	企业管理人员	个人失业保险	应付职工薪酬/工资（221101）	其他应付款/代扣失业保险（224103）
销售部	销售人员		应付职工薪酬/工资（221101）	
采购部	采购人员		应付职工薪酬/工资（221101）	
总经理办公室、财务部、仓储部	企业管理人员	个人住房公积金	应付职工薪酬/工资（221101）	其他应付款/代扣住房公积金（224104）
销售部	销售人员		应付职工薪酬/工资（221101）	
采购部	采购人员		应付职工薪酬/工资（221101）	

（4）计提企业负担的五险一金（见表6-11）。

表6-11　　　　　　　　　　计提企业负担的五险一金

部门名称	人员类别	工资项目	借方科目	贷方科目
总经理办公室、财务部、仓储部	企业管理人员	企业医疗保险	管理费用/职工薪酬（660202）	应付职工薪酬/社会保险费/基本医疗保险（22110201）
销售部	销售人员		销售费用/职工薪酬（660102）	
采购部	采购人员		管理费用/职工薪酬（660202）	
总经理办公室、财务部、仓储部	企业管理人员	企业养老保险	管理费用/职工薪酬（660202）	应付职工薪酬/设定提存计划/基本养老保险费（22110801）
销售部	销售人员		销售费用/职工薪酬（660102）	
采购部	采购人员		管理费用/职工薪酬（660202）	
总经理办公室、财务部、仓储部	企业管理人员	企业失业保险	管理费用/职工薪酬（660202）	应付职工薪酬/设定提存计划/失业保险（22110802）
销售部	销售人员		销售费用/职工薪酬（660102）	
采购部	采购人员		管理费用/职工薪酬（660202）	
总经理办公室、财务部、仓储部	企业管理人员	企业工伤保险	管理费用/职工薪酬（660202）	应付职工薪酬/社会保险费/工伤保险费（22110202）
销售部	销售人员		销售费用/职工薪酬（660102）	
采购部	采购人员		管理费用/职工薪酬（660202）	
总经理办公室、财务部、仓储部	企业管理人员	企业生育保险	管理费用/职工薪酬（660202）	应付职工薪酬社会保险费/生育保险费（22110203）
销售部	销售人员		销售费用/职工薪酬（660102）	
采购部	采购人员		管理费用/职工薪酬（660202）	
总经理办公室、财务部、仓储部	企业管理人员	企业住房公积金	管理费用/职工薪酬（660202）	应付职工薪酬/住房公积金（221103）
销售部	销售人员		销售费用/职工薪酬（660102）	
采购部	采购人员		管理费用/职工薪酬（660202）	

（5）计提工会经费（见表6-12）。

表6-12　　　　　　　　　　计提工会经费（分摊计提比例为2%）

部门名称	人员类别	工资项目	借方科目	贷方科目
总经理办公室、财务部、仓储部	企业管理人员	应付工资	管理费用/职工薪酬（660202）	应付职工薪酬/工会经费（221104）
销售部	销售人员		销售费用/职工薪酬（660102）	
采购部	采购人员		管理费用/职工薪酬（660202）	

【具体操作过程】

（1）2018年7月31日，由赵凯（W02）登录企业应用平台。

（2）在U8企业应用平台，依次选择"业务工作→人力资源→薪资管理→业务处理→工资分摊"命令，打开"工资分摊"窗口，如图6-31所示。

分摊设置

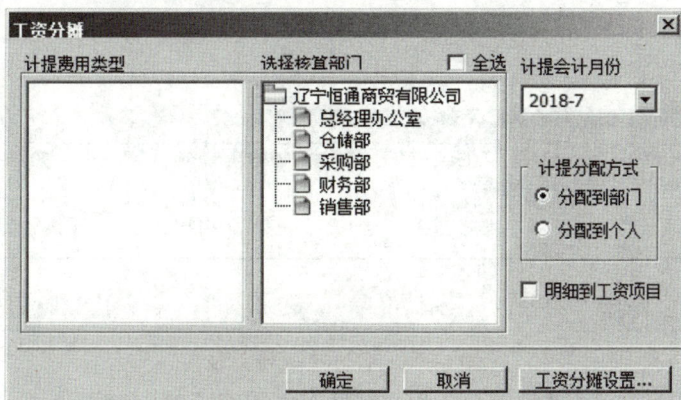

图6-31　"工资分摊"窗口

（3）单击"工资分摊设置…"按钮，打开"分摊类型设置"窗口，单击"增加"按钮，打开"分摊计提比例设置"对话框，在"计提类型名称"栏输入"计提工资"，如图6-32所示。

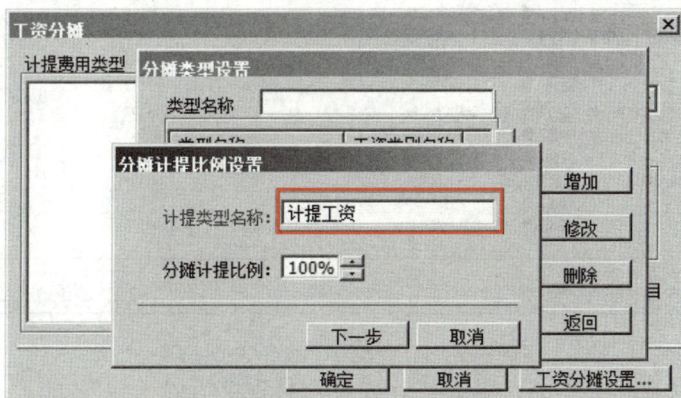

图6-32　增加工资分摊类型

（4）单击"下一步"按钮，打开"分摊构成设置"窗口，根据实验资料，录入"部门名称""人员类别"等项目，结果如图6-33所示。

部门名称	人员类别	工资项目	借方科目	借方项目大类	借方项目	贷方科目	贷方项目大类	贷方项目
总经理办公室,仓储部,财务部	企业管理人员	应付工资	660202			221101		
销售部	销售人员	应付工资	660102			221101		
采购部	采购人员	应付工资	660202			221101		

图6-33　计提工资

【提示】

［部门名称］一次可选择多个部门。不同部门，相同人员类别可设置不同分摊科目。

［工资项目］每个人员类别可选择多个工资项目。工资项目包括本工资类别中所有的增项、减项和其他项。

（5）单击"完成"按钮，系统返回"分摊类型设置"窗口。

（6）参照步骤（3）～（5）完成"代扣个人所得税"的工资分摊设置，结果如图6-34所示。

部门名称	人员类别	工资项目	借方科目	借方项目大类	借方项目	贷方科目	贷方项目大类	贷方项目
总经理办公室,仓储部,财务部	企业管理人员	代扣税	221101			222104		
销售部	销售人员	代扣税	221101			222104		
采购部	采购人员	代扣税	221101			222104		

上一步　完成　取消

图6-34　代扣个人所得税

（7）参照步骤（3）～（5）完成"代扣职工负担的三险一金"的工资分摊设置，结果如图6-35所示。

部门名称	人员类别	工资项目	借方科目	借方项目大类	借方项目	贷方科目	贷方项目大类	贷方项目
总经理办公室,仓储部,财务部	企业管理人员	个人医疗保险	221101			224101		
销售部	销售人员	个人医疗保险	221101			224101		
采购部	采购人员	个人医疗保险	221101			224101		
总经理办公室,仓储部,财务部	企业管理人员	个人养老保险	221101			224102		
销售部	销售人员	个人养老保险	221101			224102		
采购部	采购人员	个人养老保险	221101			224102		
总经理办公室,仓储部,财务部	企业管理人员	个人失业保险	221101			224103		
销售部	销售人员	个人失业保险	221101			224103		
采购部	采购人员	个人失业保险	221101			224103		
总经理办公室,仓储部,财务部	企业管理人员	个人住房公积金	221101			224104		
销售部	销售人员	个人住房公积金	221101			224104		
采购部	采购人员	个人住房公积金	221101			224104		

上一步　完成　取消

图6-35　代扣职工负担的三险一金

（8）参照步骤（3）～（5）完成"计提企业负担的五险一金"的工资分摊设置，结果如图6-36所示。

部门名称	人员类别	工资项目	借方科目	借方项目大类	借方项目	贷方科目	贷方项目大类	贷方项目
总经理办公室,仓储部,财务部	企业管理人员	企业医疗保险	660202			22110201		
销售部	销售人员	企业医疗保险	660102			22110201		
采购部	采购人员	企业医疗保险	660202			22110201		
总经理办公室,仓储部,财务部	企业管理人员	企业养老保险	660202			22110801		
销售部	销售人员	企业养老保险	660102			22110801		
采购部	采购人员	企业养老保险	660202			22110801		
总经理办公室,仓储部,财务部	企业管理人员	企业失业保险	660202			22110802		
销售部	销售人员	企业失业保险	660102			22110802		
采购部	采购人员	企业失业保险	660202			22110802		
总经理办公室,仓储部,财务部	企业管理人员	企业工伤保险	660202			22110202		
销售部	销售人员	企业工伤保险	660102			22110202		
采购部	采购人员	企业工伤保险	660202			22110202		
总经理办公室,仓储部,财务部	企业管理人员	企业生育保险	660202			22110203		
销售部	销售人员	企业生育保险	660102			22110203		
采购部	采购人员	企业生育保险	660202			22110203		
总经理办公室,仓储部,财务部	企业管理人员	企业住房公积金	660202			221103		
销售部	销售人员	企业住房公积金	660102			221103		
采购部	采购人员	企业住房公积金	660202			221103		

上一步　完成　取消

图6-36　计提企业负担的五险一金

（9）参照步骤（3）～（5）完成"计提工会经费"的工资分摊设置，注意计提工会经费的分摊计提比例应为 **2%**，结果如图6-37所示。返回"工资分摊"窗口。

图6-37　计提工会经费

【提示】

计提职工福利费、职工教育经费的工资分摊设置参照"计提工会经费"的设置方法。

☞知识点107　工资分摊

【实验资料】

2018年7月31日，按分摊类型逐个生成记账凭证。

【具体操作过程】

（1）在U8企业应用平台，依次选择"业务工作→人力资源→薪资管理→业务处理→工资分摊"命令，打开"工资分摊"窗口。勾选"计提工资"等五个计提费用类型，勾选所有核算部门，勾选"明细到工资项目""按项目核算"，如图6-38所示。

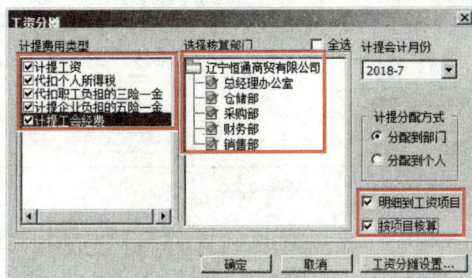

图6-38　"工资分摊"窗口

（2）单击"确定"按钮，打开"工资分摊明细"窗口，勾选"合并科目相同、辅助项相同的分录"，如图6-39所示。

图6-39　工资分摊明细

（3）单击工具栏的"制单"按钮，进入填制凭证界面，"凭证类别"选择"转账凭证"，单击"保存"按钮保存该记账凭证，如图6-40所示。

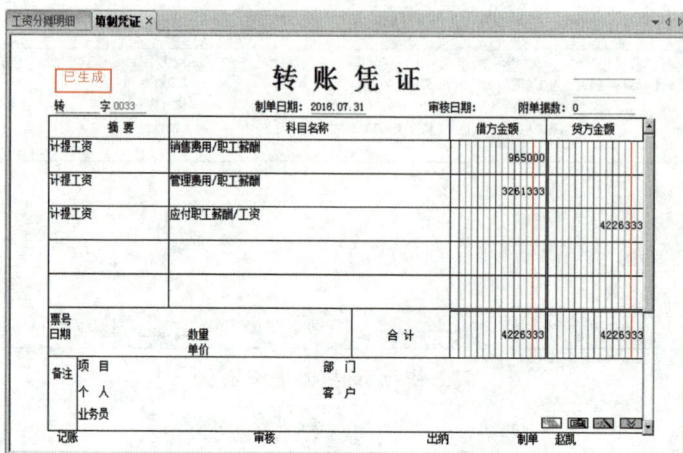

图6-40　计提工资

（4）关闭"填制凭证"窗口，返回"工资分摊明细"窗口。"类型"下拉框选择"代扣个人所得税"，勾选"合并科目相同、辅助项相同的分录"，如图6-41所示。

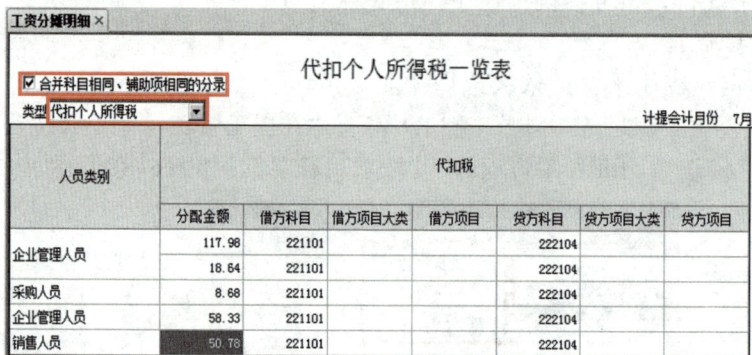

图6-41　工资分摊明细

（5）单击工具栏的"制单"按钮，进入填制凭证界面，"凭证类别"选择"转账凭证"，单击"保存"按钮保存该记账凭证，如图6-42所示。

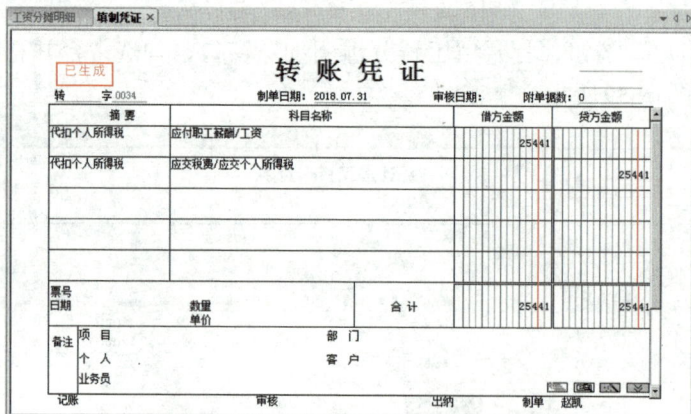

图6-42　代扣个人所得税

（6）参照步骤（4）~（5）生成“代扣职工负担的三险一金”的转账凭证，如图6-43所示。

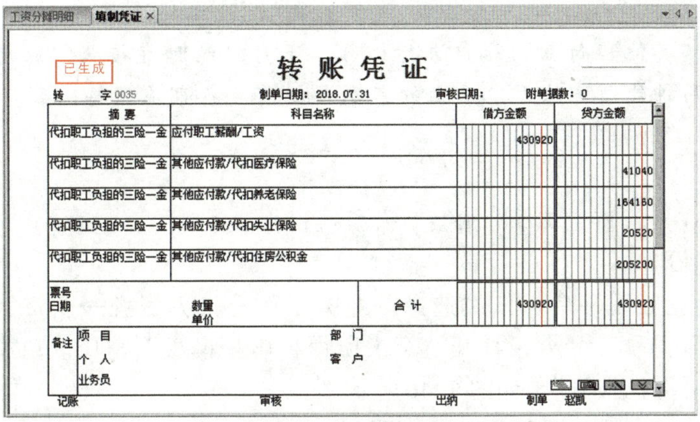

工资分摊明细　填制凭证

已生成

转账凭证

转　字 0035　制单日期：2018.07.31　审核日期：　附单据数：0

摘要	科目名称	借方金额	贷方金额
代扣职工负担的三险一金	应付职工薪酬/工资	430920	
代扣职工负担的三险一金	其他应付款/代扣医疗保险		41040
代扣职工负担的三险一金	其他应付款/代扣养老保险		164160
代扣职工负担的三险一金	其他应付款/代扣失业保险		20520
代扣职工负担的三险一金	其他应付款/代扣住房公积金		205200
票号 日期	数量 单价　合计	430920	430920

备注　项目　部门　个人　客户　业务员

记账　审核　出纳　制单 赵凯

图6-43　代扣职工负担的三险一金

（7）参照步骤（4）~（5）生成“计提企业负担的五险一金”的转账凭证，如图6-44所示。

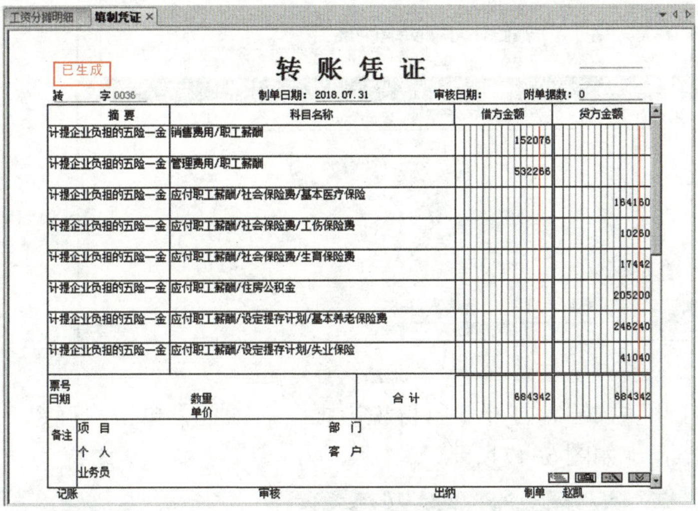

工资分摊明细　填制凭证

已生成

转账凭证

转　字 0036　制单日期：2018.07.31　审核日期：　附单据数：0

摘要	科目名称	借方金额	贷方金额
计提企业负担的五险一金	销售费用/职工薪酬	152076	
计提企业负担的五险一金	管理费用/职工薪酬	532266	
计提企业负担的五险一金	应付职工薪酬/社会保险费/基本医疗保险		164160
计提企业负担的五险一金	应付职工薪酬/社会保险费/工伤保险费		10260
计提企业负担的五险一金	应付职工薪酬/社会保险费/生育保险费		17442
计提企业负担的五险一金	应付职工薪酬/住房公积金		205200
计提企业负担的五险一金	应付职工薪酬/设定提存计划/基本养老保险费		246240
计提企业负担的五险一金	应付职工薪酬/设定提存计划/失业保险		41040
票号 日期	数量 单价　合计	684342	684342

备注　项目　部门　个人　客户　业务员

记账　审核　出纳　制单 赵凯

图6-44　计提企业负担的五险一金

（8）参照步骤（4）~（5）生成“计提工会经费”的转账凭证，如图6-45所示。

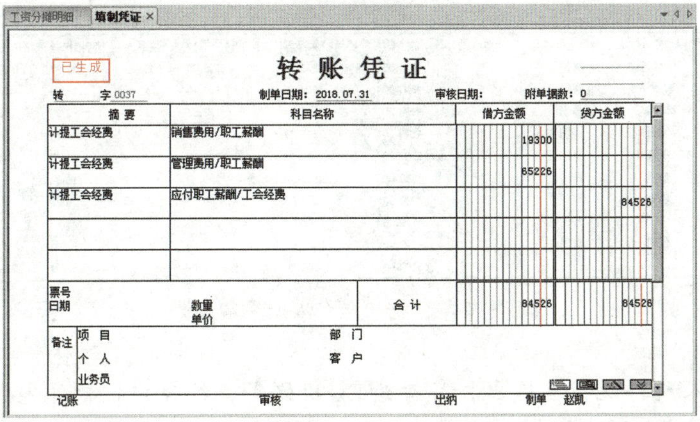

工资分摊明细　填制凭证

已生成

转账凭证

转　字 0037　制单日期：2018.07.31　审核日期：　附单据数：0

摘要	科目名称	借方金额	贷方金额
计提工会经费	销售费用/职工薪酬	19300	
计提工会经费	管理费用/职工薪酬	65226	
计提工会经费	应付职工薪酬/工会经费		84526
票号 日期	数量 单价　合计	84526	84526

备注　项目　部门　个人　客户　业务员

记账　审核　出纳　制单 赵凯

图6-45　计提工会经费

【提示】

在实务中，关于"代扣职工负担的三险一金"，除上述方法外，还可按以下方法处理：月末不通过"其他应付款"账户进行核算，下月缴纳时直接从"应付职工薪酬/工资"账户中冲销。这两种处理方法无本质上的差别，但前后各期应保持一致。

☞知识点108 扣缴所得税

【实验资料】

2018年7月31日，查询7月份扣缴个人所得税报表。

【具体操作过程】

（1）在U8企业应用平台，依次选择"业务工作→人力资源→薪资管理→业务处理→扣缴所得税"命令，打开"个人所得税申报模板"窗口。单击报表类型"扣缴个人所得税报表"，如图6-46所示。

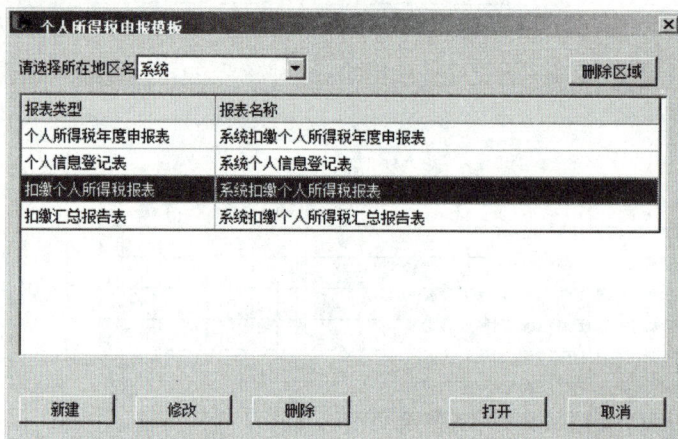

图6-46 "个人所得税申报模板"窗口

（2）单击"打开"按钮，打开"所得税申报"对话框，单击"确定"按钮，打开系统扣缴个人所得税报表，如图6-47所示。

系统扣缴个人所得税报表

2018年7月 -- 2018年7月

总人数：9

序号	纳税义务人姓名	身份证照类型	所得期间	收入额	费用扣除标准	应纳税所得额	税率	应扣税额	已扣税额	备注
1	李成喜	身份证	7	6780.00	3500.00	2229.78	10	117.98	117.98	
2	李泽华	身份证	7	4600.00	3500.00	621.20	3	18.64	18.64	
3	张宏亮	身份证	7	4290.00	3500.00	77.86	3	2.34	2.34	
4	徐辉	身份证	7	4190.00	3500.00	211.20	3	6.34	6.34	
5	王钰	身份证	7	5360.00	3500.00	1381.20	3	41.44	41.44	
6	赵凯	身份证	7	4580.00	3500.00	563.10	3	16.89	16.89	
7	贺青	身份证	7	3730.00	3500.00	0.00	0	0.00	0.00	
8	刘婉明	身份证	7	4920.00	3500.00	941.20	3	28.24	28.24	
9	何丽	身份证	7	4730.00	3500.00	751.20	3	22.54	22.54	
合计				43180.00	31500.00	6776.74		254.41	254.41	

图6-47 系统扣缴个人所得税报表

【提示】

可将扣缴个人所得税报表输出，另存为Excel格式，结合申报软件完成纳税申报工作。

根据个人所得税法律制度的规定，工资、薪金所得实行按月计征，在次月15日内缴入国库。实际缴纳时的系统处理方法如下：

❶直接在总账系统填制记账凭证；

❷通过常用凭证处理；

❸通过自定义转账或对应结转处理；

❹通过薪资管理的工资分摊处理。

☞知识点109　银行代发

【实验资料】

2018年7月31日，查询7月份银行代发一览表。

【具体操作过程】

（1）在U8企业应用平台，依次选择"业务工作→人力资源→薪资管理→业务处理→银行代发"命令，打开"请选择部门范围"对话框。选中所有部门，单击"确定"按钮，打开"银行文件格式设置"窗口，从"银行模板"下拉列表中选择"中国工商银行"，如图6-48所示。

图6-48　"银行文件格式设置"窗口

（2）单击"确定"按钮，系统提示"确认设置的银行文件格式?"，单击"是"按钮，打开"银行代发"窗口，如图6-49所示。

银行代发一览表

名称：中国工商银行　　　　　　　　　　　　　　　　　　人数：9

单位编号	人员编号	账号	金额	录入日期
1234934325	A01	26370021901	5610.00	20180731
1234934325	C01	26370021909	4100.00	20180731
1234934325	G01	26370021907	3570.00	20180731
1234934325	G02	26370021908	3700.00	20180731
1234934325	W01	26370021902	4830.00	20180731
1234934325	W02	26370021903	4040.00	20180731
1234934325	W03	26370021904	3170.00	20180731
1234934325	X01	26370021905	4410.00	20180731
1234934325	X02	26370021906	4220.00	20180731
合计			37,650.00	

图6-49　银行代发一览表

【提示】

银行代发一览表也可输出。

现金发放人员不进行银行代发。

银行代发工资时的系统处理方法同扣缴个人所得税的处理方法。

☞知识点110　工资分钱清单

【实验资料】

2018年7月31日，查询7月份工资分钱清单。

【具体操作过程】

（1）在U8企业应用平台，依次选择"业务工作→人力资源→薪资管理→业务处理→工资分钱清单"命令，打开"工资分钱清单"窗口，并弹出"票面额设置"对话框，如图6-50所示。

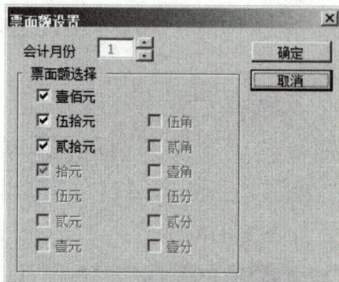

图6-50　票面额设置

（2）单击"确定"按钮，打开分钱清单，单击"人员分钱清单"页签，如图6-51所示。

工号	人员编号	人员姓名	壹佰元	伍拾元	贰拾元	拾元	金额合计
	A01	李成喜	56			1	5610.00
	C01	李泽华	41				4100.00
	G01	张宏亮	35	1	1		3570.00
	G02	徐辉	37				3700.00
	W01	王钰	48		1	1	4830.00
	W02	赵凯	40		2		4040.00
	W03	贺青	31		1		3170.00
	X01	刘映明	44			1	4410.00
	X02	何丽	42		1		4220.00
票面合计数	------	------	374	2	6	3	------
金额合计数	------	------	37400.00	100.00	120.00	30.00	37650.00

图6-51　人员分钱清单

【提示】

当企业用现金发放工资时使用该功能。

点击"工资发放取款单"页签即可查看单位整体计算的票面分钱总数。用于出纳按票面取款，以便发放。

☞知识点111　统计分析

【实验资料】

（1）查询7月份工资发放条。

（2）查询7月份薪资管理系统生成的所有记账凭证。

【具体操作过程】

（1）在U8企业应用平台，依次选择"业务工作→人力资源→薪资管理→统计分析→账表→工资表"命令，打开"工资表"窗口，单击"工资发放条"，单击"查看"按钮，弹出"请选择若干部门"对话框，选中所有部门，单击"确定"按钮，打开"工资发放条"窗口，如图6-52所示。

图6-52　工资发放条

（2）在薪资管理系统选择"统计分析→凭证查询"命令，打开"凭证查询"窗口，如图6-53所示。

业务日期	业务类型	业务号	制单人	凭证日期	凭证号	标志
2018-07-31	计提工资	1	赵凯	2018-07-31	转-33	未审核
2018-07-31	代扣个人所得税	2	赵凯	2018-07-31	转-34	未审核
2018-07-31	代扣职工负担的三险	3	赵凯	2018-07-31	转-35	未审核
2018-07-31	计提企业负担的五险	4	赵凯	2018-07-31	转-36	未审核
2018-07-31	计提工会经费	5	赵凯	2018-07-31	转-37	未审核

图6-53　凭证查询

☞知识点112　月末处理

【实验资料】

2018年7月31日，对薪资管理系统进行月末结账。

【具体操作过程】

（1）在U8企业应用平台，依次选择"业务工作→人力资源→薪资管理→业务处理→月末处理"命令，打开"月末处理"对话框，单击"确定"按钮，弹出系统提示，如图6-54所示。

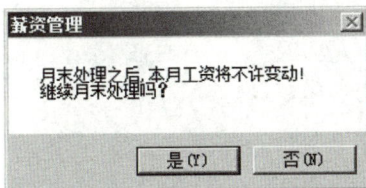

图6-54　系统提示

（2）单击"是"，系统提示"是否选择清零项？"，单击"是"，弹出"选择清零项目"对话框。选择清零项目"奖金""加班天数""病假天数""事假天数"，如图6-55所示。

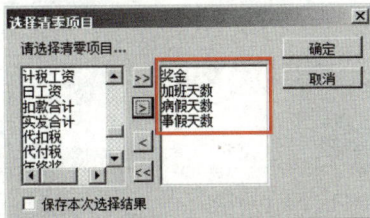

图6-55　选择清零项

（3）单击"确定"按钮，系统提示"月末处理完毕！"，单击"确定"按钮，完成月结。

【提示】

如果某工资项目每月数据均不同，在处理每月工资时，均需将其数据清为0，然后输入当月的数据，此类项目即为清零项目。

若不选择清零项目，则下月项目将完全继承当前月数据。

若本月工资数据未汇总，系统将不允许进行月末结账。

月末结账后，若发现还有事项需要在已结账月处理，此时需要使用反结账功能取消结账标志。反结账必须以已结账月份的下月登录系统才能进行。

项目7　固定资产系统

固定资产系统主要完成企业固定资产日常业务的核算和管理，生成固定资产卡片，按月反映固定资产的增加、减少、原值变化及其他变动，按月计提折旧，生成记账凭证，输出相关的报表和账簿。

固定资产系统与其他系统的关系如下：

❶固定资产系统与总账系统。固定资产系统将资产增加等业务生成的凭证传递至总账系统。固定资产系统可随时与总账系统进行对账。

❷固定资产系统与供应链系统。若启用供应链系统，固定资产采购业务的入库单传递到固定资产系统后结转生成采购资产卡片。

❸固定资产系统与UFO报表系统。固定资产系统为UFO报表系统提供数据支持。

本项目的重点内容：卡片录入、计提折旧。

本项目的难点内容：固定资产盘点业务处理。

本项目总体流程如图7-1所示。

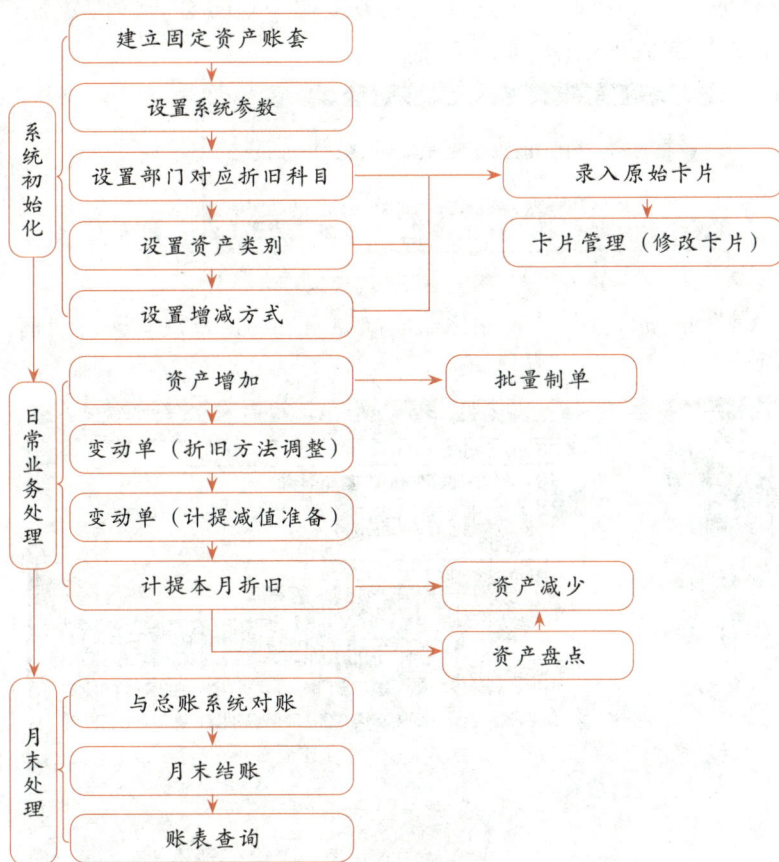

图7-1　本项目总体流程

任务1　系统初始化

☞知识点113　建立固定资产账套

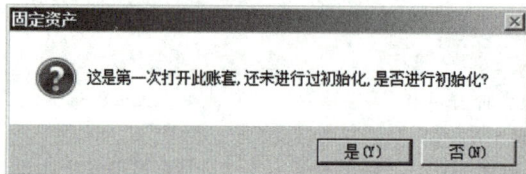

【实验资料】

2018年7月1日，根据表7-1建立固定资产账套，其他项默认。

表7-1　　　　　　　　　　　　　固定资产系统建账向导

建账向导	参数设置
约定及说明	我同意
启用月份	2018.07
折旧信息	采用"平均年限法（一）"计提折旧
编码方式	固定资产类别编码方式为"1-1-1-2"； 固定资产编码方式采用"类别编码+序号"的自动编码方式，其序号长度为4
账务接口	固定资产对账科目为"1601固定资产"； 累计折旧对账科目为"1602累计折旧"

【具体操作过程】

（1）2018年7月1日，由赵凯（W02）登录企业应用平台。

（2）在U8企业应用平台，依次选择"业务工作→财务会计→固定资产"命令，系统提示是否进行初始化，如图7-2所示。

图7-2　系统提示

（3）单击"是"按钮，打开"初始化账套向导——约定及说明"对话框，选择"我同意"，如图7-3所示。

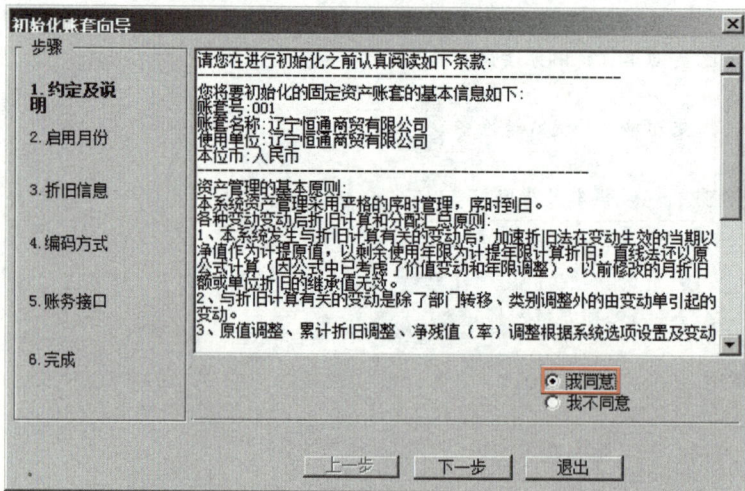

图7-3　"初始化账套向导——约定及说明"对话框

（4）单击"下一步"按钮，打开固定资产"初始化账套向导——启用月份"对话框。系统默认账套启用月份为"2018.07"，如图7-4所示。

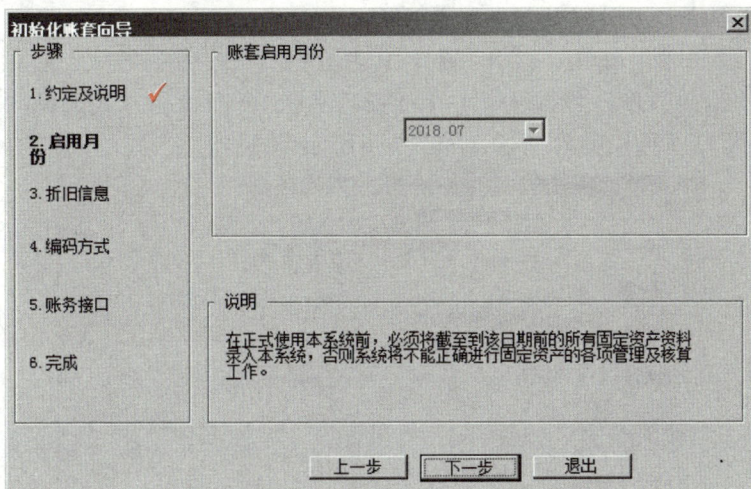

图7-4 "初始化账套向导——启用月份"对话框

【提示】

固定资产启用日期只能查看不可修改。

（5）单击"下一步"按钮，打开"初始化账套向导——折旧信息"对话框，从"主要折旧方法"下拉框中选择"平均年限法（一）"，如图7-5所示。

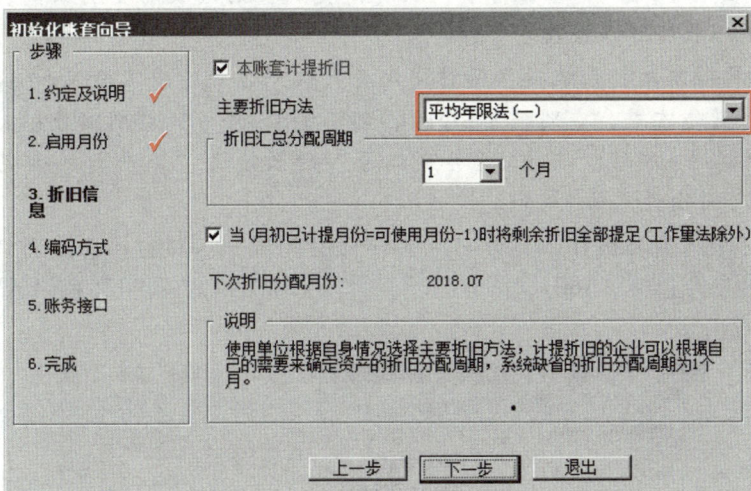

图7-5 "初始化账套向导——折旧信息"对话框

【提示】

［本账套计提折旧］在初始化时一经设置，不能修改。如果不选择"本账套计提折旧"，则折旧方法为"不提折旧"，且账套内与折旧有关的功能将不可用。

［主要折旧方法］系统提供以下折旧方法：平均年限法（一）、平均年限法（二）、工作量法、年数总和法、双倍余额递减法（一）、双倍余额递减法（二）。选择折旧方法后，在新增资产类别时系统自动带出该折旧方法。

［折旧汇总分配周期］一般企业按月计提折旧。如果按季、半年或年计提折旧，可在此设置折旧周期，此时每个会计月均计提折旧，但折旧的汇总分配按这里设定的周期进行，把该周期内各会计月计提的折旧汇总分配。

（6）单击"下一步"按钮，打开"初始化账套向导——编码方式"对话框。将资产类别编码方式的"编码长度"修改为"1-1-1-2"。固定资产编码方式选择"自动编码"及"类别编号+序号"，序号长度为"4"，如图7-6所示。

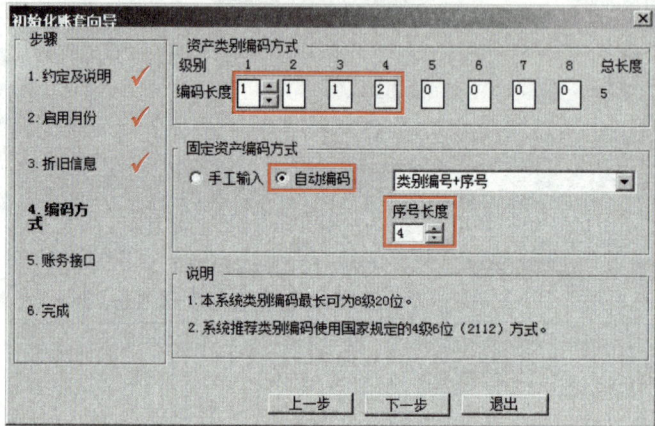

图7-6 "初始化账套向导——编码方式"对话框

【提示】

［资产类别编码方式］一旦新增某一级资产类别，则该级的类别编码长度不能修改。未使用的类别编码长度可以修改。

［固定资产编码方式］系统提供两种固定资产编码方式：手工输入和自动编码。自动编码又包括以下具体方式：类别编号+序号、部门编号+序号、类别编号+部门编号+序号、部门编号+类别编号+序号。其中，"类别编号"的长度由"资产类别编码方式"决定；"序号"的长度可自由设定为1~5位。

（7）单击"下一步"按钮，打开"初始化账套向导——账务接口"对话框。"固定资产对账科目"栏参照选择"1601，固定资产"，"累计折旧对账科目"栏录入"1602，累计折旧"，如图7-7所示。

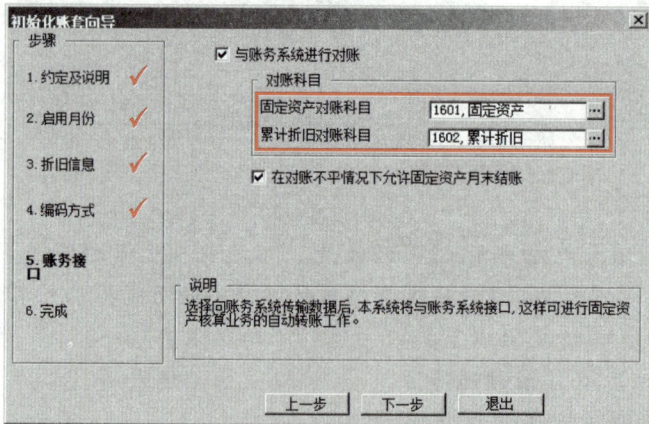

图7-7 "初始化账套向导——账务接口"对话框

【提示】

这里的对账是指将固定资产系统的原值、累计折旧与总账系统的固定资产科目和累计折旧科目的余额相核对。

[在对账不平情况下允许固定资产月末结账] 系统缺省勾选此项，表示本系统与总账系统对账不平时固定资产系统也可结账。如果不勾选此项，表示对账不平时不允许结账，在月末结账时自动执行一次对账，给出对账结果；如果不平，表明两系统存在偏差，应予以调整。

（8）单击"下一步"按钮，打开"初始化账套向导——完成"对话框，如图7-8所示。

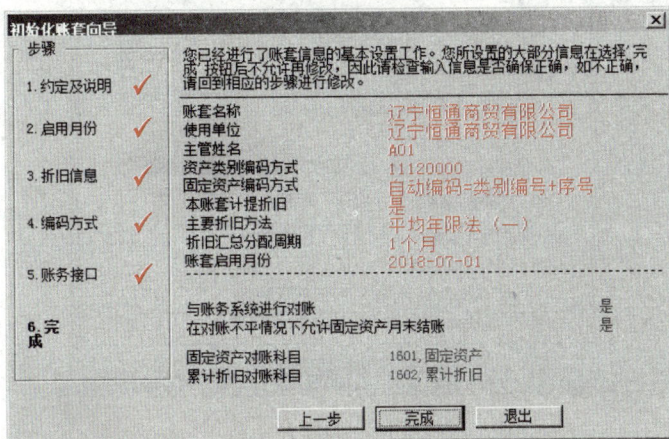

图7-8　"初始化账套向导——完成"对话框

（9）单击"完成"按钮，系统弹出提示框，如图7-9所示。

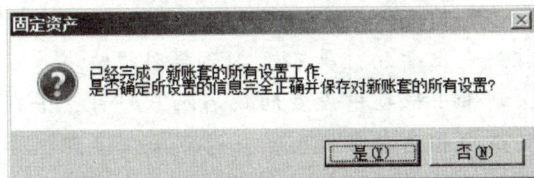

图7-9　固定资产初始化确认

（10）单击"是"按钮，系统提示"已成功初始化本固定资产账套！"，单击"确定"按钮，固定资产建账完成。

☞知识点114　设置系统参数

【实验资料】

根据表7-2设置固定资产系统参数。

表7-2　　　　　　　　　　　　　　　　选项设置

系统名称	选项卡	选项设置
固定资产	与账务系统接口	固定资产缺省入账科目：1601 累计折旧缺省入账科目：1602 减值准备缺省入账科目：1603 增值税进项税额缺省入账科目：22210101 固定资产清理缺省入账科目：1606
	其它	已发生资产减少的卡片10年后可删除 卡片金额型数据显示千分位格式

【具体操作过程】

（1）在U8企业应用平台，依次选择"业务工作→财务会计→固定资产→设置→选项"命令，打开"选项"窗口。

（2）单击"与账务系统接口"页签，单击"编辑"按钮，根据实验资料参照选择固定资产等的缺省入账科目，结果如图7-10所示。

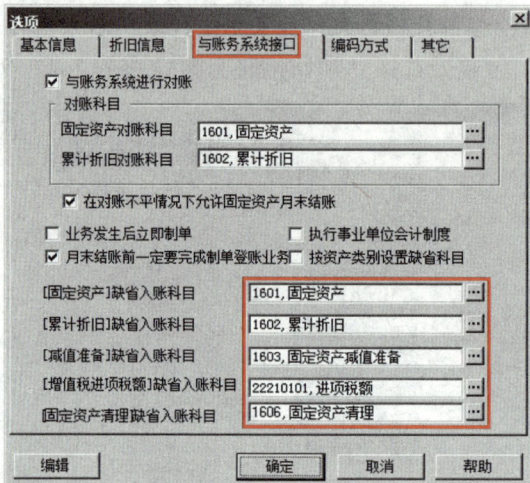

图7-10　"选项——与财务系统接口"页签

【提示】

[按资产类别设置缺省科目] 若勾选此项，则"固定资产对账科目"和"累计折旧对账科目"可以多选，但最多能选10个；同时，可以在"资产类别"中录入"缺省入账科目"。

系统制单时，系统首先带出卡片所属末级资产类别的缺省入账科目；若在资产类别中没有设置缺省入账科目，则带出选项中设置的缺省入账科目；若在选项中没有设置缺省入账科目，则弹出的记账凭证中相关科目为空，此时须手工参照选择相关科目。

（3）单击"其它"页签，修改"已发生资产减少卡片可删除时限"为"10年"，勾选"卡片金额型数据显示千分位格式"，如图7-11所示，单击"确定"按钮，完成选项设置。

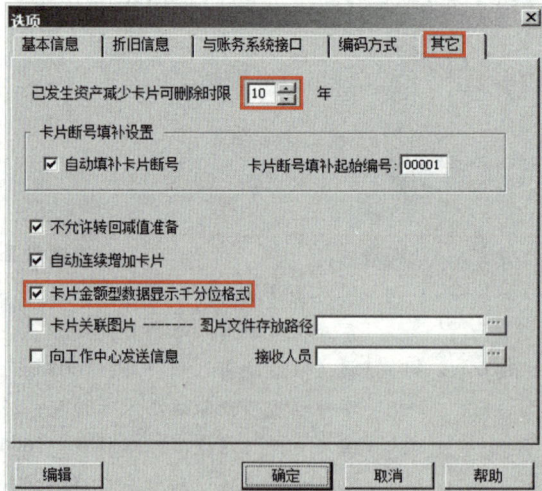

图7-11　"选项——其它"页签

【提示】

[已发生资产减少卡片可删除时限] 根据《会计档案管理办法》的规定，固定资产报废清理后，其资产卡片最低保管期限为 5 年，即大于等于 5 年。所以系统设置了该时限缺省为 5 年。超过该时限后才能将相关资产的卡片和变动单删除。

☞知识点 115   设置部门对应折旧科目

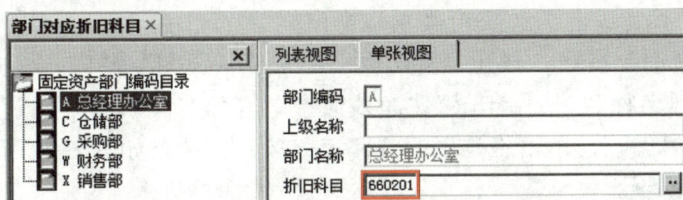

【实验资料】

根据表 7-3 设置部门对应折旧科目。

表 7-3   部门对应折旧科目

部门名称	折旧科目
总经理办公室	管理费用/折旧费（660201）
财务部	管理费用/折旧费（660201）
销售部	销售费用/折旧费（660101）
采购部	管理费用/折旧费（660201）
仓储部	管理费用/折旧费（660201）

【具体操作过程】

（1）在 U8 企业应用平台，依次选择"业务工作→财务会计→固定资产→设置→部门对应折旧科目"命令，打开"部门对应折旧科目"窗口。

（2）点击"总经理办公室"，单击工具栏的"修改"按钮，打开"单张视图"窗口。根据实验资料，"折旧科目"栏录入"660201"（管理费用/折旧费），如图 7-12 所示。

图 7-12   "部门对应折旧科目——单张视图"窗口

【提示】

修改本级部门的折旧科目，其下级部门的折旧科目可以同步修改。

设置部门对应折旧科目时，必须选择末级会计科目。

（3）单击工具栏的"保存"按钮。以此方法继续录入其他部门对应折旧科目，结果如图 7-13 所示。

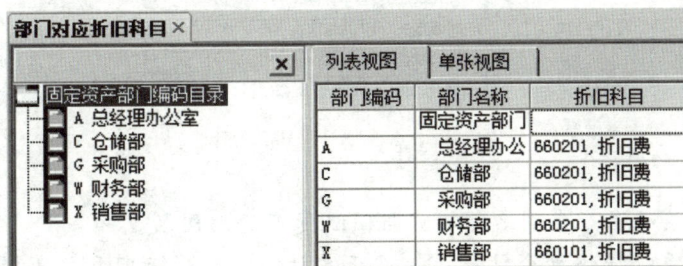

图 7-13   "部门对应折旧科目——列表视图"窗口

【提示】

根据受益原则，按使用部门或资产类别将固定资产折旧计入成本费用。若按使用部门归集，则在此处设置对应的折旧入账科目。录入固定资产卡片时，该科目自动显示在卡片中。在生成部门折旧分配表时，每一部门按折旧科目汇总，生成记账凭证。

☞知识点116　设置资产类别

【实验资料】

根据表7-4设置固定资产类别。

表7-4　　　　　　　　　　　　固定资产类别

类别编码	类别名称	使用年限	净残值率	计提属性	折旧方法	卡片样式
1	房屋及建筑物	20	3%	正常计提	平均年限法（一）	含税卡片样式
2	机器设备	10	2%	正常计提	平均年限法（一）	含税卡片样式
3	运输工具	4	2%	正常计提	平均年限法（一）	含税卡片样式
31	轿车	4	2%	正常计提	平均年限法（一）	含税卡片样式
32	货车	4	2%	正常计提	平均年限法（一）	含税卡片样式
4	办公设备	3	2%	正常计提	平均年限法（一）	含税卡片样式
41	电脑	3	2%	正常计提	平均年限法（一）	含税卡片样式
42	复印机	3	2%	正常计提	平均年限法（一）	含税卡片样式
43	打印机	3	2%	正常计提	平均年限法（一）	含税卡片样式

【具体操作过程】

（1）在U8企业应用平台，依次选择"业务工作→财务会计→固定资产→设置→资产类别"命令，打开"资产类别"窗口。

（2）单击"增加"按钮，打开"资产类别——单张视图"窗口，根据实验资料，录入"类别名称""使用年限""净残值率"等信息，"卡片样式"栏参照选择"含税卡片样式"，单击工具栏的"保存"按钮，结果如图7-14所示。

图7-14　增加一级资产类别

【提示】

［类别名称］该项资产类别名称不可与同级资产类别同名。

［计提属性］系统提供三个计提属性：正常计提、总提折旧和总不提折旧。计提属性一经选择并使用，不允许修改。

[卡片样式]从卡片样式目录中选择该资产类别对应的卡片样式。

（3）以此方法继续录入第2、3、4类资产的类别名称等信息。第4个资产类别保存完毕，单击工具栏的"放弃"按钮，系统提示"是否取消本次操作？"，单击"是"按钮，返回"资产类别——列表视图"窗口，如图7-15所示。

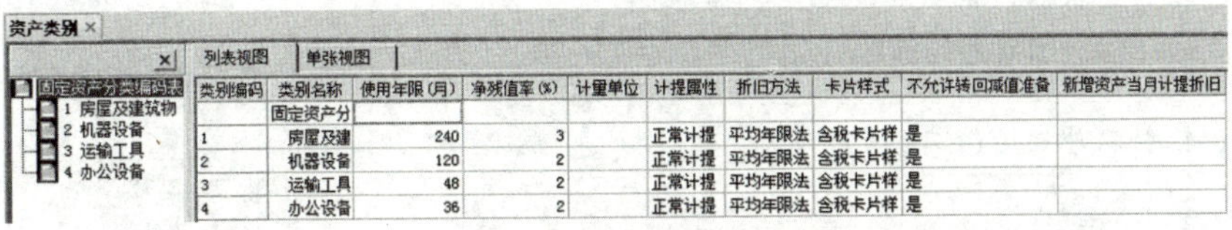

图7-15　"资产类别——列表视图"窗口

（4）点击"运输工具"资产类别，单击"增加"按钮，输入"类别名称"为"轿车"，如图7-16所示。

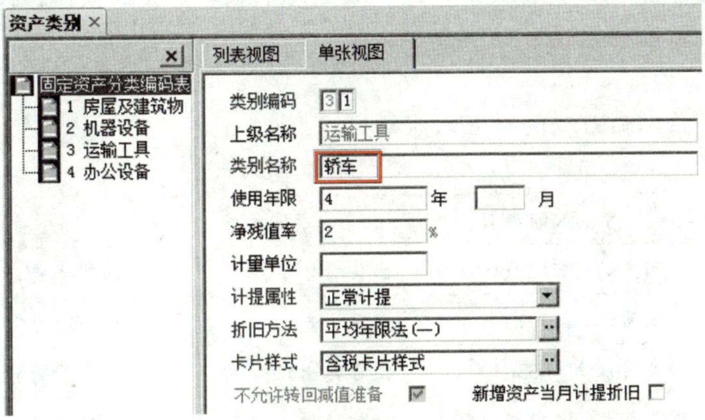

图7-16　增加二级资产类别

【提示】

建立多级固定资产类别，应先建立上级固定资产类别再建立下级类别。增加下级类别，可继承上级类别的使用年限、净残值率、计提属性等信息。如果下级类别与上级类别设置不同，可以修改。下级类别的类别编码由其所属上级类别编码（一级类别除外）和输入的本级编码共同组成。

（5）单击"保存"按钮。以此方法继续录入32、41、42、43资产类别名称并保存。

（6）单击"放弃"按钮，系统提示"是否取消本次操作？"，单击"是"按钮，返回"资产类别——列表视图"窗口，如图7-17所示。

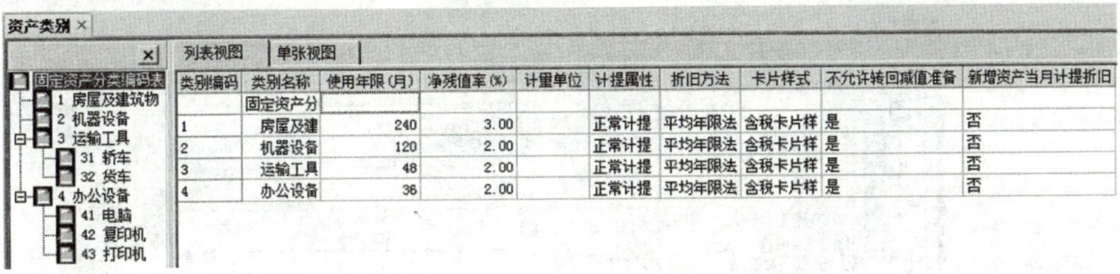

图7-17　"资产类别——列表视图"窗口

【提示】

根据企业所得税法律制度规定，固定资产计算折旧的最低年限见表7-5。

表7-5 企业所得税法关于折旧年限的规定

资产大类	最低折旧年限
房屋、建筑物	20年
飞机、火车、轮船、机器、机械和其他生产设备	10年
与生产经营活动有关的器具、工具、家具等	5年
飞机、火车、轮船以外的运输工具	4年
电子设备	3年

资产类别编码不能重复，同级的类别名称不能相同。

类别编码、类别名称、计提属性、卡片样式为必输项。

非明细级别类别编码不能修改和删除，末级类别编码修改时只能修改本级的编码。

☞知识点117 设置增减方式

【实验资料】

根据表7-6设置增减方式的对应入账科目。

表7-6 固定资产增减方式

增加方式	对应入账科目	减少方式	对应入账科目
直接购入	沈阳皇姑支行（10020101）	出售	固定资产清理（1606）
投资者投入	实收资本（4001）	盘亏	待处理固定资产损溢（190102）
捐赠	营业外收入（6301）	投资转出	固定资产清理（1606）
盘盈	以前年度损益调整（6901）	捐赠转出	固定资产清理（1606）
在建工程转入	在建工程（1604）	报废	固定资产清理（1606）
投资性房地产转入	投资性房地产（1521）	非货币性资产交换转出	固定资产清理（1606）

【具体操作过程】

（1）在U8企业应用平台，依次选择"业务工作→财务会计→固定资产→设置→增减方式"命令，打开"增减方式"窗口。

（2）增加"增加方式"。点击"1增加方式"，单击工具栏的"增加"按钮，根据实验资料录入"增减方式名称"及"对应入账科目"，结果如图7-18，单击"保存"按钮。

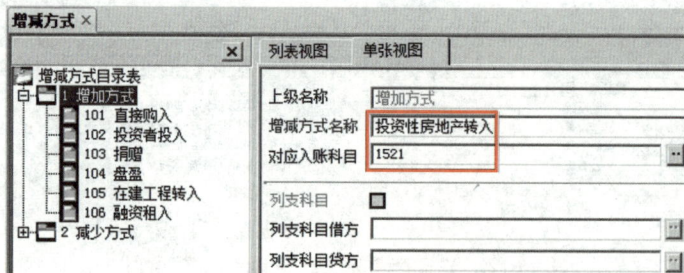

图7-18 增加"增加方式"

（3）增加"减少方式"。点击"2减少方式"，参照第（2）步方法继续根据实验资料录入"增减方式名称"及"对应入账科目"，结果如图7-19所示。

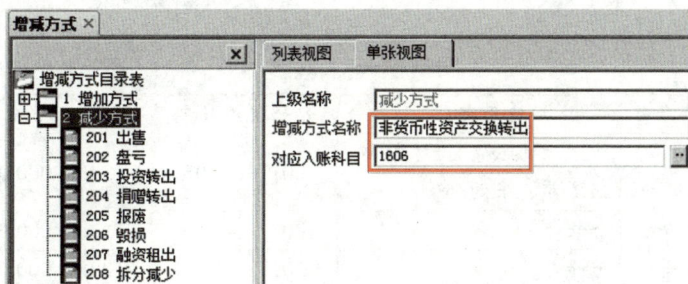

图7-19　增加"减少方式"

（4）选中增加方式下的"101直接购入"，单击"修改"按钮，打开"增减方式——单张视图"窗口，在"对应入账科目"栏输入"10020101"，如图7-20所示，单击"保存"按钮。

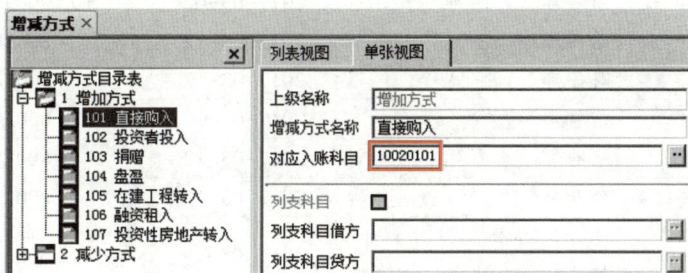

图7-20　"增减方式——单张视图"窗口

（5）按照上述方法继续设置其他增减方式对应入账科目，结果如图7-21所示。

图7-21　增减方式及其对应入账科目

【提示】

"资产增加""资产减少"等业务处理制单时将带出这里所设置的入账科目。

非明细级的增减方式和已使用的增减方式不能删除。

系统缺省的增减方式中"盘盈""盘亏""毁损"不能修改和删除。

☞**知识点118　录入原始卡片**

【实验资料】

（1）根据表7-7录入固定资产原始卡片。多部门使用的固定资产平均分摊折旧费用。

除第1类资产的增加方式为"在建工程转入"，其他类资产的增加方式均为"直接购入"。各资产使用状况均为在用。

表7-7 　　　　　　　固定资产原始卡片

类别编号	固定资产名称	使用部门	开始使用日期	资产原值	累计折旧
1	综合楼	总经理办公室、财务部、销售部、采购部	2017-03-08	13 000 000.00	945 750.00
1	百盛服装仓	仓储部	2017-04-10	2 000 000.00	137 416.67
1	嘉伟服装仓	仓储部	2017-04-10	2 000 000.00	137 416.67
1	手表仓	仓储部	2017-04-10	2 000 000.00	137 416.67
1	皮具仓	仓储部	2017-04-10	2 000 000.00	137 416.67
2	分拣机	仓储部	2017-04-12	180 000.00	24 990.00
31	奥迪轿车	总经理办公室、财务部	2017-03-02	580 000.00	213 150.00
31	长城轿车	销售部、采购部	2017-03-02	100 000.00	36 750.00
41	联想电脑	总经理办公室	2017-03-12	4 800.00	2 352.00
41	联想电脑	财务部	2017-03-12	4 800.00	2 352.00
41	联想电脑	销售部	2017-03-12	4 800.00	2 352.00
41	联想电脑	采购部	2017-03-12	4 800.00	2 352.00
41	联想电脑	仓储部	2017-03-12	4 800.00	2 352.00
42	佳能复印机	总经理办公室、财务部、销售部、采购部、仓储部	2017-03-18	2 600.00	1 274.00
43	爱普生打印机	总经理办公室、财务部、销售部、采购部、仓储部	2017-03-18	3 700.00	1 813.00
合　计				21 890 300.00	1 785 153.68

（2）与总账系统进行期初对账。

【具体操作过程】

（1）在U8企业应用平台，依次选择"业务工作→财务会计→固定资产→卡片→录入原始卡片"命令，打开"固定资产类别档案"窗口，如图7-22所示。

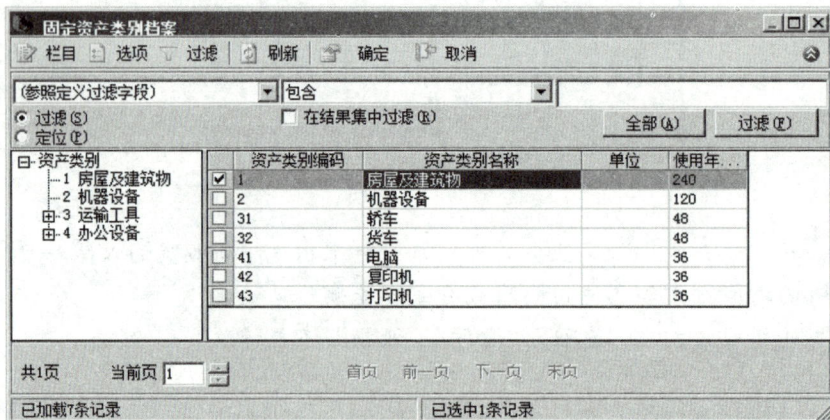

图7-22　"固定资产类别档案"窗口

（2）系统默认已选择"房屋及建筑物"类别的复选框，单击"确定"按钮，进入"固定资产卡片"窗口。

（3）根据实验资料，在"固定资产名称"栏录入"综合楼"，单击"使用部门"，打开"固定资产"对话框，选择"多部门使用"单选框，单击"确定"按钮，打开"使用部门"对话框。

（4）单击"增加"按钮，根据实验资料参照选择"使用部门"并输入"使用比例"，结果如图7-23所示，单击"确定"按钮，退出"使用部门"对话框，返回"固定资产卡片"窗口。

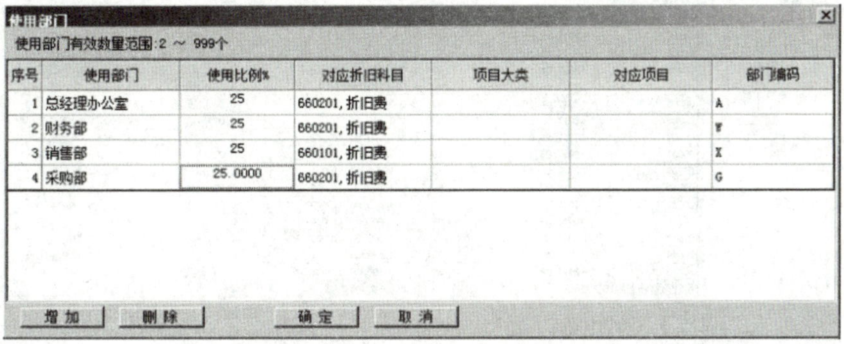

图7-23 多部门使用分摊比例设置

（5）单击"增加方式"，打开"固定资产增加方式"对话框，选择"在建工程转入"，单击"确定"按钮。

（6）单击"使用状况"，打开"使用状况参照"对话框，选择"在用"，单击"确认"按钮。

（7）在"开始使用日期"栏输入"2017-03-08"，在"原值"栏录入"13000000"，"累计折旧"栏输入"945750"，其他选项默认，如图7-24所示。

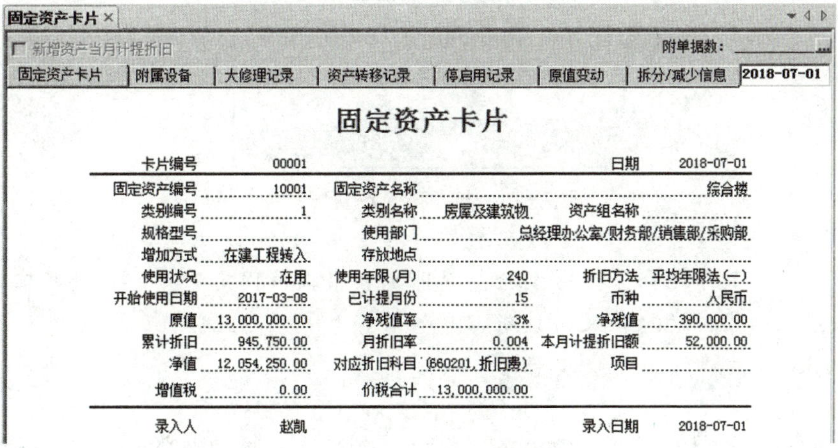

图7-24 录入原始卡片

【提示】

卡片下方的录入人自动显示为当前操作员，录入日期为当前登录日期。

资产的主卡录入后，单击其他页签，输入附属设备等信息。其他页签上的信息只供参考，不参与计算。

（8）单击"保存"按钮，系统提示"数据成功保存!"。

（9）单击"确认"按钮，按照上述方法继续录入其他固定资产卡片。其中，"联想电脑"可通过"复制"功能进行批量录入。

（10）查询录入结果。在固定资产系统，执行"卡片→卡片管理"命令，打开"查询条件选择-卡片管理"窗口，在"开始使用日期"栏输入"2017-01-01"。

（11）单击"确定"按钮，即可查询所有原始卡片信息，结果如图7-25所示。

卡片编号	开始使用日期	使用年限(月)	原值	固定资产编号	净残值率	录入人	累计折旧	固定资产名称
00001	2017.03.08	240	13,000,000.00	10001	0.03	赵飘	945,750.00	综合楼
00002	2017.04.10	240	2,000,000.00	10002	0.03	赵飘	137,416.67	百盟服装仓
00003	2017.04.10	240	2,000,000.00	10003	0.03	赵飘	137,416.67	嘉伟服装仓
00004	2017.04.10	240	2,000,000.00	10004	0.03	赵飘	137,416.67	手表仓
00005	2017.04.10	240	2,000,000.00	10005	0.03	赵飘	137,416.67	皮具仓
00006	2017.04.10	120	160,000.00	20001	0.02	赵飘	24,990.00	分拣机
00007	2017.03.02	48	580,000.00	310001	0.02	赵飘	213,150.00	奥迪轿车
00008	2017.03.12	48	100,000.00	310002	0.02	赵飘	36,750.00	长城轿车
00009	2017.03.12	36	4,800.00	410001	0.02	赵飘	2,352.00	联想电脑
00010	2017.03.12	36	4,800.00	410002	0.02	赵飘	2,352.00	联想电脑
00011	2017.03.12	36	4,800.00	410003	0.02	赵飘	2,352.00	联想电脑
00012	2017.03.12	36	4,800.00	410004	0.02	赵飘	2,352.00	联想电脑
00013	2017.03.12	36	4,800.00	410005	0.02	赵飘	2,352.00	联想电脑
00014	2017.03.18	36	2,600.00	420001	0.02	赵飘	1,274.00	佳能复印机
00015	2017.03.18	36	3,700.00	430001	0.02	赵飘	1,813.00	爱普生打印机
合计：(共计卡片15张)			21,890,300.00				1,785,153.68	

图7-25　原始卡片结果列表

【提示】

通过"卡片管理"查询原始卡片时，查询条件的"开始使用日期"应小于等于最早开始使用资产的"开始使用日期"。

（12）与总账系统进行期初对账。在固定资产系统，执行"处理→对账"命令，打开"与账务对账结果"对话框，结果如图7-26所示。单击"确定"按钮。

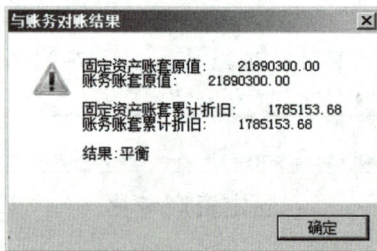

图7-26　与总账系统对账结果

【提示】

若上述对账结果不平衡，应分别检查总账期初余额（固定资产、累计折旧）和固定资产系统中每张原始卡片的原值及累计折旧。

☞知识点119　卡片管理——修改卡片

【实验资料】

因录入错误，卡片编号为"00006"的固定资产（分拣机）的使用状况应为"大修理停用"。

【具体操作过程】

（1）在U8企业应用平台，依次选择"业务工作→财务会计→固定资产→卡片→卡片管理"命令，打开"查询条件选择-卡片管理"窗口，在"开始使用日期"栏

中输入"2017-01-01"，单击"确定"按钮，打开固定资产原始卡片列表。

（2）双击卡片编号"00006"，打开"固定资产卡片"窗口，点击工具栏的"修改"按钮，将分拣机的"使用状况"栏改为"大修理停用"，单击"保存"按钮，结果如图7-27所示。

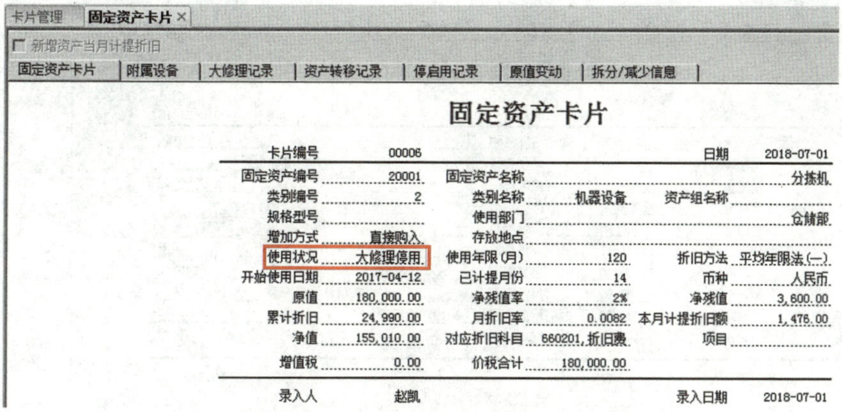

图7-27　修改固定资产卡片

【提示】

卡片管理可实现包括卡片修改、卡片删除、卡片打印、卡片查询在内的综合管理功能。

已经生成记账凭证的卡片，若其原值或累计折旧出现录入错误，删除记账凭证后才能修改卡片。

已经做过变动单且变动单已经生成记账凭证的卡片，如果发现错误，删除记账凭证、变动单后才能修改卡片。

月末结账后，原值、使用部门、使用状况、累计折旧、净残值（率）、折旧方法、使用年限、资产类别各项目将不能通过卡片修改功能改变，只能通过变动单或评估单调整。

关于卡片删除。卡片删除是把卡片信息从系统内彻底清除，而非资产减少。以下情况可使用该功能：

❶录入当月发现卡片有错误，需删除该卡片。

❷通过"资产减少"功能减少的卡片，其保留年限超过了系统选项设定的禁止删除年限。

任务2　　　　　　　　　　业务处理

☞知识点120　资产增加

【实验资料】

2018年7月15日，采购部张宏亮以转账支票（票号19771030）直接购入并交付销售部使用一台"联想电脑"。取得增值税专用发票，发票上注明原值为12 000元，增值税进项税额为1 920元。该资产采用"年数总和法"计提折旧。

【具体操作过程】

（1）2018年7月15日，由赵凯（W02）登录企业应用平台。在U8企业应用平台，依次选择"业务工作→财务会计→固定资产→卡片→资产增加",打开"固定资产类别档案"窗口,选择"41 电脑",单击"确定",进入"固定资产卡片"窗口。

（2）根据实验资料录入固定资产卡片信息,结果如图 7-28 所示。

图 7-28　资产增加

（3）单击工具栏的"保存"按钮,提示"数据成功保存!"。

【提示】

录入原始卡片与资产增加的联系与区别:

从操作方法角度,两者都是录入资产卡片。至于通过哪种方式录入,取决于资产的"开始使用日期"。

原始卡片是指卡片记录的资产开始使用日期的月份小于其录入系统的月份,即已使用过并已计提折旧的固定资产卡片。

资产增加,也称新卡片录入,即新增加固定资产卡片。当固定资产开始使用日期的会计期间等于录入会计期间时,才能通过"资产增加"录入。

☞知识点 121　批量制单

【实验资料】

2018 年 7 月 15 日,生成资产增加的记账凭证。

【具体操作过程】

（1）在 U8 企业应用平台,依次选择"业务工作→财务会计→固定资产→处理→批量制单"命令,打开"查询条件选择-批量制单"对话框,单击"确定"按钮,打开"批量制单"窗口,双击第一行的"选择"栏,如图 7-29 所示。

图 7-29　"批量制单——制单选择"页签

【提示】

［合并号］可手工输入,合并号相同的记录合并生成一张记账凭证。

若业务发生时没有制单,该业务将出现在批量制单列表中。

如果在图7-10中勾选了"月末结账前一定要完成制单登账业务",则只要制单列表中有记录,该月不能结账。

(2)点击"制单设置"页签,"凭证类别"下拉框选择"付款凭证",如图7-30所示。

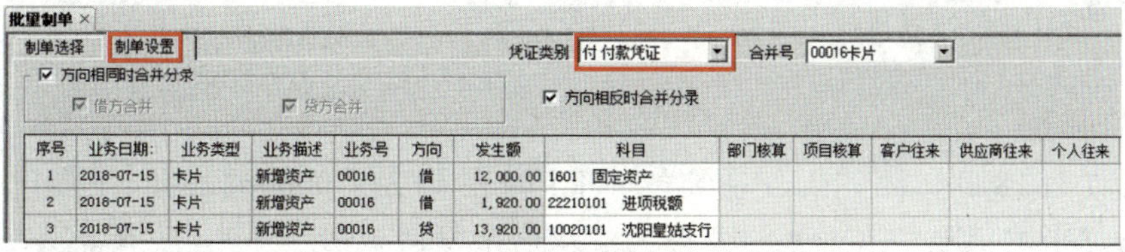

图7-30 "批量制单——制单设置"页签

(3)单击工具栏的"凭证"按钮,系统生成一张记账凭证。单击会计分录第三行任意位置,同时按"Ctrl+S"组合键,调出"辅助项"对话框。录入"结算方式"、"票号"及"发生日期",结果如图7-31所示,单击"确定"按钮。

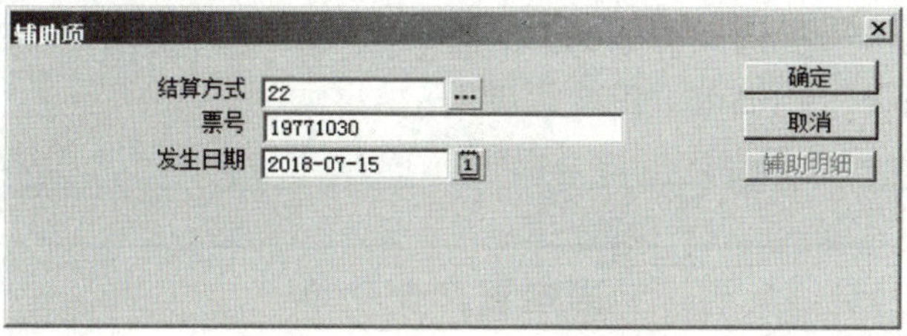

图7-31 "辅助项"对话框

(4)单击"保存"按钮,结果如图7-32所示。

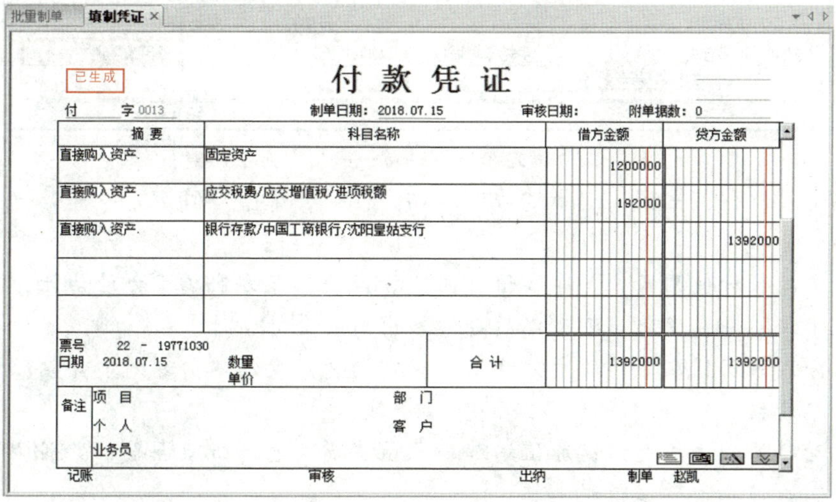

图7-32 记账凭证

【提示】

批量制单的业务类型有计提折旧、新增资产、减少资产、原值增加、原值减少、累计折旧调整、类别调整、计提减值准备、转回减值准备、增值税调整和评估资产。

如果在选项中设置了"业务发生后立即制单",则在发生上述业务类型的业务后,自动生成记账凭证;如果没有设置,可到"批量制单"中制单或单击对应业务工具栏上的"凭证"按钮制单。

凭证保存后可到"固定资产→处理→凭证查询"中进行查询、删除等操作。已经生成凭证的业务类型不允许删除或恢复。若想删除或恢复，必须先删除对应的记账凭证。

若启用供应链系统，卡片菜单下"采购资产"功能录入的卡片在应付系统中制单，不在本系统制单。

☞知识点122 变动单——折旧方法调整

【实验资料】

2018年7月18日，因"工作需要"，将卡片号码为"00006"的固定资产（分拣机）折旧方法由"平均年限法（一）"变更为"双倍余额递减法（一）"。

【具体操作过程】

（1）2018年7月18日，由赵凯（W02）登录企业应用平台。在U8企业应用平台，依次选择"业务工作→财务会计→固定资产→卡片→变动单→折旧方法调整"命令，打开"固定资产变动单"窗口。

（2）在"卡片编号"栏选择"00006"，在"变动后折旧方法"栏选择"双倍余额递减法（一）"，"变动原因"栏输入"工作需要"，结果如图7-33所示。

固定资产变动单

－ 折旧方法调整 －

变动单编号	00001		变动日期	2018-07-18
卡片编号	00006	资产编号 20001	开始使用日期	2017-04-12
资产名称		分拣机	规格型号	
变动前折旧方法		平均年限法（一） 变动后折旧方法		双倍余额递减法（一）
变动原因	工作需要			
			经手人	赵凯

图7-33 固定资产变动单——折旧方法调整

（3）单击"保存"按钮，提示"数据成功保存！"，单击"确定"。

【提示】

固定资产的预计使用寿命与净残值、固定资产的折旧方法属于会计估计，其变更应当采用未来适用法，即在变更当期及以后期间采用新的会计估计。

注意区分因录入错误导致的卡片修改与正常的资产变动。前者到卡片管理中完成。后者通过变动单处理。

以下变动单均须生成凭证：原值增加、原值减少、累计折旧调整、类别调整、计提减值准备、转回减值准备、增值税调整。

☞知识点123 变动单——计提减值准备

【实验资料】

2018年7月31日，对00002号卡片计提1 000元减值准备。

【具体操作过程】

（1）2018年7月31日，由赵凯（W02）登录企业应用平台。在U8企业应用平台，依次选择"业务工作→财务会计→固定资产→卡片→变动单→计提减值准备"，打开"固定资产变动单"窗口。

（2）在"卡片编号"栏选择"00002"，在"减值准备金额"栏录入"1000"，在"变动原因"栏录入"资产减值"，单击"保存"按钮，系统提示"数据成功保存！"，单击"确定"按钮，结果如图7-34所示。

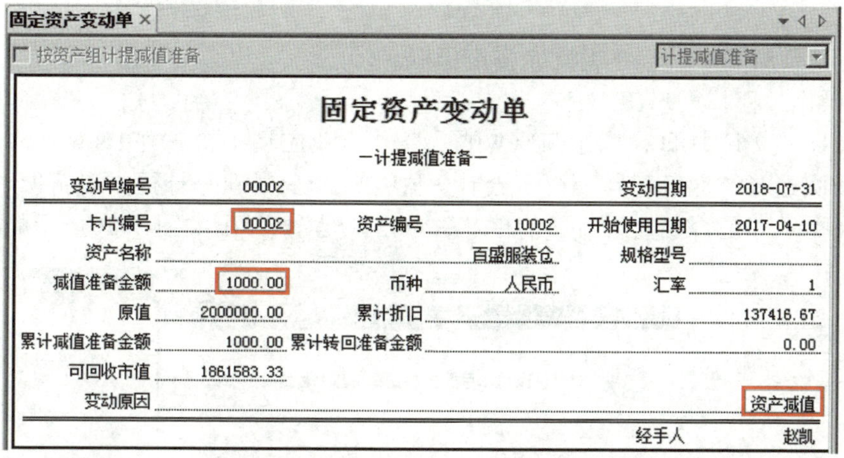

图7-34　固定资产变动单——计提减值准备

（3）单击工具栏的"凭证"按钮，系统生成一张记账凭证，将"凭证类别"修改为转账凭证，借方科目参照选择"6701资产减值损失"。单击工具栏的"保存"按钮，结果如图7-35所示，单击"确定"按钮。

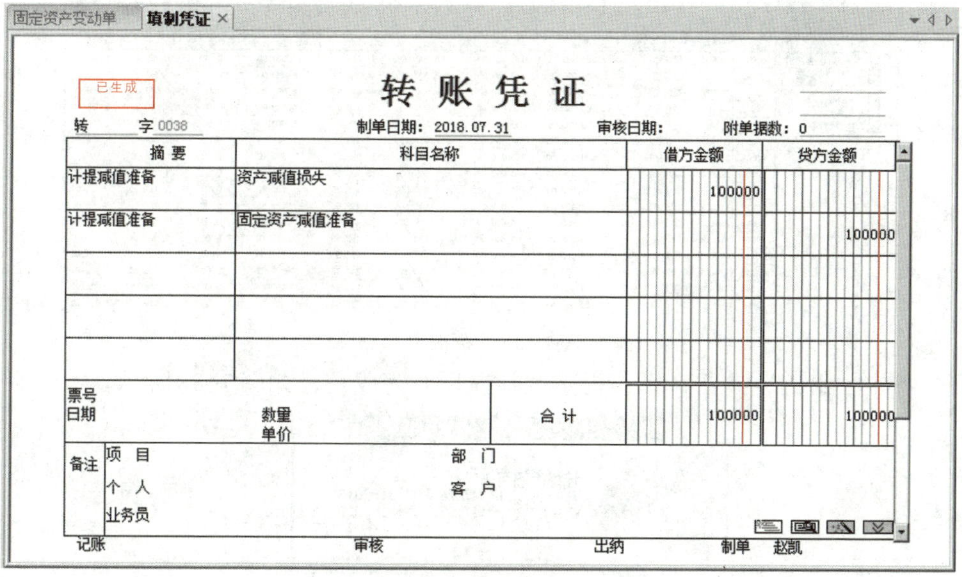

图7-35　记账凭证

【提示】

根据企业会计准则的规定，企业在资产负债表日应当判断资产是否存在可能发生减值的迹象。存在减值迹象的，应当估计其可收回金额，然后将可收回金额与其账面价值相比较。资产的可收回金额低于其账面价值的，应当将资产的账面价值减记至可收回金额，减记的金额确认为资产减值损失，计入当期损益。固定资产减值损失一经确认，在以后会计期间不得转回。

如果想取消"计提减值准备",到变动单菜单下的"变动单管理"中删除该变动单即可。如果已经制单,应先删除凭证再删除变动单。

☞**知识点124 计提本月折旧**

【实验资料】

2018年7月31日,计提本月固定资产折旧。

【具体操作过程】

(1)2018年7月31日,由赵凯(W02)登录企业应用平台。在U8企业应用平台,依次选择"业务工作→财务会计→固定资产→处理→计提本月折旧"命令,系统提示"是否要查看折旧清单?",单击"是",弹出如图7-36所示的系统提示。

图7-36 系统提示

(2)单击"是"按钮,打开"折旧清单"窗口,如图7-37所示。

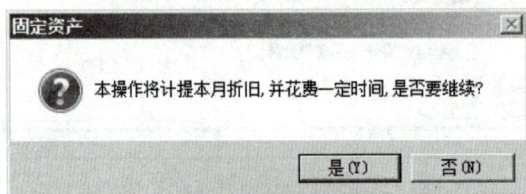

图7-37 折旧清单

(3)单击"退出"按钮,系统提示"计提折旧完成!",如图7-38所示。

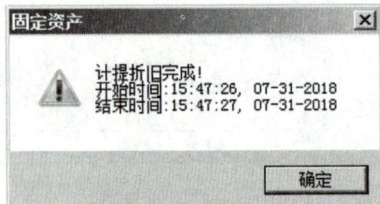

图7-38 "计提折旧完成!"提示框

(4)在固定资产系统,依次选择"处理→批量制单"命令,打开"查询条件选择-批量制单"对话框,单击"确定"按钮,打开"批量制单"窗口,双击第一行的"选择"栏,如图7-39所示。

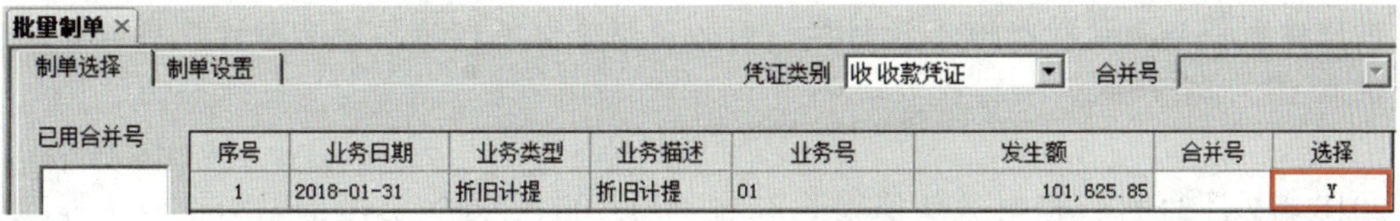

图7-39 "批量制单——制单选择"页签

（5）点击"制单设置"页签，"凭证类别"下拉框选择"转账凭证"，如图7-40所示。

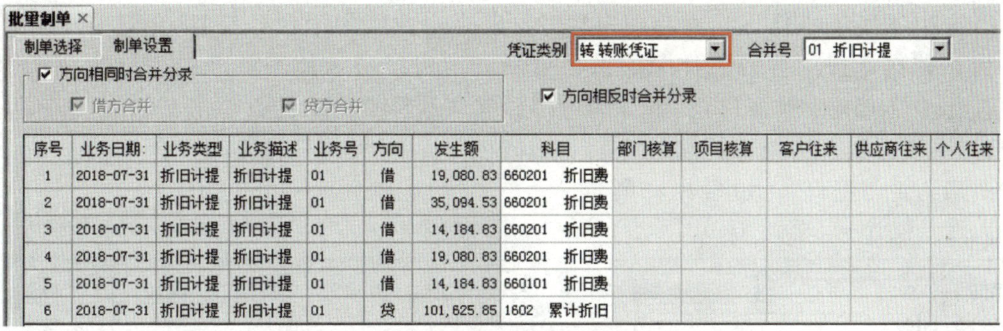

图7-40 "批量制单——制单设置"页签

（6）单击工具栏的"凭证"按钮，系统生成一张记账凭证，单击"保存"按钮，结果如图7-41所示。

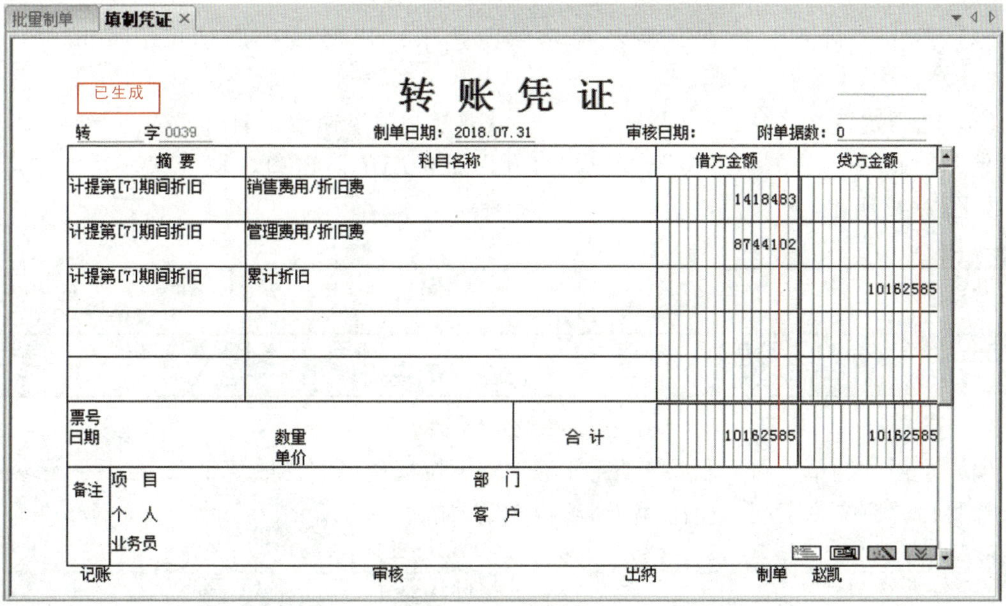

图7-41 记账凭证

【提示】

当月新增的固定资产当月不提折旧，下月开始计提折旧；当月减少的固定资产当月照提折旧，下月停止计提折旧。

本系统在一个期间内可以多次计提折旧，每次计提折旧后，只是将计提的折旧累加到月初的累计折旧，不会重复累计。

计提折旧后又对账套进行了影响折旧计算或分配的操作，必须重新计提折旧，否则系统不允许结账。如果计提折旧已经制单，则必须删除该凭证后才能重新计提折旧。

☞**知识点125 资产减少**

【实验资料】

2018年7月31日，将财务部使用的电脑"00010"号固定资产捐赠给希望工程。该电脑市场售价为2 200元，增值税税率16%。

【具体操作过程】

（1）2018年7月31日，由赵凯（W02）登录企业应用平台。在U8企业应用平台，依次选择"业务工作→财务会计→固定资产→卡片→资产减少"命令，打开"资产减少"窗口。"卡片编号"栏参照选择"00010"，单击"增加"按钮；"减少方式"选择"捐赠转出"，"增值税"输入"352"，"清理原因"输入"捐赠给希望工程"，如图7-42所示。

卡片编号	资产编号	资产名称	原值	净值	减少日期	减少方式	清理收入	增值税	清理费用	清理原因
00010	410002	联想电脑	4800.00	2317.44	2018-07-31	捐赠转出		352		捐赠给希望工程

卡片编号 00010 资产编号 410002

图7-42　"资产减少"窗口

（2）单击"确定"按钮，系统提示"所选卡片已经减少成功！"，单击"确定"按钮。

（3）在固定资产系统，依次选择"处理→批量制单"命令，打开"查询条件选择-批量制单"对话框，单击"确定"按钮，打开"批量制单"窗口，双击第一行的"选择"栏，如图7-43所示。

序号	业务日期	业务类型	业务描述	业务号	发生额	合并号	选择
1	2018-07-31	资产减少	减少资产	00010	5,152.00		Y

凭证类别 收收款凭证

图7-43　"批量制单——制单选择"页签

（4）点击"制单设置"页签，"凭证类别"下拉框选择"转账凭证"，最后一行参照选择会计科目"应交税费/应交增值税/销项税额"，如图7-44所示。

凭证类别 转转账凭证　合并号 00010资产减少

序号	业务日期	业务类型	业务描述	业务号	方向	发生额	科目		部门核算	项目核算	客户往来	供应商往来	个人往来
1	2018-07-31	资产减少	减少资产	00010	借	2,482.56	1602	累计折旧					
2	2018-07-31	资产减少	减少资产	00010	借	2,317.44	1606	固定资产清理					
3	2018-07-31	资产减少	减少资产	00010	贷	4,800.00	1601	固定资产					
4	2018-07-31	资产减少	减少资产	00010	借	352.00	1606	固定资产清理					
5	2018-07-31	资产减少	减少资产	00010	贷	352.00	22210106	销项税额					

图7-44　"批量制单——制单设置"页签

（5）单击工具栏的"凭证"按钮，系统生成一张记账凭证，单击"保存"按钮，结果如图7-45所示。

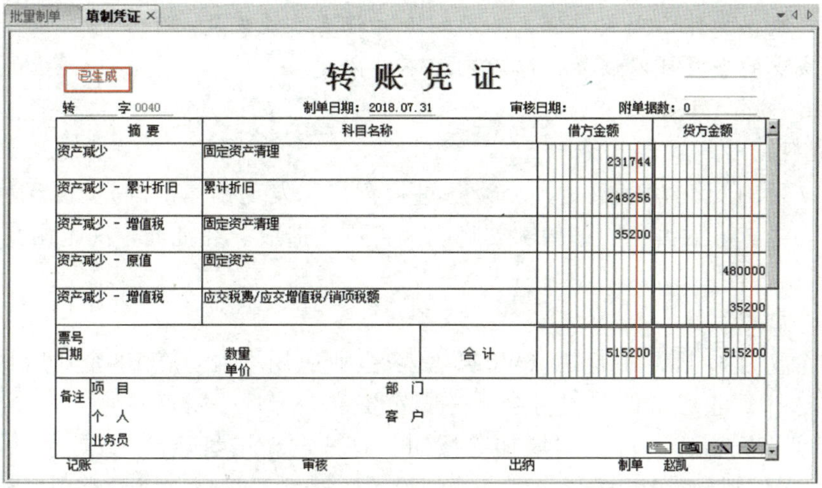

图7-45　记账凭证

（6）在总账系统，依次选择"凭证→填制凭证"命令，打开"填制凭证"窗口，单击"增加"按钮，填制结转清理净损益的转账凭证并保存，结果如图7-46所示。

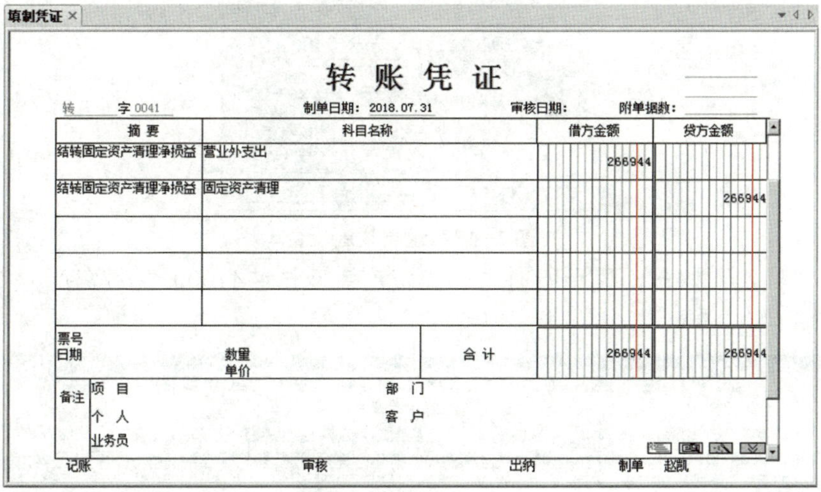

图7-46　记账凭证

【提示】

如何查看已减少资产的卡片？在固定资产系统，执行"卡片→卡片管理"命令，进入"卡片管理"窗口，从卡片列表上边的下拉框中选择"已减少资产"，如图7-47所示，可查看该资产的卡片。

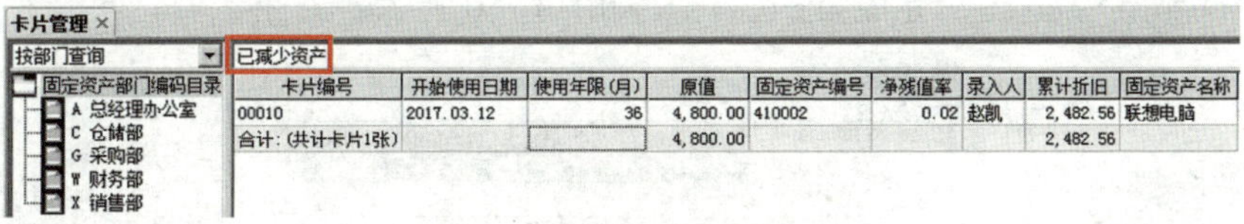

图7-47　查看已减少资产的卡片

如何撤销已减少资产？在如图 7-47 所示的已减少资产卡片列表中，单击选中要恢复的资产，单击工具栏的"撤销减少"按钮，可以恢复该资产。

如果资产减少操作已生成凭证，必须删除凭证后才能恢复。

在资产减少的当月可以恢复，以后期间不可恢复。

☞ **知识点 126　资产盘点**

【实验资料】

2018 年 7 月 31 日，对电脑类办公设备进行盘点，发现销售部固定资产编号为 410003 的电脑丢失。经查电脑丢失因销售部刘晓明保管不当造成。经批准，决定由其赔偿损失。

【具体操作过程】

（1）资产盘点。

❶2018 年 7 月 31 日，由赵凯（W02）登录企业应用平台。在 U8 企业应用平台，依次选择"业务工作→财务会计→固定资产→卡片→资产盘点"命令，打开"资产盘点"窗口。单击"增加"按钮，打开"新增盘点单-数据录入"窗口。单击"范围"按钮，打开"盘点范围设置"对话框。在"资产类别"栏选择"电脑"，如图 7-48 所示。

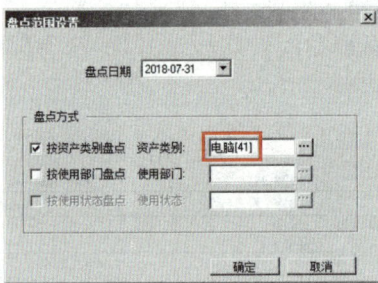

图 7-48　盘点范围设置

❷单击"确定"按钮，显示所有电脑类资产。双击"410003"号资产的"选择"栏，如图 7-49 所示。

图 7-49　"新增盘点单-数据录入"窗口

❸单击"删行"按钮，删除"410003"号资产。单击"退出"，系统提示"本盘点单数据已变更，是否保存？"，单击"是"，提示"盘点单保存成功！"。

❹单击"确定"按钮，完成资产盘点，如图 7-50 所示。关闭"资产盘点"窗口。

图 7-50　"资产盘点"窗口

（2）盘点盈亏处理。

❶在固定资产系统，执行"卡片→盘点盈亏确认"命令，打开"盘盈盘亏确认"窗口。双击"410003"号资产的"选择"栏，"审核"栏选择"同意"，"处理意见"栏输入"由销售部刘晓明赔偿"，如图7-51所示。

盘盈盘亏确认 ×								
盘点单	[2018-07-31]00001							
[2018-07-31]00001	类别：电脑		□ 盘点单关闭	批量审核	▼	批量填充		处理意见
	选择	固定资产编号	固定资产名称	原因	审核	处理意见	系统处理标记	审核人　资产编号
	Y	410003	联想电脑	盘亏	同意	由销售部刘晓明赔偿	未处理	

图 7-51　盘盈盘亏确认

❷单击"保存"，提示"保存成功！"，单击"确定"，关闭"盘盈盘亏确认"窗口。

（3）资产盘亏。

❶在固定资产系统，执行"卡片→资产盘亏"命令，打开"资产盘亏"窗口。双击"410003"号资产的"选择"栏，如图7-52所示。

资产盘亏 ×									
盘点单	[2018-07-31]00001								
[2018-07-31]00001	类别：电脑		批量填充	日期 2018-07-31 ▼	资产类别		...		
	选择	固定资产编号	固定资产名称	开始使用日期	资产类别	原因	审核	审核人	处理意见　系统处理标记
	Y	410003	联想电脑	2017-03-12	电脑	盘亏	同意	赵凯	由销售部刘晓明赔偿　未处理

图 7-52　"资产盘亏"窗口

❷单击工具栏的"盘亏处理"命令，打开"资产减少"窗口。在"清理原因"栏输入"资产盘亏"，如图7-53所示。单击"确定"，系统提示"所选卡片已经减少成功！"，单击"确定"按钮。

资产盘亏　资产减少 ×									▼ ◀ ▷
卡片编号	00011	...	条件				增加	确定	
资产编号	410003				...		删除	取消	
卡片编号	资产编号	资产名称	原值	净值	减少日期	减少方式	清理收入	增值税	清理费用　清理原因
00011	410003	联想电脑	4800.00	2317.44	2018-07-31	盘亏			资产盘亏

图 7-53　"资产减少"窗口

（4）批准前会计处理。

❶在固定资产系统，依次选择"处理→批量制单"命令，打开"查询条件选择-批量制单"对话框，单击"确定"按钮，打开"批量制单"窗口，双击第一行的"选择"栏，如图7-54所示。

批量制单 ×								
制单选择	制单设置				凭证类别 收收款凭证 ▼	合并号		▼
已用合并号		序号	业务日期	业务类型	业务描述	业务号	发生额	合并号　选择
		1	2018-07-31	资产减少	减少资产	00011	4,800.00	Y

图 7-54　"批量制单——制单选择"页签

❷点击"制单设置"页签，"凭证类别"下拉框选择"转账凭证"。

❸单击工具栏的"凭证"按钮，系统生成一张记账凭证，将"1606固定资产清理"科目修改为"190102待处理财产损溢/待处理固定资产损溢"，单击"保存"按钮，结果如图7-55所示。

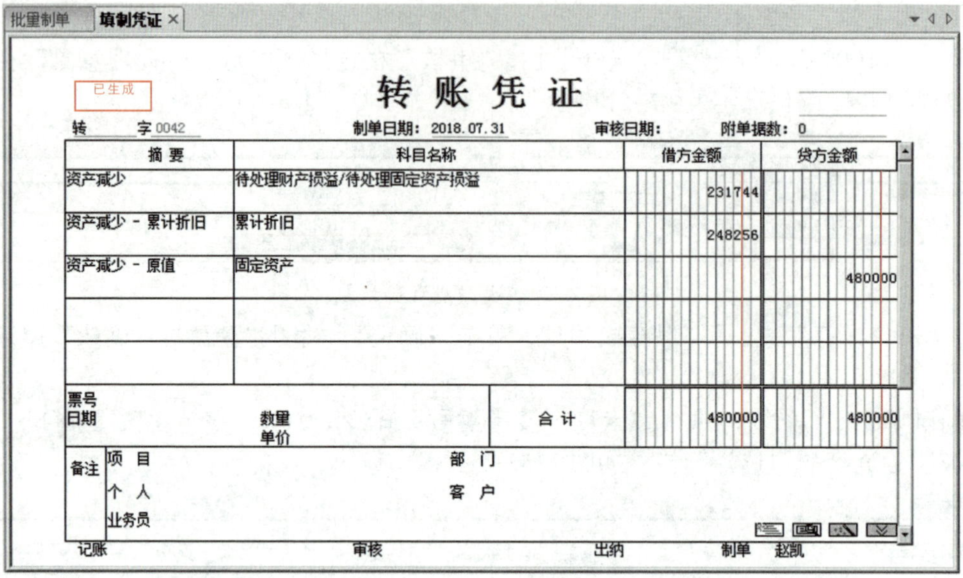

图 7-55　记账凭证

（5）批准后会计处理。

在总账系统填制盘亏处理结果的记账凭证，结果如图 7-56 所示。

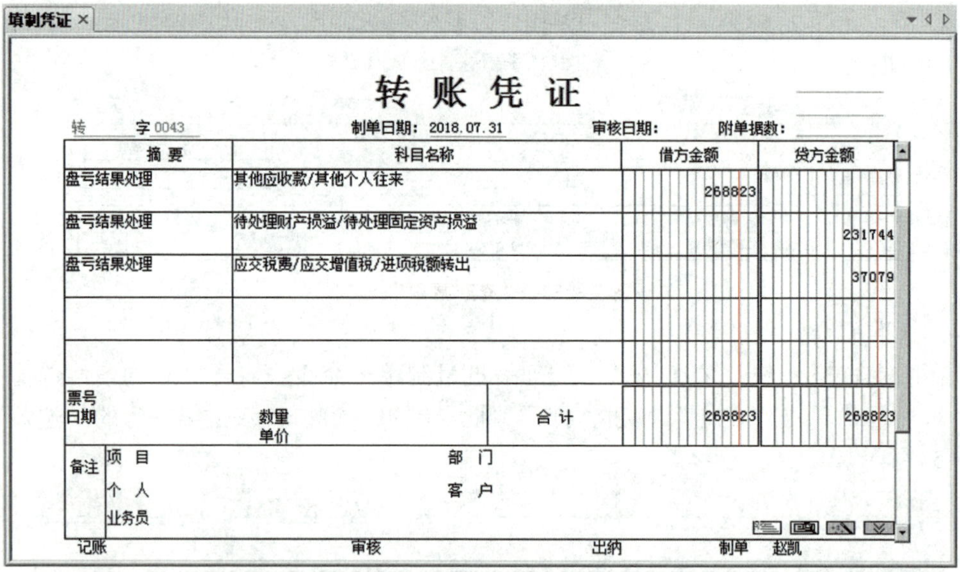

图 7-56　记账凭证

【提示】

资产盘亏前应先计提折旧。

☞知识点 127　与总账系统对账

【实验资料】

2018 年 7 月 31 日，将固定资产系统与总账系统进行对账。

【具体操作过程】

（1）2018 年 7 月 31 日，由赵凯（W02）登录企业应用平台。在 U8 企业应

用平台，依次选择"业务工作→财务会计→固定资产→处理→对账"，打开"与账务对账结果"提示框，提示对账结果"不平衡"，如图7-57所示。

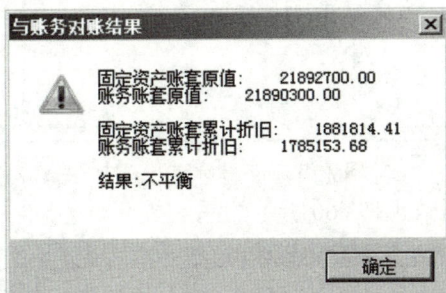

图7-57 与总账系统对账结果

（2）2018年7月31日，由贺青（W03）登录企业应用平台，对所有凭证进行出纳签字。

（3）2018年7月31日，由王钰（W01）登录企业应用平台，对所有凭证进行审核。

（4）2018年7月31日，由赵凯（W02）登录企业应用平台，对所有凭证进行记账。

（5）再次到固定资产系统执行"处理→对账"命令，打开"与账务对账结果"提示框，提示对账结果"平衡"，如图7-58所示。

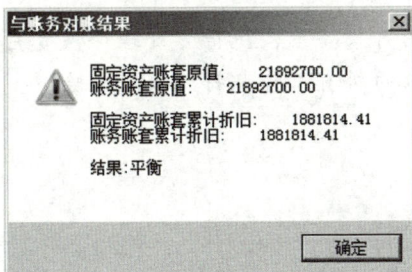

图7-58 与总账系统对账结果

【提示】

本系统的对账功能不限制执行的时间，任何时候均可进行。

在执行月末结账功能时自动对账一次，并给出对账结果。

只有在建立固定资产账套时或在图7-7中选择了"与财务系统进行对账"，本功能才可用。

☞知识点128 月末结账

【实验资料】

2018年7月31日，对固定资产系统进行月末结账。

【具体操作过程】

（1）2018年7月31日，由赵凯（W02）登录企业应用平台。在U8企业应用平台，依次选择"业务工作→财务会计→固定资产→处理→月末结账"，打开"月末结账…"对话框。单击"开始结账"，弹出"与账务对账结果"对话框，单击"确定"，系统提示"月末结账成功完成！"，如图7-59所示。

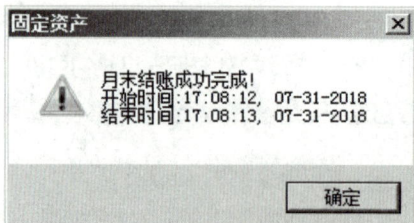

图 7-59　7月份结账完成

（2）单击"确定"，弹出如图7-60所示的系统提示。

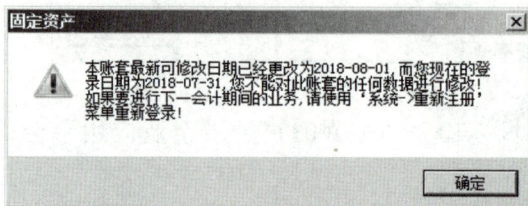

图 7-60　系统提示

【提示】

月末结账每月进行一次，结账后当期的数据不能修改。若想修改，应恢复月末结账前状态，即进行反结账。

反结账应以待恢复月份的月末登录，执行"处理→恢复月末结账前状态"命令即可。

恢复成功后，结账后所做的所有工作都将无痕迹删除。

☞知识点129　账表查询

【实验资料】

（1）查询价值结构分析表；

（2）查询固定资产原值一览表。

【具体操作过程】

（1）2018年7月31日，由赵凯（W02）登录企业应用平台。在U8企业应用平台，依次选择"业务工作→财务会计→固定资产→账表→我的账表"命令，打开"报表"窗口。双击分析表中的价值结构分析表，打开"条件-价值结构分析表"对话框，单击"确定"，结果如图7-61所示。关闭"价值结构分析表"窗口。

价值结构分析表

使用单位:辽宁恒通商贸有限公司　　　　　　期间:2018.07

资产类别	数量	计量单位	期末原值	期末累计折旧	期末减值准备	期末净值	累计折旧占原值百分比%	减值准备占原值百分比%	净值率%
房屋及建筑物(1)	5		21,000,000.00	1,579,416.68	1,000.00	19,419,583.32	7.52	0.00	92.47
机器设备(2)	1		180,000.00	27,919.69		152,080.31	15.51		84.49
运输工具(3)	2		680,000.00	263,772.00		416,228.00	38.79		61.21
轿车(31)	2		680,000.00	263,772.00		416,228.00	38.79		61.21
办公设备(4)	6		32,700.00	10,706.04		21,993.96	32.74		67.26
电脑(41)	4		26,400.00	7,447.68		18,952.32	28.21		71.79
复印机(42)	1		2,600.00	1,344.72		1,255.28	51.72		48.28
打印机(43)	1		3,700.00	1,913.64		1,786.36	51.72		48.28
合计	14		21,892,700.00	1,881,814.41	1,000.00	20,009,885.59	8.60	0.00	91.40

图 7-61　价值结构分析表

（2）双击统计表中"（固定资产原值）一览表"，打开"条件－（固定资产原值）一览表"对话框，单击"确定"，打开（固定资产原值）一览表，如图7-62所示。

图7-62　（固定资产原值）一览表

项目8 总账系统（二）

本项目包括出纳管理和总账期末处理两部分。出纳管理包括日记账等账表查询、支票登记簿、银行期末对账等内容。总账期末处理包括期末结转、生成凭证、对账、结账等内容。

本项目的重点内容：银行对账、自定义结转、期末结转。

本项目的难点内容：自定义结转、期末结转。

本项目总体流程如图8-1所示。

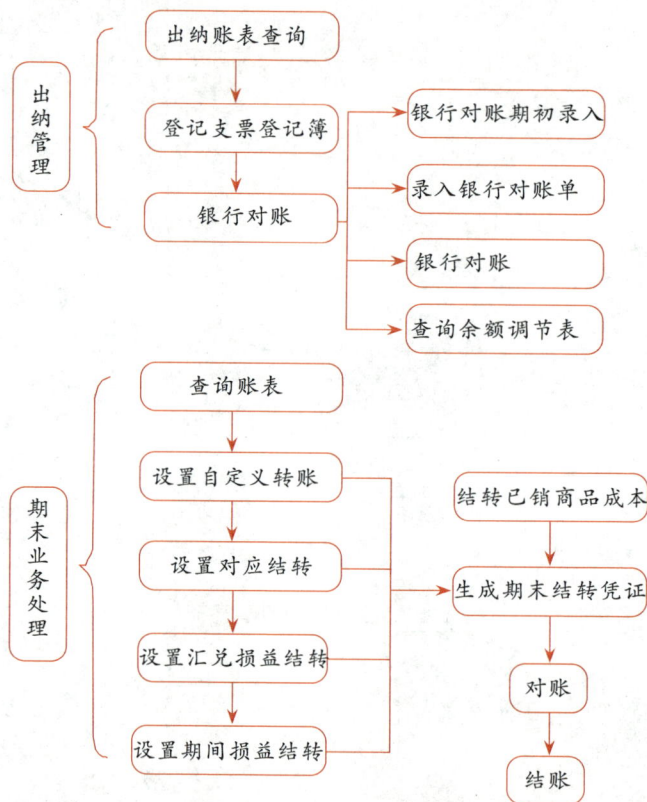

图8-1 本项目总体流程

任务1 出纳管理

☞**知识点130 出纳账表查询**

【实验资料】

（1）查询7月份现金日记账；

（2）查询7月25日的工行沈阳皇姑支行银行存款日记账；

（3）查询7月31日的资金日报表。

【具体操作过程】

（1）2018年7月31日，由贺青（W03）登录企业应用平台。

（2）在U8企业应用平台，依次选择"业务工作→财务会计→总账→出纳→现金日记账"命令，打开"现金日记账查询条件"对话框，如图8-2所示。

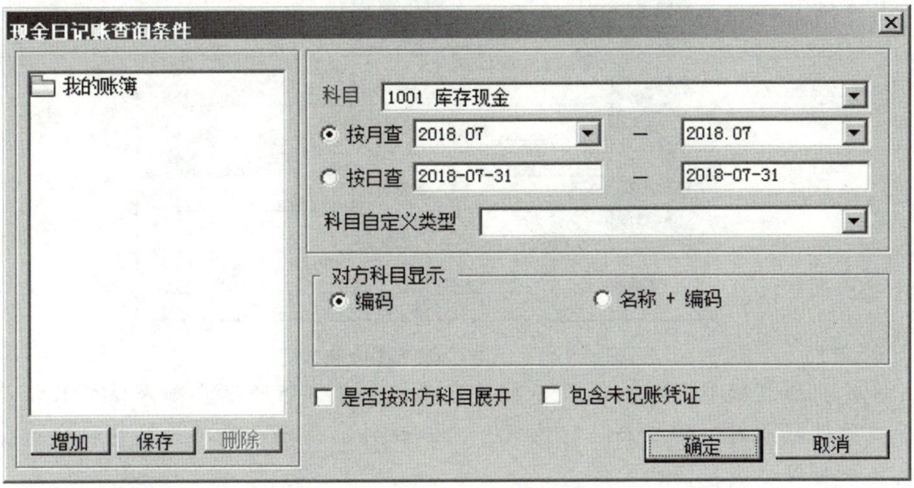

图8-2 查询条件窗口

（3）单击"确定"按钮，打开"现金日记账"窗口，如图8-3所示。

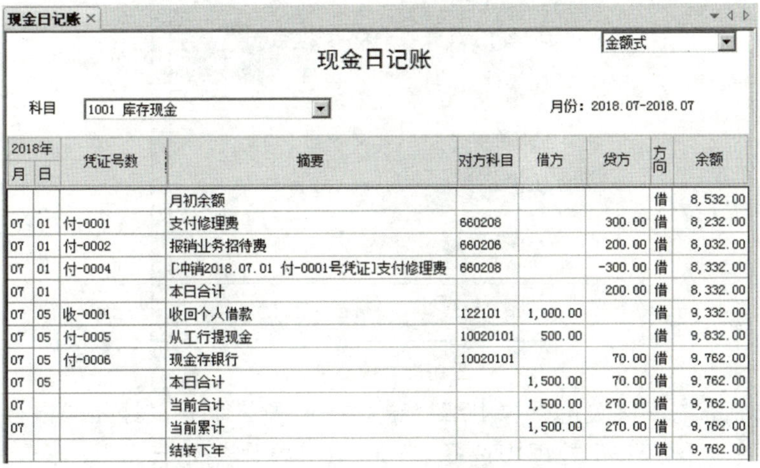

图8-3 现金日记账

【提示】

若想查询现金日记账，必先在"会计科目"窗口的"编辑"菜单下指定现金科目。

双击某行或单击工具栏的"凭证"按钮，可查看相应的记账凭证。

点击工具栏的"总账"按钮可查看库存现金的三栏式总账。

点击工具栏的"过滤"按钮，打开过滤条件窗口，如图8-4所示。输入相关过滤条件，可缩小查询范围，快速查出所需要的凭证。

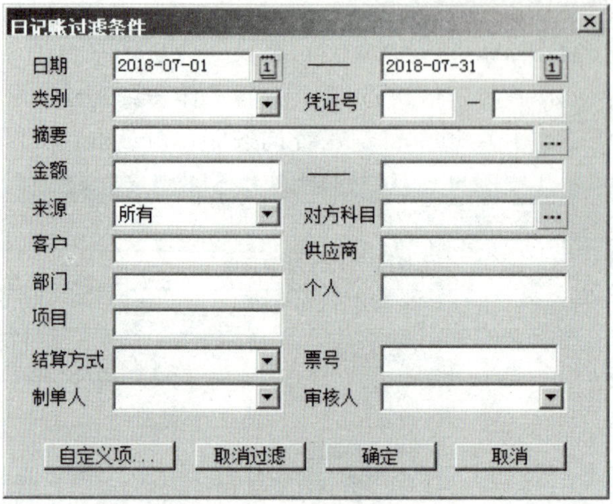

图 8-4 日记账过滤条件

单击工具栏的"摘要"按钮，显示摘要选项，如图 8-5 所示。如果该科目设有科目属性，且录入凭证时录入了科目属性的内容，同时该科目属性在摘要选项中被勾选，则账表的摘要栏显示该科目属性的内容等。

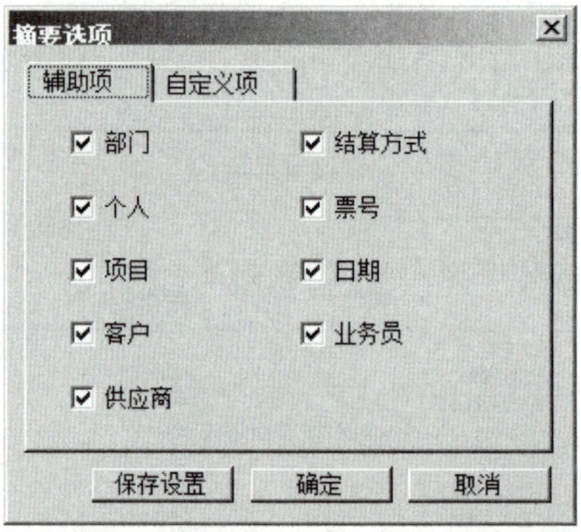

图 8-5 摘要选项

（4）在总账系统，依次选择"出纳→银行日记账"命令，打开"银行日记账查询条件"对话框。在"科目"下拉框中选择"10020101 沈阳皇姑支行"，点击"按日查"，起止日期均选择"2018-07-25"，如图 8-6 所示。

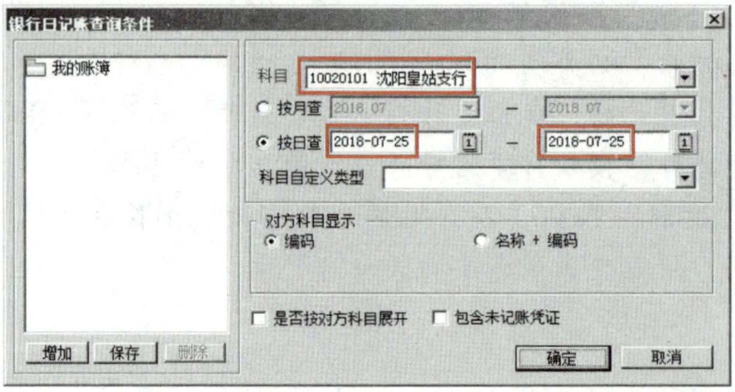

图 8-6 查询条件窗口

（5）单击"确定"按钮，打开"银行日记账"窗口，如图8-7所示。

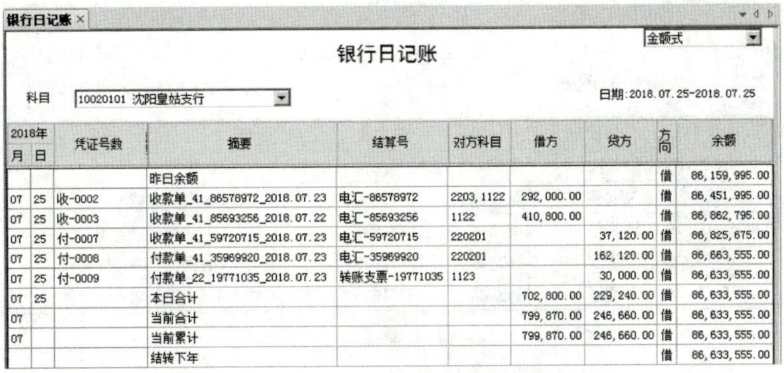

图8-7　银行日记账

（6）在总账系统，依次选择"出纳→资金日报"命令，打开"资金日报表查询条件"对话框。单击"确定"按钮，如图8-8所示。

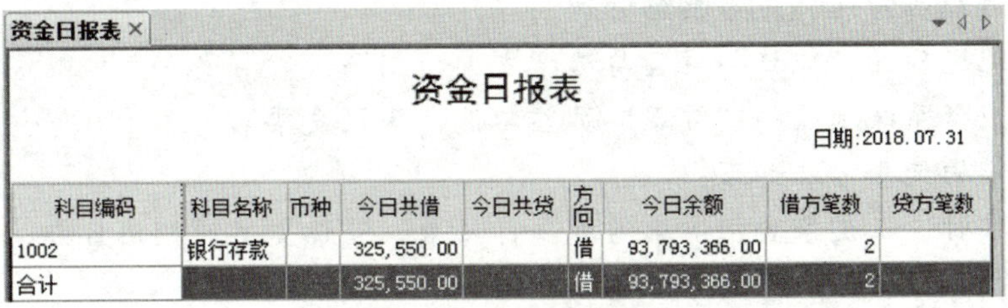

图8-8　资金日报表

【提示】

资金日报表是反映企业某日库存现金、银行存款发生额及余额情况的报表。

☞**知识点131　登记支票登记簿**

【实验资料】

根据表8-1登记支票登记簿。

表8-1　　　　　　　　　　　　　　　**支票登记簿**

领用日期	领用部门	领用人	支票号	预计金额	用途
2018.07.05	财务部	贺青	65302695	500.00	备用金
2018.07.15	采购部	张宏亮	19771030	13 920.00	购买电脑
2018.07.19	销售部	何丽	19771031	1 000.00	支付代垫运费
2018.07.25	采购部	张宏亮	19771035	30 000.00	预付上海恒久货款
2018.07.30	采购部	张宏亮	19771038	2 294 200.00	支付天津惠阳货款

【具体操作过程】

（1）在U8企业应用平台，依次选择"业务工作→财务会计→总账→出纳→支票登记簿"命令，打开"银行科目选择"对话框，单击"确定"按钮，打开"支票登记簿"窗口。

（2）单击"增加"按钮，根据实验资料录入支票登记簿，结果如图8-9所示。

图8-9 支票登记簿

【提示】

使用支票登记簿的前提条件：

❶ 在"会计科目"窗口的"编辑"菜单下指定银行科目；

❷ 该结算方式已勾选"是否票据管理"；

❸ 总账系统选项的"凭证"页签勾选"支票控制"；

❹ 应收、应付系统选项的"常规"页签勾选"登记支票"。

支票登记簿的使用方法如下：

❶ 领用支票时，在支票登记簿中增加一行记录，登记支票的领用日期、领用部门、领用人、支票号、预计金额、用途等信息。

❷ 填制上述付款业务的记账凭证时（总账系统直接填制或通过应收应付系统生成凭证），系统要求录入该支票的结算方式和支票号。记账凭证保存后，系统自动在支票登记簿中填入该支票的"报销日期"。

已报销的支票不能直接修改。将光标移至报销日期栏，按空格键删除报销日期，以取消报销标志，此时方可修改。

☞知识点132 银行对账

【实验资料】

（1）录入银行对账期初数据。

银行对账期初数据，银行存款日记账期初余额为 86 080 345 元，银行对账单期初余额为 86 090 345 元。期初未达账项（企业已付银行未付）见表8-2。

表8-2　期初未达账项

凭证日期	结算方式	票号	贷方金额	票据日期	摘要
2018.06.30	转账支票	19771029	10 000.00	2018.06.30	支付电费

（2）录入银行对账单。

根据表8-3录入银行对账单。

表8-3　七月份银行对账单

日期	结算方式	票号	借方金额	贷方金额	余额
2018.07.01	22	19771029		10 000.00	86 080 345.00
2018.07.01	41	25896302		2 000.00	86 078 345.00
2018.07.05	21	65302695		500.00	86 077 845.00

续表

日期	结算方式	票号	借方金额	贷方金额	余额
2018.07.05	1		70.00		86 077 915.00
2018.07.15	22	19771030		13 920.00	86 063 995.00
2018.07.19	22	19771031		1 000.00	86 062 995.00
2018.07.20		35978808	97 000.00		86 159 995.00
2018.07.25	41	86578972	292 000.00		86 451 995.00
2018.07.25	41	85693256	410 800.00		86 862 795.00
2018.07.25	41	59720715		37 120.00	86 825 675.00
2018.07.25	41	35969920		162 120.00	86 663 555.00
2018.07.25	22	19771035		30 000.00	86 633 555.00
2018.07.26	41	12390569	1 392 000.00		88 025 555.00
2018.07.27	41	91681702	836 200.00		88 861 755.00
2018.07.30	22	19771038		2 294 200.00	86 567 555.00
2018.07.30		63295321		25 740.00	86 541 815.00
2018.07.31		34579612	295 550.00		86 837 365.00
2018.07.31	41	25635688	30 000.00		86 867 365.00

（3）进行银行对账。

（4）查询详细的银行存款余额调节表。

【具体操作过程】

（1）录入银行对账期初数据

❶在 U8 企业应用平台，依次选择"业务工作→财务会计→总账→出纳→银行对账→银行对账期初录入"命令，打开"银行科目选择"对话框，单击"确定"按钮，打开"银行对账期初"窗口。

❷根据实验资料，在单位日记账的"调整前余额"栏输入"86080345"，在银行对账单的"调整前余额"录入"86090345"，结果如图 8-10 所示。

图 8-10 银行对账期初调整前数据

❸单击“日记账期初未达项”按钮，打开“企业方期初”窗口，根据表8-2录入期初未达账项，结果如图8-11所示。

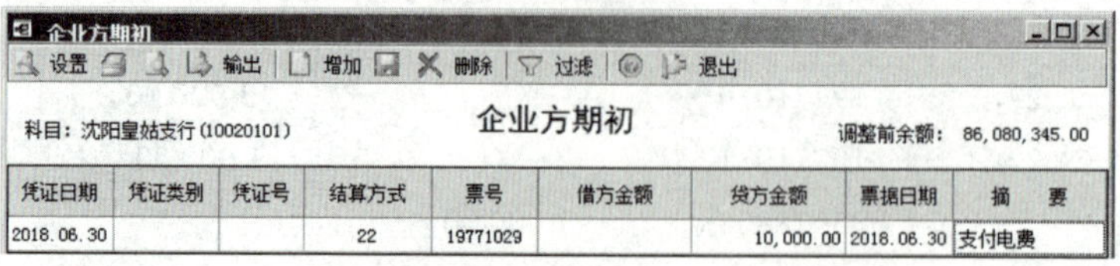

企业方期初

科目：沈阳皇姑支行(10020101)　　调整前余额：86,080,345.00

凭证日期	凭证类别	凭证号	结算方式	票号	借方金额	贷方金额	票据日期	摘要
2018.06.30			22	19771029		10,000.00	2018.06.30	支付电费

图8-11　期初未达账项——企业已付银行未付

❹退出“企业方期初”窗口，返回“银行对账期初”窗口，结果如图8-12所示。退出该窗口。

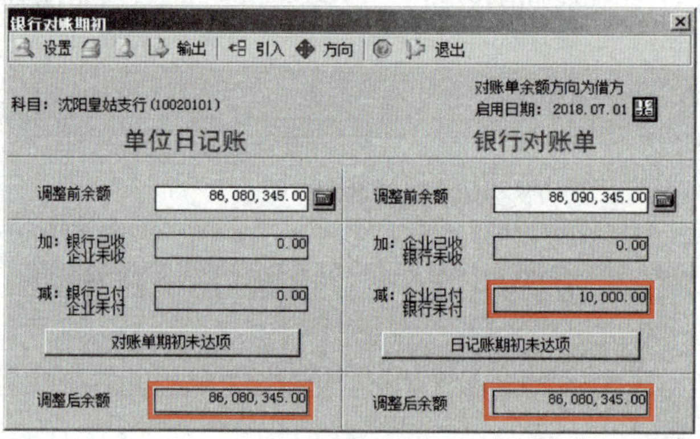

图8-12　银行对账期初调整后数据

（2）录入银行对账单。

❶在总账系统，依次选择“出纳→银行对账→银行对账单”命令，打开“银行对账单”窗口。

❷单击“增加”按钮，根据实验资料手工录入银行对账单，结果如图8-13所示。

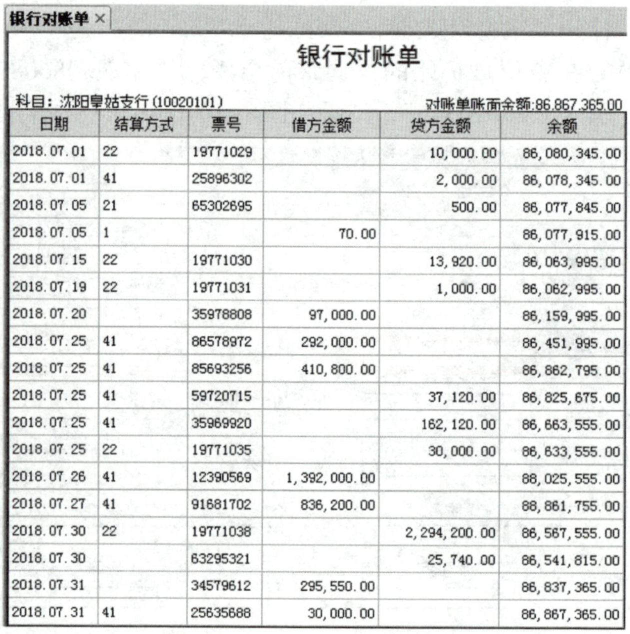

银行对账单

科目：沈阳皇姑支行(10020101)　　对账单账面余额:86,867,365.00

日期	结算方式	票号	借方金额	贷方金额	余额
2018.07.01	22	19771029		10,000.00	86,080,345.00
2018.07.01	41	25896302		2,000.00	86,078,345.00
2018.07.05	21	65302695		500.00	86,077,845.00
2018.07.05	1		70.00		86,077,915.00
2018.07.15	22	19771030		13,920.00	86,063,995.00
2018.07.19	22	19771031		1,000.00	86,062,995.00
2018.07.20		35978808	97,000.00		86,159,995.00
2018.07.25	41	86578972	292,000.00		86,451,995.00
2018.07.25	41	85693256	410,800.00		86,862,795.00
2018.07.25	41	59720715		37,120.00	86,825,675.00
2018.07.25	41	35969920		162,120.00	86,663,555.00
2018.07.25	22	19771035		30,000.00	86,633,555.00
2018.07.26	41	12390569	1,392,000.00		88,025,555.00
2018.07.27	41	91681702	836,200.00		88,861,755.00
2018.07.30	22	19771038		2,294,200.00	86,567,555.00
2018.07.30		63295321		25,740.00	86,541,815.00
2018.07.31		34579612	295,550.00		86,837,365.00
2018.07.31	41	25635688	30,000.00		86,867,365.00

图8-13　银行对账单

【提示】

如果银行对账单记录过多，可通过工具栏的"引入"功能来完成银行对账单的录入。

（3）进行银行对账。

❶在总账系统，依次选择"出纳→银行对账→银行对账"命令，打开"银行科目选择"对话框，单击"确定"按钮，打开"银行对账"窗口。

❷单击工具栏的"对账"按钮，打开"自动对账"对话框，结果如图8-14所示。

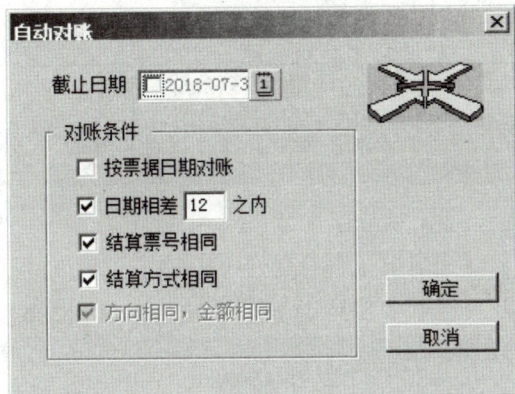

图8-14　"自动对账"对话框

❸单击"确定"按钮，显示对账结果，如图8-15所示。

图8-15　对账结果

【提示】

除上述自动对账外，还可进行手工对账。具体方法如下：

❶在单位日记账中双击要进行勾对的记录，此时"两清"标志栏自动打上"√"。

❷单击工具栏的"对照"按钮，在银行对账单中显示与单位日记账中当前记录相似的记录。双击银行对账单中的该行记录，此时"两清"标志栏自动打上"√"。

❸单击工具栏的"保存"按钮，单位日记账、银行对账单的"两清"标志栏变更为"Y"。手工对账完成。

以上是选择单位日记账记录，寻找银行对账单记录并对账。也可选择银行对账单记录，寻找单位日记账记录并对账。

如何取消对账标志？系统提供两种取消对账标志的方法：

❶手工取消勾对：双击要取消对账标志的记录的“两清”标志栏，单击“保存”按钮。

❷自动取消勾对：单击工具栏的“取消”按钮，弹出“银行反对账范围”对话框，单击“确定”按钮，系统将自动完成取消对账标志的操作。

（4）查询并输出“7月份银行存款余额调节表.xls”。

❶在总账系统，依次选择“出纳→银行对账→余额调节表查询”命令，打开“银行存款余额调节表”窗口，如图8-16所示。

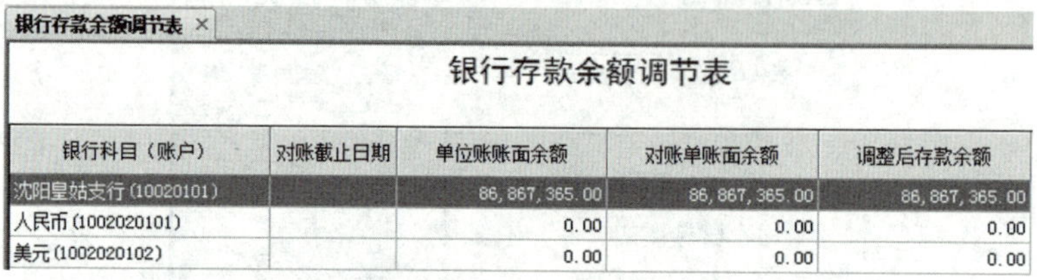

银行科目（账户）	对账截止日期	单位账账面余额	对账单账面余额	调整后存款余额
沈阳皇姑支行(10020101)		86, 867, 365. 00	86, 867, 365. 00	86, 867, 365. 00
人民币(1002020101)		0. 00	0. 00	0. 00
美元(1002020102)		0. 00	0. 00	0. 00

图8-16 “银行存款余额调节表”窗口

❷单击“查看”按钮，打开“银行存款余额调节表”对话框，如图8-17所示。

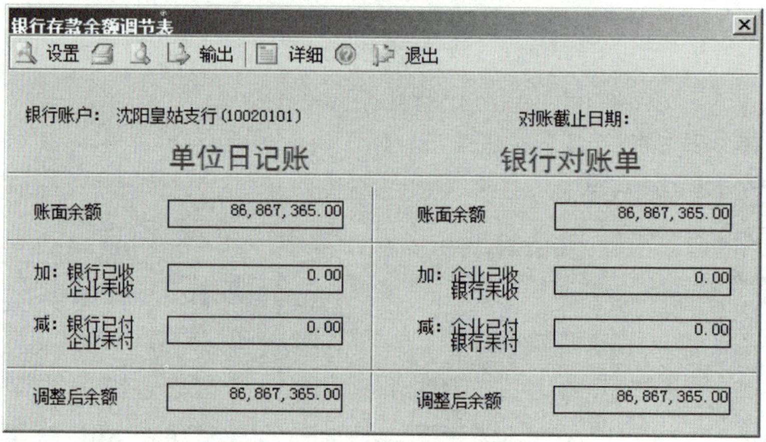

图8-17 “银行存款余额调节表”对话框

❸单击“详细”按钮，打开详细的银行存款余额调节表，如图8-18所示。

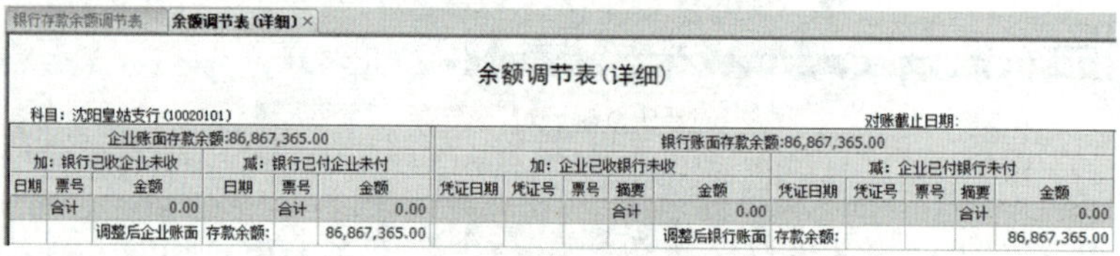

企业账面存款余额:86,867,365.00						银行账面存款余额:86,867,365.00									
加：银行已收企业未收			减：银行已付企业未付			加：企业已收银行未收					减：企业已付银行未付				
日期	票号	金额	日期	票号	金额	凭证日期	凭证号	票号	摘要	金额	凭证日期	凭证号	票号	摘要	金额
	合计	0.00		合计	0.00				合计	0.00				合计	0.00
		调整后企业账面	存款余额:		86,867,365.00					调整后银行账面	存款余额:				86,867,365.00

图8-18 详细的银行存款余额调节表

【提示】

如果对账结果不平，可进行以下几方面的检查：

❶“银行对账期初录入”中的“调整前余额”、“对账单期初未达项”及“日记账期初未达项”录入是否正确。

❷银行对账单录入是否正确。

❸“银行对账”中对账是否平衡。

任务2 期末业务处理

☞ **知识点133 查询账表**

【实验资料】

（1）查询"管理费用/职工薪酬"明细账。

（2）查询管理费用总账。

（3）查询资产类账户的余额表。

（4）定义并查询管理费用多栏账。

（5）查询7月份"应付票据"科目明细账。

【具体操作过程】

（1）查询"管理费用/职工薪酬"明细账。

❶2018年7月31日，由赵凯（W02）登录企业应用平台。在U8企业应用平台，依次选择"业务工作→财务会计→总账→账表→科目账→明细账"命令，打开"明细账查询条件"对话框。在"科目"栏参照选择"660202"，如图8-19所示。

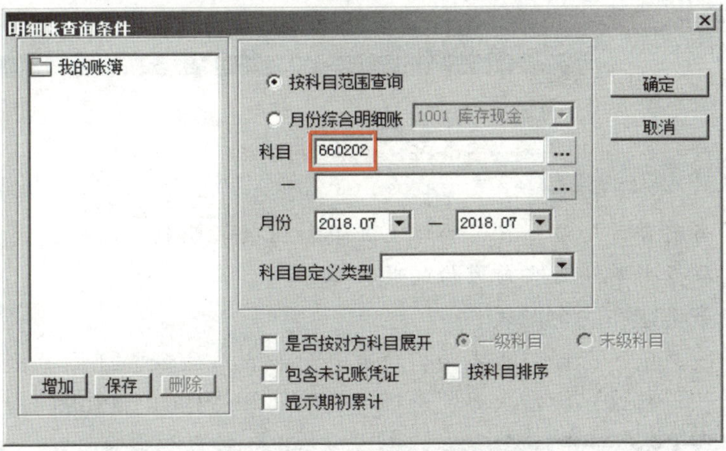

图8-19 明细账查询条件

❷单击"确定"按钮，打开"明细账"窗口，如图8-20所示。

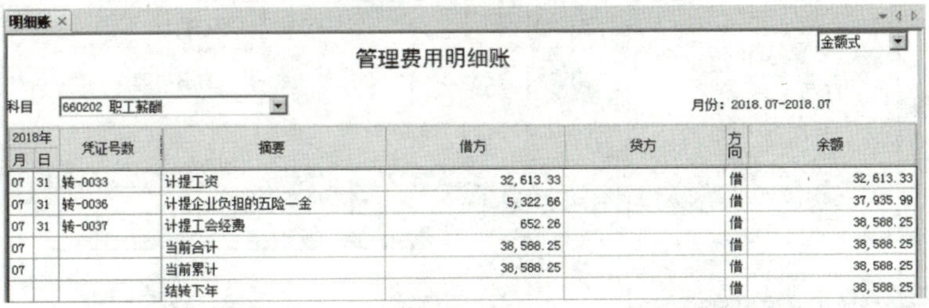

图8-20 "管理费用/职工薪酬"明细账

【提示】

可以在这里查询库存现金、银行存款的月份综合明细账，但不能在这里按科目范围查询库存现金、银行存款的日记账。日记账需到出纳菜单下查询。

（2）查询管理费用总账。

❶在总账系统，依次选择"账表→科目账→总账"命令，打开"总账查询条件"对话框。在"科目"栏参照选择"6602"，如图8-21所示。

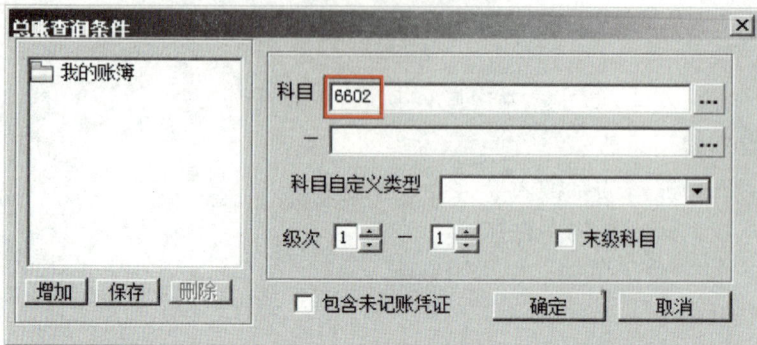

图8-21　总账查询条件

❷单击"确定"按钮，打开"总账"窗口，如图8-22所示。

图8-22　管理费用总账

【提示】

单击某月"当前合计"那一行，再单击工具栏上的"明细"按钮，或直接双击"当前合计"那一行可联查当前科目当前月份的明细账。

（3）查询资产类账户的余额表。

❶在总账系统，依次选择"账表→科目账→余额表"命令，打开"发生额及余额查询条件"对话框，在"科目"栏依次参照选择"1001"和"1901"，如图8-23所示。

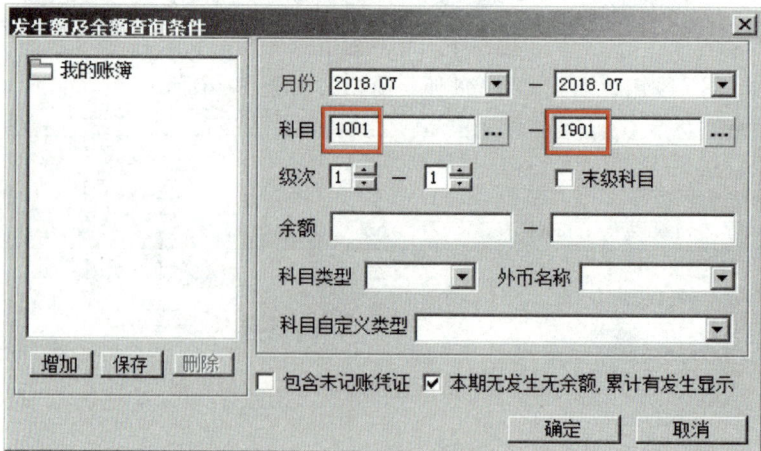

图8-23　发生额及余额查询条件

❷单击"确定"按钮，打开"总账"窗口，如图8-24所示。

图8-24 资产类账户发生额及余额

【提示】

如果不输入科目范围，则可查询所有科目的发生额及余额。

单击工具栏的"专项"按钮，可联查相应科目明细账或科目余额表。

（4）定义并查询管理费用多栏账。

❶在总账系统，依次选择"账表→科目账→多栏账"命令，打开"多栏账"窗口，单击"增加"按钮，打开"多栏账定义"窗口，如图8-25所示。

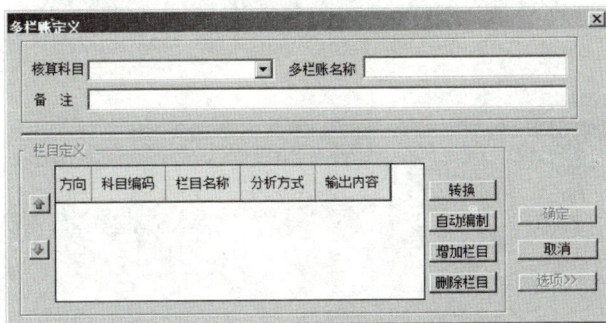

图8-25 "多栏账定义"窗口

❷在"核算科目"下拉列表中选择"6602管理费用"，单击"自动编制"按钮，如图8-26所示。

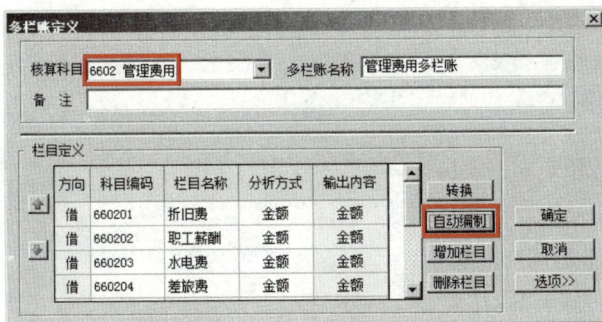

图8-26 "多栏账定义"窗口

❸单击"确定"按钮，返回"多栏账"窗口，如图8-27所示。

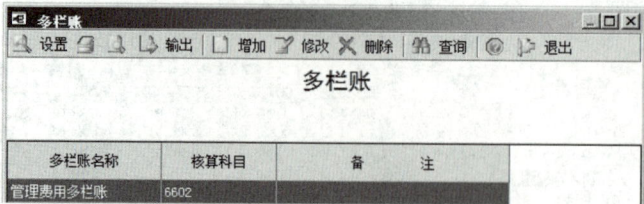

图 8-27　"多栏账"窗口

❹单击"查询"按钮，打开"多栏账查询"对话框。单击"确定"按钮，显示管理费用多栏账，如图8-28所示。

图 8-28　管理费用多栏账

（5）查询7月份应付票据科目明细账。

❶在总账系统，依次选择"账表→供应商往来辅助项→供应商往来明细账→供应商科目明细账"命令，打开"查询条件选择"对话框，在"科目"栏参照选择"2201"，如图8-29所示。

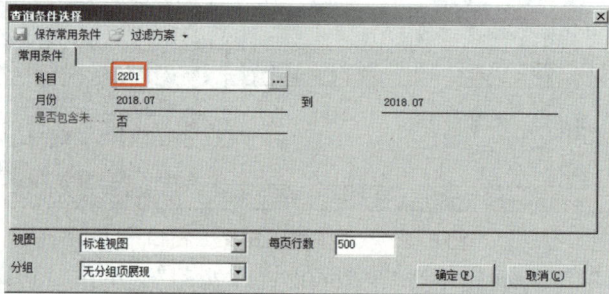

图 8-29　发生额及余额查询条件

❷单击"确定"按钮，打开"供应商科目明细账"窗口，如图8-30所示。

图 8-30　应付票据科目明细账

☞**知识点134　设置自定义转账**

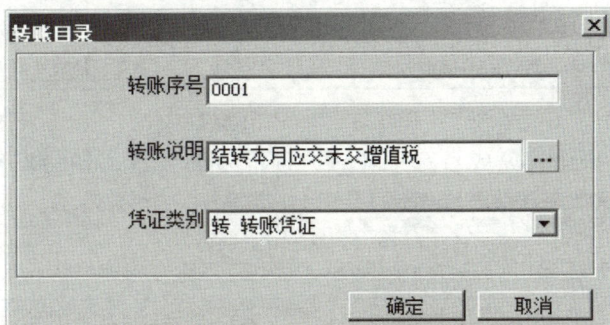

【实验资料】

根据表8-4进行自定义转账设置。

表8-4　　　　　　　　　　　　**自定义转账设置**

转账序号	摘要	科目编码	方向	金额公式
0001	结转本月应交未交增值税	22210105	借	QM（222101,月）
		222102	贷	JG（）
0002	计提应交城建税、教育费附加和地方教育附加	6403	借	JG（）
		222105	贷	FS（222102,月,贷）*0.07
		222106	贷	FS（222102,月,贷）*0.03
		222107	贷	FS（222102,月,贷）*0.02
0003	计提本月企业所得税	6801	借	（FS（4103,月,贷）-FS（4103,月,借））*0.25
		222103	贷	JG（）
0004	提取法定盈余公积	410401	借	QM（4103,月）*0.1
		4101	贷	JG（）
0005	向投资者分配利润	410403	借	QM（4103,月）*0.3
		2232	贷	JG（）
0006	结转本年实现的净利润	4103	借	QM（4103,月）
		410404	贷	JG（）
0007	结转利润分配明细科目	410404	借	JG（）
		410401	贷	FS（410401,月,借）
		410403	贷	FS（410403,月,借）

【具体操作过程】

（1）设置"结转本月应交未交增值税"自定义结转。

❶在U8企业应用平台，依次选择"业务工作→财务会计→总账→期末→转账定义→自定义转账"命令，打开"自定义转账设置"窗口。

❷单击工具栏的"增加"按钮，弹出"转账目录"对话框。根据实验资料，"转账序号"栏录入"0001"，"转账说明"栏录入"结转本月应交未交增值税"，"凭证类别"选择"转账凭证"，如图8-31所示。

图8-31　"转账目录"对话框

❸单击"确定"按钮，返回"自定义转账设置"窗口。单击工具栏的"增行"按钮，"科目编码"栏参照选择"22210105应交税费/应交增值税/转出未交增值税"，双击"金额公式"栏，按F2键进入"公式向导"窗口，选择QM（）（期末余额），如图8-32所示。

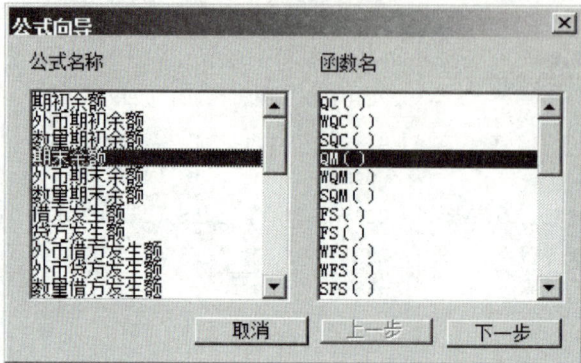

图8-32　公式向导1

【提示】

也可在"金额公式"栏直接输入转账函数公式。

❹单击"下一步"按钮，将"科目"修改为"222101应交税费/应交增值税"，如图8-33所示。

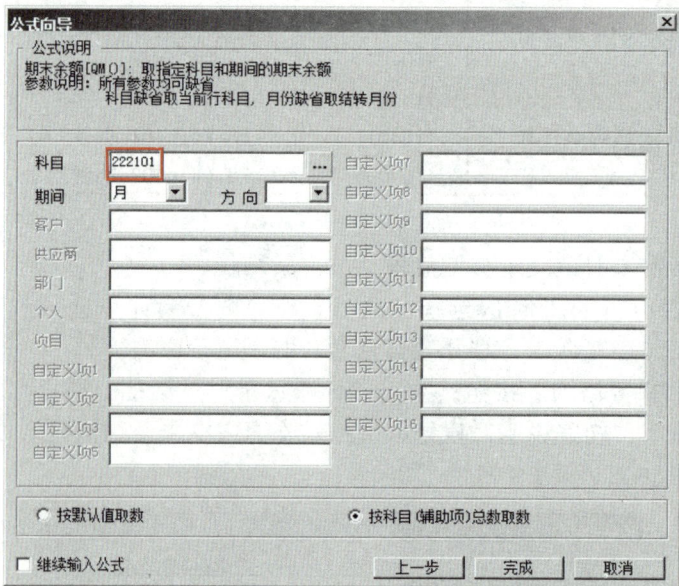

图8-33　公式向导2

❺单击"完成"按钮，完成自定义转账凭证借方的设置，如图8-34所示。

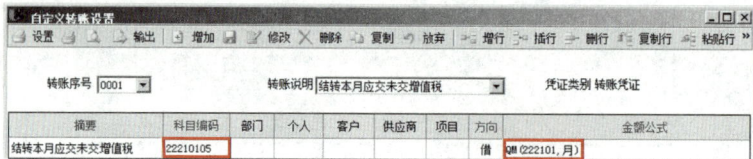

图8-34　自定义转账凭证借方设置结果

❻单击工具栏的“增行”按钮，“科目编码”栏参照选择“222102应交税费/未交增值税”，双击“方向”栏改为“贷”，双击“金额公式”栏，按F2键进入“公式向导”窗口，选择JG()（取对方科目计算结果）。

❼单击“下一步”按钮，再单击“完成”按钮，结果如图8-35所示。

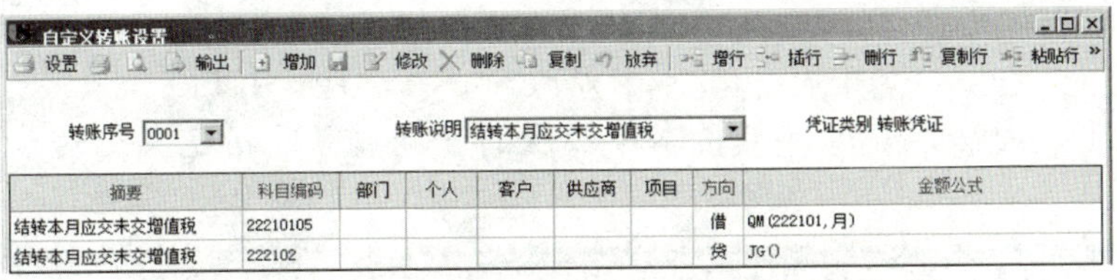

摘要	科目编码	部门	个人	客户	供应商	项目	方向	金额公式
结转本月应交未交增值税	22210105						借	QM(222101,月)
结转本月应交未交增值税	222102						贷	JG()

图8-35　自定义转账——结转本月应交未交增值税

（2）参照上述方法，完成“计提应交城建税、教育费附加和地方教育附加”的自定义结转设置，结果如图8-36所示。

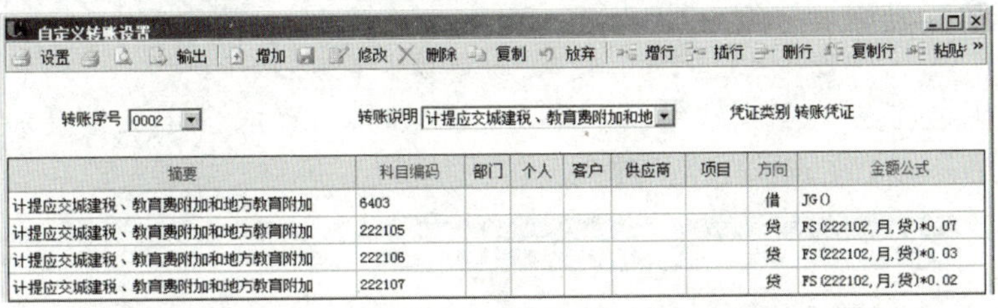

摘要	科目编码	部门	个人	客户	供应商	项目	方向	金额公式
计提应交城建税、教育费附加和地方教育附加	6403						借	JG()
计提应交城建税、教育费附加和地方教育附加	222105						贷	FS(222102,月,贷)*0.07
计提应交城建税、教育费附加和地方教育附加	222106						贷	FS(222102,月,贷)*0.03
计提应交城建税、教育费附加和地方教育附加	222107						贷	FS(222102,月,贷)*0.02

图8-36　自定义转账——计提应交城建税、教育费附加和地方教育附加

（3）参照上述方法，完成“计提本月企业所得税”的自定义结转设置，结果如图8-37所示。

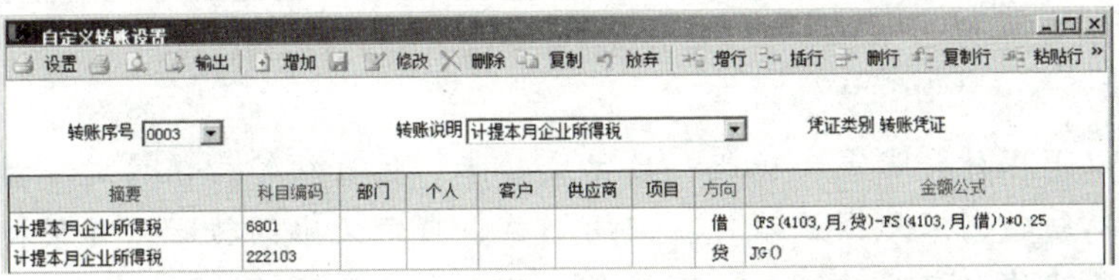

摘要	科目编码	部门	个人	客户	供应商	项目	方向	金额公式
计提本月企业所得税	6801						借	(FS(4103,月,贷)-FS(4103,月,借))*0.25
计提本月企业所得税	222103						贷	JG()

图8-37　自定义转账——计提本月企业所得税

【提示】

根据企业所得税法律制度的规定，企业所得税按年计征，分月或者分季预缴，年终汇算清缴，多退少补。

（4）参照上述方法，完成“提取法定盈余公积”的自定义结转设置，结果如图8-38所示。

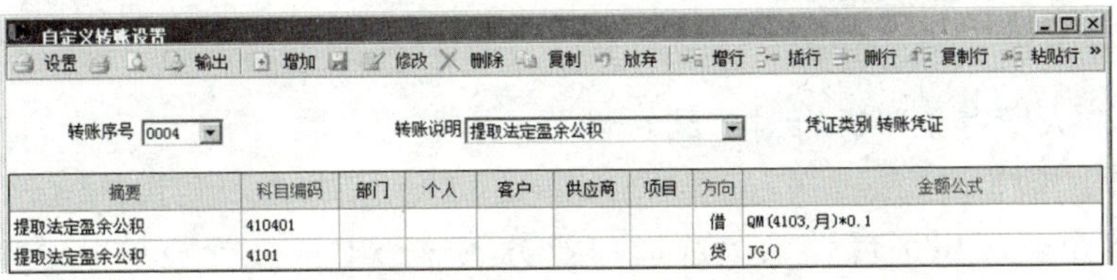

摘要	科目编码	部门	个人	客户	供应商	项目	方向	金额公式
提取法定盈余公积	410401						借	QM(4103,月)*0.1
提取法定盈余公积	4101						贷	JG()

图8-38　自定义转账——提取法定盈余公积

（5）参照上述方法，完成“向投资者分配利润”的自定义结转设置，结果如图8-39所示。

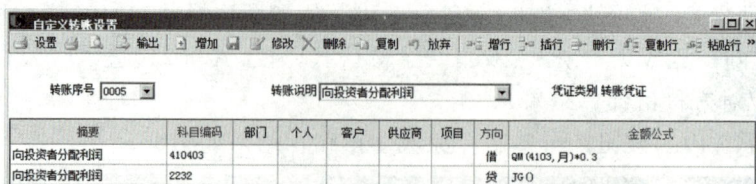

图8-39　自定义转账——向投资者分配利润

（6）参照上述方法，完成"结转本年实现的净利润"的自定义结转设置，结果如图8-40所示。

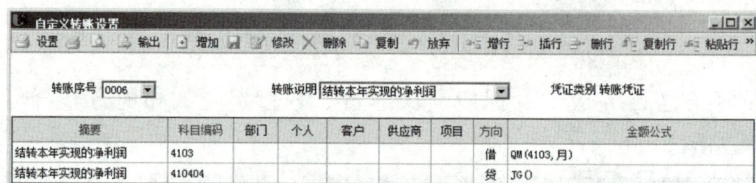

图8-40　自定义转账——结转本年实现的净利润

（7）参照上述方法，完成"结转利润分配明细科目"的自定义结转设置，结果如图8-41所示。

图8-41　自定义转账——结转利润分配明细科目

【提示】

系统提供以下八种转账定义功能：自定义转账、对应结转、销售成本结转、售价（计划价）销售成本结转、汇兑损益结转、期间损益、自定义比例转账、费用摊销和预提。

除本案例所述的自定义转账，以下情况也可考虑使用该功能：

❶工资等薪酬分配与支付的处理；

❷税金的缴纳等；

❸计提借款利息；

❹分配制造费用；

❺客户、供应商、项目等辅助核算的结转。

☞知识点135　设置对应结转

【实验资料】

对"缴纳个人所得税"进行对应结转设置。

【具体操作过程】

（1）在U8企业应用平台，依次选择"业务工作→财务会计→总账→期末→转账定义→对应结转"命令，打开"对应结转设置"窗口。

（2）在"编号"栏输入"0001"，"凭证类别"选择"付款凭证"，"摘要"栏输入"缴纳个人所得税"，"转出科目"栏参照选择"222104"。

（3）单击"增行"按钮，"转入科目编码"栏参照选择"10020101"，单击"保存"按钮，结果如图8-42所示。

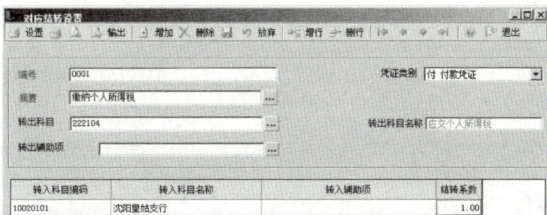

图8-42 对应结转——缴纳个人所得税

【提示】

对应结转只能结转期末余额。

对应结转既可以实现一对一的结转（即一个转出科目、一个转入科目），也可以实现一对多的结转（即一个转出科目、多个转入科目）。

对应结转的科目可以是上级科目，但其下级科目的科目结构必须一致（明细科目相同），如有辅助核算，则两个科目的辅助账类也必须一一对应。而转出科目辅助项与转入科目辅助项可不相同，转出科目及其辅助项必须一致，转入科目及其辅助项可不相同。

当两个或多个上级科目的下级科目及辅助账类有一一对应关系时，可将其余额按一定比例系数进行一对一或一对多结转。

转入科目金额=转出科目金额×结转系数。系数默认为1，可修改。在一对多结转的情况下，如果转入科目的结转系数之和为1，则最后一行结转金额为转出科目余额减去当前凭证已转出金额合计。

☞知识点136 设置汇兑损益结转

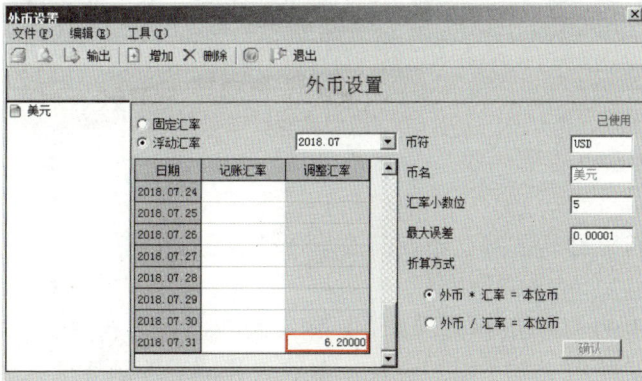

【实验资料】

2018年7月31日调整汇率为6.2。

【具体操作过程】

（1）2018年7月31日，由赵凯（W02）登录企业应用平台。在U8企业应用平台，依次选择"基础设置→基础档案→财务→外币设置"命令，打开"外币设置"窗口。根据实验资料，在7月31日的"调整汇率"栏输入"6.2"，如图8-43所示。退出该窗口。

图8-43 外币设置

（2）在 U8 企业应用平台，依次选择"业务工作→财务会计→总账→期末→转账定义→汇兑损益"命令，打开"汇兑损益结转设置"窗口。

（3）在"凭证类别"下拉列表中选择"付款凭证"，"汇兑损益入账科目"选择"660302"（财务费用/汇兑损益），双击第一行的"是否计算汇兑损益"栏，如图 8-44 所示。单击"确定"按钮。

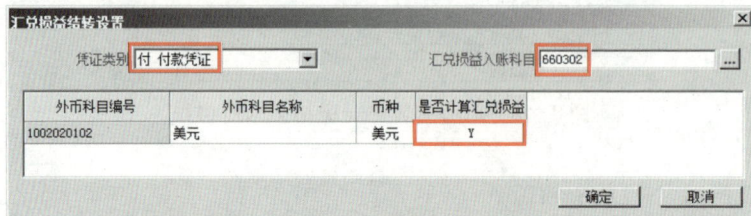

图 8-44　"汇兑损益结转设置"窗口

☞知识点 137　设置期间损益结转

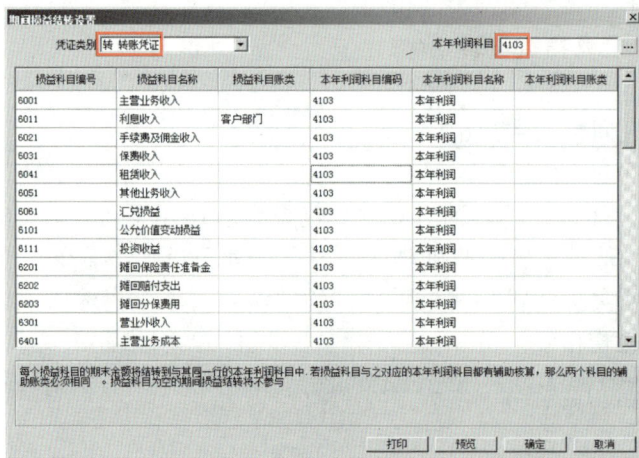

【实验资料】

设置期间损益结转凭证的凭证类别为转账凭证，本年利润科目为"4103"。

【具体操作过程】

（1）在 U8 企业应用平台，依次选择"业务工作→财务会计→总账→期末→转账定义→期间损益"命令，打开"期间损益结转设置"窗口。

（2）在"凭证类别"下拉框中选择"转账凭证"，"本年利润科目"参照选择"4103"，单击窗口中任意单元格，如图 8-45 所示。单击"确定"按钮。

设置期间损益结转

图 8-45　期间损益结转设置

☞知识点 138　结转已销商品成本

【实验资料】

2018 年 7 月 31 日，结转本月已销商品成本合计 750 000 元。

【具体操作过程】

（1）2018 年 7 月 31 日，由赵凯（W02）登录企业应用平台。在 U8 企业应用平台，依次选择"业务工作→财务会计→总账→凭证→填制凭证"命令，打开"填制凭证"窗口。

结转已销商品成本

（2）根据实验资料手工填制结转已销商品成本的记账凭证，结果如图8-46所示。

图8-46 记账凭证

【提示】

关于结转已销商品成本的处理，不同ERP系统的做法不同。同一ERP系统启用的模块不同，做法也不同。

（1）在启用供应链系统的情况下，结转已销商品成本的处理，根据不同的存货计价方法，在存货核算系统完成。

（2）若未启用供应链系统，可考虑以下处理方法：

❶满足以下条件，可到总账系统"期末→转账定义→销售成本结转"进行设置，到"转账生成"中生成结转已销商品成本的记账凭证：

a.企业发出存货成本的计价方法为全月一次加权平均法；

b."库存商品""主营业务收入""主营业务成本"这三个科目的明细科目结构相同，且一一对应；

c.这三个科目及其明细科目均设置了数量核算；

d.除数量核算外，这三个科目及其明细科目设置了相同的其他辅助账类（如项目核算）。

❷如果不满足上述条件，且未启用供应链系统，可在ERP系统以外借助其他工具（如Excel、wps等）完成销售成本的计算，根据计算结果直接在总账系统填制凭证即可。

☞知识点139　生成期末结转凭证

【实验资料】

2018年7月31日，生成期末结转的记账凭证。

【具体操作过程】

（1）结转本月应交未交增值税。

❶检查是否有未记账凭证。如果有，先进行出纳签字（W03）、审核（W01）、记账（W02）。

❷在总账系统，依次选择"期末→转账生成"命令，打开"转账生成"窗口，双击

"0001"号自定义转账凭证的"是否结转"栏，如图8-47所示。

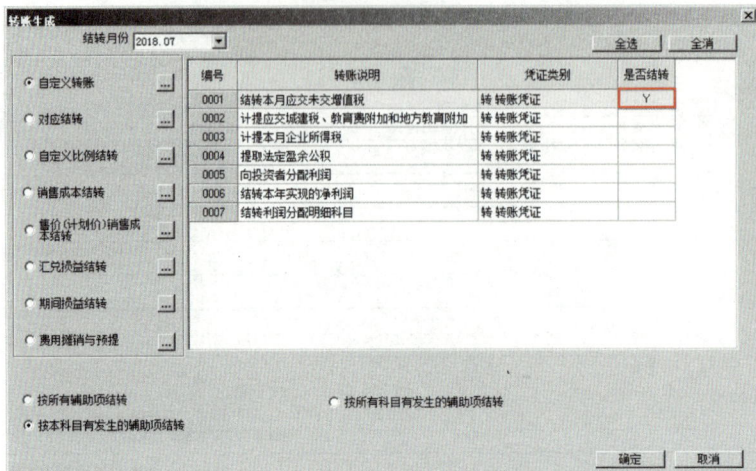

图8-47　转账生成

【提示】

在进行月末转账前，应将所有未记账凭证记账，否则可能导致生成的转账凭证数据错误。

❸单击"确定"按钮，弹出记账凭证窗口，单击"保存"按钮，结果如图8-48所示。

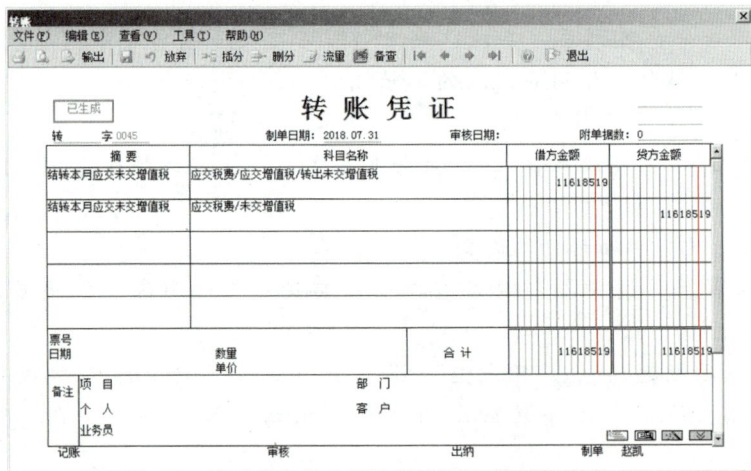

图8-48　记账凭证

（2）计提应交城建税、教育费附加和地方教育附加。

❶对上一步所生成凭证进行审核（W01）、记账（W02）。

❷在总账系统，依次选择"期末→转账生成"命令，打开"转账生成"窗口，双击"0002"号自定义转账凭证的"是否结转"栏，如图8-49所示。

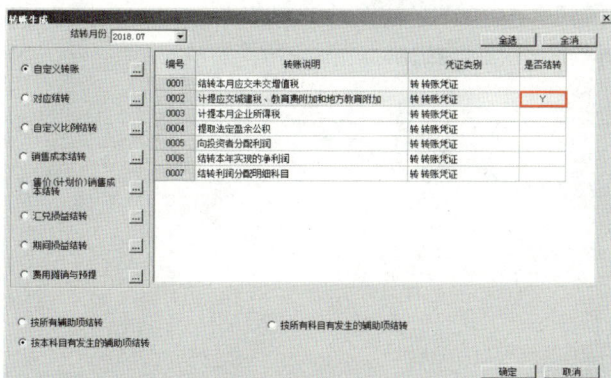

图8-49 转账生成

❸单击"确定"按钮，弹出记账凭证窗口，单击"保存"按钮，结果如图8-50所示。

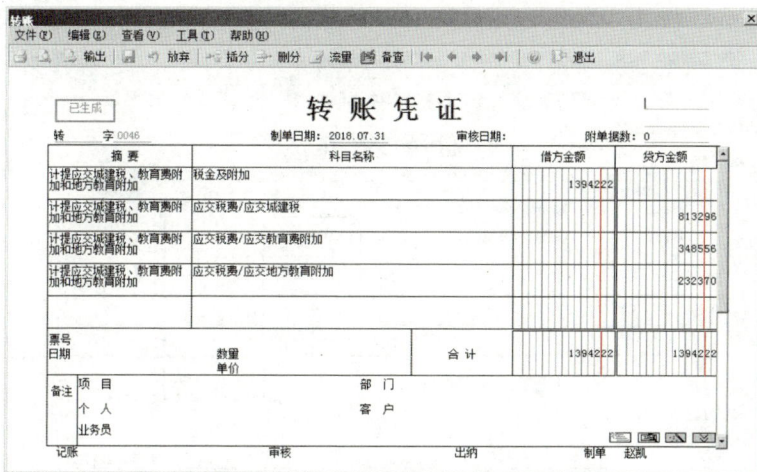

图8-50 记账凭证

（3）确认本月外币账户的汇兑损益。

❶对上一步所生成凭证进行审核（W01）、记账（W02）。

❷在总账系统，依次选择"期末→转账生成"命令，打开"转账生成"窗口。单击左侧的"汇兑损益结转"，窗口上方的"外币币种"栏选择"美元"，单击"全选"按钮，如图8-51所示。

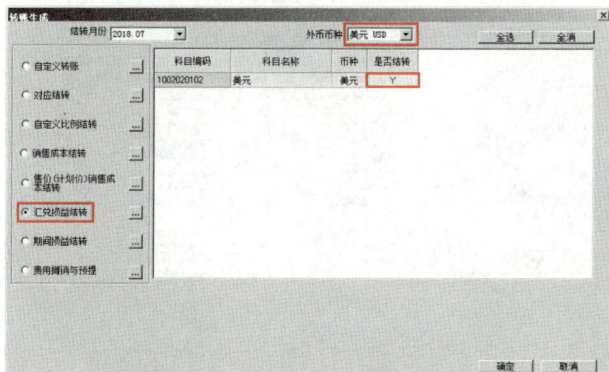

图8-51 转账生成

❸单击"确定"按钮，打开"汇兑损益试算表"窗口，如图8-52所示。

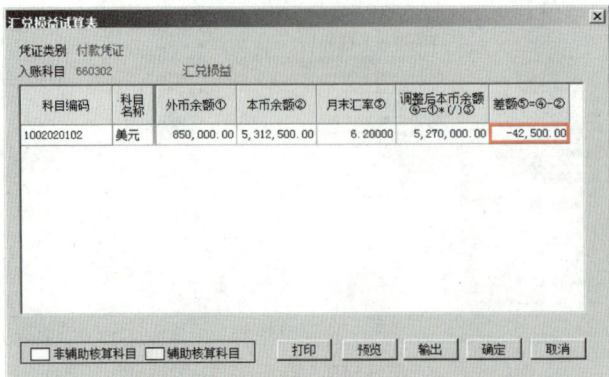

图8-52　"汇兑损益试算表"窗口

❹单击"确定"按钮，弹出记账凭证窗口，单击"保存"按钮，结果如图8-53所示。

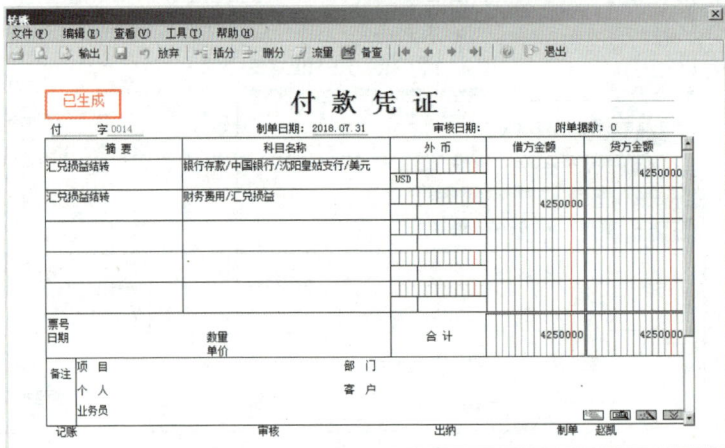

图8-53　记账凭证

（4）将损益类科目期末余额结转至"本年利润"。

❶对上一步所生成凭证进行审核（W01）、记账（W02）。

❷在总账系统，依次选择"期末→转账生成"命令，打开"转账生成"窗口。单击左侧的"期间损益结转"，窗口上方的"类型"栏选择"收入"，单击"全选"按钮，如图8-54所示。

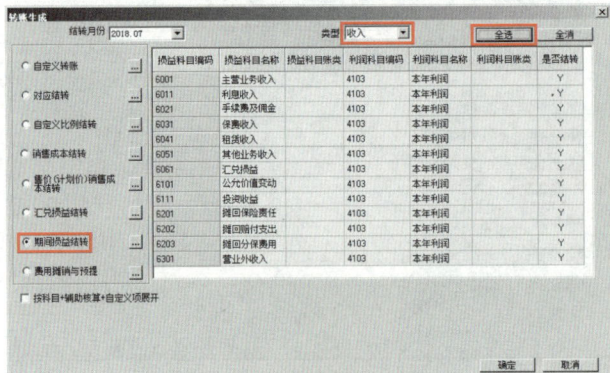

图8-54　转账生成

❸单击"确定"按钮，弹出记账凭证窗口，单击"保存"按钮，结果如图 8-55 所示。

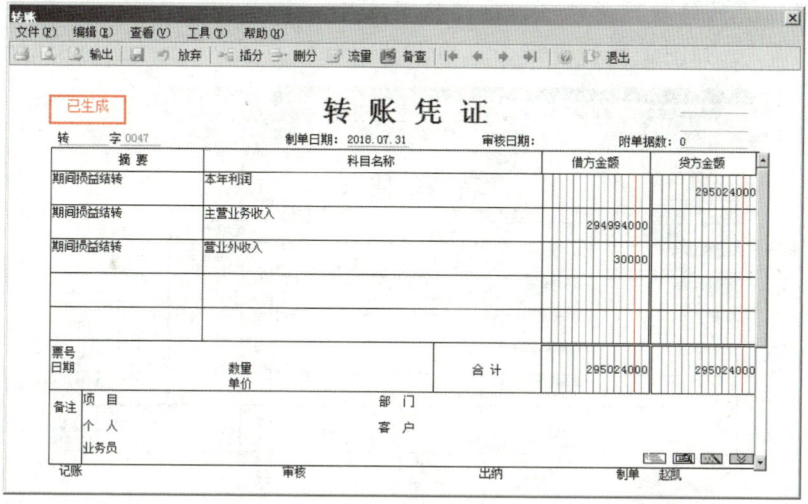

图 8-55　记账凭证

❹退出凭证窗口，返回"转账生成"窗口，将窗口上方的"类型"栏选择"支出"，单击"全选"按钮，如图 8-56 所示。

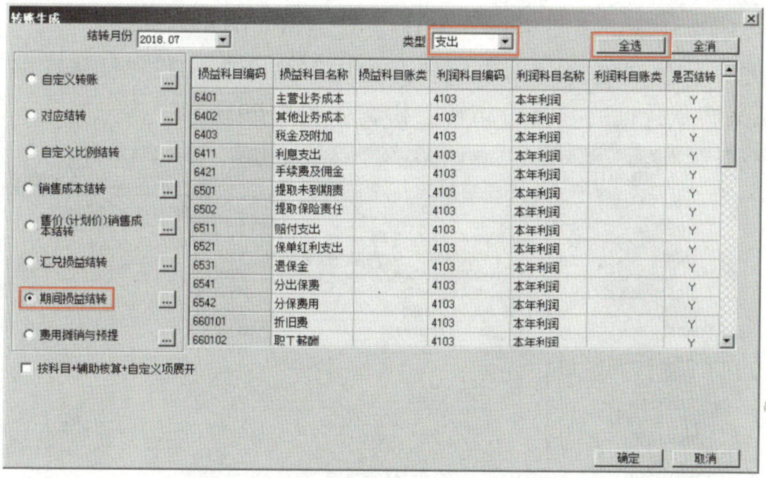

图 8-56　转账生成

❺单击"确定"按钮，弹出系统提示，如图 8-57 所示。

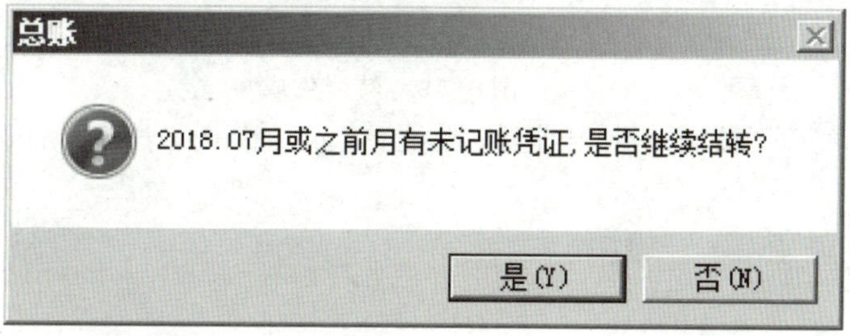

图 8-57　系统提示

【提示】

出现上述提示是因为结转收入类账户至本年利润的凭证未记账。但是该凭证未记账并不影响支出类账户的结转，所以可以继续往下进行。

❻单击"是"，弹出记账凭证窗口，单击"保存"按钮，结果如图8-58所示。

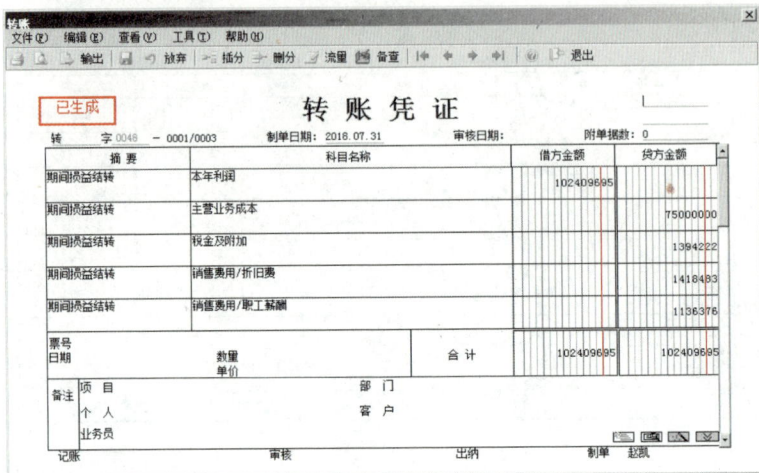

图8-58　记账凭证

（5）计提本月企业所得税。

❶对上一步所生成凭证进行审核（W01）、记账（W02）。

❷在总账系统，依次选择"期末→转账生成"命令，打开"转账生成"窗口，双击"0003"号自定义转账凭证的"是否结转"栏，如图8-59所示。

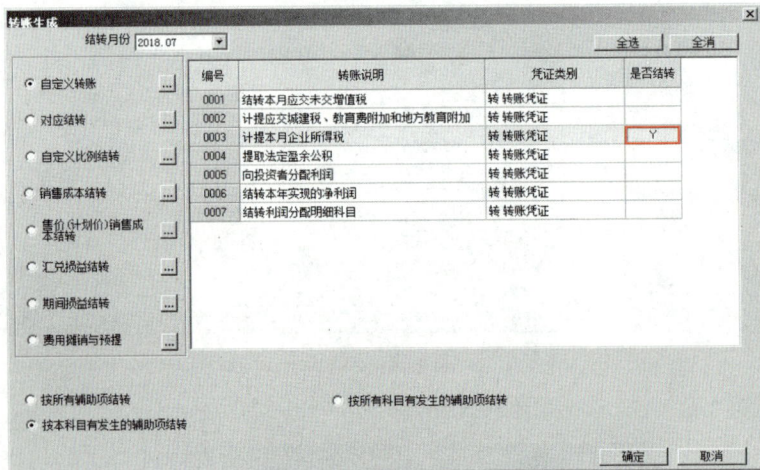

图8-59　转账生成

❸单击"确定"按钮，弹出记账凭证窗口，单击"保存"按钮，结果如图8-60所示。

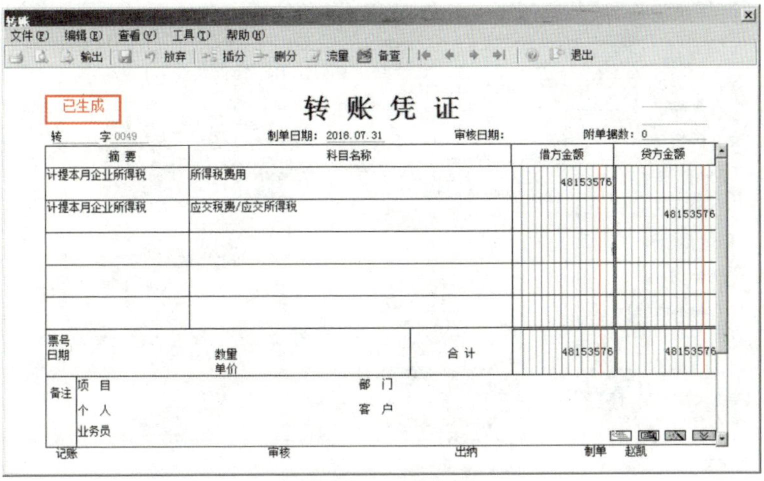

图 8-60　记账凭证

（6）将所得税费用结转至"本年利润"。

❶对上一步所生成凭证进行审核（W01）、记账（W02）。

❷在总账系统，依次选择"期末→转账生成"命令，打开"转账生成"窗口。参照步骤（4）将所得税费用结转至"本年利润"，如图 8-61 所示。

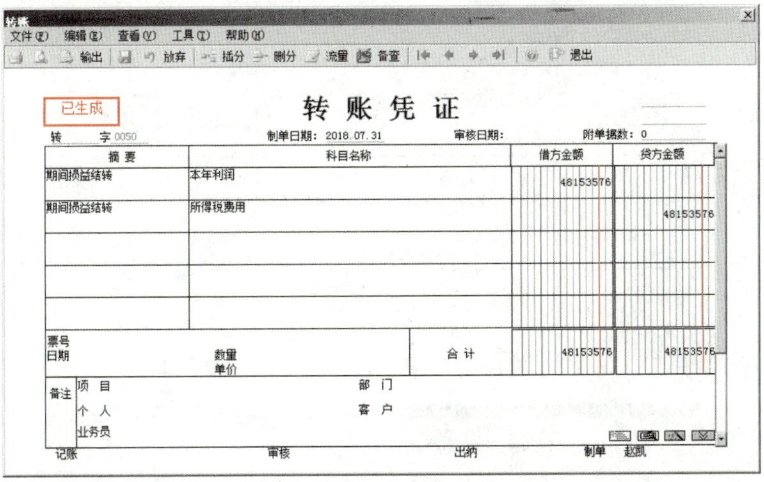

图 8-61　记账凭证

（7）提取法定盈余公积、向投资者分配利润、结转本年实现的净利润。

❶对上一步所生成凭证进行审核（W01）、记账（W02）。

❷在总账系统，依次选择"期末→转账生成"命令，打开"转账生成"窗口，双击"0004"、"0005"和"0006"号自定义转账凭证的"是否结转"栏，如图 8-62 所示。

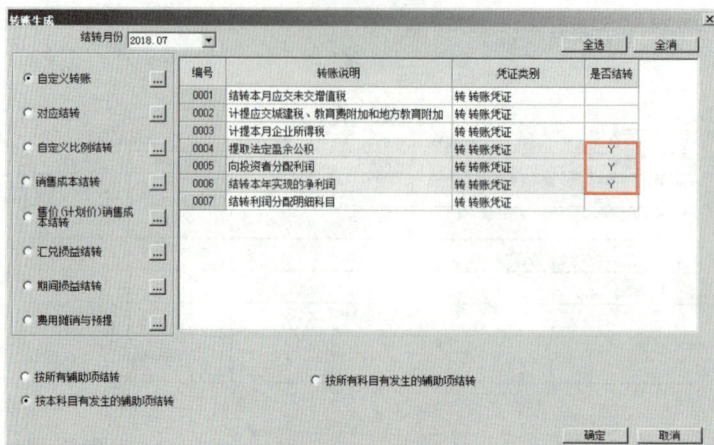

图 8-62　转账生成

❸单击"确定"按钮，弹出记账凭证窗口，单击"保存"按钮，结果如图 8-63 所示。

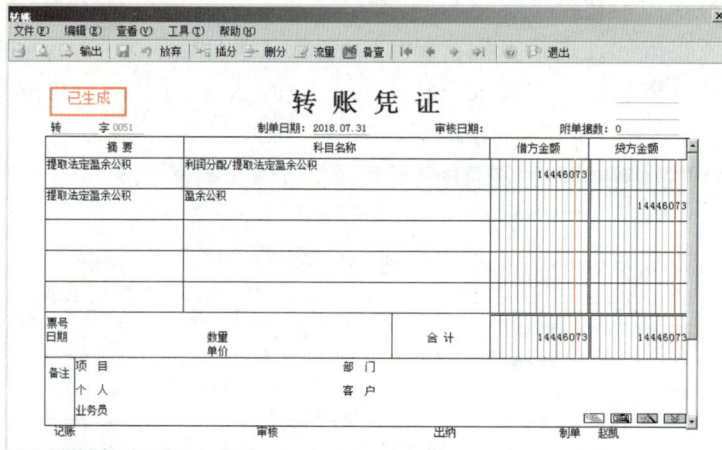

图 8-63　记账凭证

❹单击"➡"按钮，再单击"保存"按钮，结果如图 8-64 所示。

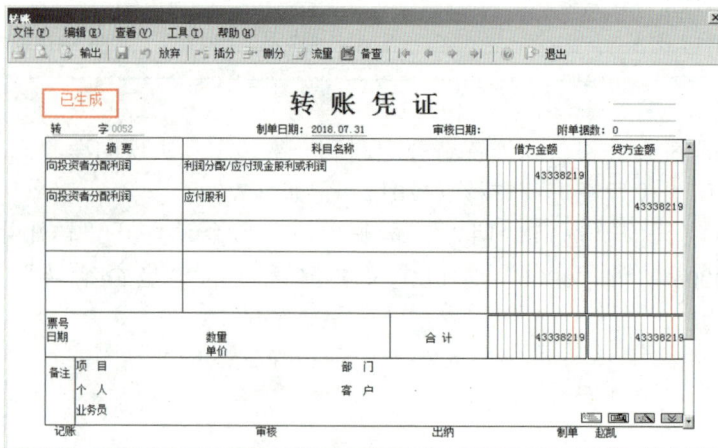

图 8-64　记账凭证

❺单击"➡"按钮，再单击"保存"按钮，结果如图 8-65 所示。

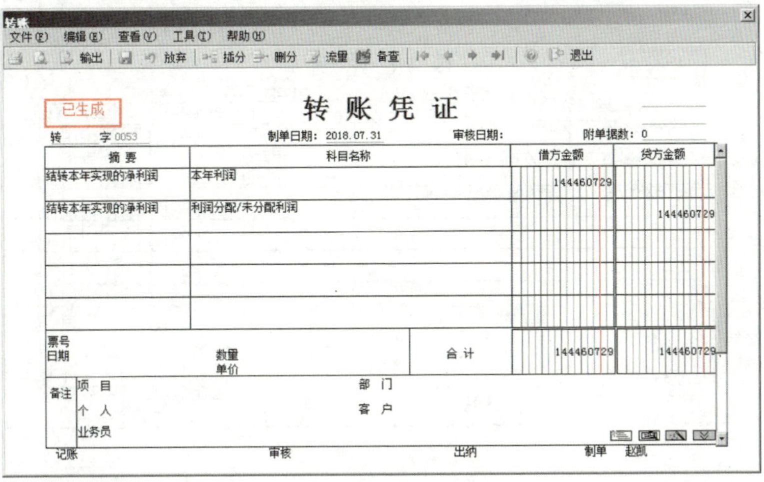

图 8-65　记账凭证

（8）结转利润分配明细科目。

❶对上一步所生成凭证进行审核（W01）、记账（W02）。

❷在总账系统，依次选择"期末→转账生成"命令，打开"转账生成"窗口，双击"0007"号自定义转账凭证的"是否结转"栏，如图 8-66 所示。

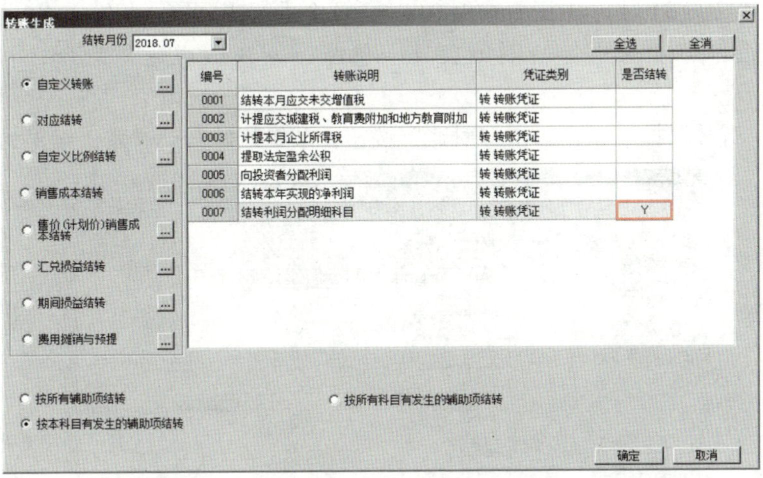

图 8-66　转账生成

❸单击"确定"按钮，弹出记账凭证窗口，单击"保存"按钮，结果如图 8-67 所示。

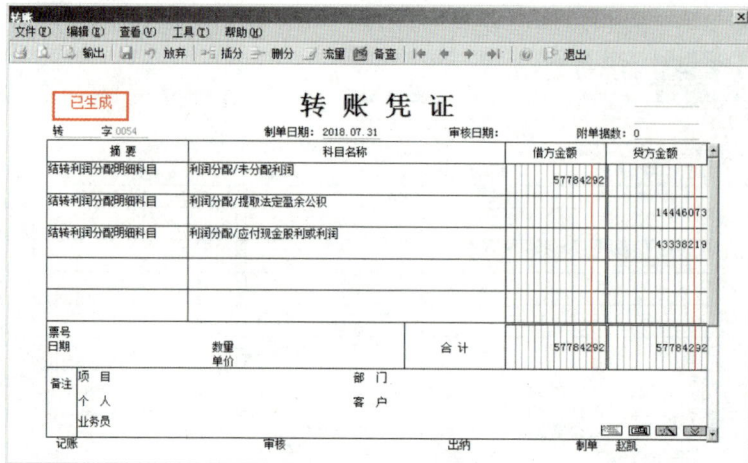

图 8-67　记账凭证

❹对本步骤所生成凭证进行审核（W01）、记账（W02）。

☞**知识点 140　对账**

【实验资料】

2018 年 7 月 31 日，进行月末对账。

【具体操作过程】

（1）2018 年 7 月 31 日，由王钰（W01）登录企业应用平台。在 U8 企业应用平台，依次选择"业务工作→财务会计→总账→期末→对账"命令，打开"对账"窗口。

（2）单击"选择"按钮，再单击"对账"按钮，系统开始自动对账，结果如图 8-68 所示。

图 8-68　"对账"窗口

☞**知识点 141　结账**

【实验资料】

2018 年 7 月 31 日，进行月末结账。

【具体操作过程】

（1）2018 年 7 月 31 日，由王钰（W01）登录企业应用平台。在 U8 企业应用平台，依次选择"业务工作→财务会计→总账→期末→结账"命令，打开

"结账——开始结账"窗口，如图8-69所示。

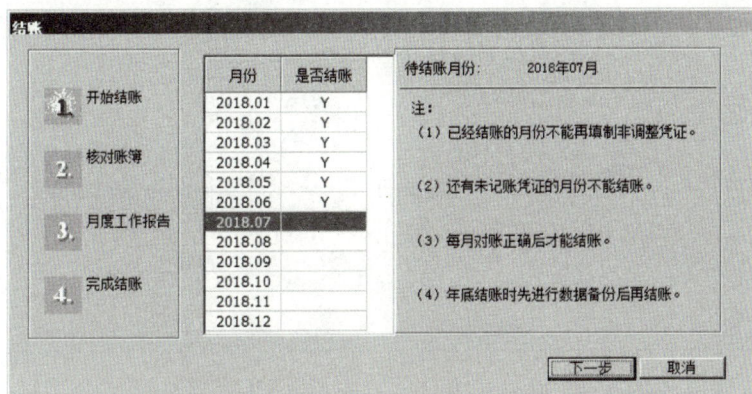

图8-69　"结账——开始结账"窗口

（2）单击"下一步"按钮，打开"结账——核对账簿"窗口，如图8-70所示。

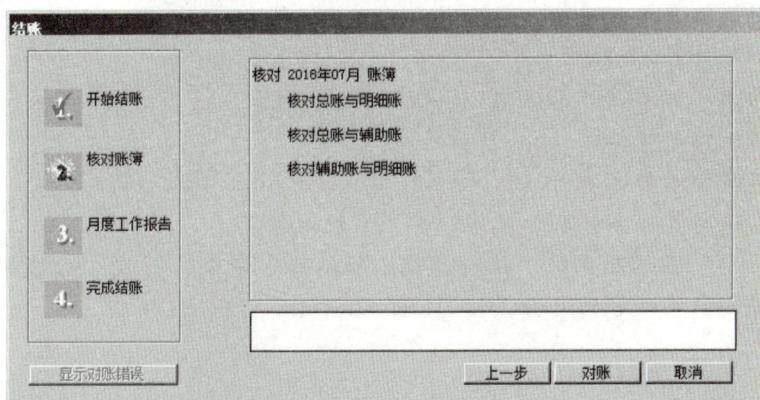

图8-70　"结账——核对账簿"窗口

（3）单击"对账"按钮，系统进行对账。对账完毕，单击"下一步"按钮，打开"结账——月度工作报告"窗口，如图8-71所示。

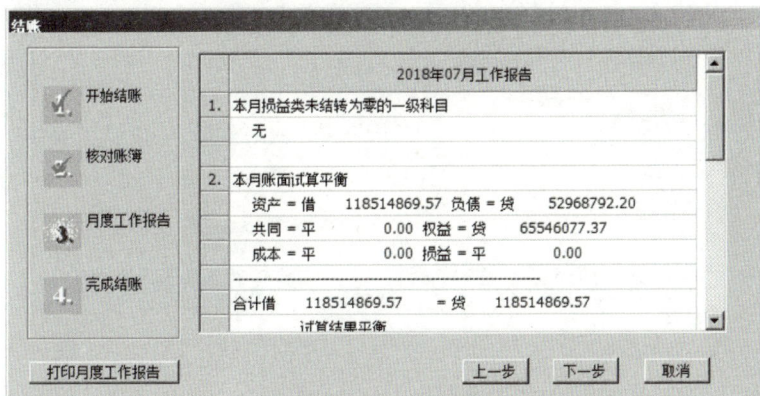

图8-71　"结账——月度工作报告"窗口

（4）单击"下一步"按钮，打开"结账——完成结账"窗口，如图8-72所示。

图 8-72 "结账——完成结账"窗口

（5）单击"结账"按钮，7 月份结账完毕。

【提示】

已结账月份不能再填制凭证，但可以查询凭证、账表等。

以下情况不允许月末结账：

❶上月未结账。但本月可以填制、审核凭证。

❷本月还有未记账凭证。

❸若总账与明细账对账不符。

❹若总账系统与其他系统联合使用，其他系统未结账。

如何取消月结？在总账系统，执行"期末→结账"命令，打开"结账——开始结账"窗口，单击选择要取消结账的月份，按［Ctrl+Shift+F6］组合键即可。

项目9　UFO报表系统

UFO报表系统是用友ERP-U8的报表管理系统，主要实现文件管理、格式管理、数据处理、图形处理、二次开发等功能。

UFO报表系统与其他系统的关系如下：

UFO报表系统可以从总账、应付、应收、薪资、固定资产等系统提取数据，生成各种报表。

本项目的重点内容：调用报表模板生成报表、设计自定义报表。

本项目的难点内容：定义报表公式，尤其是定义表间取数公式。

本项目总体流程如图9-1所示。

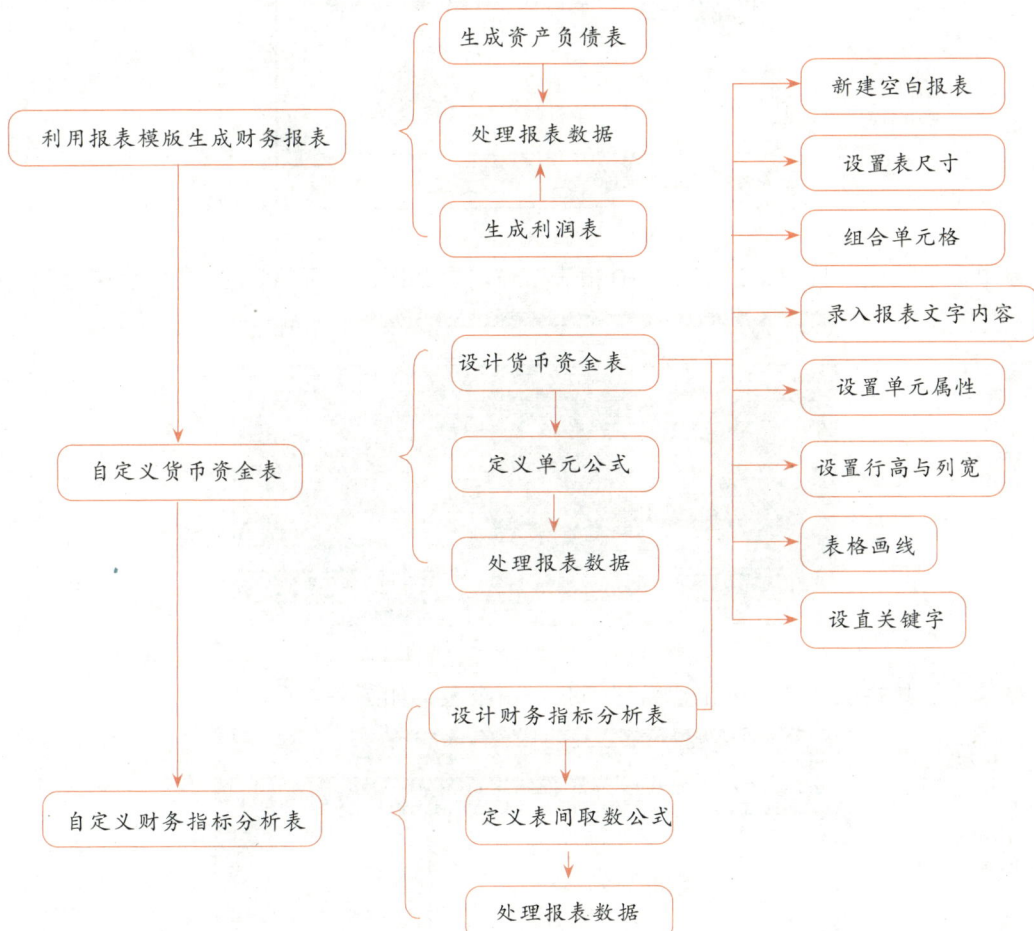

图9-1　本项目总体流程

任务1　利用报表模板生成财务报表

☞知识点142　生成资产负债表

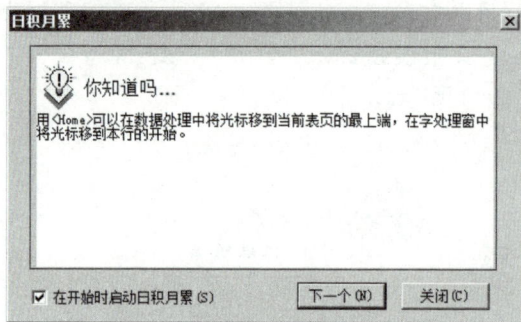

【实验资料】

2018年7月31日，利用报表模板生成资产负债表。

【具体操作过程】

（1）新建一张空白报表。

❶2018年7月31日，由王钰（W01）登录企业应用平台。

❷在U8企业应用平台，依次选择"业务工作→财务会计→UFO报表"命令，打开"UFO报表"窗口，同时弹出如图9-2所示的"日积月累"提示框。

图9-2　"日积月累"提示框

❸单击"关闭"按钮，返回"UFO报表"窗口，如图9-3所示。

图9-3　"UFO报表"窗口

❹单击工具栏的"▢"按钮，新建一张空白报表，如图9-4所示。

图9-4　空白UFO报表

【提示】

UFO报表的最大行数为9 999，最大列数为255。单元是组成报表的最小单位，每个单元用行号+列标组合表示。

"UFO报表"窗口有两种状态：格式状态和数据状态。

[格式状态] 此状态下显示报表的格式，报表数据全部被隐藏。新建的空白报表默认处于此状态，如图9-4所示，窗口左下角显示"格式"字样，表明此时报表处于格式状态。在此状态下可以完成报表的格式设计工作，如表尺寸、行高列宽、单元属性、组合单元、关键字等。定义报表公式也在此状态下完成。此状态的报表操作将对本报表的所有表页发生作用。

[数据状态] 此状态显示报表的全部内容，包括格式和数据。在此状态下可以完成报表数据的处理工作，如输入数据、增加或删除表页、审核、舍位平衡等。此状态下不能修改报表格式。

报表格式状态和数据状态之间的切换方法如下：

方法一，点击"编辑"菜单下的"格式/数据状态"命令。

方法二，点击窗口左下角的"格式"按钮，此时报表切换为数据状态，同时该按钮显示"数据"字样；同理，点击窗口左下角的"数据"按钮，切换为格式状态。

（2）调用模板生成资产负债表。

❶点击"格式"菜单下的"报表模板"命令，打开"报表模板"对话框，在"您所在的行业："下拉框中选择"2007年新会计制度科目"，"财务报表"下拉框中选择"资产负债表"，如图9-5所示。

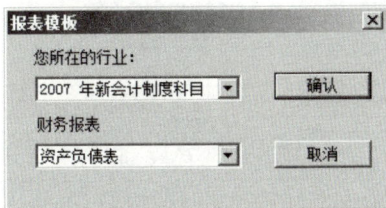

图9-5　选择报表

【提示】

这里所选的行业对应创建账套时选择的"行业性质"，如图1-10所示。

❷单击"确定"按钮，系统提示"模板格式将覆盖本表格式！是否继续?"，单击"确定"按钮，结果如图9-6所示。

图9-6　格式状态的资产负债表（部分）

（3）根据最新会计准则调整报表项目。

双击A8单元格，将"交易性金融资产"项改为"以公允价值计量且其变动计入当期损益的金融资产"；双击E8单元格，将"交易性金融负债"项改为"以公允价值计量且其变动计入当期损益的金融负债"。

【提示】

窗口中的红色字体"XXXX年"、"XX月"和"XX日"称之为关键字。它是游离于单元之外的特殊数据单元。

窗口中的"公式单元"存储了计算公式，通过这些公式可从U8系统取数，进行表内、表间计算等。

☞知识点143　处理报表数据

【实验资料】

2018年7月31日，将报表数据重算后保存至C盘根目录下，文件名为"7月份资产负债表.rep"。

【具体操作过程】

（1）将报表切换至数据状态。

单击窗口左下角的"格式"按钮，系统提示"是否确定全表重算？"，单击"否"，此时报表切换为数据状态，如图9-7所示。

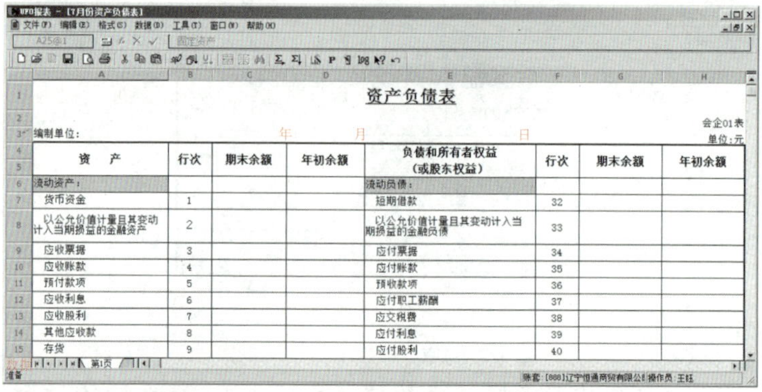

图9-7　数据状态的资产负债表（部分）

【提示】

一个UFO报表最多可容纳99 999张表页。

（2）录入关键字并计算报表数据。

❶执行"数据"菜单下的"关键字→录入"命令，打开"录入关键字"对话框，录入关键字"2018年7月31日"，如图9-8所示。

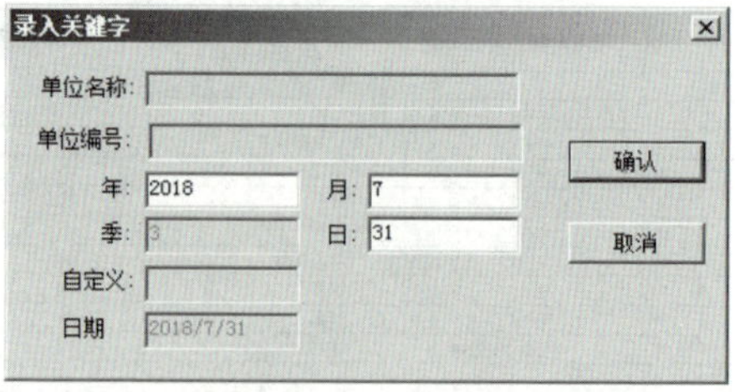

图9-8　录入关键字

❷单击"确认"按钮，系统提示"是否重算第1页？"，单击"是"，结果如图9-9所示。

图9-9　重算后的资产负债表（部分）

【提示】

如果单元格显示"###########"字样，表明该单元格所在列的列宽不够，调整列宽后可正常显示。

资产负债表取数完毕，应根据会计等式"资产=负债+所有者权益"，检查报表是否平衡。若不平衡，应查找原因并进行调整。

（3）保存报表。

单击工具栏的"🖫"按钮，打开"另存为"对话框，存储位置选择C盘根目录，"文件名"栏输入"7月份资产负债表"，如图9-10所示。单击"另存为"按钮，完成保存。

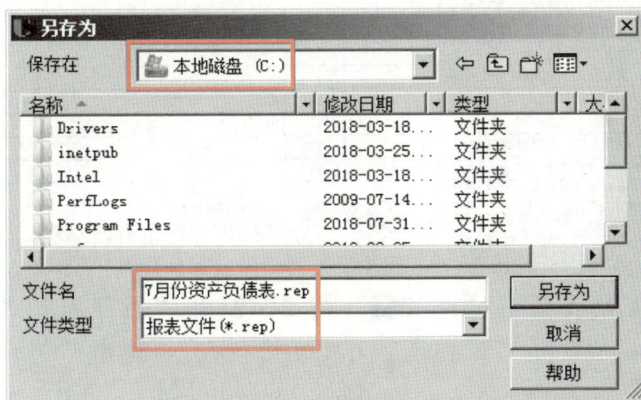

图9-10　保存报表

【提示】

保存报表时，存储路径、文件名、文件类型这三个信息均无误的情况下，才表明报表保存成功。

☞知识点144　生成利润表

【实验资料】

2018年7月31日，利用报表模版生成7月份利润表，重算后保存至C根目录下，文件名为"7月份利润表.rep"

【具体操作过程】

（1）在"UFO报表"窗口，单击"▯"按钮，新建一张空白报表。

（2）调用模板生成利润表。点击"格式"菜单下的"报表模板"命令，打开"报表模板"对话框，在"您所在的行业："下拉框中选择"2007年新会计制度科目"，"财务报表"下拉框中选择"利润表"。

（3）根据最新会计准则调整报表项目。将A7单元格由"营业税金及附加"改为"税金及附加"；A14单元格下插入两行，项目名称分别输入"资产处置收益""其他收益"；删除"营业外支出"下面的那一行。

（4）将报表切换至数据状态，录入关键字"2018年7月31日"，并进行整表重算，结果如图9-11所示。

图9-11 重算后的利润表（部分）

（5）保存报表。单击工具栏的"▯"按钮，打开"另存为"对话框，存储位置选择C盘根目录，"文件名"栏输入"7月份利润表"，单击"另存为"按钮，完成保存。

任务2　　自定义货币资金表

☞**知识点145 设计货币资金表**

【实验资料】

根据表9-1设计货币资金表。

表9-1

货币资金表

××××年××月××日

会计科目	月初余额	借方发生额	贷方发生额	月末余额
库存现金				
银行存款				
其他货币资金				
合 计				

要求：

❶第一行行高16毫米，第一列列宽36毫米；

❷表头字体为黑体，字号为18号；

❸前三行和第一列单元文字居中显示。

【具体操作过程】

（1）新建空白报表。

❶2018年7月31日，由王钰（W01）登录企业应用平台。在U8企业应用平台，依次选择"业务工作→财务会计→UFO报表"命令，打开"UFO报表"窗口。

设计货币资金表

❷单击工具栏的"□"按钮，新建一张空白报表。

（2）设置表尺寸。

点击"格式"菜单下的"表尺寸"命令，弹出"表尺寸"对话框，行数设为7，列数设为5，如图9-12所示。

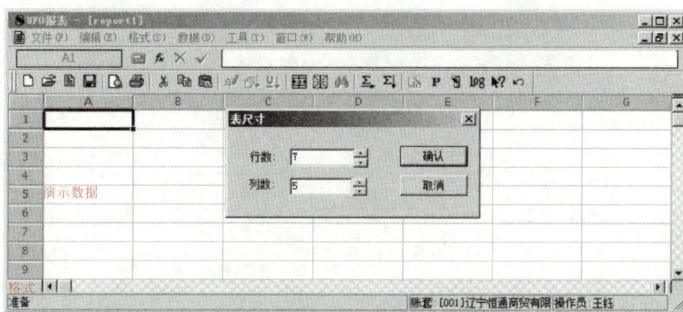

图9-12 设置表尺寸

（3）组合单元格。

❶单击"确认"按钮，选中A1：E1单元区域，点击"格式"菜单下的"组合单元"命令，弹出"组合单元"对话框，如图9-13所示。

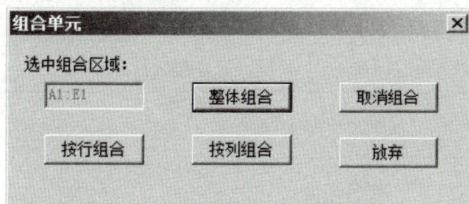

图9-13 "组合单元"对话框

❷单击"整体组合"按钮，完成单元合并。

❸参照上述方法，对A2：E2单元进行整体组合。

（4）录入报表文字内容。

根据实验资料，录入除第二行以外的文字内容，结果如图9-14所示。

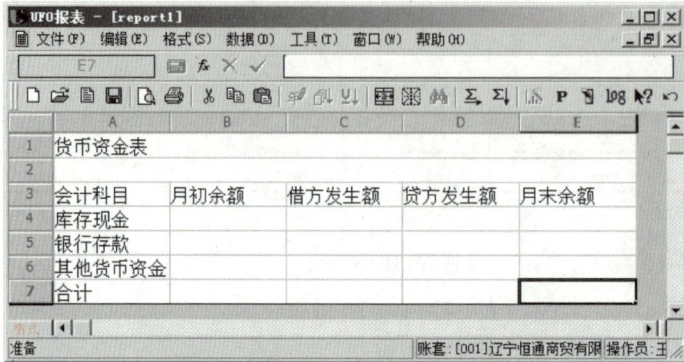

图9-14　录入报表文字内容

（5）设置单元属性。

❶选中前三行，执行"格式"菜单下的"单元属性"命令，打开"单元格属性"对话框，点击"对齐"页签，对齐方式均选"居中"，如图9-15所示。

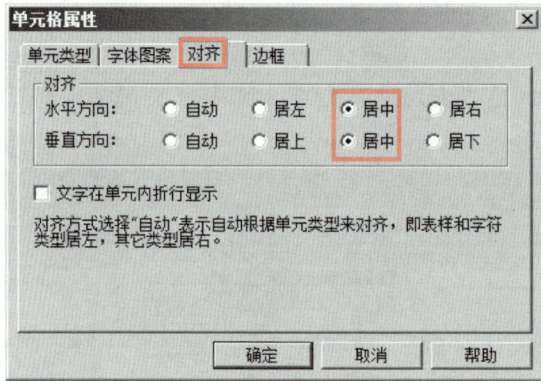

图9-15　对齐方式

❷单击"确定"按钮。参照上述方法，将A列的对齐方式也设置为"居中"。

❸选中第一行，执行"格式"菜单下的"单元属性"命令，打开"单元格属性"对话框，点击"字体图案"页签，将字体改为"黑体"，字号改为"18"，如图9-16所示。

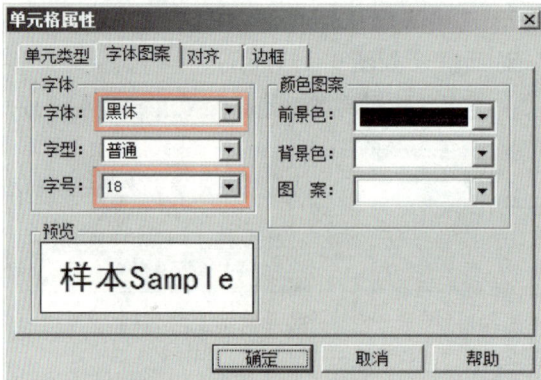

图9-16　调整字体、字号

❹单击"确定"按钮。选中第三行，执行"格式"菜单下的"单元属性"命令，打开"单元格属性"对话框，点击"字体图案"页签，将字型改为"粗体"，单击"确定"按钮。

❺选中B4：E7区域，执行"格式"菜单下的"单元属性"命令，打开"单元格属性"对话框，在"格式"项勾选"逗号"，如图9-17所示。单击"确定"按钮。

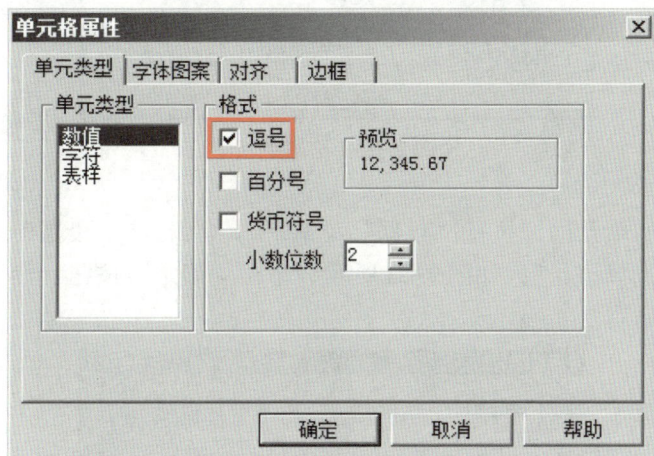

图9-17 设置单元格中数值的格式

（6）设置行高与列宽。

❶单击第一行，执行"格式"菜单下的"行高"命令，打开"行高"对话框，在"行高"栏输入"16"，如图9-18所示。单击"确定"按钮。

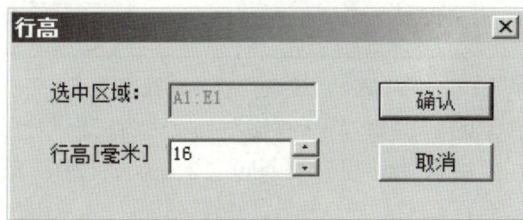

图9-18 设置行高

❷单击A列的列标，执行"格式"菜单下的"列宽"命令，打开"列宽"对话框，在"列宽"栏输入"36"，如图9-19所示。单击"确定"按钮。

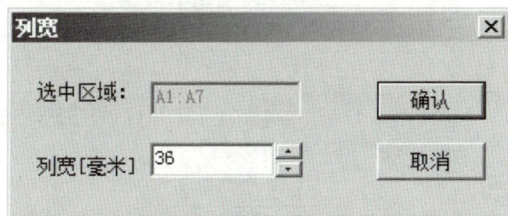

图9-19 设置列宽

（7）表格画线。

选中A3：E7区域，执行"格式"菜单下的"区域画线"命令，打开"区域画线"对话框，如图9-20所示。单击"确定"按钮。

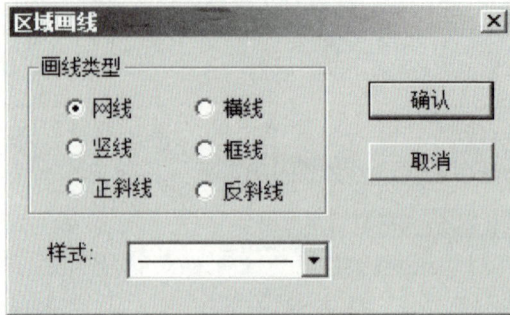

图 9-20　表格画线

（8）设置关键字。

❶单击第二行的单元格，执行"数据"菜单下的"关键字→设置"命令，打开"设置关键字"对话框，选择"年"，如图 9-21 所示，单击"确定"按钮。然后在该单元格设置关键字"月"和"日"。

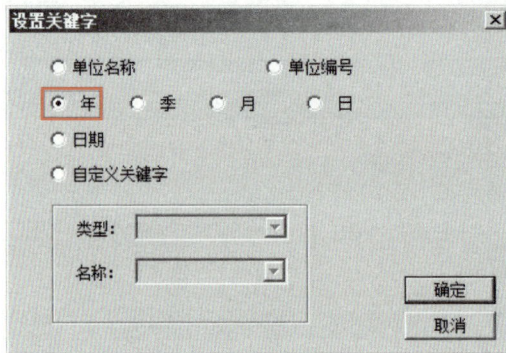

图 9-21　设置"年"关键字

❷执行"数据"菜单下的"关键字→偏移"命令，打开"定义关键字偏移"对话框，在"年"、"月"和"日"栏输入偏移量，如图 9-22 所示。（注：负数表示向左偏移，正数表示向右偏移）

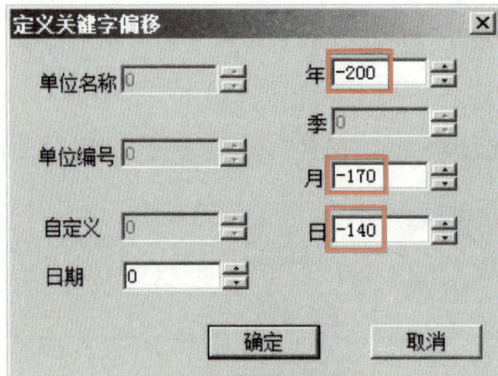

图 9-22　关键字偏移

（9）完成表格设计。

单击"确定"按钮，结果如图 9-23 所示。

图9-23　设计完毕的货币资金表

☞ 知识点146　定义单元公式

【实验资料】

设置B4：E7区域单元格的计算公式。

【具体操作过程】

（1）单击B4单元格，单击工具栏的"fx"按钮，或者执行"数据"菜单下的"编辑公式→单元公式"命令，打开"定义公式"对话框。

（2）单击"函数向导"按钮，打开"函数向导"对话框，在"函数分类"列表中选择"用友账务函数"，在"函数名"列表中选择"期初（QC）"，如图9-24所示。

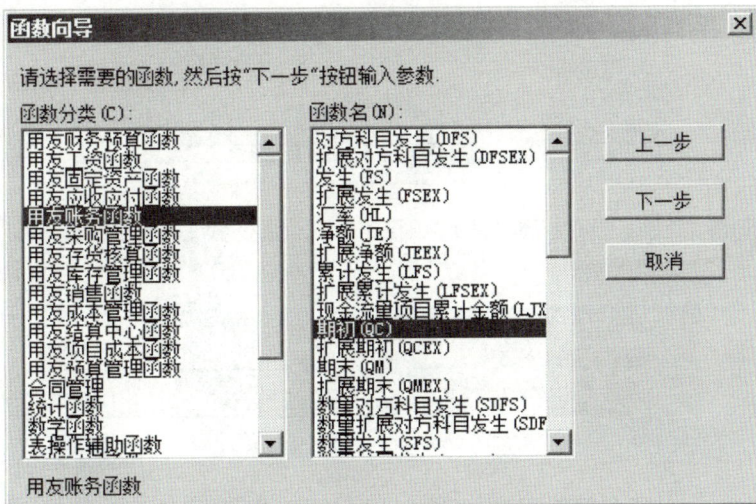

图9-24　"函数向导"对话框

（3）单击"下一步"按钮，打开"用友账务函数"窗口，单击"参照"按钮，打开"账务函数"对话框，如图9-25所示。

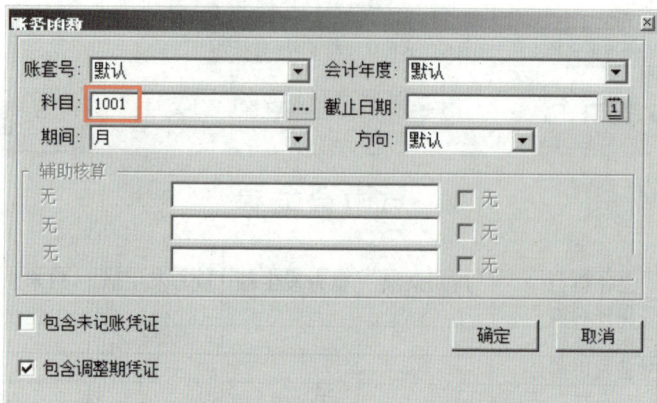

图9-25 "账务函数"对话框

（4）单击"确定"按钮，返回"用友账务函数"对话框，单击"确定"按钮，返回"定义公式"对话框，结果如图9-26所示。

图9-26 "定义公式"对话框

（5）单击"确认"按钮，完成B4单元格的公式设置。

（6）参照上述方法设置B5、B6及C4：E6区域单元格的计算公式。

（7）单击B7单元格，单击工具栏的"f_x"按钮，在"定义公式"区手工输入"B4+B5+B6"，如图9-27所示。

图9-27 "定义公式"对话框

（8）参照上述方法设置C7：E7区域单元格的计算公式。货币资金表设置完毕，结果如图9-28所示。

图9-28 公式设置完毕的货币资金表

☞**知识点147　处理报表数据**

【实验资料】

2018年7月31日，将货币资金表数据重算后保存至C盘根目录下，文件名为"7月份货币资金表.rep"。

【具体操作过程】

（1）将报表切换至数据状态。单击窗口左下角的"格式"按钮，此时报表切换为数据状态，如图9-29所示。

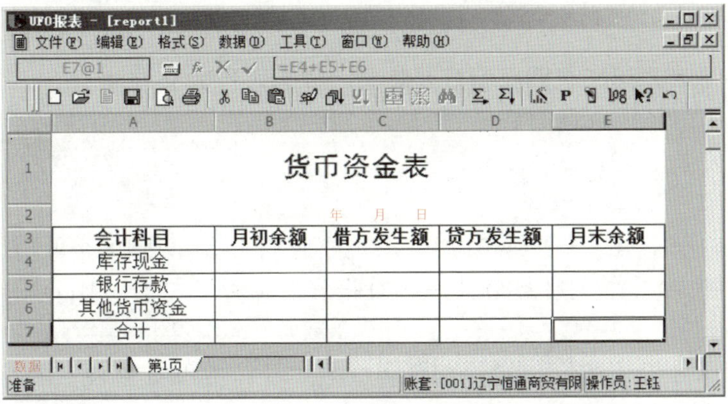

图9-29　数据状态的货币资金表

（2）录入关键字并计算报表数据。执行"数据"菜单下的"关键字→录入"命令，打开"录入关键字"对话框，录入关键字"2018年7月31日"。单击"确认"按钮，系统提示"是否重算第1页？"，单击"是"，结果如图9-30所示。

图9-30　重算完毕的货币资金表

（3）保存报表。单击工具栏的"💾"按钮，打开"另存为"对话框，存储位置选择C盘根目录，"文件名"栏输入"7月份货币资金表"。单击"另存为"按钮，完成保存。

任务3　　自定义财务指标分析表

☞**知识点148　设计财务指标分析表**

【实验资料】

根据表9-2设计财务指标分析表。

表 9-2　　　　　　　　　　　**财务指标分析表**

×××年××月××日

分析指标	计算结果	备注
流动比率		流动资产/流动负债
销售净利率		净利润/销售收入
总资产净利率		净利润/总资产

要求：

❶第一行行高16毫米，第二至四行行高8毫米，第一列列宽36毫米；

❷表头字体为黑体，字号为18号；

❸前三行和第一列单元文字居中显示。

【具体操作过程】

（1）2018年7月31日，由王钰（W01）登录企业应用平台。在U8企业应用平台，依次选择"业务工作→财务会计→UFO报表"命令，打开"UFO报表"窗口。

设计财务指标分析表

（2）设计财务指标分析表的操作过程与任务2中"设计货币资金表"的操作过程相同，此处不再赘述。设计结果如图9-31所示。

图 9-31　设计完毕的财务指标分析表

☞**知识点149　定义表间取数公式**

【实验资料】

设置 B4：B6区域单元格的计算公式。

【具体操作过程】

（1）单击B4单元格，单击工具栏的"fx"按钮，或者执行"数据"菜单下的"编辑公式→单元公式"命令，打开"定义公式"对话框。

定义表间取数公式

（2）在"公式定义"对话框手工输入""C：\7月份资产负债表"->C18@1/"C：\7月份资产负债表"->G19@1"，如图9-32所示。单击"确认"按钮。

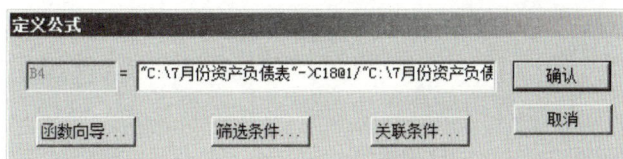

图9-32 "流动比率"的计算公式

【提示】

关于公式""C：\7月份资产负债表"->C18@1/"C：\7月份资产负债表"->G19@1"的说明。

""C：\7月份资产负债表"->C18@1"表示取C盘"7月份资产负债表.rep"第1个表页中C18单元格的数值，即取该表流动资产的数值。

""C：\7月份资产负债表"->G19@1"表示取C盘"7月份资产负债表.rep"第1个表页中G19单元格的数值，即取该表流动负债的数值。

整个公式表示用C盘"7月份资产负债表.rep"中第1个表页C18单元格（流动资产）的数值除以该表第一个表页G19单元格（流动负债）的数值。

（3）单击B5单元格，参照上述方法设置"销售净利率"的计算公式，其计算公式为""C：\7月份利润表"->C22@1/"C：\7月份利润表"->C5@1"，如图9-33所示。

图9-33 "销售净利率"的计算公式

（4）单击B6单元格，参照上述方法设置"总资产净利率"的计算公式，其计算公式为""C：\7月份利润表"->C22@1/"C：\7月份资产负债表"->C38@1"，如图9-34所示。

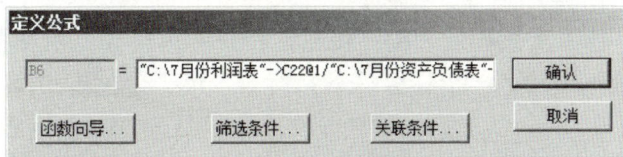

图9-34 "总资产净利率"的计算公式

（5）财务指标分析表设置完毕，结果如图9-35所示。

图9-35 公式设置完毕的财务指标分析表

☞知识点 150　处理报表数据

【实验资料】

2018年7月31日，将财务指标分析表数据重算后保存至C盘根目录下，文件名为"7月份财务指标分析表.rep"。

【具体操作过程】

（1）将报表切换至数据状态。单击窗口左下角的"格式"按钮，此时报表切换为数据状态。

（2）录入关键字并计算报表数据。执行"数据"菜单下的"关键字→录入"命令，打开"录入关键字"对话框，录入关键字"2018年7月31日"。单击"确认"按钮，系统提示"是否重算第1页?"，单击"是"。重算结果如图9-36所示。

图9-36　重算完毕的财务指标分析表

（3）保存报表。单击工具栏的"💾"按钮，打开"另存为"对话框，存储位置选择C盘根目录，"文件名"栏输入"7月份财务指标分析表"。单击"另存为"按钮，完成保存。

参考文献

［1］杨周南，赵纳晖，陈翔．会计信息系统［M］．4版．大连：东北财经大学出版社，2014．

［2］艾文国，孙洁，张华．会计信息系统［M］．3版．北京：高等教育出版社，2015．

［3］王新玲，赵彦龙，蒋晓燕．新编用友ERP财务管理系统实验教程［M］．北京：清华大学出版社，2009．

［4］王新玲．用友U8财务管理系统原理与实验［M］．北京：清华大学出版社，2017．

［5］毛华扬．会计信息系统原理与应用——基于用友ERP-U8 V10.1版［M］．北京：中国人民大学出版社，2018．

［6］中国注册会计师协会．会计［M］．北京：中国财政经济出版社，2018．

［7］宋红尔，赵越，冉祥梅．用友ERP供应链管理系统应用教程［M］．大连：东北财经大学出版社，2018．

［8］陈国辉，迟旭升．基础会计［M］．5版．大连：东北财经大学出版社，2016．

［9］财政部会计资格评价中心．初级会计实务［M］．北京：经济科学出版社，2017．

［10］孙莲香，林燕飞，刘兆军．ERP管理软件应用教程——财务篇［M］．北京：清华大学出版社，2018．

［11］王珠强．会计电算化——用友ERP-U8 V10.1版［M］．北京：人民邮电出版社，2015．

［12］李爱红，陈洪波．ERP财务供应链一体化实训教程（用友U8 V10.1）［M］．北京：高等教育出版社，2016．

［13］姜明霞，胡生夕．会计电算化实务［M］．2版．大连：东北财经大学出版社，2016．

［14］牛永芹，刘大斌，喻竹．ERP财务管理系统实训教程［M］．北京：高等教育出版社，2015．

［15］梁毅炜，李玉琪，宋建琦．会计信息系统实训——财务篇（用友U8 V10.1）［M］．北京：电子工业出版社，2017．

［16］李吉梅，于海宝．场景式企业供应链应用基础教程（用友ERP-U8 V10.1）［M］．北京：清华大学出版社，2017．

［17］倪宝童，陈艳郁．会计电算化［M］．上海：上海交通大学出版社，2012．

［18］李昕，王晓霜．会计电算化［M］．4版．大连：东北财经大学出版社，2017．

［19］陆群，王凯，李艳．会计电算化项目化教程［M］．上海：上海交通大学出版社，2016．

［20］魏世和，陶文．ERP财务业务一体化教程（全国会计技能大赛"信息化"赛题模拟）（用友U8 V10.1版）［M］．北京：高等教育出版社，2017．

富媒体智能型教材使用说明

在信息技术迅猛发展的今天，学生学习模式发生翻转，尤其是职业院校学生，其抽象思维相对较弱、形象思维较强，因此，符合职业教育学生特点和认知规律的富媒体智能型教材和个性化学习解决方案是提高职业教育人才培养质量的关键，也是未来职业教育教材出版的制高点。

"财经高等职业教育富媒体智能型教材开发系统工程"是传统媒体与新媒体融合、合作研发的产物。在产品操作层面将力争做到五项融合，即纸媒与数字、产与教、教与学、学与训、训与评的有机融合，有效提高并全面检验学生学习效果和教师教学质量。从教材形式来说，实现纸媒与数字媒体的融合；从教材内容来说，实现产与教的融合；从教学过程来说，实现教与学的融合；从教学模式来说，实现学习与实训的融合；从教学效果来说，实现实训与考评的融合。

"财经高等职业教育富媒体智能型教材开发系统工程"是国家新闻出版广电总局新闻出版改革发展项目库入库项目，并获得财政部文化产业专项资金支持。

数字化教学平台通过系统、有机的框架设计，将各类辅助教学资源整合在一起，具备教学管理、内容呈现、学习数据分析、学习过程支持等核心功能，是开展信息化教学的有力保障。

富媒体智能型教材体例新颖、配套齐全，以"融合""共享""互动"为特色，既在纸质教材上为习惯于传统教学模式的使用者增加了二维码扫描功能，以体验形式多样、内涵丰富的教学内容，也为走在教学改革前沿的使用者提供了一个具有良好互动性的教学载体。

使用富媒体智能型教材的师生在"财学院"（www.idufep.com）教学服务平台上完成注册，并输入本教材封四学习卡中的激活码，就可以使用本教材精心配套的微课视频、动画、音频、图文和试题库等全媒体资源。与此同时，教师还可以在此基础上随时更新、完善与教材及教学相关的资源而开展定制化、个性化教学。

同时，使用富媒体智能型教材的师生可以下载APP客户端，开展点名、作业布置、成绩统计分析等互动式教学活动。

东北财经大学出版社有限责任公司

2018年6月